SEBASTIÁN TABERNA

El rostro de la guerra — Gerraren aurpegia

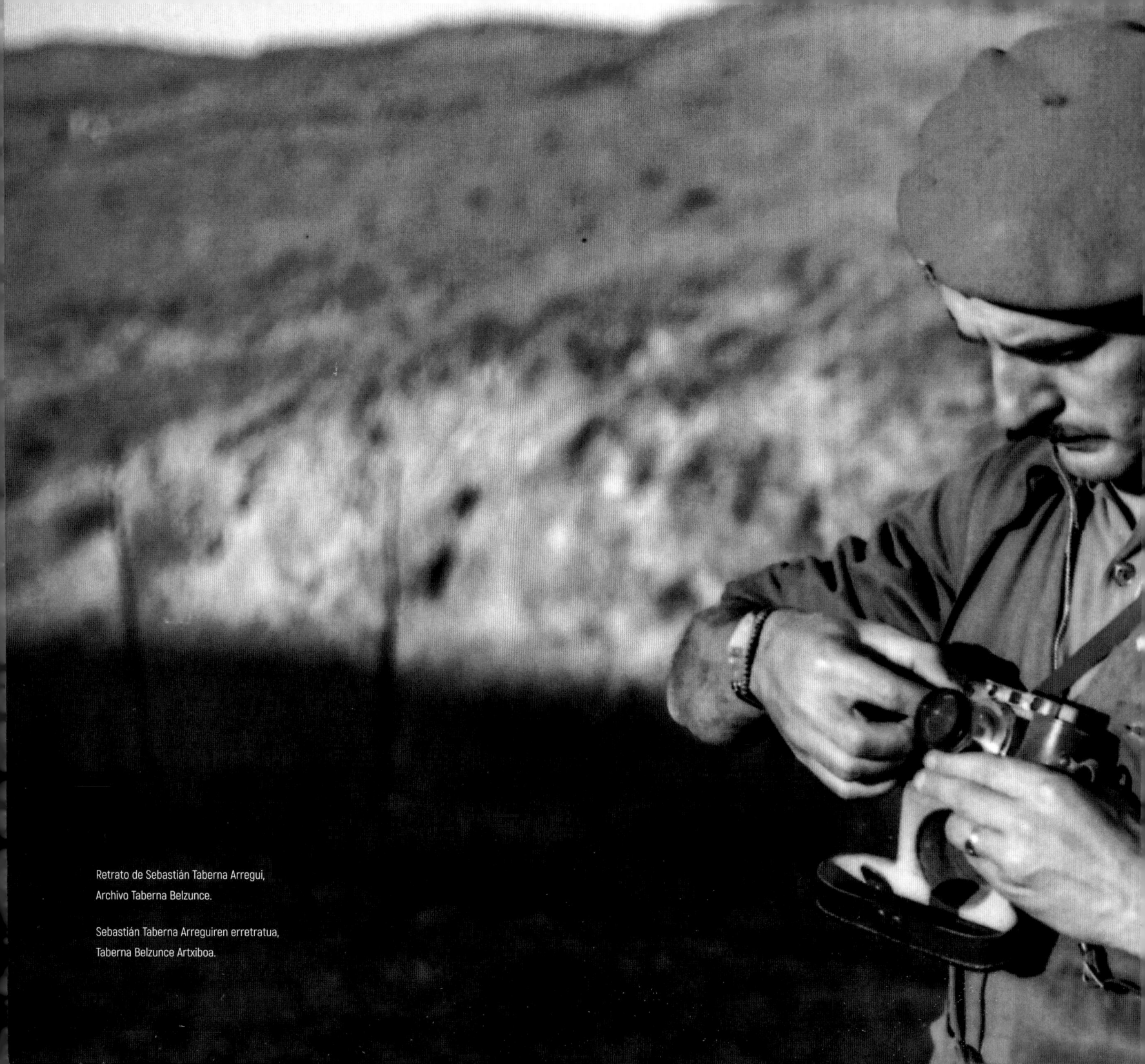

Retrato de Sebastián Taberna Arregui,
Archivo Taberna Belzunce.

Sebastián Taberna Arreguiren erretratua,
Taberna Belzunce Artxiboa.

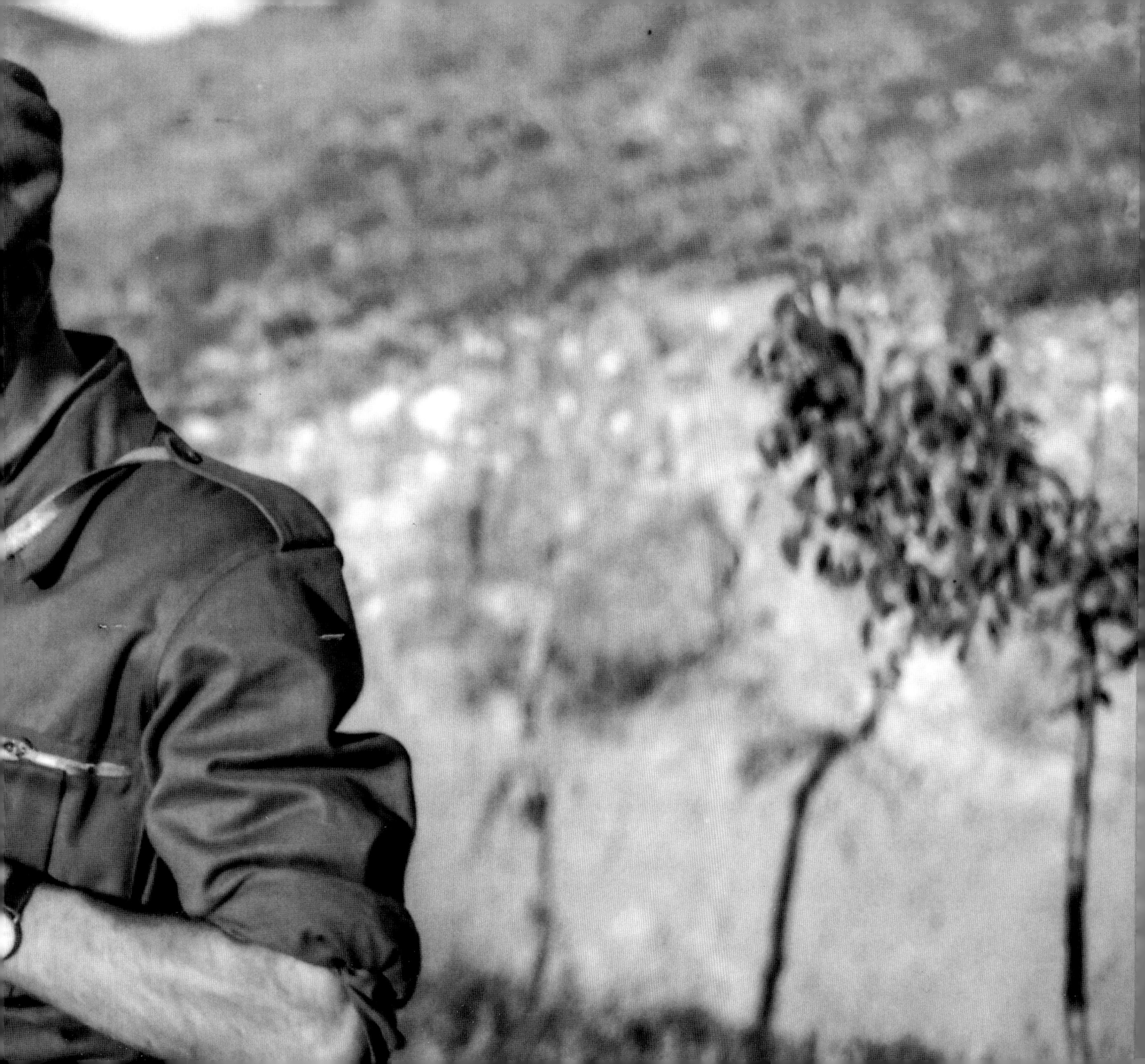

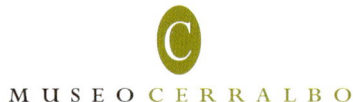

MUSEO CERRALBO

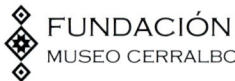

FUNDACIÓN
MUSEO CERRALBO

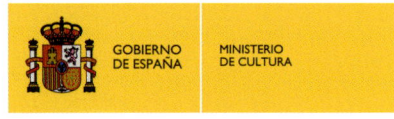

GOBIERNO
DE ESPAÑA

MINISTERIO
DE CULTURA

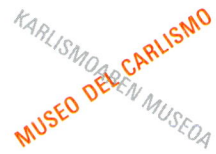

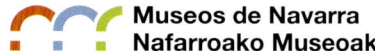

Museos de Navarra
Nafarroako Museoak

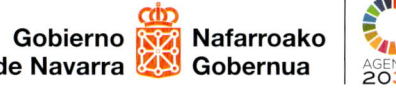

Gobierno de Navarra
Nafarroako Gobernua

AGENDA 2030

GOBIERNO DE NAVARRA /
NAFARROAKO GOBERNUA

PRESIDENTA /
LEHENDAKARIA
María Chivite Navascués

CONSEJERA DE CULTURA, DEPORTE Y TURISMO /
KULTURA, KIROL ETA TURISMOKO KONTSEILARIA
Rebeca Esnaola Bermejo

DIRECTOR GENERAL DE CULTURA-INSTITUCIÓN PRÍNCIPE DE VIANA /
VIANAKO PRINTZEA ERAKUNDEA-KULTURA ZUZENDARI NAGUSIA
Ignacio Apezteguía Morentin

DIRECTORA DEL SERVICIO DE MUSEOS /
MUSEOEN ZERBITZUKO ZUZENDARIA
Susana Irigaray Soto

JEFA DE LA SECCIÓN DE MUSEOS /
MUSEOEN ATALBURUA
Celia Martín Larumbe

EXPOSICIÓN /
ERAKUSKETA

SEBASTIÁN TABERNA.
EL ROSTRO DE LA GUERRA / GERRAREN AURPEGIA

Museo del Carlismo / Karlismoaren Museoa
11/10/2024 - 07/09/2025

Primera itinerancia de la exposición temporal
presentada en el Museo Cerralbo del
19/10/2023 al 26/01/2024 /

Cerralbo Museoan 2023/10/19tik 2024/01/26ra
aurkeztu zen aldi baterako erakusketaren
lehen geralekua

COMISARIO /
KOMISARIOA
Pablo Larraz Andía

COORDINACIÓN Y PRODUCCIÓN /
KOORDINAZIOA ETA EKOIZPENA
Museo del Carlismo / Karlismoaren Museoa
Silvia Lizarraga Pérez de Zabalza
Iñaki Urricelqui Pacho

Sección de Museos / Museoen Atalburua
Celia Martín Larumbe

Servicio de Museos / Museoes Zerbitzua
Susana Irigaray Soto

DISEÑO GRÁFICO /
DISEINU GRAFIKOA
José Miguel Parra Torres

DIGITALIZACIÓN Y TRATAMIENTO DE IMÁGENES /
IRUDIEN DIGITALIZAZIO ETA TRATAMENDUA
Carlos Cánovas

TRADUCCIÓN DE TEXTOS /
TESTUEN ITZULPENA
Andrea Ganchegui Sorabilla

PRODUCCIÓN GRÁFICA /
EKOIZPEN GRAFIKOA
XXX

MONTAJE Y TRANSPORTE/
MUNTATZEA ETA GARRAIOA
Transportaarte

CONSERVACIÓN/
KONTSERBAZIOA
Dokuzain
Leticia Esain
Museo del Carlismo / Karlismoaren Museoa

PRODUCCIÓN AUDIOVISUAL/
IKUS-ENTZUNEZKO EKOIZPENA
Toni Sasal

CARPINTERÍA/
AROTZERIA
Hermanos Aldaz

PINTURA /
MARGOA
Alye

ENMARCACIÓN /
MARKOZTATZEA
Pinturas Iturrama

CATÁLOGO /
KATALOGOA

EDICIÓN /
EDIZIOA
Gobierno de Navarra.
Departamento de Cultura, Deporte y Turismo
Nafarroako Gobernua.
Kultura, Kirol eta Turismoko Kontseilaria

TEXTOS /
TESTUAK
Carmen Jiménez Sanz
Cecilia Casas Desantes
Pablo Larraz Andía

DISEÑO GRÁFICO/
DISEINU GRAFIKOA
José Miguel Parra Torres

TRADUCCIÓN DE TEXTOS /
TESTUEN ITZULPENA
Andrea Ganchegui Sorabilla

CRÉDITOS FOTOGRÁFICOS /
ARGAZKIEN KREDITUAK
Archivo González-Boza (59)
Archivo Larraz-Sierra Sesúmaga (47)
Archivo Taberna Belzunce/ Taberna Belzunce Artxiboa (portada, 2-3,
16, 21, 29, 33, 34, 35, 37, 41, 44, 51, 53, 57, 60, 61, 67, 68, 72-73, 74, 77, 78,
81-88, 91-98, 100-113, 115-130, 132-147, 149-156, 158-174, 176-196, 198-210,
212-213, 216)
Archivo Urdiáin (65)
Fabián Álvarez Martín, Museo Cerralbo (21, 22, 28, 30, 35 iz./ez., 48)
Hemeroteca Municipal de Madrid / Madrilgo Udal Hemeroteka (31)
María Eugenia Taberna Belzunce (17)
Pablo Larraz Andía (76, 77)
Pedro María Irurzun (211)
Wikimedia Commons (32)

IMPRIME /
INPRIMATZEA
Gráficas Castuera

© De los textos e imágenes, sus autores / Testu eta
irudiena, haien egileak.
© De las fotografías de Sebastián Taberna Arregui, el
Archivo Taberna Belzunce /
  Sebastián Taberna Arreguiren argazkiena, Taberna
  Belzunce Artxiboa.

ISBN 9/8-84-235-3712-9
DL NA 1610-2024

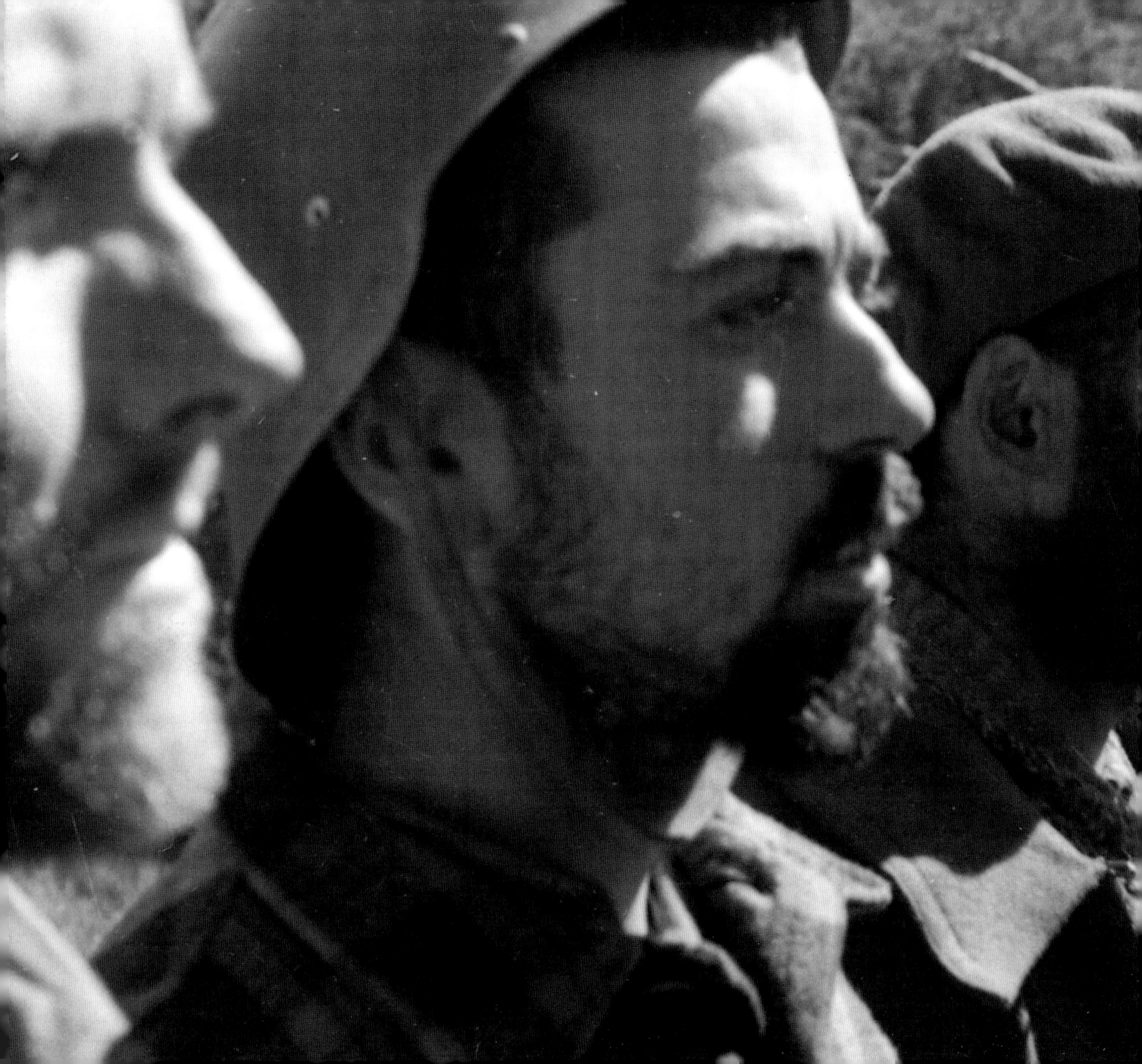

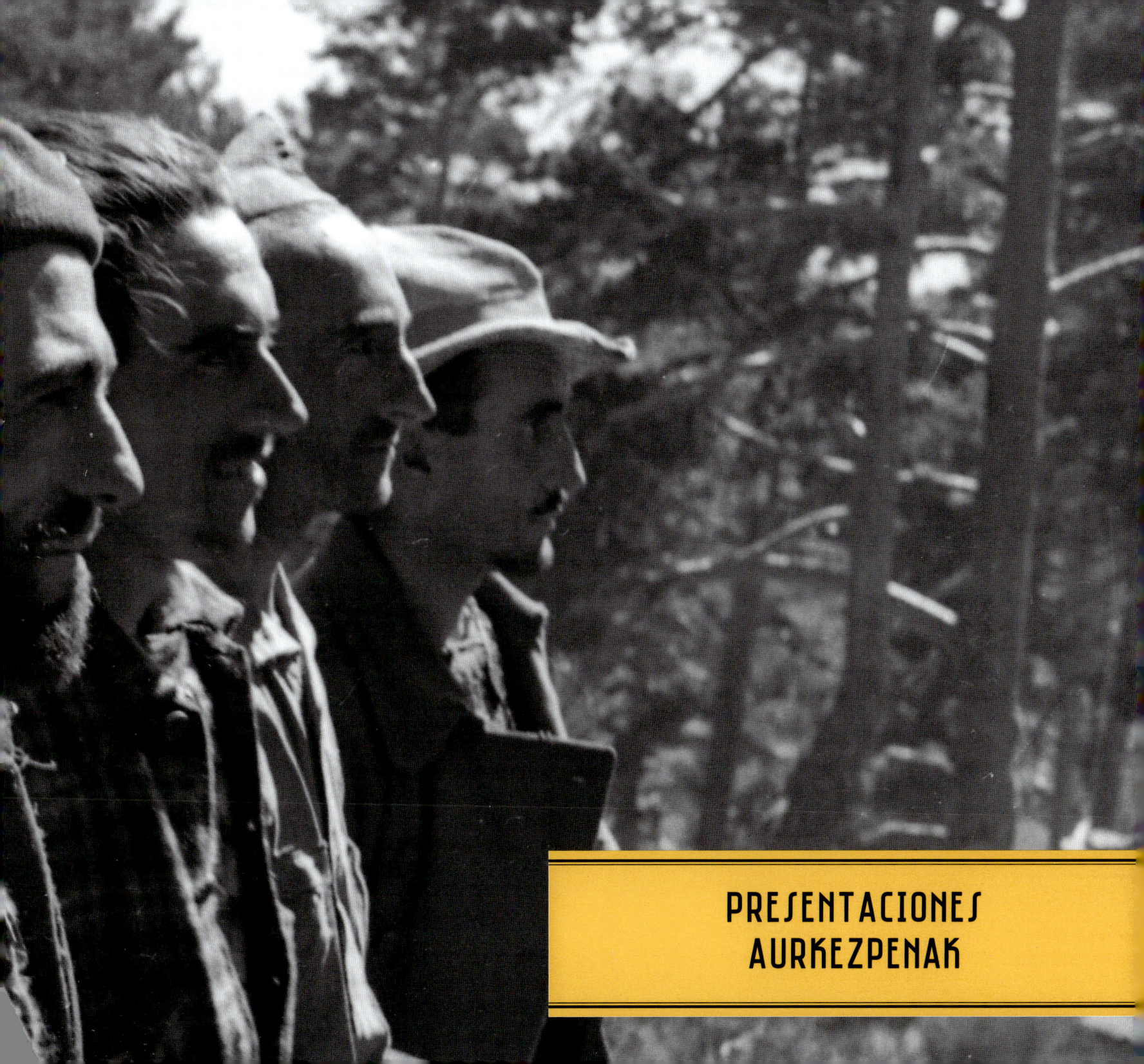

PRESENTACIONES
AURKEZPENAK

El Museo del Carlismo, centro dependiente del Gobierno de Navarra, mantiene estrechos vínculos con diferentes instituciones relacionadas con su temática, entre las que destaca el Museo Cerralbo, cuyo promotor, Enrique Aguilera y Gamboa, XVII marqués de Cerralbo, fue representante en España del pretendiente Carlos de Borbón y Austria-Este y destacada personalidad dentro del movimiento.

En colaboración con esta prestigiosa entidad, el Museo del Carlismo organizó en 2022 la microexposición *Diálogo entre museos*, exhibiendo destacados bienes culturales de su colección, sumándose junto con otras instituciones españolas a la conmemoración del centenario del fallecimiento del marqués. La exposición fue complementada con una cuidada programación cultural y con la jornada celebrada el 12 de diciembre en el Museo Cerralbo, dentro de su espacio *Cláusula Décima*, que contó con la participación de personal técnico del Servicio de Museos del Gobierno de Navarra.

Ahondando en esta colaboración, el Museo del Carlismo ofrece ahora al público la ocasión de aproximarse a una singular figura de la fotografía navarra a través de la exposición *Sebastián Taberna. El rostro de la guerra*, que parte de la producida por el Ministerio de Cultura y Deporte, el Museo Cerralbo y la Fundación Museo Cerralbo y que pudo disfrutarse en el museo madrileño del 19 de octubre de 2023 al 26 de enero de 2024, con una cuidada selección y propuesta museográfica a la que el Museo del Carlismo contribuyó con la cesión de piezas de su colección.

Esta del Museo del Carlismo, comisariada igualmente por Pablo Larraz Andía, ofrece una aproximación a un fotógrafo inédito en el panorama nacional, a través de la exhibición por primera vez en Navarra de sus imágenes tomadas en los momentos previos a la guerra civil española y, especialmente, las realizadas durante la contienda en Guadalajara. El presente catálogo reproduce los textos del editado con ocasión de la exposición del Museo Cerralbo, adaptado a la nueva propuesta museográfica.

El valor patrimonial, documental y creativo, de la obra fotográfica de Sebastián Taberna es el eje de la exposición que presenta el Museo del Carlismo. Este archivo fotográfico es una buena muestra de esa parte del patrimonio fotográfico conformado por archivos personales privados poco conocidos. La fragilidad de este tipo de colecciones requiere que las instituciones públicas dediquen atención a su conocimiento y difusión, con el objetivo de que la ciudadanía pueda conocerlas y valorarlas en todo su potencial. Taberna es parte de la generación que miraba el mundo desde el visor de su cámara durante la edad de oro del reporterismo gráfico. El fenómeno de la democratización de la fotografía gracias a las cámaras compactas de 35 mm (fundamentalmente la Leica) supuso un nuevo lenguaje fotográfico que pasó a convertirse en la base de la cultura visual del siglo XX. A los nombres más conocidos de los profesionales (Marín Chivite, Taro, Capa, Centelles, Michaelis), vamos incorporando los de no profesionales desconocidos (Nicolás Ardanaz, Lola Baleztena, Mika Etchebéhère...), entre los que encontramos a Sebastián Taberna. Un mismo código visual y técnico para miradas diferentes, experiencias vitales que conformaron imaginarios diversos y complementarios de unos mismos acontecimientos. Parte de una memoria colectiva en construcción llena de capas y significados.

Nuestro más sincero agradecimiento al Museo Cerralbo, a la Fundación Cerralbo y al Ministerio de Cultura y Deporte por dar todas las facilidades para desarrollar este proyecto expositivo en el Museo del Carlismo, y muy especialmente a Carmen Jiménez, directora del Museo Cerralbo y a su equipo técnico. Asimismo, nuestro agradecimiento a Pablo Larraz Andía, comisario de la exposición y a Cecilia Casas, autora de uno de los textos del catálogo, así como a las instituciones y particulares que han cedido piezas y han colaborado en este proyecto. De un modo especial, agradecemos su colaboración a la familia Taberna Belzunce, por facilitar al Museo del Carlismo la ocasión de exhibir por primera vez en Navarra esta importante colección de fotografías de tan singular autor.

Museo del Carlismo

Nafarroako Gobernuaren mendeko dagoen Karlismoaren Museoak harreman estua du jorratzen duen gaiarekin lotura duten hainbat erakunderekin. Horien artean, Cerralbo Museoa nabarmendu beharra dago, zeinaren sustatzailea, Enrique Aguilera y Gamboa, Cerralboko XVII. markesa, Karlos Borboi Austria-Estekoa erregegaiaren Espainiako ordezkaria izan zen eta mugimenduaren barruan gailendu egin zen.

Erakunde entzutetsu horrekin lankidetzan, Karlismoaren Museoak *Museoen arteko elkarrizketa* izeneko mikroerakusketa antolatu zuen 2022an, bere bildumako kultura-ondasun nabarmenak erakutsiz, eta Espainiako beste erakunde batzuekin batera markesaren heriotzaren mendeurrenaren oroitzapenarekin bat egin zuen. Erakusketaren osagarri gisa, egitarau kultural zaindu bat eta abenduaren 12an Cerralbo Museoan egin zen jardunaldi bat antolatu ziren, *Hamargarren Klausula* espazioaren barruan, eta Nafarroako Gobernuko Museoen Zerbitzuko teknikariek parte hartu zuten.

Lankidetza horretan sakontzeko, oraingoan Karlismoaren Museoak Nafarroako argazkigintzako figura berezi batera hurbiltzeko aukera eskaintzen dio publikoari, *Sebastián Taberna. Gerraren aurpegia* erakusketaren bidez. Kultura eta Kirol Ministerioak, Cerralbo Museoak eta Cerralbo Museoa Fundazioak ekoitzitakoa du abiapuntu. museografia-aukeraketa eta -proposamen zainduko erakusketa hori Madrilgo museoan gozatu ahal izan zen 2023ko urriaren 19tik 2024ko urtarrilaren 26ra, eta Karlismoaren Museoak ere ekarpena egin zuen bere bildumako piezak lagatuz.

Karlismoaren Museoaren honek, oraingoan ere Pablo Larraz Andía komisariatua, panorama nazionalean ezagutzen ez zen argazkilari bateranzko hurbilketa eskaintzen du, Espainiako Gerra Zibilaren aurreko uneetan hartutako irudiak eta, batez ere, Guadalajarako guduan egindakoak Nafarroan lehen aldiz ikusgai jarriz. Katalogo honek Cerralbo Museoko erakusketaren harira editatutakoaren testuak jasotzen ditu, proposamen museografiko berrira egokituta.

Sebastián Tabernaren obra fotografikoaren balio patrimonial, dokumental eta kreatiboa da Karlismoaren Museoak aurkezten duen erakusketaren ardatza. Artxibo fotografiko hau oso ezagunak ez diren artxibo pertsonal pribatuek osatzen duten argazki-ondarearen adierazgarri ona da. Gisa horretako bildumen hauskortasuna dela eta, erakunde publikoek arreta jarri behar dute bildumen ezagutzan eta hedapenean, herritarrek beren ahalmen osoan ezagutu eta balioetsi ahal izan ditzaten. Taberna erreporterismo grafikoaren urrezko aroan kameraren bisoretik munduari begiratzen zion belaunaldiaren parte da. Argazkigintzaren demokratizazioaren fenomenoak hizkuntza fotografiko berria ekarri zuen 35 mm-ko kamera konpaktuei esker (batez ere Leica), eta XX. mendeko kultura bisualaren oinarri bihurtu zen. Profesionalen izen ezagunenei (Marín Chivite, Taro, Capa, Centelles, Michaelis) ez-profesional ezezagunenak gehitzen dizkiegu (Nicolás Ardanaz, Lola Baleztena, Mika Etchebéhère…), eta horien artean Sebastián Taberna dugu. Begirada desberdinetarako kode bisual eta tekniko berdina, gertaera berberen iruditeria ezberdin eta osagarriak osatu zituzten bizi-esperientziak. Eraikitzen ari den memoria kolektibo baten parte, geruzaz eta esanahiz beteta.

Gure eskerrik beroenak Cerralbo Museoari, Cerralbo Fundazioari eta Kultura eta Kirol Ministerioari, Karlismoaren Museoan erakusketa-proiektu hau garatzeko erraztasun guztiak emateagatik, eta bereziki Cerralbo Museoko zuzendari Carmen Jiménezi eta bere lantalde teknikoari. Halaber, eskerrak eman nahi dizkiegu Pablo Larraz Andía erakusketako komisarioari eta katalogoko testu baten egilea den Cecilia Casasi, bai eta piezak laga eta proiektu honetan parte hartu duten erakunde eta partikularrei ere. Modu berezian, eskerrak eman nahi dizkiogu Taberna Belzunce familiari bere laguntzagatik, Karlismoaren Museoari halako autore bitxi baten argazki-bilduma garrantzitsu hau Nafarroan lehen aldiz ikusgai jartzeko aukera emateagatik.

Karlismoaren Museoa

Existen proyectos en los que se trabaja durante toda una vida y apenas logramos convertirlos en realidad. Hay otros que, sin saberlo, sólo esperan una conjunción de factores en el momento idóneo para germinar. La presente exposición y su catálogo se encuentran entre los segundos.

Hernando de Larramendi, Larraz, Sebastián y María Eugenia Taberna y Cerralbo. Cinco personas imprescindibles en la gestación de *Sebastián Taberna. El rostro de la guerra.*

Luis Hernando de Larramendi, presidente e impulsor de la Fundación Ignacio Larramendi, recientemente fallecido, fue quien nos invitó a participar en la sesión «El Carlismo en los Museos» dentro del Seminario Internacional *Ignacio Larramendi y la dinamización de los estudios históricos sobre el Carlismo* (Madrid, septiembre de 2021). Allí compartimos estrado con numerosos estudiosos a nivel internacional, mostrando el potencial del Archivo y Museo Cerralbo para el estudio del carlismo finisecular.

En el Seminario también participaba Pablo Larraz, que fuera de sesión nos planteó la posibilidad de hacer una exposición sobre Sebastián Taberna. Larraz, médico rural, historiador y experto en carlismo es una combinación de antropólogo de campo y persona de fiar que recopila testimonios orales y escritos sobre las guerras carlistas y la Guerra Civil, narraciones recabadas antes de que fuese demasiado tarde. Cuenta que, de adolescente, acompañaba muchas tardes a su abuelo Nemesio y a su tío Félix a las tertulias del pamplonés Café Iruña, donde con sus amigos, antiguos voluntarios carlistas, compartían recuerdos juveniles de la última guerra. Aquellos supervivientes trataban al niño como a uno más, sin sospechar que sus testimonios se convertirían en memoria escrita y servirían a la interpretación histórica de una época, escudriñados y estudiados con rigor todos los archivos epistolares y fotográficos posibles.

Larraz buscaba el lugar idóneo para presentar el extenso fondo fotográfico de Sebastián Taberna, prácticamente inédito, y lo halló en la Sala Juan Cabré del Museo Cerralbo. Para entonces ya colaboraba con María Eugenia Taberna Belzunce, hija de Sebastián Taberna, quien se había hecho cargo de los negativos, positivos, álbumes y materiales de su padre. María Eugenia es la protectora del legado. De acuerdo con sus hermanas, y con gran dedicación, ha digitalizado un fondo que supera las 3.600 imágenes. Ella representa a los titulares de archivos personales, conscientes del valor de unas fuentes documentales preservadas al margen de lo institucional. Ella nos abrió su casa durante las primaveras de 2022 y 2023.

Sebastián Taberna, voluntario requeté del Tercio del Rey, fue durante la guerra fotógrafo accidental. Positivaba y repartía copias entre los soldados; retrataba situaciones cotidianas; buscaba captar esos momentos en los que el conflicto dejaba de ser protagonista para mostrar, en plena faena o descansando, a vecinos de pueblos y ciudades desde Pamplona a Madrid, por tierras de Castilla la Vieja. El rostro humano de la contienda. De regreso a la vida civil, Taberna agrupó todo el material en su casa, sin pensar que, ochenta años después, nos impresionarían la calidad visual, técnica y artística de su trabajo.

Por último, no podemos olvidar la necesaria figura de Enrique de Aguilera y Gamboa, XVII marqués de Cerralbo, jefe de filas del carlismo durante la Restauración, y fundador de este museo legado hace cien años al Estado. Hombre de talante abierto, coleccionista y académico, destacó por aplicar la fotografía como herramienta documental a sus exploraciones arqueológicas.

El Museo Cerralbo cuenta con un importante fondo fotográfico histórico, y desde hace más de dos décadas viene participando activamente en proyectos que ponen en contacto el patrimonio fotográfico y la sociedad civil. Dar visibilidad a un archivo personal poco conocido como el Archivo Taberna Belzunce muestra el compromiso del Museo con este patrimonio cultural ligado a la historia reciente del país.

Los distintos departamentos del Museo Cerralbo han participado tanto en la preparación y desarrollo de la exposición como en el catálogo, cuyos textos se deben a Pablo Larraz y a Cecilia Casas, conservadora de la colección fotográfica histórica de la institución. A tal fin se celebraron numerosas reuniones y trabajos de campo. Casas visitó el domicilio pamplonés de la familia, reconoció materiales y recabó memorias; el comisario Larraz viajó por los parajes inmortalizados por Taberna, hallando ubicaciones y ángulos exactos gracias al conocimiento del terreno de Ernesto García-Soto: Sigüenza, Jadraque, Casas de San Galindo, Cogolludo…

Sebastián Taberna retorna ahora al palacio que visitaba con sus hijos y tanto le inspiraba. Regresa, gracias al trabajo de los autores, como un fotógrafo necesario para conocer la Guerra Civil española, periodo en el que ejercieron el oficio Alfonso Sánchez Portela, Agustí Centelles, Martin Santos Yubero, Francesc Boix, Ángel García de Jalón, generadores también de fondos patrimoniales únicos.

Nuestro más sincero agradecimiento a los prestadores: Museo del Carlismo de Estella, Ayuntamiento de Pamplona, Íñigo Pérez de Rada, Silvia Flich y colecciones particulares. Todo nuestro reconocimiento a las hermanas Taberna Belzunce: María Eugenia, Nati, Mariluz, Rosa y Concha. Gracias a la Subdirección General de Museos Estatales del Ministerio de Cultura y Deporte y a la Fundación Museo Cerralbo por materializar este proyecto.

2023. Catálogo de la exposición temporal *Sebastián Taberna. El rostro de la guerra* (Fundación Museo Cerralbo)

Carmen Jiménez Sanz
Directora del Museo Cerralbo

Badaude bizitza osoan landu arren, ia mamitu ezin ditugun proiektuak. Beste batzuk, ordea, jakin gabe, une egokian hainbat faktorek bat egin dezaten itxaroten ari dira ernatzeko. Erakusketa hau eta bere katalogoa bigarrenen artean daude.

Hernando de Larramendi, Larraz, Sebastián eta María Eugenia Taberna eta Cerralbo. Sebastián Taberna. Gerraren aurpegia proiektuaren sorreran ezinbestekoak izan diren bost lagun.

Berriki zendutako Luis Hernando de Larramendik, Ignacio Larramendi Fundazioaren lehendakari eta bultzatzaileak, «El Carlismo en los Museos» saioan parte hartzera gonbidatu gintuen, Ignacio Larramendi Nazioarteko Mintegiaren eta Karlismoari buruzko ikerketa historikoen dinamizazioaren barruan (Madril, 2021eko iraila). Bertan, nazioarteko aditu askorekin batera igo ginen oholtzara, Cerralbo Artxiboak eta Museoak mende-amaierako karlismoa ikertzeko duten ahalmena erakutsiz.

Mintegian Pablo Larrazek ere parte hartu zuen, eta saiotik kanpo Sebastián Tabernari buruzko erakusketa bat egitea proposatu zigun. Larraz, landa-medikua, historialaria eta karlismoan aditua, landa-antropologoaren eta pertsona fidagarriaren arteko konbinazioa da, gerra karlistei eta Gerra Zibilari buruzko ahozko zein idatzizko testigantzak jasotzen dituena, beranduegi izan baino lehen bildutako narrazioak. Nerabe zela, arratsalde askotan aitona Nemesiorekin eta osaba Félixekin batera Iruñeko Café Iruñako solasaldietara joaten zela kontatzen du, non azken gerrako gaztetako oroitzapenak partekatzen zituzten bolondres karlistak izandako lagunekin. Biziraule haiek taldekotzat hartzen zuten haurra, eta ez zuten susmatzen haien testigantzak inoiz memoria idatzi bihurtuko zirenik ez garai baten interpretazio historikorako balioko zutenik, ahal ziren artxibo epistolar eta fotografiko guztiak zorrotz arakatu eta ikertuta.

Larraz Sebastián Tabernaren argazki-funts zabala aurkezteko leku egokiaren bila zebilen, ia argitaratu gabea, eta Cerralbo Museoko Juan Cabré Aretoa hautatu zuen horretarako. Ordurako Sebastián Tabernaren María Eugenia Taberna Belzunce alabarekin lankidetzan aritzen zen, zeinak aitaren negatibo, positibo, album eta materialen ardura hartu zuen. María Eugenia ondarearen jagolea da. Ahizpen arabera, 3.600 iruditik gorako funtsa digitalizatu du, baita ardura handiz egin ere. Berak ordezkatzen ditu artxibo pertsonalen titularrak, erakundeetatik at zaindutako iturri dokumentalen balioaz jabetuta. 2022ko eta 2023ko udaberrietan bere etxearen ateak ireki zizkigun.

Sebastián Taberna, Erregearen Tertzioko erreketeko boluntarioa, ustekabeko argazkilaria izan zen gerran zehar. Kopiak positibatu eta soldaduen artean banatzen zituen; eguneroko egoerak erretratatzen zituen; gatazka nagusitzen ez

zen une horiek atzeman nahi zituen, eta Iruñetik Madrilerako herri eta hirietako bizilagunak erakusteko, Gaztela Zaharreko lurretakoak barne, lanean jo eta ke edo atseden hartuta. Gatazkaren giza aurpegia. Bizitza zibilera itzuli zenean, Tabernak material guztia etxean bildu zuen, handik laurogei urtera bere lanaren kalitate bisual, tekniko eta artistikoak hunkituko gintuenik pentsatu gabe.

Amaitzeko, ezin dugu ahaztu Enrique de Aguilera y Gamboa Cerralboko XVII. markesaren figura beharrezkoa, karlismoaren armadaburua Errestaurazioan, eta duela ehun urte Estatuari lagatako museo honen fundatzailea. Izaera irekiko gizona, bildumagilea eta akademikoa, bere ikerketa arkeologikoetan argazkigintza tresna dokumental gisa aplikatzeagatik nabarmendu zena.

Cerralbo Museoak argazki-funts historiko garrantzitsua du, eta duela bi hamarkada baino gehiagotik hona aktiboki parte hartzen du argazki-ondarea eta gizarte zibila harremanetan jartzen dituzten proiektuetan. Gutxi ezagutzen den artxibo pertsonal bati, Taberna Belzunce Artxiboari kasu, ikusgarritasuna emateak museoak herrialdearen historia hurbilari lotutako kultura-ondare honekin duen konpromisoa erakusten du.

Cerralbo Museoko departamentuek erakusketa eta katalogoa prestatzen eta garatzen parte hartu dute. Katalogoaren testuak Pablo Larrazek eta Cecilia Casasek, erakundearen argazki historikoen bildumaren kontserbatzaileak, idatzi dituzte. Horretarako, hainbat bilera eta landa-lan egin ziren. Casasek familiaren Iruñeko etxea bisitatu zuen, materialak ezagutu eta memoriak bildu zituen; Larraz komisarioak Tabernak hilezkor bihurtutako parajeetan zehar bidaiatu zuen, kokapen eta angelu zehatzak aurkituz, Ernesto García-Sotoren lurraren ezagutzari esker: Sigüenza, Jadraque, Casas de San Galindo, Cogolludo…

Sebastián Taberna bere seme-alabekin bisitatzen zuen eta hainbeste inspiratzen zuen jauregira itzultzen da orain. Egileen lanari esker, Espainiako Gerra Zibila ezagutzeko beharrezko argazkilari gisa itzuli da, hain zuzen ere, ondare-funts paregabeak sortu zituzten Alfonso Sánchez Portela, Agustí Centelles, Martin Santos Yubero, Francesc Boix eta Ángel García de Jalón ere lanbidean aritu ziren garaikoa.

Gure eskerrik beroenak mailegatzaileei: Lizarrako Karlismoaren Museoa, Iruñeko Udala, Íñigo Pérez de Rada, Silvia Flich eta bilduma partikularrak. Gure aitortza osoa Taberna Belzunce ahizpei: María Eugenia, Nati, Mariluz, Rosa eta Concha. Eskerrik asko Kultura eta Kiroleko Ministerioaren Estatuko Museoen Zuzendaritza Nagusiari eta Cerralbo Museoa Fundazioari proiektu hau gauzatzeagatik.

Carmen Jiménez Sanz
Cerralbo Museoko zuzendaria

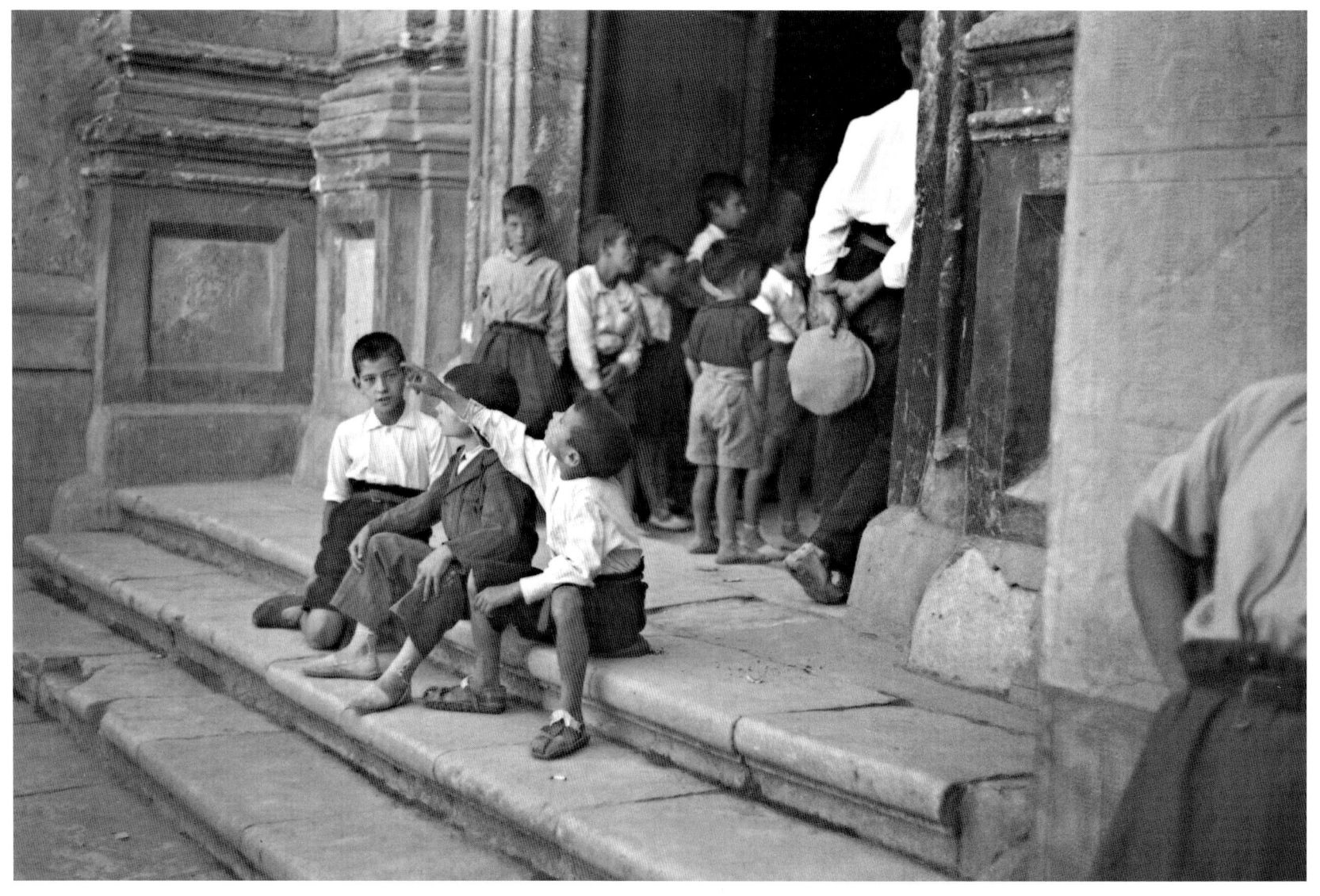

16

Niños sentados en la portada de la iglesia parroquial de Jadraque (Guadalajara).
Foto Sebastián Taberna, junio de 1937.
Archivo Taberna Belzunce.

Mutikoak Jadraqueko (Guadalajara) parrokia-elizaren aurrealdean eserita.
Sebastián Tabernak 1937an egindako argazkia.
Taberna Belzunce Artxiboa.

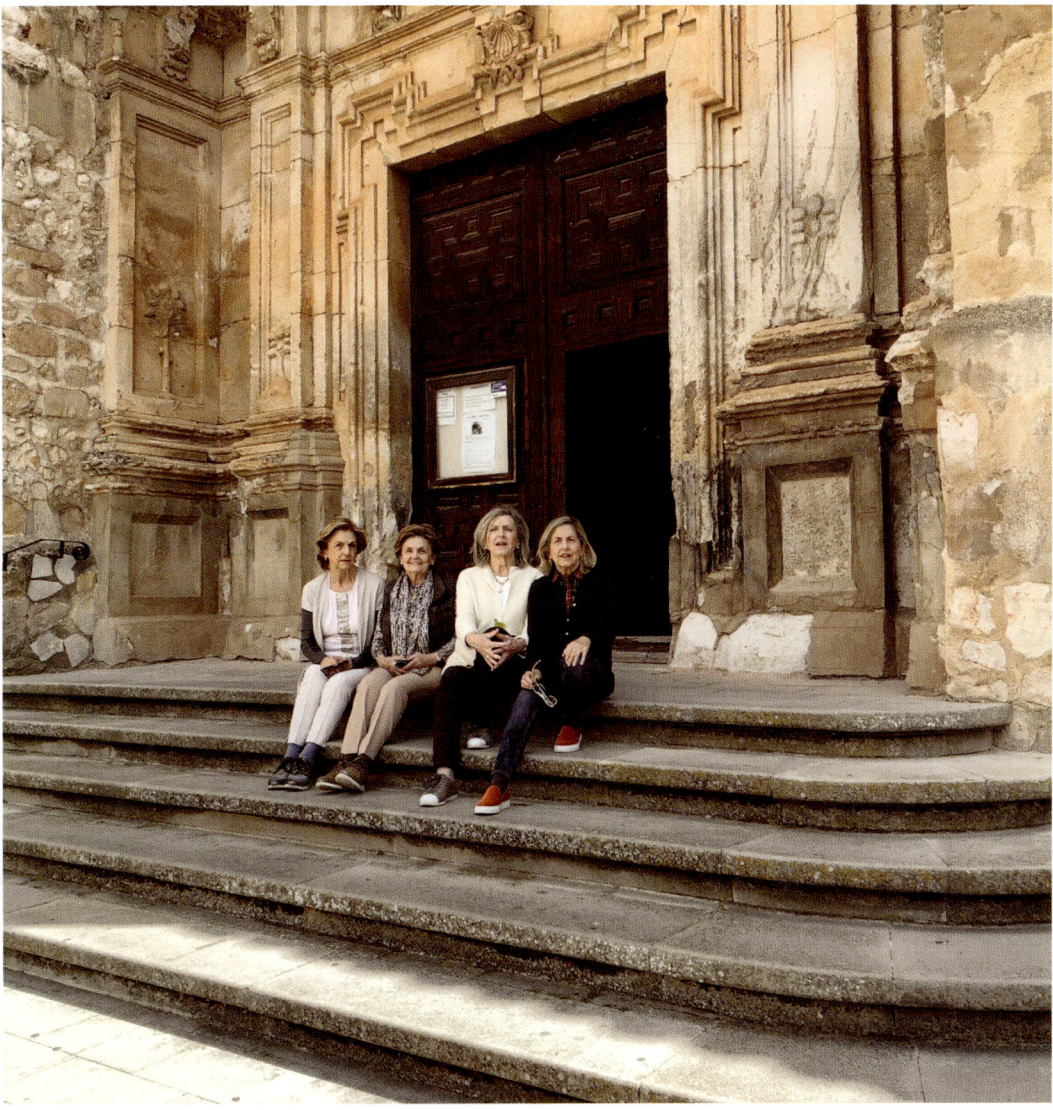

Hijas de Sebastián Taberna. De izquierda a derecha Nati, Marialuz, Rosa y Concha Taberna Belzunce, fotografiadas años después en el mismo lugar por su hermana María Eugenia.

Imagen, María Eugenia Taberna Belzunce

Sebastián Tabernaren alabak. Ezkerretik eskuinera Nati, Marialuz, Rosa eta Concha Taberna Belzunce. Haien ahizpa María Eugeniak hainbat urte geroago toki berean egindako argazkia.

Irudia, María Eugenia Taberna Belzunce

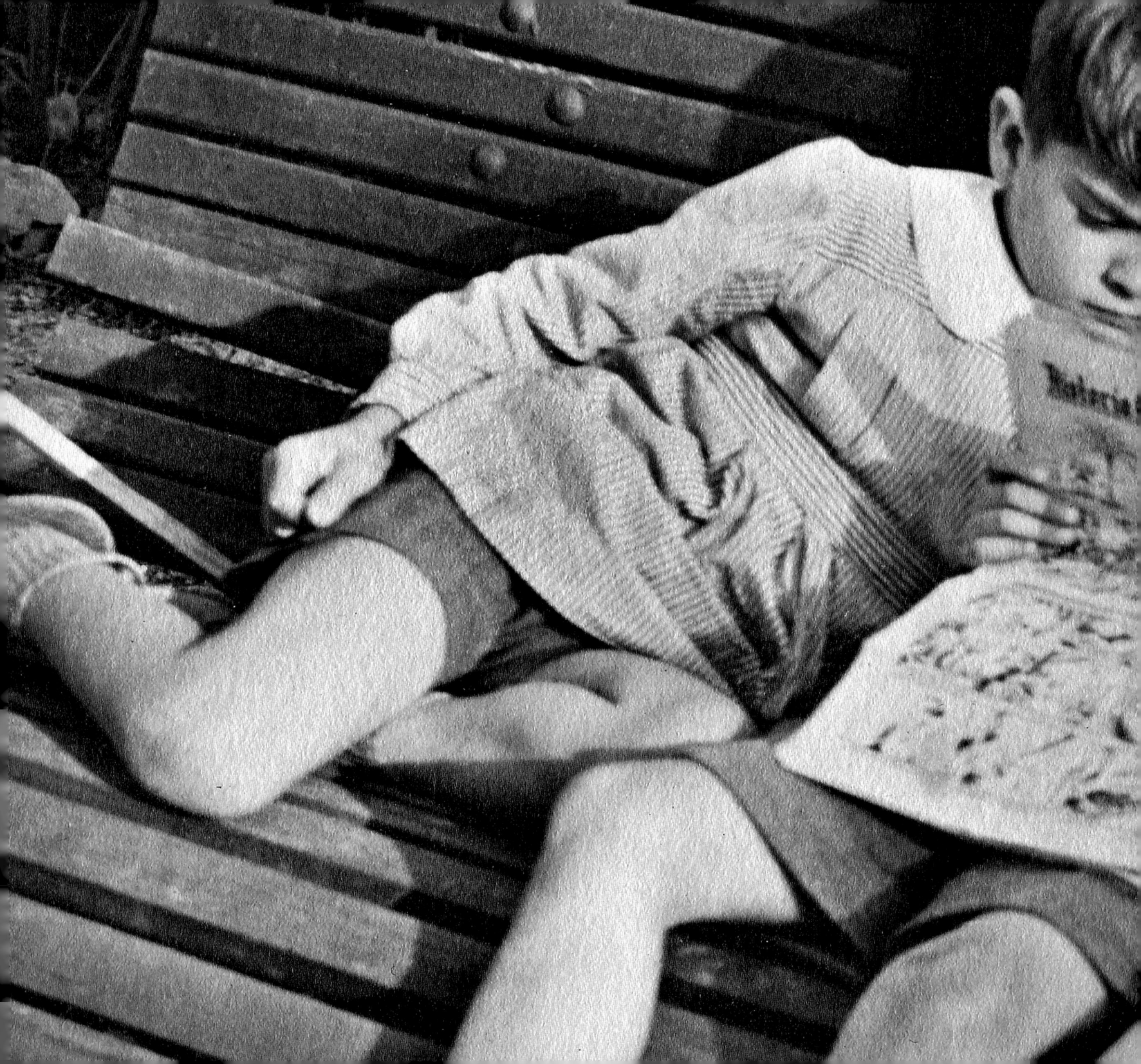

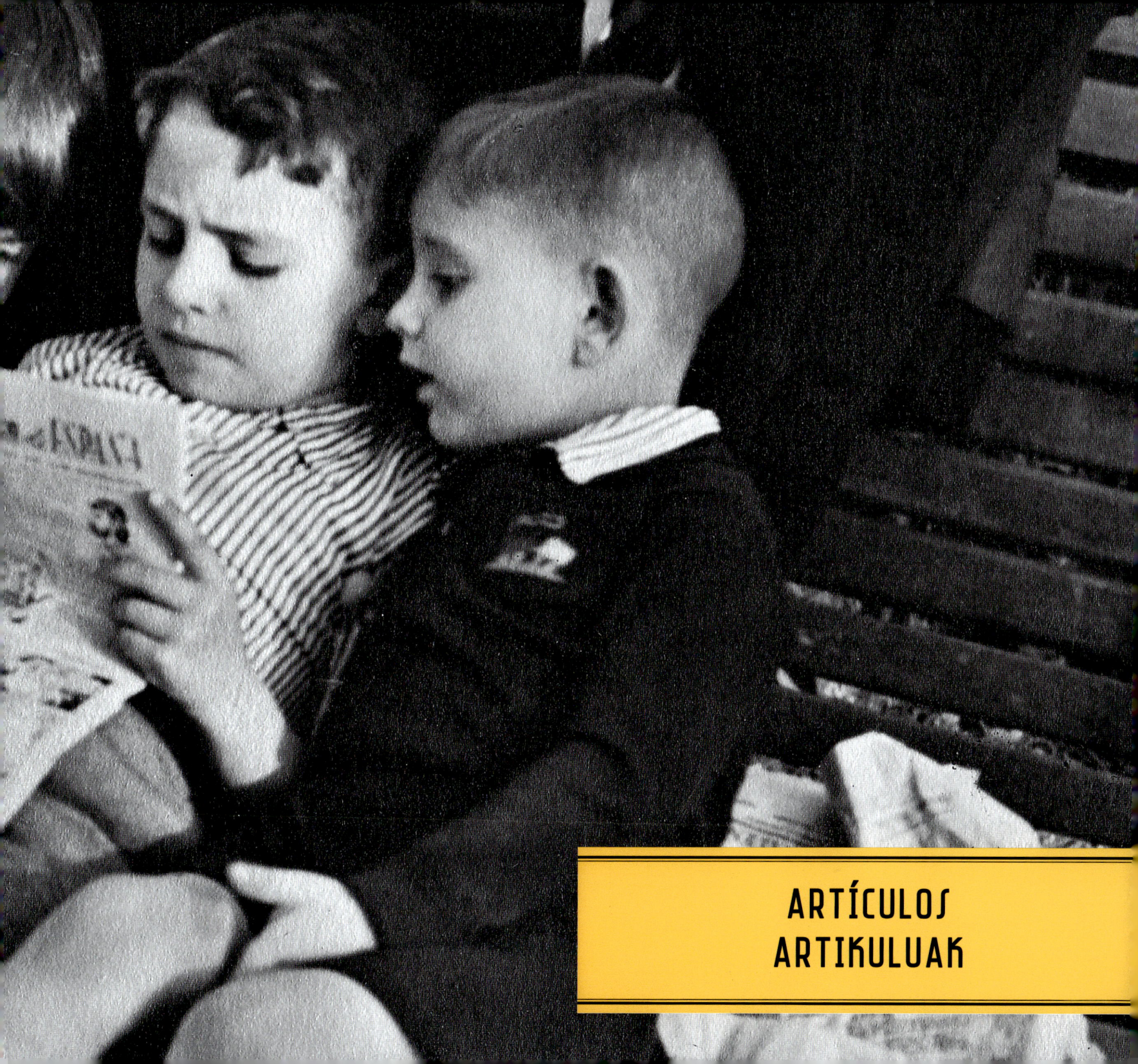

ARTÍCULOS
ARTIKULUAK

Sebastián Taberna, semblanza artística de un requeté fotógrafo en la Guerra Civil española

Cecilia Casas Desantes
Museo Cerralbo

2023. Catálogo de la exposición temporal *Sebastián Taberna. El rostro de la guerra* (Fundación Museo Cerralbo)

Sebastián Taberna, Espainiako Gerra Zibileko errekete argazkilari baten deskripzio artistikoa

Cecilia Casas Desantes
Cerralbo Museoa

2023. *Sebastián Taberna. Gerraren aurpegia* aldi baterako erakusketaren katalogoa (Cerralbo Museoa Fundazioa)

Sebastián Taberna Arregui (Pamplona, 1907 - Pamplona, 1986) es en julio de 1936 un joven simpatizante tradicionalista que trabaja en una panadería en Pamplona. Tiene inquietudes artísticas y le interesa la fotografía, que está empezando a practicar. Cuando se inicia el levantamiento que da paso a la contienda civil, se alista y entra a formar parte del Tercio del Rey, unidad de voluntarios requetés que combate en el bando sublevado, y se convierte en combatiente y fotógrafo de un conflicto bélico que desangrará España durante tres largos años. La labor de Sebastián Taberna como fotógrafo fue dada a conocer oficialmente en 2018 gracias a dos investigadores, Pablo Larraz y Víctor Sierra-Sesúmaga, con su magistral publicación *La cámara en el macuto*, que estudia a varios fotógrafos requetés durante la Guerra Civil española. Desde esta base, intentaremos en estas líneas la difícil tarea de aportar algunas novedades sobre su figura como fotógrafo, enriquecidas con una entrevista oral a su hija, María Eugenia Taberna, principal artífice de la conservación de su legado. Un abordaje artístico y técnico que, por su necesaria brevedad, lejos está de agotar todas las posibilidades de estudio que ofrece la obra de Taberna como fondo fotográfico. Pero empecemos la historia por los primeros contactos de Sebastián con la fotografía.

> «Mi padre te hacía ver el paisaje como si fueras una pintora, fijándote en los colores y sus combinaciones, en las luces… Cuando viajábamos a ciudades nos llevaba a museos y tenía una forma de enseñarlos que nos los hacía muy atractivos. Los primeros museos de mi vida los he visto con mi padre: el Museo del Prado, el Lázaro Galdiano… y cuando era más mayor me preguntaba siempre "¿Has ido ya a ver el Museo Cerralbo?". Él lo había visitado por lo menos una o dos veces».

María Eugenia Taberna Belzunce, entrevista oral, 19 de mayo de 2023.

> «Gure aitak margolari baten moduan ikusarazten zizun paisaia, koloreei eta haien arteko konbinazioei, argiei… erreparatuaraziz. Hirietara bidaiatzen genuenean, museoetara eramaten gintuen eta oso erakargarriak egiten zituen modu batean erakusten zizkigun. Nire bizitzako lehen museoak aitarekin ikusi ditut: Prado Museoa, Lázaro Galdiano… eta helduagoa nintzenean zera galdetzen zidan beti: "Joan al zara jada Cerralbo Museoa ikustera?". Berak behin edo bitan bisitatu zuen gutxienez».

María Eugenia Taberna Belzunce, ahozko elkarrizketa, 2023ko maiatzak 19.

Sebastián Taberna Arregui (Iruña, 1907 - Iruña, 1986), Iruñeko okindegi batean lan egiten duen tradizionalisten jarraitzaile gazte bat da 1936ko uztailean. Artearekiko zaletasuna du eta argazkigintza interesatzen zaio, berriki praktikatzen hasi dena. Guda zibila piztuko duen matxinada hasten denean, Erregearen Tertzioan, matxinatutako bandoan borrokatzen duen boluntario erreketeen unitatean, izena eman eta haren kide egingo da, eta hiru urte luzez Espainia odolustuko duen gatazka belikoko borrokalari eta argazkilari bihurtuko da. Sebastián Tabernak argazkilari gisa egin zuen lana 2018an ofizialki eman zen jakitera bi ikertzaileri esker: Pablo Larraz eta Víctor Sierra-Sesúmaga. Izan ere, haien *La cámara en el macuto* argitalpen apartan Espainiako Gerra Zibileko hainbat argazkilari errekete aztertu zituzten. Hori oinarri hartuta, lerro hauetan zeregin zail bati heltzen saiatuko gara, hain zuzen ere, bere argazkilari alderdiari buruzko berrikuntza batzuk emateari, bere alaba María Eugenia Tabernari egindako ahozko elkarrizketa batekin aberastuta, bera izan baita haren ondarea kontserbatu izanaren eragile nagusia. Ikuspegi artistiko eta teknikoa, ezinbestean laburra izanagatik ere, Tabernaren obrak funts fotografiko gisa eskaintzen dituen aukera guztiak agortzetik urrun dagoena. Edonola ere, has dezagun kontakizuna Sebastiánek argazkigintzarekin izan zituen lehen kontaktuekin.

20

Hijo de panaderos con un establecimiento de cierta envergadura en la capital navarra, Sebastián Taberna realiza en 1933 un viaje de trabajo a Alemania con el objetivo de ver maquinarias para pan y harinas, viaje del que se conserva al menos una fotografía. María Eugenia Taberna apunta que es probable que estos primeros contactos con la fotografía se dieran a través de Pedro María Irurzun (1902-1958), aficionado y amante de la técnica que practicaba la fotografía desde niño, aunque no la convertiría en su profesión hasta unos años después. Así, ya en 1934 o más probablemente en 1935 Sebastián compra la cámara de fotos de la marca Leica, todo un objeto de deseo para cualquier fotógrafo profesional o aficionado a la fotografía. Su compra le debió suponer un desembolso de más de 1000 pesetas, un capital considerable en la época (Heras, 2015: 88). Una inversión que denotaba un interés elevado por la práctica de la fotografía, pues había otras cámaras más asequibles, destinadas a aficionados. Según Paul Wolff (1937: 14), tener una Leica no era para cualquier «presseur de boutons» (es decir aprieta-botones, aficionado, haciendo un juego de palabras con la publicidad de las cámaras Kodak para aficionados «you press the button, we do the rest»): la cámara Leica era demasiado cara, preciosa y precisa. Una Leica debía estar en manos de alguien con visión, sensibilidad y capacidad de aprendizaje, pues en aquel momento era el Rolls-Royce de las cámaras, y multitud de fotógrafos internacionales ya habían demostrado con sus obras las nuevas posibilidades estéticas que ofrecía. Ese mismo año de 1935

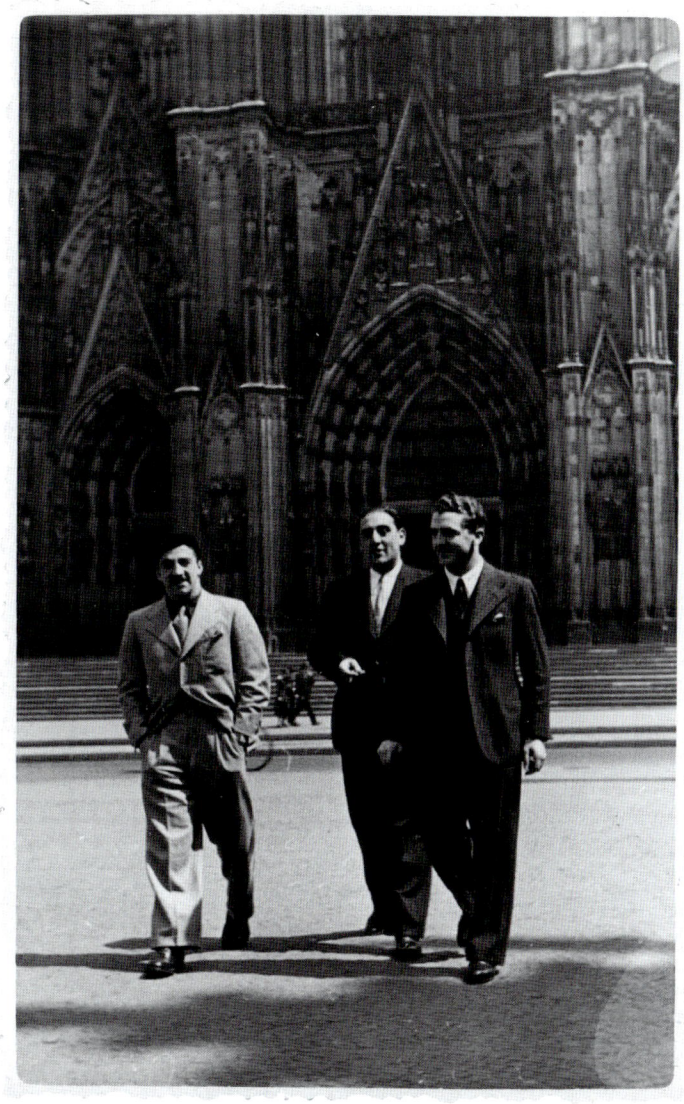

Fotografía de grupo ante la catedral de Colonia (Alemania) en la que aparecen Sebastián y José Luis Taberna con Paco Engui, hacia 1933.
Autoría desconocida.
Archivo Taberna Belzunce.

Koloniako (Alemania) katedralaren aurrean egindako talde-argazkia. Sebastián eta José Luis Taberna agertzen dira bertan, Paco Enguirekin batera, 1933 inguruan.
Egile ezezaguna.
Taberna Belzunce Artxiboa.

Nafarroako hiriburuan establezimendu handi samarra zuten okin batzuen semea izaki, 1933an Sebastián Tabernak lan-bidaia egin zuen Alemaniara, ogi eta irinetarako makinak ikusteko helburuarekin. Bidaia horren argazki bat kontserbatzen da gutxienez. María Eugenia Tabernaren esanetan, litekeena da argazkigintzarekiko lehen harreman horiek Pedro María Irurzunen (1902-1958) bitartez egin izana. Pedro María Irurzun teknikaren zalea zen eta txikitatik praktikatzen zuen argazkilaritza, baina urte batzuk igaro beharko ziren bere ogibide bihurtu arte. Horrela, 1934an edo, ziurrenik, 1935ean, Sebastiánek Leica markako argazki-kamera erosi zuen, argazkilari profesional eta afizionatu ororen ametsetako objektua. Erosketa horrek 1000 pezetatik gorako gastua eragingo zion; kapital handia garai hartan (Heras, 2015: 88). Inbertsio horrek argazkigintzarekiko interes handia zuela adierazten zuen, afizionatuentzat beste kamera eskuragarriago batzuk baitzeuden. Paul Wolffen ustez (1937: 14), Leica bat edukitzea ez zen edonolako «presseur de boutons»-entzat (hau da, botoi-sakatzailea, afizionatua, afizionatuentzako Kodak kameren publizitatearekin hitz-joko bat eginez «you press the button, we do the rest»): Leica kamera garestiegia, ederregia eta zehatzegia zen. Sena, sentsibilitatea eta ikasteko gaitasuna dituen norbaiten esku egon behar zuen Leica batek, une hartan kameren Rolls-Roycea baitzen, eta nazioarteko argazkilari askok beren obrekin erakutsi baitzuten zer-nolako aukera estetiko berriak eskaintzen zituen. Urte horretan berean, 1935ean,

21

Sebastián compraría la ampliadora, que usó toda su vida y que desgraciadamente ya no se conserva.

Pero ¿quién era Paul Wolff? Pues gracias a sus publicaciones artísticas y divulgativas, este fotógrafo fue todo un maestro para miles de aficionados a la fotografía poseedores de una Leica en toda Europa. En palabras del especialista Manfred Heiting: «Si se topa usted con una lista de los fotógrafos más importantes de la primera mitad del siglo XX, Paul Wolff (Mulhouse, Francia, 1887 - Fráncfort, 1955) no estará en ella. Sin embargo, si hubiese que hacer un listado de los fotógrafos más influyentes, más publicados, y con más éxito comercial de dicho periodo, Wolff, pionero de la Leica, debería figurar en lo más alto». Wolff documentó el estilo de vida en Alemania desde el inicio de la República de Weimar hasta la caída del Tercer Reich, reflejando en sus libros todos los géneros posibles: retrato, fotografía de naturaleza, fábricas, ciudades... y desplegando una multitud de registros estéticos gracias a la Leica.

Su publicación más importante podría ser *Douze années de pratique du Leica*, descrita como un «resumen histórico ilustrado con 192 heliograbados y 11 fotograbados». Fue publicado originalmente en alemán en 1934 con el título *Mi experiencia con la Leica*, y también *Mis experiencias con la Leica. Una sección transversal histórica de casi 10 años de fotografía Leica*. El ejemplar que poseía Sebastián Taberna, traducido por G. Joly y publicado por Editions Tirany, se corresponde con la primera edición en francés, de 1935 y constituye un resumen de las experiencias del fotógrafo tras doce años usando la Leica y explorando todas sus posibilidades técnicas y estéticas. En este manual Wolff desgrana sus reflexiones sobre la Leica y su evolución técnica, y proporciona consejos pormenorizados para la comprensión del grano fino, las ampliaciones y las necesidades de revelado de 22   las nuevas películas. Después, realiza una exhibición de su manejo de diferentes temáticas, y lo más importante, detalla los datos técnicos (título, objetivo utilizado, diafragma, si se ha utilizado o no filtro amarillo, tiempo de exposición y

Portada del ejemplar de *Douze années de pratique du Leica* de Paul Wolff (1935) propiedad de Sebastián Taberna Arregui.

Archivo Taberna Belzunce.

Paul Wolffen *Douze annees de pratique du Leica* (1935) ale baten azala, Sebastián Taberna Arreguiren jabetzakoa.

Belzunce Taberna Artxiboa.

Sebastiánek handigailua erosiko zuen, bizitza osoan zehar erabiliko zuena eta tamalez jada kontserbatzen ez dena.

Baina nor zen Paul Wolff? Bada, bere argitalpen artistiko eta dibulgatiboei esker, argazkilari hori maisu aparta izan zen Europa osoan Leica baten jabe ziren milaka argazkilari afizionaturentzat. Manfred Heiting espezialistaren hitzetan: «XX. mendearen lehen erdiko argazkilari garrantzitsuenen zerrenda bat aurkitzen baduzu, Paul Wolff (Mulhouse, Frantzia, 1887 - Frankfurt, 1955) ez da bertan egongo. Haatik, garai hartan eragin handiena izan zuten, gehien argitaratu ziren eta arrakasta komertzial handiena izan zuten argazkilarien zerrenda bat osatu beharko balitz, Wolffek, Leicaren aitzindariak, goi-goian agertu beharko luke». Wolffek Alemaniako bizimodua dokumentatu zuen Weimarko Errepublikaren hasieratik Hirugarren Reicha erori zen arte, bere liburuetan genero posible guztiak islatuz: erretratua, naturaren argazkia, fabrikak, hiriak... eta erregistro estetiko ugari erabiliz Leicari esker.

Bere argitalpenik garrantzitsuena *Douze années de pratique du Leica* izan liteke, «192 heliograbatu eta 11 fotograbatutako laburpen historiko ilustratu» gisa deskribatua. Jatorrizkoa alemanez argitaratu zen 1934an, *Nire esperientzia Leicarekin* izenburupean, eta baita *Nire esperientziak Leicarekin. la 10 urteko Leica argazkigintza historikoaren zeharkako sekzioa* izenburuarekin ere. Sebastián Tabernak zuen alea, G. Jolyk itzulia eta Editions Tirantyk argitaratua, frantsesez argitaratutako lehen ediziokoa da, 1935ekoa. Bertan, argazkilariak hamabi urtez Leica erabiliz izan dituen esperientzia guztien laburpena egin eta eskaintzen dituen aukera tekniko eta estetiko guztiak aztertzen ditu. Gidaliburu horretan, Wolffek Leicaren erabilerari buruzko hausnarketa guztiak eta bere bilakaera teknikoa xehatzen ditu, eta pikor xehea, handiagotzeak eta film berrien errebelatze-premiak ulertzeko aholku zehatz-mehatzak ematen ditu. Gero, hainbat gai menderatzen dituela erakutsiko du, eta, garrantzitsuena, egindako argazki bakoitzaren datu teknikoak zehazten ditu (izenburua, erabilitako objektiboa, diafragma, iragazki horia erabili

tipo de película) de cada una de las fotografías de su autoría. Una información valiosísima para cualquiera que se estuviera iniciando en el manejo de la cámara.

Los ejemplares franceses son en realidad reediciones, aunque se advierte el ligero cambio en el título según aumentan los años en los que el doctor Wolff acumulaba experiencia con la cámara. Para hacerse con la cámara y todas sus posibilidades, Taberna se serviría de este libro fundamental, que poseía en francés. Y es que como indicaba su hija María Eugenia Taberna: «el manual de la Leica era en alemán, pero él no leía en alemán. En cambio en francés sí» (María Eugenia Taberna Belzunce, entrevista oral, 19 de mayo de 2023). Seguramente gran parte de su influencia de las nuevas tendencias artísticas de la fotografía la bebe de Wolff, y como veremos, intenta reproducir varias de las propuestas de Wolff.

Este libro magistral podría haberle llegado a través del ya mencionado Izurzun, pero lo más probable es que tomase contacto con él por otra vía. Es de suma importancia para entender la formación artística de Sebastián Taberna, su gran amistad con Nicolás Ardanaz (1910-1982), otro fotógrafo que comenzó como aficionado pero cultivó la técnica toda su vida, incluyendo durante la contienda civil, en la que coincidieron en multitud de ocasiones. La droguería Ardanaz estaba muy cerca de la panadería de la familia de Taberna, lo que favoreció su amistad prácticamente desde niños. Como narran Larraz y Sierra-Sesúmaga (2019: 457), Ardanaz tuvo su primera cámara de fotos con 12 años, y pronto adquiriría otras, especializándose en fotografía costumbrista y de naturaleza, así como en dibujo. Según María Eugenia Taberna, ellos compartían todo, pese a que Taberna usase una Leica y Ardanaz prefiriese su Rolleiflex, y seguramente su aprendizaje técnico también fue compartido.

La biblioteca de Ardanaz, donada al Museo de Navarra, fue analizada por Francisco Javier Zubiaur Carreño y su contenido anterior a la Guerra Civil española, por escaso, nos resulta de lo más revelador para entender también la etapa formativa de Taberna. Curiosamente, en el inventario publicado de la biblioteca de Ardanaz consta el manual de Wolff, de 1934, pero en la versión alemana, anterior a la francesa. Seguramente su adquisición por parte de Ardanaz motivó el entusiasmo de ambos amigos y la adquisición por parte de Taberna de la edición francesa. Aparte de publicaciones de temática más acorde con los gustos personales de Ardanaz, como la publicidad, consta también en su biblioteca el *Photography year book, 1935*, publicado en el año 1936 por la London Cosmpolitan Press, con el que sin duda ambos podrían haberse empapado del estilo internacional desarrollado aquel año en diferentes temáticas fotográficas (retrato, paisaje, bodegón...).

Otras influencias nada desdeñables en el estilo de Taberna serán la publicidad, las revistas ilustradas y la fotografía cinematográfica, es decir, la cultura visual que se desarrollaba a mediados de los años 30 en nuestro país y que era consu-

den ala ez, esposizio-denbora eta film-mota). Informazio ezin baliotsuagoa kameraren erabileran hastapenak egiten ari den edonorentzat.

Egiaz, ale frantsesak berrargitalpenak dira, baina izenburuan aldaketa txikiak antzeman daitezke Wolff doktoreak kamerarekin urteetan zehar eskarmentua metatzen zuen heinean. Kamera eta eskaintzen zituen aukera guztiak barneratzeko, Taberna frantsesez zuen funtsezko liburu horretaz baliatuko zen. Izan ere, bere alaba María Eugenia Tabernak zioen moduan: Leicari buruzko gidaliburua alemanez zen, baina berak ez zekien alemanez irakurtzen. Frantsesez, ordea, bai» (María Eugenia Taberna Belzunce, ahozko elkarrizketa, 2023ko maiatzak 19). Ziur aski, argazkigintzaren joera artistiko berrietan jaso zuen eraginaren hein handi bat Wolffi zor zaio, eta, ikusiko dugunez, Wolffen hainbat proposamen erreproduzitzen saiatzen da.

Maisutasunezko liburu hau jada aipatu dugun Izurzunen bitartez irits zekiokeen, baina litekeena da beste bide batetik harengana iritsi izana. Sebastián Tabernaren prestakuntza artistikoa ulertzeko oso garrantzitsua da, Nicolás Ardanaz (1910-1982) argazkilariarekin zuen adiskidetasun handia. Hura ere afizionatu gisa hasi zen, baina bere bizitza osoan zehar teknika landu zuen, baita gatazka zibilean ere, non askotan bat egin zuten. Ardanaz drogeria tabernatarren okindegitik oso gertu zegoen, eta horrek haien arteko adiskidetasuna erraztu zuen ia umetatik. Larrazek eta Sierra-Sesúmagak kontatzen dutenez (2019: 457), Ardanazek 12 urte zituela izan zuen bere lehen argazki-kamera, eta berehala beste batzuk erosiko zituen, eta argazkigintza kostunbristan eta naturakoan espezializatuko zen, bai eta marrazkigintzan ere. María Eugenia Tabernak dionez, haiek dena partekatzen zuten, nahiz eta Tabernak Leica bat erabili eta Ardanazek bere Rolleiflexa nahiago izan, eta ziur aski beren ikaskuntza teknikoa ere partekatua izango zen.

Ardanazen biblioteka, Nafarroako Museoari dohaintzan emana, Francisco Javier Zubiaur Carreñok aztertu zuen, eta Espainiako Gerra Zibilaren aurreko edukia, urria izan arren, oso argigarria zaigu Tabernaren prestakuntza-aldia ere ulertzeko. Bitxia bada ere, Ardanazen bibliotekari buruz argitaratutako inbentarioan Wolffen eskuliburua agertzen da, 1934koa, baina alemanezko bertsioan, frantsesezkoa baino lehen argitaratu zena. Seguraski Ardanazek eskuratu izanak bi lagunen grina piztu zuen, eta Tabernak frantseseko edizioa erostea eragingo zuen. Ardanazen gustu pertsonalekin bat datozen gaiak jorratzen dituzten argitalpenez gain (publizitatea, adibidez), bere bibliotekan *Photography year book*, 1935 ere badago, 1936an London Cosmpolitan Pressek argitaratua, eta, zalantzarik gabe, liburu horrekin urte hartan argazkigintzarekin lotutako hainbat gaitan (erretratua, paisaia, natura hila...) nazioartean garatutako estiloaz blaitzeko aukera izan zuten bi-biek.

Honako hauek ere eragin handia izan zuten Tabernaren estiloan: publizitatea, aldizkari ilustratuak eta argazkigintza zinematografikoa, hau da, 30eko hamarkadaren erdialdean gure herrialdean garatzen zen kultura bisuala, herritar guz-

mida masivamente por todos los ciudadanos, pues había invadido las calles, comercios, publicaciones…

Es muy probable que Taberna recibiese de alguno de sus dos amigos alguna clase magistral de tipo práctico en el uso de la Leica, como la que él mismo le dio a su hija María Eugenia 40 años después: «Mi padre me enseñó a hacer fotos con su vieja Leica antes de irme a Japón (1973). Nos fuimos a la "media luna" (famoso parque de Pamplona) y me explicó, "así con sol radiante, así sol medio", etc. Yo me compré una Nikon, que además ya tenía el fotómetro incorporado, y en Japón todas las fotos me salieron bien» (María Eugenia Taberna Belzunce, entrevista oral, 19 de mayo de 2023). Sin embargo, a pesar de su pasión fotográfica, la afición artística de Taberna era aún más amplia, e incluiría durante toda su vida adulta la pintura, los museos y el coleccionismo de antigüedades, lo que nos da idea de su sensibilidad y cultura visual, que dejarían su huella en su obra fotográfica.

«No admiraba a fotógrafos, sino a pintores. Le gustaban los flamencos, como Brueghel y El Bosco. También el estilo románico y el gótico. También pintaba, aunque no lo hiciera bien, pero pintaba. Muchas veces iba con Nicolás (Ardanaz) a pintar al campo. No compraba ni coleccionaba fotos, pero sí antigüedades: las compraba sobre todo en Estella (Peral) y en Pamplona (Agapito)».

María Eugenia Taberna Belzunce, entrevista oral, 19 de mayo de 2023.

«Ez zituen argazkilariak miresten, margolariak baizik. Flandestarrak gustatzen zitzaizkion, Brueghel eta Hieronymus Bosch, esaterako. Estilo erromanikoa eta gotikoa ere bai. Margotu ere egiten zuen, ongi egiten ez bazuen ere, baina margotu egiten zuen. Askotan joaten zen Nicolasekin (Ardanaz) mendira margotzera. Ez zuen argazkirik erosten ez bildumatzen, baina bai antigoaleko gauzak: Lizarran (Peral) eta Iruñean (Agapito) erosten zituen batez ere».

María Eugenia Taberna Belzunce, ahozko elkarrizketa, 2023ko maiatzak 19.

tiek masiboki kontsumitzen zutena, kaleak, dendak, argitalpenak… hartu baitzituen.

Oso litekeena da Tabernak bere bi lagunetako batengandik Leicaren erabileri buruzko saio magistralen bat jaso izana, 40 urte geroago María Eugenia alabari eman ziona bezalakoa. «Aitak bere Leica zaharrarekin argazkiak ateratzen irakatsi zidan Japoniara joan baino lehen (1973). Media Lunara joan ginen (Iruñeko parke ezaguna) eta azaldu zidan: "horrela eguzki distiratsuarekin, horrela tarteko eguzkiarekin", etab. Nik Nikon bat erosi nuen, gainera fotometroa erantsita zeukan, eta Japonian argazki guztiak ongi atera zitzaizkidan» (María Eugenia Taberna Belzunce, ahozko elkarrizketa, 2023ko maiatzak 19). Dena den, nahiz eta argazkigintzarako grina izan, Tabernaren zaletasun artistikoa are zabalagoa zen, eta helduaroan zehar margolaritza, museoak eta antigoaleko gauzen bildumazaletasuna barne hartuko zituen. Horrek bere sentsibilitatearen eta kultura bisualaren ideia ematen digu, bere lan fotografikoan bere arrastoa utziko zuena.

TABERNA, FOTÓGRAFO DURANTE LA GUERRA

TABERNA, ARGAZKILARIA GERRAN ZEHAR

Los años 20 y 30 son años de una gran efervescencia cultural y artística a la que no es ajena la fotografía, siempre a caballo entre arte y oficio documental. Diferentes estilos, corrientes y enfoques conviven y se entremezclan, y donde los fotógrafos, en su periplo formativo y artístico, crean su propio punto de vista y alternan entre estilos y temas, contribuyendo así a la generación de nuevas tendencias. Por ejemplo, desde 1925 en Alemania aparece la fotografía cándida o *Foto live*, desarrollado por Erich Salomon, que se caracteriza por mostrar sujetos de manera espontánea, en su día a día. La fotografía directa o *Straight Photography*, por su parte, buscó reivindicar las características artísticas, sin

20ko eta 30eko hamarkadak loraldi kultural eta artistiko handiko urteak izan ziren, eta argazkigintza ere horren parte izan zen, artearen eta lanbide dokumentalaren artean baitago beti. Estilo, korronte eta ikuspegi desberdinak elkarrekin bizi eta nahasten dira, eta argazkilariek, beren bidaia formatibo eta artistikoan, ikuspuntu propioa sortu eta estiloak eta gaiak txandakatzen dituzte, joera berriak sortzen lagunduz. Esate baterako, 1925az geroztik, Alemanian Erich Salomonek garatutako argazkigintza xaloa edo *Foto live* agertuko da, subjektuak modu espontaneoan, beren eguneroko bizitzan, erakustea ezaugarri duena. Zuzeneko argazkigintzak edo *Straight Photography*k, aldiz, ezaugarri artistikoak aldarrikatu

24

compararse con otros medios y sin más artificios que sus propios medios técnicos. Sus iniciadores fueron los fotógrafos Alfred Stieglitz y Paul Strand, entre otros. En esta tendencia eran habituales las fotografías realizadas en exteriores, con breves tiempos de exposición. Además, en el caso de realizar algún retrato, permitían al modelo posar con naturalidad. A mediados de los años 20 aparece en Alemania otro movimiento, el de la Nueva Objetividad o *Neue Sachlichkeit,* que incluye la Nueva Fotografía, que busca retratar la esencia de la realidad. Así, alrededor de 1930 August Sander retrata el orden social alemán a través de grupos de población: albañiles, músicos, burócratas, bailarines, industriales, etc.

Como veremos, todas estas tendencias serán rastreables en el estilo de Sebastián Taberna, influenciado lógicamente por las modas y corrientes artísticas de la época. Pero además, por sus circunstancias como combatiente en la Guerra Civil española, sus conocimientos de técnica y su posesión de una cámara Leica propia, Sebastián Taberna se convierte, primero de forma voluntaria, y muy pronto de forma oficial, en fotorreportero o reportero gráfico de la contienda. Y no cualquier contienda. Y es que «La Guerra Civil Española supuso un antes y un después en la historia del fotoperiodismo mundial» (Parras y Cela, 2014: 114), debido al auge de las agencias y revistas ilustradas que realizaron una campaña de comunicación global en la que las cámaras compactas, como la Leica y la Rolleiflex, tuvieron un papel determinante.

Sebastián no forma parte de los combatientes de primera línea más que unas semanas. Pronto su trabajo como conductor y panadero le libran de los horrores de la trinchera, los asaltos a posiciones y los francotiradores. Su cámara Leica, con la que ya estaba experimentando, pasa a formar parte de su cotidianeidad y pronto le granjea también el título de fotógrafo oficial. Con ella retrata lo que ve tras la batalla, la vida cotidiana de los combatientes, su enfermedad, su muerte, los duros traslados de una ciudad a otra, etc.

Su interés cuando fotografía no es publicar en ninguna revista, ni mandar los negativos a su agencia de prensa. Taberna no es un fotoperiodista profesional. Es un combatiente que practica la fotografía *amateur,* un fotógrafo de campaña, si bien como ya hemos visto, cuenta con una formación estética y visual muy evidente.

Su motivación es puramente personal. A pesar de tener unas instrucciones que cumplir, es un fotógrafo que principalmente fotografía para sí mismo, en una suerte de necesidad de procesar todo lo que está viviendo, pasarlo por el tamiz de la belleza de las imágenes y de la seguridad del oscuro cuarto de revelado. La fotografía va a ser para él, desde el momento en que se lleva su cámara al ser movilizado, una evidente vía de escape. Podemos apreciar como disfruta con composiciones y tomas, iluminaciones, reflejos; observando a hombres y mujeres con los que coincide, ejercitando su pericia. En algunas ocasiones retrata a sus compañeros, realiza copias positivas y se las regala, o incluso plasma retratos *perimortem* a petición de los soldados heridos. En otras, sus superiores le

nahi izan zituen, beste baliabide batzuekin alderatu gabe eta artifiziorik erabili gabe, bere baliabide teknikoak baino ez. Alfred Stieglitz eta Paul Strand argazkilariak izan ziren abiarazleetako batzuk. Joera horretan ohikoak ziren kanpoan egindako argazkiak, esposizio-denbora laburrekoak. Gainera, erretraturen bat eginez gero, modeloari naturaltasunez posatzeko aukera ematen zitzaion. 20ko hamarkadaren erdialdean beste mugimendu bat agertu zen Alemanian, Objektibotasun Berria edo *Neue Sachlichkeit* izenekoa, Argazkigintza Berria barne hartzen duena, errealitatearen esentzia erretratatzea helburu duena. Hala, 1930 inguruan, August Sanderrek Alemaniako ordena soziala erretratatuko du, biztanleria-taldeen bitartez: igeltseroak, musikariak, burokratak, dantzariak, industrialak, etab.

Ikusiko dugun moduan, joera horiek guztiak Sebastián Tabernaren estiloan antzemango ditugu, garai hartako bolada eta korronte artistikoen eraginez. Baina, horrez gain, Espainiako Gerra Zibileko borrokalaria izateagatik, zituen teknika-ezagutzengatik eta Leica kamera baten jabe izateagatik, Sebastián Taberna, hasiera batean borondatez, eta berehala ofizialki, gatazkako argazki-erreportari edo erreportari grafiko bihurtu zen. Eta ez zen edonolako gatazka. Izan ere, «Espainiako Gerra Zibila mugarri izan zen argazki-kazetaritzaren munduko historian» (Parras eta R. Cela, 2014: 114), agentzia eta aldizkari ilustratuen gorakadaren ondorioz, komunikazio-kanpaina globala egin baitzuten, eta kamera konpaktuek, Leicak eta Rolleiflexek kasu, berebiziko garrantzia izan zuten.

Sebastiánek aste batzuk baino ez zituen emango lehen lerroko borrokalarien artean. Laster, gidari- eta okin-lanak lubakiko izugarrikerietatik, posizioei egindako erasoetatik eta frankotiratzaileetatik urrunduko dute. Bere Leica kamera, jada probatzen ari zena, bere egunerokotasunaren parte bihurtuko da eta laster argazkilari ofizialaren titulua ere emango dio. Besteak beste, guduaren ondoren ikusten duenaren, borrokalarien eguneroko bizitzaren, haien gaixotasunen, heriotzaren eta hiri batetik besterako lekualdatze gogorren argazkiak egingo ditu bere Leicarekin.

Argazkiak egiten dituenean, ez du inongo aldizkaritan argitaratzeko interesik, ezta bere prentsa-agentziara negatiboak bidaltzekoa ere. Taberna ez da argazki-kazetari profesionala. Argazkilaritza amateurra egiten duen borrokalaria da, kanpainako argazkilaria, nahiz eta, bistan denez, oso prestakuntza estetiko eta bisual handia izan.

Bere motibazioa pertsonala baino ez da. Nahiz eta bete beharreko jarraibide batzuk izan, batez ere norberarentzat argazkiak egiten dituen argazkilaria da, bizitzen ari den guztia prozesatzeko halako premia batean, irudien edertasunaren eta errebelatze-gela ilunaren segurtasunaren galbahetik pasatzekoa. Argazkigintza, argi eta garbi, ihesbide bat izango da berarentzat, mobilizatua izatean kamera berarekin eramaten duenetik. Konposizio eta hartualdiekin, argiztapenekin eta erreflexuekin nola gozatzen duen ikus dezakegu; inguruan ikusten dituen gizon-emakumeak behatuz, trebatuz. Zenbaitetan, lankideak erretratatzen ditu, 25 kopia positiboak egiten ditu eta oparitu egiten ditu edo are *perimortem* erretratuak ere egiten ditu, zaurituako soldaduei hala eskatuta. Beste batzuetan, bere

piden que documente ciertos eventos y personajes destacados. Sin duda Taberna fue muy consciente del valor de sus fotografías, de todo aquello que estaba inmortalizando.

Taberna no tiene una mirada fría y objetiva como la que se ha descrito en ocasiones para otros fotógrafos de la Guerra Civil española, especialmente aquellos del bando sublevado o en el caso de profesionales extranjeros de agencias internacionales que podían permitirse un cierto distanciamiento emocional de aquello que estaban fotografiando. Es un fotógrafo español combatiente que retrata regiones de su país en guerra, que se desplaza con las tropas y el frente, que vive y sufre el impacto del conflicto en primera persona. Tampoco por estar en el bando sublevado tiene menos interés por retratar el conflicto que otros fotógrafos españoles que actuaron en apoyo del gobierno republicano, como Centelles, Alfonso Sánchez Portela o el colectivo Hermanos Mayo, por citar tan solo algunos. Taberna se implica en retratar lo más crudo de la guerra, pero también lo más cotidiano, esos resquicios en los que la vida de las personas sigue y la humanidad le gana terreno al horror.

Materias y técnicas utilizadas por Sebastián Taberna

La llegada de la cámara Leica en 1925 supuso una revolución para el ámbito artístico y aficionado de la fotografía. Pero no solo desde el punto de vista artístico y de resultados. Como indica Valentín Sama, la introducción comercial de la cámara Leica en 1925 constituyó el inicio de una revolución en los reveladores y las películas debido al pequeño tamaño de su fotograma (de tan solo 2,4 x 3,6 cm) frente a los formatos de placa negativo sobre soporte flexible imperantes en la época, de 6 x 9 cm y 9 x 12 cm. La primera reacción comercial vino de la firma Perutz, que casi de inmediato creó la película «Perutz-Leica Special Film», pronto rebautizada como «Perutz Fine Grain Antihalo Film». Aparecía así por primera vez el término grano fino, necesario en el caso de la Leica para que el usuario pudiera realizar ampliaciones de las tomas sin perder calidad ni definición.

La Leica supuso también una revolución por su uso ágil y espontáneo. Usaba «una película del mismo ancho y perforaciones que la cinematográfica de 35 mm; el llamado después "paso universal". El negativo va arrollado dentro de un chasis, que lo protege de la luz y permite cargarlo rápidamente en la cámara en cualquier situación. Con el carrete como unidad de trabajo es posible hacer hasta 36 exposiciones seguidas. Gracias a ello, el fotógrafo puede salir a la calle con gran libertad de movimientos (sin trípode) y autonomía (sin cargar con pesadas placas que se colocaban y retiraban de la cámara una a una y a oscuras para no velarlas)» (Tranche y Heras, 2016: 8). De esta manera, el fotógrafo podía

nagusiek gertaera eta pertsonaia garrantzitsu jakin batzuk dokumentatzeko eskatzen diote. Zalantzarik gabe, Taberna bere argazkien balioaz, hilezkortzen ari zen guztiaz jabetzen zen.

Tabernak ez du begirada hotz eta objektiborik, batzuetan Espainiako Gerra Zibileko beste argazkilari batzuen moduan, bereziki matxinatuen alderdikoen edo nazioarteko agentzietako profesional atzerritarren kasuan, irudietan islatzen zutenarekiko nolabaiteko urruntze emozionala izan zezaketelako. Espainiako argazkilari borrokalaria da, gerran dagoen bere herrialdeko eskualdeak erretratatzen dituena, tropekin eta frontearekin batera tokialdatzen dena, gatazkaren ondorioak zuzenean bizi eta pairatzen dituena. Matxinatutako bandoan egoteagatik ez du interes gutxiago gatazka erretratatzeko gobernu errepublikarraren alde egin zuten beste argazkilari espainiar batzuek baino, hala nola Centelles, Alfonso Sánchez Portela edo Hermanos Mayo kolektiboak, gutxi batzuk aipatzearren. Tabernak gerrako alderdirik gordinenak erretratatzen ditu, baina baita ohikoenak ere, zirrikitu horiek non pertsonen bizitzek aurrera jarraitzen duten eta gizateria izugarrikeriari nagusitzen zaion.

Sebastián Tabernak erabilitako materiak eta teknikak

1925ean Leica kamera iristeak argazkigintzaren eremu artistiko eta afizionatua goitik behera aldatu zituen. Baina ez bakarrik artearen eta emaitzen ikuspegitik. Valentín Samak adierazten duen bezala, 1925ean Leica kameraren sarrera komertzialak errebelatzaileen eta filmen iraultzaren hasiera eragingo zuen, fotogramaren tamaina txikia zela eta (2,4 x 3,6 cm besterik ez), garai hartan nagusi ziren euskarri malguaren gaineko negatiboko plaka-formatuen aldean, 6 x 9 cm eta 9 x 12 cm-koak. Lehen erreakzio komertziala Perutz enpresarena izan zen, izan ere, berehala «Perutz-Leica Special Film» sortu baitzuten, handik gutxira «Perutz Fine Grain Antihalo Film» deituko zutena. Horrela agertzen zen lehen aldiz pikor xehea terminoa, beharrezkoa Leicaren kasuan, erabiltzaileak hartualdiak handitu ahal izateko kalitaterik eta definiziorik galdu gabe.

Leica erraz eta espontaneoki erabili ahal izateak ere iraultza ekarri zuen. «35 mm-ko film zinematografikoaren zabalera eta zulo berdineko pelikula bat erabiltzen zuen; ondoren "neurri unibertsala" esango zitzaiona. Negatiboa txasis baten barruan kiribilduta dago. Txasis horrek argitik babesten du, eta edozein egoeratan ganberan azkar kargatzeko aukera ematen du. Karretea lan-unitate gisa hartuta, 36 esposizio egin daitezke jarraian. Horri esker, argazkilaria kalera irten daiteke mugitzeko askatasun handiz (tripoderik gabe) eta autonomiaz (kameran banan-banan eta ez belatzeko ilunpetan jarri eta kentzen ziren plaka astunekin kargatu gabe)» (Tranche eta Heras, 2016: 8). Era horretan, argazkilariak

realizar varias fotos cambiando la toma, y desplazarse de lugar rápidamente, junto con la acción.

Sebastián Taberna, al contrario que su amigo Ardanaz, reveló y positivó durante sus estancias en el frente y sus continuos desplazamientos a la retaguardia. Como bien indica Pablo Larraz, era consciente de la alegría y el especial valor que daban sus compañeros combatientes a tener fotos de sus compañeros, o de sí mismos, para enviar a la familia. También podía necesitar entregar positivos a los altos mandos, que en ocasiones le solicitaban documentar ciertas posiciones, retratar a altos mandos militares, o movimientos de tropas.

Sebastián Taberna se movilizó el mismo julio de 1936, y pronto es nombrado chófer por su experiencia como conductor, haciendo de enlace e intendencia. No es hasta diciembre del 36 que es nombrado fotógrafo oficial del Cuartel General de Sigüenza. Y no sería hasta diciembre de ese mismo año que iniciaría su libreta negra, un pequeño cuadernito manuscrito en el que anotó sistemáticamente cada rollo con su contenido, lugares y personajes representados, sus fechas y la película y revelador utilizado. El cuadernito, en su primera página, tiene una portada muy significativa: «Sebastián Taberna Arregui / (Requeté) / Fotógrafo oficial del Cuartel General de Sigüenza. / División de Soria / 23-12-36». Y abajo, con otra letra más caligráfica y en mayúsculas, otra mano parece haber anotado «Viva España / Viva Cristo Rey». Sebastián apunta «Relación de fotos hechas con la Leica desde el 19 de julio y sus características», lo que nos da idea de su intención de dejar un registro sistemático. Y en el caso del rollo 16, fechado el 1 de enero de 1937, indica «primer rollo impresionado oficialmente», es decir, a partir de ahí ya es fotógrafo oficial, los anteriores los realiza por iniciativa propia. También indica aquellas fotografías que toma Ardanaz, por ejemplo en el rollo 6.

Su pericia técnica y su dominio del revelado y el fijado se nos hacen innegables si pensamos que estaba realizando estas tareas en lugares improvisados y cercanos a los combates. Un curioso artículo de la revista *El progreso fotográfico*, titulado «El revelado en los viajes», publicada en otoño de 1935, sale en nuestro auxilio para ayudarnos a conformar una idea de cómo podría ser su laboratorio móvil, pues el caso resulta totalmente extrapolable. Esta revista estaba dirigida supuestamente a profesionales de la fotografía, pero en la práctica, la leían muchos fotógrafos *amateur* y sus artículos eran de lo más diverso, desde reflexiones sobre fórmulas de revelado a recomendaciones para fotografía policial. En este artículo en concreto se recomendaba a los lectores que estuvieran de viaje revelar sus negativos sobre la marcha, uno mismo, para evitar el maltrato de los mismos por comerciantes poco cuidadosos, o su velado accidental. Para ello eran necesarios un termómetro para controlar la temperatura y por tanto el tiempo de revelado, cubetas, reveladores, fijadores, pinzas metálicas y pequeñas cajas metálicas para conservar el negativo ya revelado, listo para sacar copias positivas mediante la ampliadora.

hainbat argazki egin zitzakeen hartualdia aldatuz, eta azkar lekuz aldatu, ekintzarekin batera.

Sebastian Tabernak, bere lagun Ardanazek ez bezala, frontean egindako egonaldietan eta atzegoardiara egindako etengabeko joan-etorrietan errebelatu eta positibatu zuen. Pablo Larrazek ongi adierazten duen moduan, bazekien bere gudarikideek poza eta balio berezia ematen ziotela haien kideen edo haien buruen argazkiak izateari senideei bidaltzeko. Baliteke, halaber, goi-agintariei positiboak eman behar izana, batzuetan posizio jakin batzuk dokumentatzeko, goi-agintari militarrei erretratuak egiteko edo tropen mugimenduei argazkiak egiteko eskatzen baitzioten.

Sebastián Taberna 1936ko uztailean bertan mobilizatu zen, eta laster txofer izendatu zuten gidari gisa zuen eskarmentuagatik, eta bitarteko- eta intendentzia-lanak egingo zituen. 36ko abendura arte ez zuten Sigüenzako Kuartel Nagusiko argazkilari ofizial izendatu. Eta urte bereko abendura arte ez zuen bere libreta beltza hasiko; eskuz idatzitako koadernotxo txiki bat, non argazki-film bakoitza bere edukiarekin idatzi zuen sistematikoki, irudikatutako leku eta pertsonaiekin, datekin eta erabilitako pelikula eta errebelatzailearekin. Koadernotxoak, lehen orrialdean, oso azal esanguratsua du: «Sebastián Taberna Arregui / (Erreketea) / Sigüenzako Kuartel Nagusiko argazki ofiziala. / Soriako Dibisioa / 23-12-36». Eta behean, letra kaligrafikoagoarekin eta larriz, beste esku batek «Biba Espainia / Biba Kristo Erregea» idatzi duela dirudi. Sebastiánek «Uztailaren 19tik aurrera Leicarekin egindako argazkien zerrenda eta haien ezaugarriak» idazten du, eta horrek erregistro sistematiko bat uzteko asmoa zuela iradokitzen digu. Eta 16. biribilkiaren kasuan, 1937ko urtarrilaren 1ean datatua dagoenean, «ofizialki inpresionatutako lehen biribilkia» adierazten du, alegia, hortik aurrera jada argazkilari ofiziala da, eta aurrekoak bere ekimenez egiten ditu. Halaber, Ardanazek egindako argazkiak zeintzuk diren ere adierazten du, esate baterako, 6. biribilkian.

Bere trebetasun teknikoa eta errebelatua eta finkatua menperatzen zituela ukaezina da gogoan badugu lan horiek borrokaldietatik gertu inprobisatuko tokietan egiten zituela. *El progreso fotográfico* aldizkarian 1935eko udazkenean argitaratutako «El revelado en los viajes» izeneko artikulu bitxi bat lagungarri zaigu haren laborategi mugikorra nolakoa izan zitekeen azaltzen laguntzeko, kasua guztiz estrapolagarria baita. Aldizkari hori ustez argazkigintzako profesionalei zuzenduta zegoen, baina praktikan, argazkilari amateur ugarik irakurtzen zuten, eta artikuluak askotarikoak ziren, errebelatze-formulei buruzko gogoetetatik hasita argazki polizialetarako gomendioetaraino. Artikulu horretan, zehazki, bidaian zeuden irakurleei negatiboak argazkiak egin ahala errebelatzea gomendatzen zitzaien, norberak, kontu gutxi izan ohi zuten merkatarien tratu txarrak edo ustekabeko belatuak ekiditeko. Horretarako, tenperatura kontrolatzeko eta, beraz, errebelatzeko denbora, termometro bat behar zen, kubetak, errebelatzaileak, finkagailuak, metalezko pintzak eta metalezko kaxa txikiak, jada errebelatutako

27

Respecto al revelador, en aquel momento estaban disponibles reveladores líquidos concentrados, contenidos en pequeñas ampollas, que simplemente se volcaban en la cubeta llena de agua. Más prácticos eran los reveladores en polvo, ya que había que efectuar dos diluciones por separado y luego juntarlas. Los fijadores, preferiblemente a la sal de plomo, se vendían en cajas o cartuchos, en dosis para un litro.

Según *El progreso fotográfico*, la propia habitación de hotel, durante la noche, era el lugar ideal para revelar durante un viaje. Y así sabemos que lo hacía Sebastián Taberna, tanto para el procedimiento de revelado como para el de positivado, ya que conservamos dos fotografías de sus improvisados estudios fotográficos, uno

Portadilla interior de la «libreta negra» utilizada por Sebastián Taberna.
Archivo Taberna Belzunce.

Sebastián Tabernak erabilitako «libreta beltzaren» barruko atari-aurrea.
Taberna Belzunce Artxiboa.

negatiboa gordetzeko, handigailuaren bidez kopia positiboak ateratzeko prest.

Errebelatzaileari dagokionez, une hartan errebelatzaile likido kontzentratuak zeuden, anpoila txikietan, eta urez betetako kubetan iraultzen ziren. Hauts-errebelatzaileak praktikoagoak ziren, bi diluzio egin behar baitziren bereizita, eta gero elkartu. Finkagailuak, ahal izanez gero berunezko gatzarekin, kaxetan edo kartutxoetan saltzen ziren, litro baterako dosian.

*El progreso fotográfico*ren arabera, hoteleko gela bera, gauez, leku ezin hobea zen bidaia batean errebelatzeko. Eta badakigu Sebastián Tabernak horrela egiten zuela, bai errebelatzeko bai positibatzeko, bere estudio fotografikoen inprobisatuen bi argazki kontserbatzen dituelako, bata

en una cocina, y otro en un pequeño aseo integrado en su dormitorio del hostal de Sigüenza. El acceso a un punto de agua era como hemos visto muy importante, de ahí la elección de cocinas y baños. La posibilidad que tenía como conductor y fotógrafo oficial de hospedarse con más comodidades, le permitía llevar a cabo estas actividades técnicas con mejores garantías, si bien también se tiene noticia de que Taberna realizaba estas actividades en un furgón o camioneta con los cristales tapados (Larraz y Sierra-Sesúmaga, 2018: 481).

Según su libreta de anotaciones, Sebastián tenía acceso a diversas marcas de negativos en formato rollo, específicas para el uso en una cámara como la suya. Es decir, no eran negativos en soporte flexible en formato placa, sino negativos más pequeños, que se cargaban en la cámara y se iban «pasando» conforme se hacían fotografías. En su libreta menciona el uso de los siguientes rollos de película: Agfa Isopan, Agfa Isochro; Perutz Perpantic, Perutz Peromnia (descritas ambas como película pancromática), Kodak Panatonic; y Agfa Rectepan.

En cuanto al revelador utilizado, el que menciona con mayor frecuencia es probablemente uno con base de parafenilenodiaminaglicina o parafenilendiamina, que abrevia en su libreta como «Paraf°», mientras que en sus notas aparece con menor frecuencia el revelador Perutz de grano fino. Era lo más utilizado en la época para revelar grano fino, si atendemos a las instrucciones de la ya mencionada revista *El progreso fotográfico*, en combinación con la glicina y el sulfito de sodio anhidro. Contamos con una hojita mecanografiada con una fórmula magistral para revelador, conservada en el libro de Wolff propiedad de Taberna, que desgrana precisamente estos componentes.

sukalde batean eta bestea Sigüenzako ostatuko bere logelako komun txikian. Arestian aipatu dugun moduan, ur-puntu baterako sarbidea izatea oso garrantzitsua zen, eta horregatik aukeratu zituen sukaldeak eta bainugelak. Gidari eta argazkilari ofizial gisa erosotasun gehiagorekin ostatu hartu ahal izateak aukera ematen zion jarduera tekniko horiek berme handiagoekin egiteko, nahiz eta jakin badakigun Tabernak jarduera horiek furgoi edo kamioneta batean ere egiten zituela kristalak estalita (Larraz eta Sierra-Sesúmaga, 2018: 481).

Bere ohar-liburuxkaren arabera, Sebastiánek negatiboen hainbat marka zituen eskura biribilki formatuan, berea bezalako kamera batean erabiltzeko espezifikoak. Hau da, ez ziren plaka-formatuko euskarri malguko negatiboak, baizik eta negatibo txikiagoak, kameran kargatu eta argazkiak atera ahala «pasatzen» zirenak. Bere liburuxkan honako film-biribilkien erabilera aipatzen du: Agfa Isopan, Agfa Isochro; Perutz Perpantic, Perutz Peromnia (bi-biak film pankromatiko gisa deskribatuak), Kodak Panatonic; eta Agfa Rectepan.

Erabilitako errebelatzaileari dagokionez, maizen aipatzen duena parafenilenodiaminaglizina edo parafenilendiaminazko oinarria duen bat izango da seguruenik, bere libretan «Paraf°» gisa laburtzen duena; bere oharretan gutxien agertzen dena, aldiz, pikor xeheko Perutz errebelatzailea da. Garai hartan pikor xehea errebelatzeko gehien erabiltzen zena zen, *El progreso fotográfico* aldizkariaren jarraibideei erreparatuz gero, glizinarekin eta sodio sulfito anhidroarekin batera. Orritxo mekanografiatu bat dugu, errebelatzailerako formula magistral batekin, Tabernaren jabetzako Wolffen liburuan kontserbatua, osagai horiek xehatzen dituena.

28

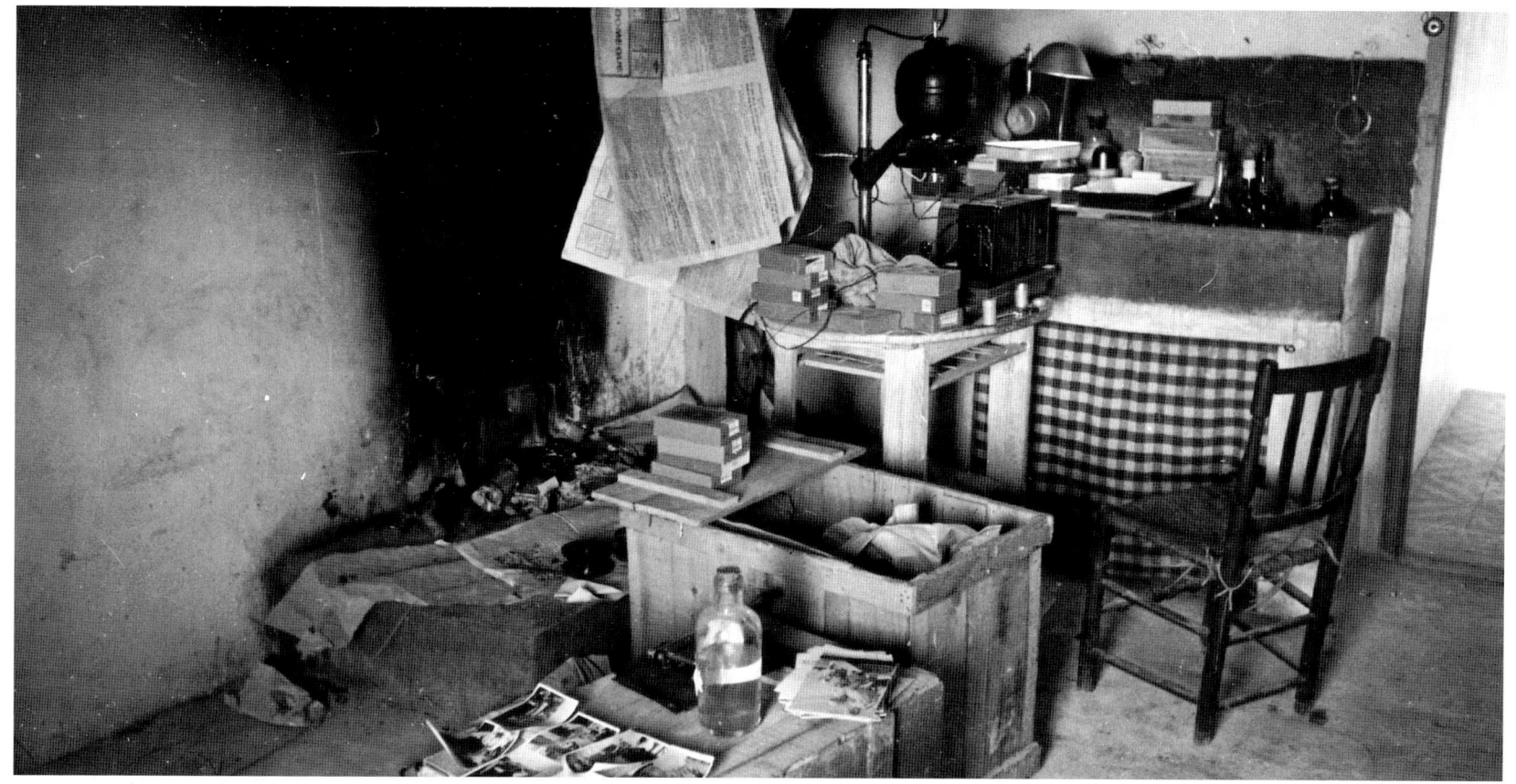

Laboratorio de campaña de Sebastián Taberna Arregui instalado en Jadraque (Guadalajara). Fotografía realizada en junio de 1937.

Foto Sebastián Taberna, Archivo Taberna Belzunce.

Sebastián Taberna Arreguiren kanpainako laborategia, Jadraquen (Guadalajara) kokatua. 1937ko ekainean egindako argazkia.

Argazkia Sebastián Taberna Arregui, Taberna Belzunce Artxiboa.

Además, en las páginas finales de libreta negra aporta información interesantísima al respecto de sus materiales de revelado. Apunta fórmulas para revelar película de grano fino, refiriéndose tanto al uso de la cámara Leica como de la Rolleiflex. Anota gramos, temperaturas, tiempos... de manera extremadamente cuidadosa. Incluso, en una de las páginas, indica que una fórmula concreta de revelador está tomada «del libro de Wolff». En otra de las páginas nos da una información de gran interés: un ejemplo de compra de material fotográfico con cargo al Cuartel General de Sigüenza, recibido el 1 de enero de 1937; papel fotográfico comprado en Aranda de Duero, y aparte, comprado en Casa Ceferino de Vitoria, 200 papeles fotográficos para positivar, en formato tarjeta postal (quizá destinadas a repartir copias a sus compañeros, para que pudieran después enviarlas por correo), 4 rollos Agfa y un álbum para fotografías. Como vemos, un acceso realmente privilegiado a material de negativos, revelado, positivado y fijado.

Gainera, libreta beltzaren azken orrialdeetan oso informazio interesgarria ematen du errebelatzeko erabiltzen zituen materialei buruz. Pikor xeheko filma errebelatzeko formulak idazten ditu, Leica kameraren eta Rolleiflexaren erabilera aipatuz. Gramoak, tenperaturak, denborak... kontu handiz idazten ditu. Are gehiago, orrialde batean, errebelatzailearen formula jakin bat «Wolffen liburutik» hartuta dagoela adierazten du. Beste orrialde batean, oso informazio interesgarria ematen digu: Sigüenzako Kuartel Nagusiaren kargurako material fotografikoaren erosketaren adibide bat, 1937ko urtarrilaren 1ean jasoa; Aranda de Dueron erositako argazki-papera, eta, horrez gain, Gasteizko Casa Ceferinon erosia, positibatzeko 200 argazki-paper, posta-txartel formatuan (agian gudarikideei kopiak banatzeko, ondoren postaz bidaltzeko aukera izan zezaten), 4 Agfa biribilki eta argazkietarako album bat. Bistan denez, negatiboen, errebelaturako, positibaturako eta finkatzerako materialerako sarbide pribilegiatua benetan.

La definición que hacía la publicidad de la época de una película como la Agfa Isochrom, que usaba Taberna en ocasiones, es muy significativa: súper ortocromática, ultrarrápida, de grano fino y anti-halo. Gracias a su amplio margen, eliminaba prácticamente los errores de exposición, incluso con luces poco favorables. Se definía como ideal para la cámara Leica, con una emulsión finísima que permitía grandes ampliaciones. Aunque también aseguraba funcionar con cámaras de objetivos más sencillos. También, según la publicidad, aseguraba una reproducción fiel de los colores por medio de contrastes de blanco y negro. En cambio, la Agfa Isopan, que también tenemos constancia que utilizó, tenía diferentes presentaciones para ser usada en condiciones de poca luz y necesidad de captar mejor el movimiento, algo que podemos observar en carretes como el 23 y el 24, en los que fue utilizada según sus anotaciones.

Es obvio que Taberna, además de tener un mejor acceso a materiales por encontrarse en las líneas sublevadas, zonas geográficas en las que no escaseó el material fotográfico gracias a la conexión con Alemania, supo elegir las películas más apropiadas para sacar el mayor partido posible a su cámara y a todas sus posibilidades técnicas. Además, a pesar de ser *amateur*, realizó él mismo todas las tareas de revelado de los negativos y de positivado de las copias, en no pocas ocasiones estando de viaje o alojado de manera temporal.

Listado mecanografiado de materiales para revelado y positivado aparecido en el interior del ejemplar del manual de Wolff de Sebastián Taberna y notas de la «libreta negra», manuscritas de Sebastián Taberna, con materiales adquiridos en campaña.

Archivo Taberna Belzunce.

Garai hartan Agfa Isochrom bezalako film baten publizitateak –Tabernak batzuetan erabiltzen zuen filma– egiten zuen definizioa oso esanguratsua da: super ortokromatikoa, ultralasterra, pikor xehekoa eta haloaren aurkakoa. Bere marjina zabalari esker, ia erabat ezabatzen zituen esposizio-akatsak, baita oso mesedegarriak ez ziren argiekin ere. Leica kamerarako ezin hobea zela esaten zen, handitze handiak ahalbidetzen zituen emultsio fin-fina baitzuen. Hala ere, objektibo xumeagoko kamerekin ere funtzionatzen zuela ziurtatzen zen. Publizitatearen arabera, koloreen erreprodukzio zorrotza ere ziurtatzen zuen, zuri-beltzeko kontrasteen bidez. Alabaina, Tabernak ere erabili zuen Agfa Isopanek hainbat esposizio zituen argi gutxiko egoeretan erabiltzeko eta mugimendua hobeto atzemateko. Hori 23. eta 24. biribilkietan ikus dezakegu, oharren arabera haietan erabili baitzen.

Agerikoa da Tabernak materialetarako sarbide hobea zuela matxinatutako lerroetan zegoelako, Alemaniarekiko konexioari esker argazkigintzako materiala urria ez zen eremu geografikoetan alegia, eta, gainera, kamerari eta eskaintzen zituen aukera tekniko guztiei etekinik handiena ateratzeko film egokienak aukeratzen jakin zuela. Gainera, amateurra bazen ere, berak egin zituen negatiboak errebelatzeko eta kopiak positibatzeko lan guztiak, sarri bidaian edo aldi baterako ostatu hartuta zegoela.

Sebastián Tabernaren jabetzako Wolffen gidaliburuaren alearen barruan agertutako errebelatze- eta positibatze-materialen zerrenda mekanografiatua eta Sebastián Tabernak «libreta beltza»-n eskuz idatzitako oharrak, kanpainan erositako materialak jasotzen dituztenak.

Taberna Belzunce Artxiboa.

Características formales y artísticas de su producción

La pericia del fotógrafo *amateur* usando la Leica se va haciendo patente con la práctica y el paso de los meses. En sus carretes podemos admirar prácticamente su proceso de aprendizaje estético y técnico. Así, especialmente en los primeros carretes, muchas de sus fotografías están mal encuadradas, desplazadas hacia la izquierda. También hay tanteos, fotos borrosas, disparos fallidos... Taberna es un fotógrafo que acaba de hacerse con su equipo hace escasos meses, y es durante la guerra que realiza su particular proceso de puesta en práctica de los conocimientos adquiridos al leer a Wolff, y experimenta con los resultados de manera práctica. Recordemos y tengamos en cuenta lo valioso que era un disparo de cámara en estos años de fotografía analógica, y en medio de la escasez de una guerra.

Como decíamos, algunos encuadres, sobre todo en los primeros rollos, son más torpes y apresurados. Esto se ve influido también por la escasa experiencia de los modelos en el tema del posado fotográfico: muchos de ellos sería la primera vez que posaban para un retrato de grupo. También hay retratos de grupo en los que se incluye Taberna: esto nos indica que ha pasado su cámara a otra persona: la cámara es suya, la fotografía no.

En estos retratos de grupos observamos combatientes convertidos en modelos sonrientes y orgullosos posando: cigarrillos y porrones de vino, danzas y comidas compartidas ocupan muchos de los primeros carretes. Sus retratos de voluntarios masculinos y femeninos tienen un toque documental, pero sobre todo lúdico, con ese aire inocente y despreocupado de la juventud, aunque los modelos transmiten orgullo por su compromiso político y vital.

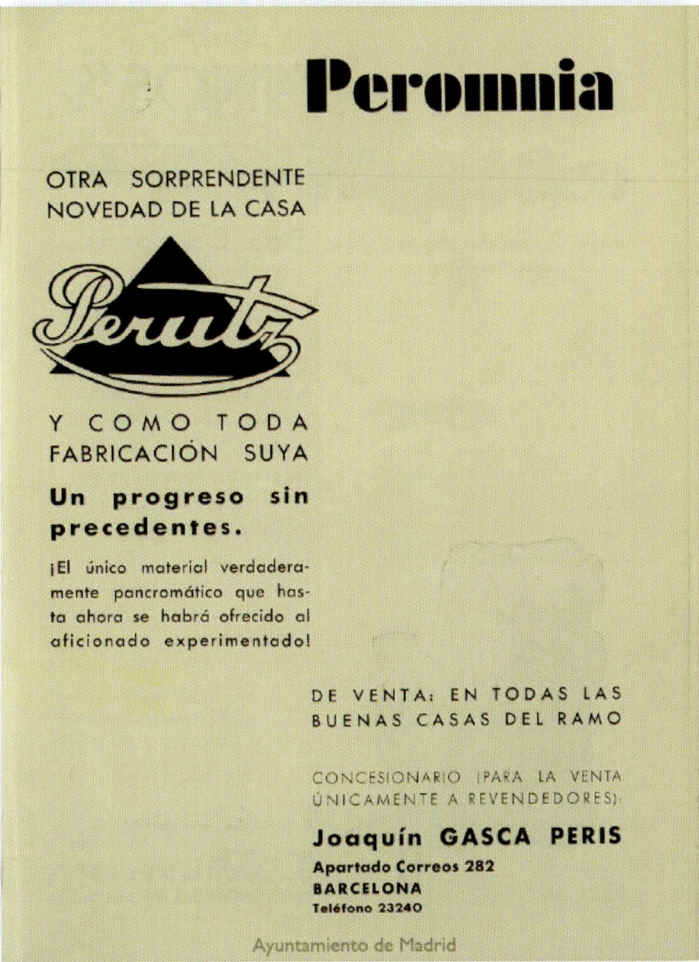

Peromnia

OTRA SORPRENDENTE NOVEDAD DE LA CASA

Perutz

Y COMO TODA FABRICACIÓN SUYA

Un progreso sin precedentes.

¡El único material verdaderamente pancromático que hasta ahora se habrá ofrecido al aficionado experimentado!

DE VENTA: EN TODAS LAS BUENAS CASAS DEL RAMO

CONCESIONARIO (PARA LA VENTA ÚNICAMENTE A REVENDEDORES):

Joaquín GASCA PERIS
Apartado Correos 282
BARCELONA
Teléfono 23240

Ayuntamiento de Madrid

Publicidad de la película pancromática Peromnia de la casa Perutz, publicada en la revista *El progreso fotográfico* de junio de 1934, vol. XV nº 164, p. 2.

Imagen Hemeroteca Municipal de Madrid.

Perutz etxearen Peromnia film pankromatikoaren publizitatea, 1934ko ekaineko *El progreso fotográfico* aldizkarian argitaratua, XV. libk., 164. zk., 2. or.

Irudia Madrilgo Udal Hemeroteka.

Bere ekoizpenaren ezaugarri formal eta artistikoak

Argazkilari amateurrak Leica erabiltzean zuen trebezia agerian geratzen da praktikarekin eta hilabeteekin. Bere karreteetan ia bere ikaskuntza estetiko eta teknikoko prozesua mirets dezakegu. Horrela bada, batez ere lehenengo karreteetan, argazki asko gaizki enkoadratuta daude, ezkerrerantz mugituta. Ez hori bakarrik, saiakerak, argazki lausoak, huts egindako kliskatzeak... ere badaude. Taberna duela hilabete gutxi ekipamendua eskuratu berri duen argazkilari bat da, eta gerra-garaian jartzen ditu praktikan Wolff irakurtzean eskuratutako ezagutzak, baita emaitzekin modu praktikoan esperimentatu ere. Gogora dezagun eta kontuan har dezagun argazkigintza analogikoko urte horietan zein baliotsua zen kamera-kliskatze bat, are gehiago gerrak eragindako eskasia bete-betean.

Esaten genuen moduan, zenbait enkoadre, batez ere lehendabiziko biribilkietan, traketsagoak eta presazkoagoak dira. Modeloek argazkietan posatzean zuten eskarmentu eskasak ere eragina zuen horretan: haietako askorentzat talde-erretratu baterako posatzen zuten lehen aldia zen. Taberna agertzen den talde-erretratuak ere badaude; horrek kamera beste norbaiti utzi diola esan nahi du: kamera berea da, argazkia ez. Talde-erretratu horietan posatzen ari diren modelo irribarretsu eta harroak bihurtutako borrokalariak ikusten ditugu: zigarroek eta ardo-porroiek, dantzek eta partekatutako otorduek lehenengo karreteetako asko hartzen dituzte. Boluntario maskulino eta femeninoen erretratuek ukitu dokumentala dute, baina batez ere ludikoa, gaztetasunak ematen duen kezkarik gabeko kutsu xalo horrekin, nahiz eta modeloek haien konpromiso politiko eta bitalarekin harro daudela transmititzen duten.

31

Sin embargo, sus fotografías alternan entre aquellas en las que se aprecia cómo la urgencia y la inmediatez del disparo prevalecen sobre la calidad estética, y otras en las que el autor puede demorarse o recrearse. En este sentido, por ejemplo nos encontramos con ciertos ensayos con los encuadres y composiciones, haciendo varios disparos de un mismo tema de manera muy rápida, hasta conseguir la toma final.

En la fotografía de Taberna es sin duda destacable el uso de planos muy cortos, propios de la propia cámara Leica. Observamos composiciones piramidales, con diagonales y puntos de fuga, que denotan su conocimiento del arte fotográfico. De hecho, en sus fotografías podemos ver escenas cuyas composiciones e incluso temática nos evocan cuadros ampliamente conocidos, de autores como Gisbert o El Greco, Velázquez... Llama mucho la atención su gusto por la exploración de efectos lumínicos: chispas, reflejos sobre láminas de agua o metales, fotografías en penumbra, contraluces... también se recrea en tomas con nieve, niebla, vapor de agua... que provocan unos efectos muy interesantes. Seguramente, algunos de ellos eran retos técnicos observados en el libro de Wolff, que se convierten para el *amateur* en formación en un objetivo a conseguir, y quizá incluso, superar.

Aquí debemos hacer un paréntesis: sabemos que Nicolás Ardanaz recibió clases de pintura del pintor navarro Javier Ciga Echandi (1877-1960), que formado en la Escuela de Artes y Oficios de Pamplona, posteriormente estudiaría en la Escuela de Bellas Artes de San Fernando en Madrid, donde sería nombrado profesor y honrado con diferentes reconocimientos. Tras viajar por Europa y tomar contacto con el impresionismo y postimpresionismo, en 1914 regresa a Navarra, abriendo la Academia Ciga, que permaneció abierta hasta el año 1956 (excepto precisamente por el paréntesis que marcan los tres años de su encarcelamiento durante la guerra). Es muy probable que Sebastián Taberna también tuviera contacto con Ciga o asistiera a su academia[1]. Curiosamente, Ciga es reconocido por recrear pictóricamente, a la manera del soplón de El Greco, efectos de luz derivados de candelas y mecheros cerca del rostro de un personaje, ya sea infantil, joven o viejo. Así ocurre en *Viejo con farol* (1911) o en *Niño fumando* (1914). Propuestas lumínicas similares aparecen en el libro de Wolff. Sebastián Taberna explorará estos efectos en algunos de sus retratos nocturnos más impresionistas, en los que aúna la nocturnidad de El Greco con la composición de Wolff.

Los diversos carretes, visionados por orden cronológico siguiendo además las indicaciones de su libreta de notas, nos ofrecen una visión progresiva y casi cinematográfica de cómo las condiciones de los combatientes se hacen cada vez más duras y precarias, y cómo el fotógrafo va ganando pericia, pero también acusando las consecuencias de esas vivencias. Pronto sus retratos de grupo se despojan de triunfalismo, y toman un protagonismo casi palpable el frío, los

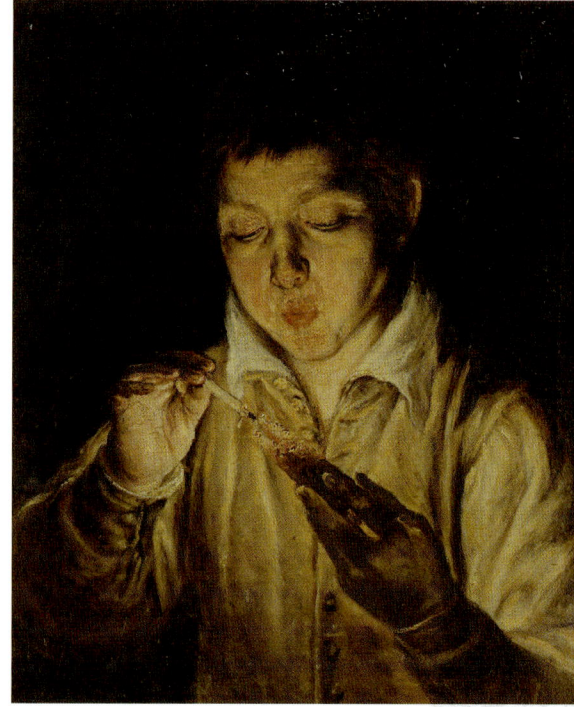

Comparativa entre el conocido como «Soplón» de El Greco (arriba); retrato de hombre encendiéndose un cigarrillo, fotografía de Wolff publicada en la página 17 de su manual de 1935 (abajo) y fotografía nocturna de combatiente con fusil encendiendo un cigarrillo, realizada en Jadraque (Guadalajara), en junio de 1937 (página siguiente).
Foto Sebastián Taberna, Archivo Taberna Belzunce.

El Grecoren «Putzegilea» (goian) delakoaren –zigarro bat pizten ari den gizonaren erretratua, Wolffen argazkia, 1935eko bere gidaliburuko 17. orrialdean argitaratua (behean)– eta 1937ko ekainean Jadraquen (Guadalajara) egindako fusila duen eta zigarro bat pizten ari den borrokalari baten gaueko argazkiaren (hurrengo orrialdean) arteko alderaketa.
Argazkia Sebastián Taberna, Taberna Belzunce Artxiboa.

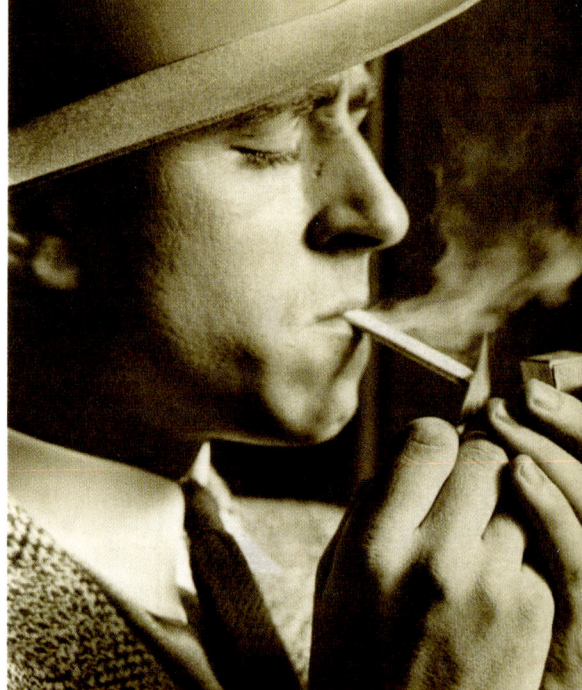

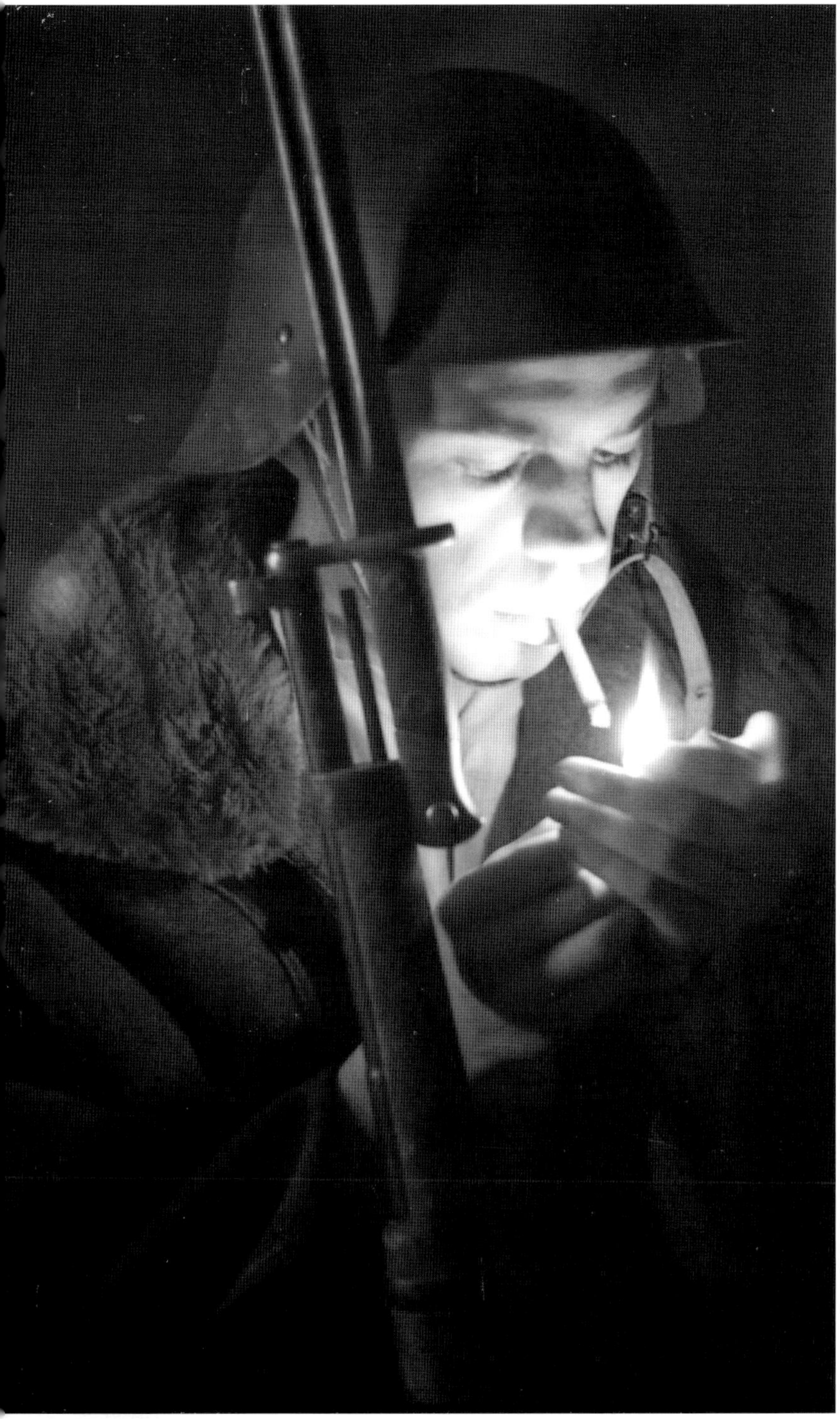

Hala ere, bere argazkien artean badaude kliskatzearen presa eta berehalakotasuna kalitate estetikoaren gainetik daudela erakusten duten argazkiak, egileak luzatzeko edo atsegin hartzeko aukera izan dutela adierazten dutenak. Zentzu horretan, adibidez, enkoadraketarekin eta konposizioekin egindako saiakera batzuk aurkitzen ditugu, gai beraren hainbat kliskatze oso azkarrak eginez, behin betiko hartualdia lortu arte.

Tabernaren argazkietan, zalantzarik gabe, oso plano laburren erabilera nabarmendu behar da, Leica kamerari berari dagozkionak. Piramide-itxurako konposizioak ikusten ditugu, diagonalak eta ihes-puntuak dituztenak, argazkigintzari buruz duen ezagutzaren erakusgarri. Izan ere, bere argazkietan, Gisbert, El Greco eta Velázquezen muntako egileen koadro oso ezagunak gogorarazten dizkiguten konposizioak eta gaiak dituzten eszenak ikus ditzakegu. Benetan deigarria da argi-efektuak esploratzeko duen gustua: txinpartak, ur-laminen edo metalen gaineko islak, ilunpetan egindako argazkiak, kontraargiak... Halaber, oso efektu interesgarriak eragiten dituzten hartualdiekin gozatzen du: elurrarekin, lainoarekin, ur-lurrunarekin... Segur aski, horietako batzuk Wolffen liburuan ikusitako erronka teknikoak izango ziren, amateurrarentzat lortu beharreko eta, agian, gainditu beharreko helburu bihurtzen direnak.

Hemen, parentesi bat egin beharra dugu: badakigu Nicolás Ardanazek Javier Ciga Echandi (1877-1960) nafar margolariaren pintura-eskolak jaso zituela, zeina Iruñeko Arte eta Lanbide Eskolan ikasi zuen lehenik eta Madrilgo San Fernando Arte Ederren Eskolan gero, non irakasle izendatu eta hainbat aitortzarekin ohoratuko zuten. Europan barrena bidaiatu eta inpresionismoarekin eta postinpresionismoarekin harremana izan eta gero, 1914an Nafarrora itzuli zen eta Ciga akademia ireki zuen, 1956ra arte irekita egon zena (gerra-garaian espetxeratua egon zen hiru urteetan izan ezik). Oso litekeena da Sebastián Taberna ere Cigarekin harremanetan egon izana edo bere akademiara joan izana . Bitxia bada ere, Ciga, haurra, gaztea edo zaharra izan daitekeen pertsonaia baten aurpegitik hurbil kandeletatik eta txiskeroetatik eratorritako argi-efektuak piktorikoki birsortzeagatik ezaguna da —El Grecoren *Putzegilea*ren gisan—. Hala gertatzen da *Agurea argiontziarekin* (1911) edo *Mutikoa erretzen* (1914) obretan. Wolffen liburuan antzeko proposamen luminikoak agertzen dira. Sebastián Tabernak bere gaueko erretratu inpresionistenetako batzuetan landuko ditu efektu horiek, El Grecoren gauekotasuna eta Wolffen konposizioa uztartuz.

Karreteak bere ohar-liburuxkaren jarraibideen arabera ordena kronologikoan ikusiz gero, borrokalarien baldintzak gero eta latzagoak eta prekarioagoak bihurtzen direla eta argazkilaria gero eta trebeagoa dela erakusten digute ikuspegi progresibo eta ia zinematografiko batekin, baina bizipen horien ondorioak ere islatuz. Laster, bere talde-erretratuek triunfalismoa bazter uzten dute, eta hotza, arropa eta oinetako prekarioak, kanpaina-bizitzaren deserosotasunak, zaurituak eta gorpuak, eta

33

ropajes y calzados precarios, las incomodidades de la vida de campaña, heridos y cadáveres, prisioneros. El reporterismo gráfico y la documentación de las condiciones de vida irrumpen en sus carretes en estado puro.

En su producción tiene un gran papel el retrato. Ya hemos visto que realiza retratos de grupo sin grandes pretensiones artísticas, simplemente con la intención de dejar testigo de quiénes eran, dónde y cuándo estaban. Cuando los protagonistas son personas cercanas como su hermano Chuma (Jesús Mari) o su amigo Nicolás Ardanaz, despliega un estilo muy personal y reconocible. Lleva a cabo también semblanzas de oficios y personajes, que podríamos denominar documentales: vemos así un mecánico, un cocinero, un militar, unos granjeros, un jovencísimo combatiente requeté con una jovencísima margarita, probablemente su hermana. En ellos advertimos su intención de dejar testimonio de la importancia de su papel en aquella encrucijada, de la dignidad de sus miradas.

Cultiva también un retrato más artístico focalizado en modelos femeninas. La frescura y belleza de las modelos, voluntarias en esa experiencia artística, queda patente en tomas campestres entre flores, ruinas, normalmente aprovechando las luces de la tarde o del ocaso. Estos retratos están entre la naturalidad y el posado, con el frecuente uso de pañuelos y otros accesorios, en el que podemos también rastrear la influencia de Wolff. Igualmente aparecen mujeres en labores más cotidianas y menos idealizadas como la costura, la lectura o la plancha, y por supuesto a su futura esposa, enfermera en la retaguardia.

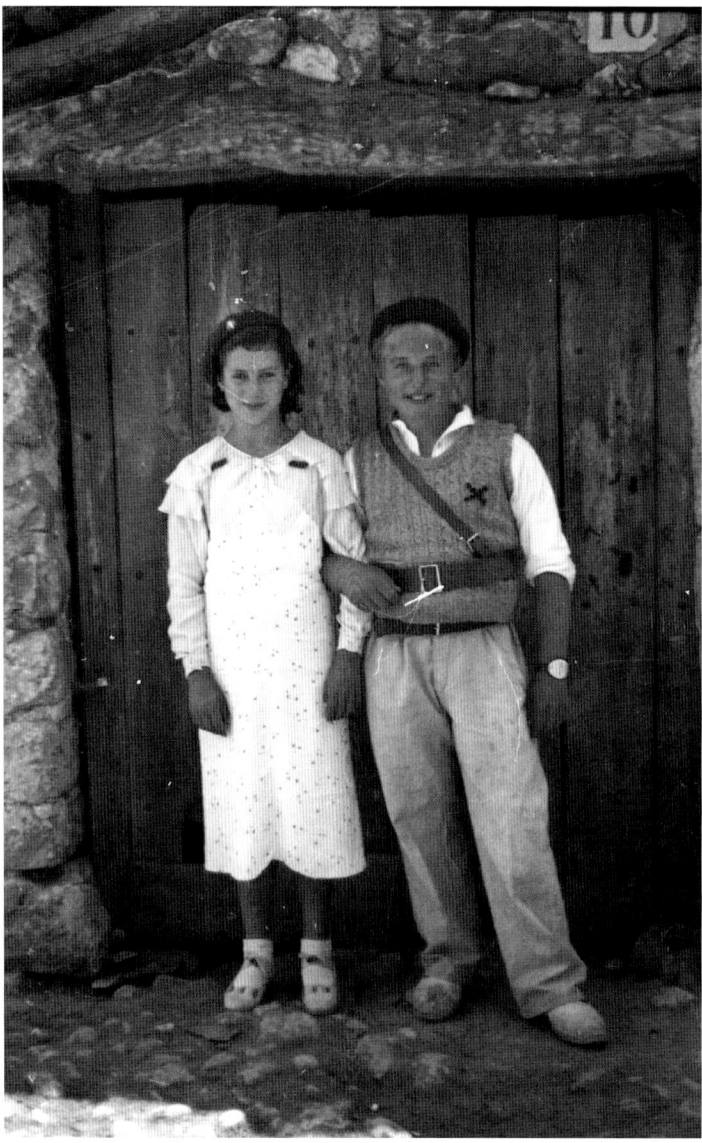

Retrato de dos adolescentes tradicionalistas con boina. El muchacho lleva bordada en el chaleco la Cruz de Borgoña, y en la muñeca izquierda porta la pulsera de combatiente con sus datos de identificación. Fotografía realizada en Casas de San Galindo (Guadalajara), en julio de 1937.
Foto Sebastián Taberna, Archivo Taberna Belzunce.

Txapeladun bi nerabe tradizionalisten erretratua. Mutilak Borgoinako Gurutzea brodatuta darama txalekoan, eta eskuineko eskumuturrean borrokalari-eskumuturrekoa, bere identifikazio-datuekin. Casas de San Galindon (Guadalajara) egindako argazkia, 1937ko uztailean.
Argazkia Sebastián Taberna Arregui, Taberna Belzunce Artxiboa.

presoak nagusitzen dira. Erreporterismo grafikoa eta bizi-baldintzen dokumentazio gordina islatzen dira bere karreteetan.

Erretratuak garrantzi handia du bere ekoizpenean. Ikusi dugunez, talde-erretratuak egiten ditu, asmo artistiko handirik gabe, besterik gabe nor ziren, non eta noiz zeuden erakusteko asmoz. Protagonistak gertuko pertsonak direnean, hala nola bere anaia Chuma (Jesús Mari) edo bere lagun Nicolás Ardanaz, antzematen erraza den estilo oso pertsonala du. Lanbide eta pertsonaien argazkiak ere egiten ditu, dokumentaltzat har genitzakeenak: mekanikari bat, sukaldari bat, militar bat, baserritar batzuk, borrokalari errekete oso gazte bat margarita gazte-gazte batekin, bere arreba ziurrenik. Haiekin gatazka hartan zuten zereginaren garrantziaren, beren begiraden duintasunaren lekukotasuna uzteko asmoa zuela sumatzen dugu.

Erretratu artistikoagoa ere lantzen du, modelo femeninoetan ardaztuta. Modeloen freskotasuna eta edertasuna, esperientzia artistiko horretan boluntarioak direnak, agerian geratzen dira loreen eta hondakinen artean egindako landa-hartualdietan, normalean arratsaldeko edo ilunabarreko argia baliatuta. Erretratu horiek naturaltasunaren eta posatuaren artean daude eta zapiak eta bestelako osagarriak sarri erabiltzen dira, Wolffen eraginaren arrastoaren erakusgarri. Halaber, egunerokoak eta ez hain idealizatuak diren zereginetan ari diren emakumeak ere agertzen dira, hala nola josten, irakurtzen edo lisatzen, eta, jakina, gero bere emaztea izango den atzeguardiako erizaina ere.

Tabernak, gainera, modernitate handiko autorretratuak oparitzen dizkigu, estilo hurbil

Taberna nos regala además autorretratos de gran modernidad, con un estilo cercano e intimista, siempre mirando a cámara. Para ello dirige hacia sí mismo el objetivo de su Leica, pero también aprovecha superficies reflectantes, como espejos y metales pulidos, para hacer esa fotografía del reflejo cuyo resultado tanto impacta. En diversos retratos grupales de cariz más artístico se aprecia un interés por el estudio de la profundidad y la perspectiva.

En cuanto a las fotografías de temática más espontánea y cotidiana destaca su humanidad y sensibilidad. Por ejemplo, en el carrete de la toma de Sigüenza le dedica dos fotografías a retratar a un niño de corta edad, y sendas tomas a un primer plano de pies de soldados apiñados junto al fuego, una mujer herida, o a una ado-

eta intimistadunak, beti kamerari begira. Horretarako, bere baitara zuzentzen du bere Leicaren objektiboa, baina gainazal islatzaileak ere baliatzen ditu, ispiluak eta metal leunduak kasurako, hain inpaktu handia eragiten duen islaren argazki hori egiteko. Artistikoagoak diren hainbat talde-erretratutan sakontasuna eta perspektiba aztertzeko interesa nabari da.

Espontaneoagoak eta egunerokoak diren gaiekin lotutako argazkiei dagokienez, haien gizatasuna eta sentsibilitatea nabarmentzen dira. Adibidez, Sigüenzako hartzearen karretean bi argazkitan haur txiki bat erretratatzen du, eta hartualdi banatan suaren inguruan pilatutako soldaduen oinen lehen planoa, zauritutako emakume bat, edo nerabe bat erortzear dagoen etxe

Joven con pañuelo, fotografía de Wolff publicada en la página 24 de su manual de 1935 (izquierda) y retrato de muchacha con pañuelo realizado en Jadraque (Guadalajara), en junio de 1937 (detalle, derecha).

Foto Sebastián Taberna,
Archivo Taberna Belzunce.

Gaztea zapiarekin, Wolffen argazkia, bere 1935eko eskuliburuaren 24. orrialdean argitaratua (ezkerrean) eta zapia duen neska gaztearen erretratua, 1937ko ekainean Jadraquen (Guadalajara) egina (xehetasuna, eskuinean).

Argazkia Sebastián Taberna,
Taberna Belzunce Artxiboa.

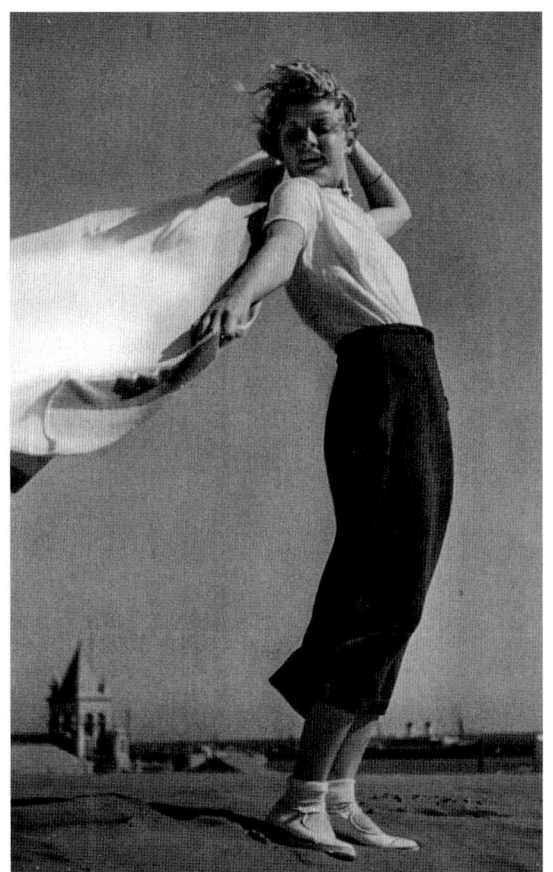

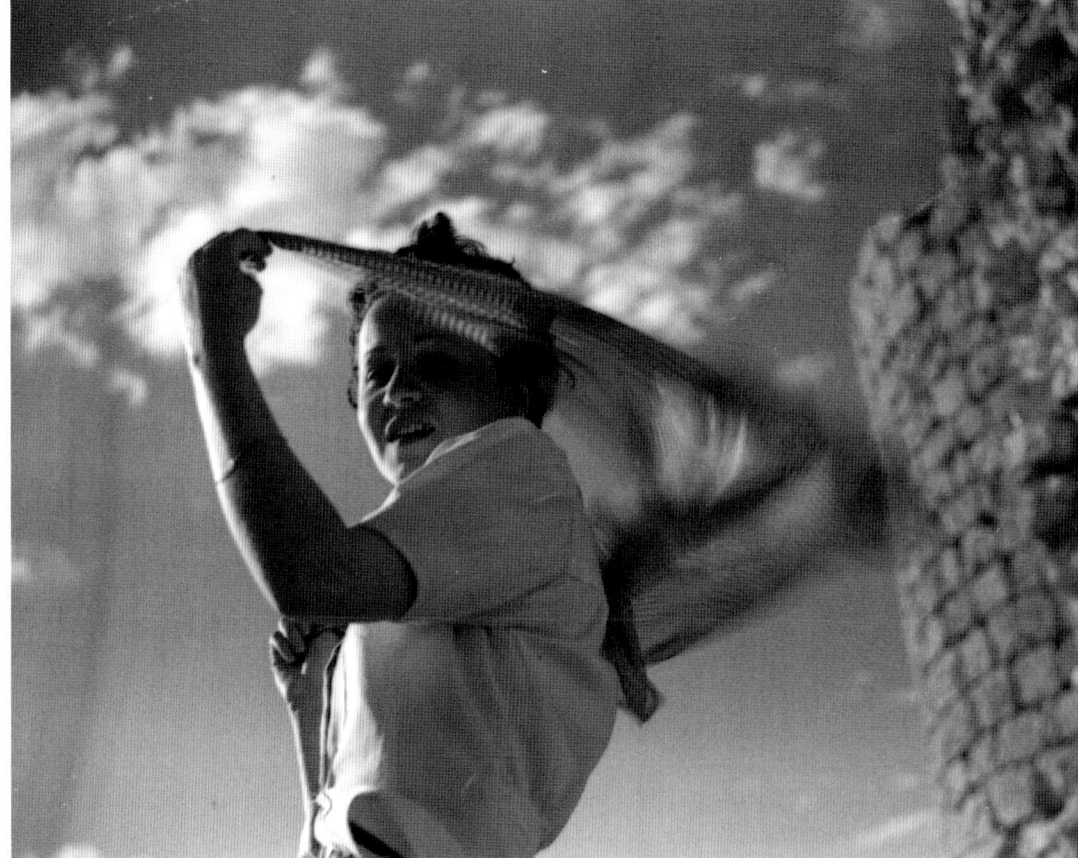

Sebastián Taberna. Espainiako Gerra Zibilo erreko argazkilari baten deskripzio artistikoa. Cecilia Casas Desantes

lescente cargando en un capazo y una carretilla lo poco que ha podido salvar de una casa en ruinas. No pocas veces su mirada se siente atraída también por lo etnográfico, como ya le ocurría antes de la guerra: en Naharros, Guadalajara, unas mujeres con indumentaria tradicional, hilando, merecen varias instantáneas.

En definitiva, podemos definir a Sebastián Taberna como un fotógrafo *amateur* con inquietudes y sensibilidad artística, que vive en primera persona unos acontecimientos históricos de gran importancia y que aprovecha sus conocimientos de fotografía para inmortalizarlos. En la fotografía de Taberna podemos observar retazos de las tendencias artísticas de la Nueva Objetividad, la Fotografía Directa y la Fotografía Cándida, así como influencia de Paul Wolff. Los sujetos de sus fotografías a veces posan de manera natural, pero a veces son sorprendidos en su vida cotidiana, sin pose ni arreglo. No es exagerado apuntar que su obra lleva a cabo una fusión perfecta entre fotografía artística, pues se advierte como busca efectos, composiciones y encuadres; y fotografía documental, captando el instante preciso con esa intuición que desarrollan los fotógrafos conscientes de la relevancia del momento histórico que están viviendo.

batetik salbatu ahal izan duen urria kapazo batean eta orga batean garraiatzen. Sarritan, etnografiak ere bere arreta erakartzen du, gerra aurretik gertatzen zitzaion bezala: Naharrosen, Guadalajaran, modu tradizionalean jantzita iruten ari diren emakume batzuek hainbat argazki merezi dituzte.

Laburbilduz, Sebastián Taberna argazkilari amateur gisa defini dezakegu, kezka eta sentsibilitate artistikoak dituena, garrantzi handiko gertakari historikoak zuzenean bizi dituena eta argazkigintzari buruzko ezagutzak baliatzen dituena horiek betikotzeko. Tabernaren argazkietan Objektibotasun Berriaren, Zuzeneko Argazkigintzaren eta Argazkigintza Xaloaren joera artistikoen arrastoak antzeman ditzakegu, baita Paul Wolffen eragina ere. Bere argazkietako subjektuek batzuetan modu naturalean posatzen dute, baina beste batzuetan, eguneroko bizitzan ustekabean harrapatzen ditu, posatu eta atondu gabe. Ez da gehiegizkoa esatea bere obrak argazkigintza artistikoaren (efektuak, konposizioak eta enkoadraketak bilatzen baititu) eta argazki dokumentalaren arteko fusio bikaina egiten duela, bizitzen ari diren une historikoaren garrantziaz jabetuta argazkilariek garatzen duten sen horrekin une zehatzak atzemanez.

UN LEGADO PARA LA HISTORIA

HISTORIARAKO ONDAREA

Tras la guerra, mantuvo un perfil bajo a nivel político, volviendo al fructífero negocio panadero de su familia. Guardó sus negativos a buen recaudo, se dedicó a disfrutar de su numerosa familia y nunca más volvió a hacer fotos documentales. Sí que volvió a montar un estudio doméstico en el desván de su casa, y a suscribirse a revistas especializadas de fotografía, pero siempre orientándose exclusivamente al retrato familiar.

La guerra fue en su casa, como en muchas otras casas de España, un tema tabú del que no se hablaba con la familia, y sus fotos, un duro testimonio, un recordatorio de que todo aquello ocurrió. Sin embargo, debía ser bien consciente del valor de su trabajo, pues ni se deshizo de sus abundan-

«Mi padre sí tenía conciencia de que sus fotos eran buenas. Tenía un álbum con sus favoritas, y esas sí las enseñaba. En cambio, los negativos los tenía cerrados a cal y canto».

María Eugenia Taberna Belzunce, entrevista oral, 19 de mayo de 2023.

«Gure aitak bazekien bere argazkiak onak zirela. Gustukoenekin osatutako album bat zuen, eta horiek bai erakusten zituen. Negatiboak, ordea, iltzez eta giltzez itxita zeuzkan».

María Eugenia Taberna Belzunce, ahozko elkarrizketa, 2023ko maiatzak 19.

Gerra eta gero, maila politikoan profil baxua mantendu zuen, eta bere familiaren okindegi emankorrera itzuli zen. Bere negatiboak ongi gorde zituen, bere familia ugariaz gozatzen aritu zen eta ez zuen inoiz gehiago argazki dokumentalik egin. Haatik, bere etxeko ganbaran estudio bat montatu zuen berriro, eta argazkigintzako aldizkari espezializatuetan izena eman zuen berriz, baina beti familia-erretratuari bideratuta soilik.

Espainiako beste etxe askotan bezala, gerra gai tabua izan zen, ez zen familiarekin horri buruz hitz egiten, eta bere argazkiak, lekukotza gordinak, gertatu zen horren guztiaren oroigarriak. Hala ere, bere lanaren balioaz ongi jabetu behar zuen, ez baitzituen bere negatibo-biribilki ugariak

36

tes rollos de negativos, guardados cuidadosamente en cajitas de cigarros modificadas por él mismo, ni tampoco salió de su biblioteca personal aquel artístico libro en francés con el que aprendió todas las posibilidades de su cámara Leica.

En todo su legado fotográfico percibimos cómo para Sebastián Taberna la fotografía pasó de ser una afición juvenil a permitirle distanciarse de la primera línea de batalla, gracias a ser un combatiente con el valor añadido de unos conocimientos técnicos y una cámara Leica propia. La actividad fotográfica le permitió procesar el conflicto que estaba viviendo, aproximarse a la humanidad y aislarse del horror. Para él, la fotografía no era solo trabajo, también era una actividad altruista para con sus compañeros y las familias de estos. Y añadimos, implicaba unas labores técnicas y tareas de precisión y concentración que quizá le aportasen un cierto refugio.

El delicado álbum de positivos favoritos que tanto atesoró, junto con aquellas fotografías que debió tener como predilectas, y que dejó positivadas de manera artística, tituladas y firmadas a mano, constituye un importante testimonio de aquellas tomas que Sebastián Taberna consideraba sus mejores fotografías,

bota, berak eraldatutako zigarro-kutxatxoetan kontu handiz gordeta, eta bere bibliotekatik ere ez zen frantsesez idatzitako liburu artistiko hura irten, bere Leica kameraren aukera guztiak ikasteko baliatu zuena.

Bere argazki-ondare guztian igartzen dugu Sebastián Tabernarentzat argazkigintza gaztetako zaletasuna izatetik lehen gudu-lerrotik aldentzeko aukera izatera igaro zela, borrokalaria izanik ere, ezagutza teknikoak eta Leica kamera propio baten balio erantsia zuelako. Argazkigintzak aukera eman zion bizitzen ari zen gatazka prozesatzeko, gizadiarengana hurbiltzeko eta izugarrikeriatik isolatzeko. Harentzat, argazkilaritza ez zen lan hutsa, bere gudakideekin eta haien senideekin gauzatzen zuen jarduera altruista ere bazen. Eta, ez hori bakarrik, zeregin teknikoak eta zehaztasuna eta kontzentrazioa eskatzen zuten lanak ere egiten zituen, agian nolabaiteko atsedena emango ziotenak.

Hainbeste zaindu zuen positiboen album delikatua, ustez gustukoen zituen argazkiekin batera, modu artistikoan positibatuak utzi zituenak, tituluarekin eta eskuz sinatuak, frogatzen du Sebastián Tabernak bere argazkirik onenak bere maisulantzat zituela. Bitxia bada ere, erakusketarako argazkiak hautatu ondo-

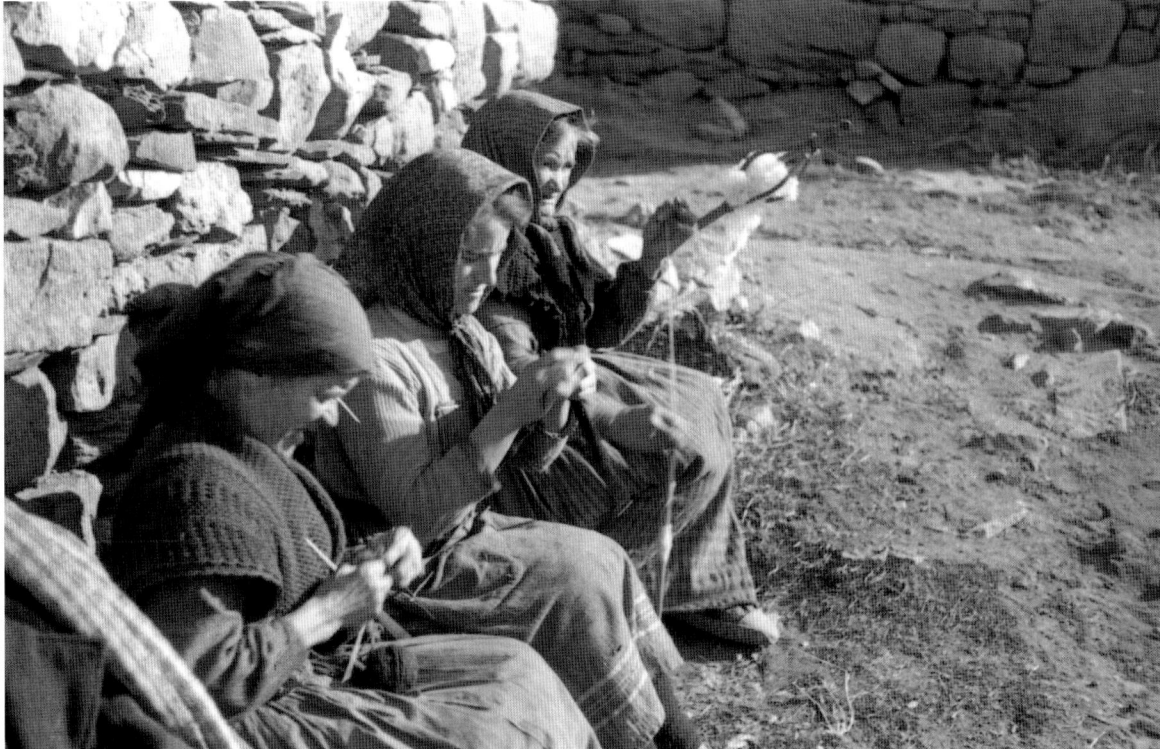

Hilanderas en el pueblo de Naharros (Guadalajara). Fotografía realizada a finales de 1936.

Foto Sebastián Taberna, Archivo Taberna Belzunce.

Iruleak Naharros herrian. 1936ko amaieran egindako argazkia.

Argazkia Sebastián Taberna, Taberna Belzunce Artxiboa.

37

sus obras maestras. Curiosamente, tras realizar la selección de fotografías para la exposición, pudimos confirmar admirando este álbum con María Eugenia Taberna que habíamos seleccionado una gran cantidad de las favoritas del propio autor, pues las coincidencias eran altas. Su calidad estética y documental es innegable, y así lo apreciaba ya el propio Taberna. Seguramente contaba con que en algún momento su obra podría tener la oportunidad de salir a la luz, de ser relevante por sí misma. Pero al no disponer últimas voluntades sobre su obra, delegó la decisión final en sus hijos. Y fue María Eugenia Taberna la que valoró el fondo y decidió digitalizarlo ella misma.

Sus negativos no viajaron en ninguna maleta cruzando el Atlántico, ni se les perdió la pista en un campo de concentración, ni aparecieron de la nada en un anticuario, como ha ocurrido con otros fondos relevantes sobre la contienda civil que asoló nuestro país hace casi 90 años.

Su obra, prácticamente inédita, permaneció atesorada primero por él mismo, y después por su familia. Solo el convencimiento de que los tiempos habían cambiado y la sociedad podría recibir estas imágenes sin juicios de valor, han posibilitado la salida a la luz de estas imágenes de la Guerra Civil española, con toda su riqueza documental, histórica y humana. Gracias a la preservación de sus negativos y copias originales de época, a la generosidad de sus herederos, y al compromiso de investigadores como Pablo Larraz podemos ahora situar a Sebastián Taberna, con nombre propio, en la historia de la fotografía española del siglo XX, y más concretamente de la fotografía de la Guerra Civil española.

«Mi padre no hizo ninguna disposición testamentaria o última voluntad sobre sus fotografías. Todo quedó en el desván de nuestra casa, que con los años se convirtió en mi piso. Mi hermano se quedó con la Leica, y yo me hice cargo de los negativos y los positivos, sus álbumes... Todo podría haber ido a la basura, como pasó con la ampliadora, que pesaba una tonelada. Pero yo sabía que valía la pena conservarlo».

María Eugenia Taberna Belzunce, entrevista oral, 19 de mayo de 2023.

«Gure aitak ez zuen testamentu-xedapenik edo azken borondaterik egin bere argazkiei dagokienez. Dena gure etxeko ganbaran geratu zen, urteekin nire pisu bihurtu zena. Nire anaia Leicarekin geratu zen, eta nik negatiboen eta positiboen ardura hartu nuen, bere albumena... Dena zaborretara joan zitekeen, ikaragarri pisatzen zuen handigailuarekin gertatu zen moduan. Baina nik banekien kontserbatzea merezi zuela».

María Eugenia Taberna Belzunce, ahozko elkarrizketa, 2023ko maiatzak 19.

ren, albuma María Eugenia Tabernarekin miretsiz egiaztatu ahal izan genuen horietako asko egilearen gogokoenen artean zeudela, kointzidentziak ugariak ziren eta. Bere kalitate estetikoa eta dokumentala ukaezinak dira, eta hala uste zuen Tabernak berak ere. Ziur aski jakin bazekien noizbait bere obrak argitara ateratzeko aukera izango zuela, berez garrantzitsua izateko aukera. Baina bere obrari buruzko azken borondaterik ez zuenez, azken erabakia bere seme-alaben esku utzi zuen. Eta María Eugenia Taberna izan zen funtsa baloratu eta digitalizatzea erabaki zuena.

Bere negatiboek ez zuten inongo maletatan bidaiatu Atlantikoa zeharkatuz, ez zitzaien arrastoa galdu kontzentrazio-esparru batean, eta ez ziren ezustean agertu antigoaleko denda batean, duela ia 90 urte gure herrialdea erraustu zuen gatazka zibilari buruzko beste funts garrantzitsu batzuekin gertatu den bezala.

Bere obra, ia argitaragabea, lehenik eta behin berak zaindu zuen, eta gero bere familiak. Garaiak aldatu zirelako eta gizarteak irudi horiek balio-iritzirik gabe jaso zitzakeelako konbentzimenduak bakarrik ahalbidetu du Espainiako Gerra Zibileko irudi horiek argitara ateratzea, haien aberastasun dokumental, historiko eta gizatiar guztiarekin. Bere negatiboen eta garai hartako kopia originalen kontserbazioari esker, bere oinordekoen eskuzabaltasunari esker, eta Pablo Larraz bezalako ikertzaileen konpromisoari esker, Sebastián Taberna, izen-abizenekin, XX. mendeko espainiar argazkigintzaren historian koka dezakegu, eta, zehazkiago, Espainiako Gerra Zibilaren argazkigintzan.

NOTAS

1. María Eugenia Taberna Belzunce, consultada sobre la posible relación de Taberna con Ciga, no supo clarificarnos si Sebastián acudió directamente a la academia de Ciga, aunque sí que asistió algunos años a la Escuela de Artes y Oficios de Pamplona. Sin embargo, nos confirma que en casa de sus abuelos tenían un gran cuadro de Ciga, lo que indica que al menos las familias se conocían.

OHARRAK

1. María Eugenia Taberna Belzuncek, Tabernak Cigarekin izan zezakeen harremanari buruz galdetu zitzaionean, ezin izan zigun argitu Sebastián zuzenean Cigaren akademiara joan zen ala ez, nahiz eta urte batzuetan Iruñeko Arte eta Goi Mailako Diseinu Eskolara joan zen. Edonola ere, aitona-amonen etxean Cigaren koadro handi bat zutela baieztatzen digu, eta horrek behintzat familiek elkar ezagutzen zutela adierazten du.

Sebastián Taberna.
El rostro de la guerra

Pablo Larraz Andía

EL PANADERO DE LA LEICA

Sebastián Taberna Arregui nació el 19 de julio de 1907 en la calle Mayor de Pamplona, en el seno de una familia originaria de Leiza (Navarra) y dedicada a la panadería. La vieja Iruña, por entonces, era una modesta capital de provincias con poco más de 30.000 habitantes. Un «pueblo grande», poco industrial, en el que buena parte de la población procedía, en una o dos generaciones, de gentes venidas desde los pueblos en busca de prosperidad.

El tercero de siete hermanos en un entorno acomodado, Sebastián Taberna Arregui estudió en el Colegio Huarte de Pamplona y, tras realizar un curso de Comercio, se incorporó al negocio familiar. Lo que originariamente comenzó como un establecimiento de panadería en el número 40 de la calle Mayor del casco antiguo pamplonés, fue adquiriendo a partir de los años 20 un progresivo desarrollo y expansión comercial en la ciudad (Vicondoa, 2023: 17-37).

La Navarra de principios de siglo conformaba una sociedad tradicional, mayoritariamente rural y conservadora, sin grandes tensiones sociales, donde la fe y la religión eran parte fundamental de su idiosincrasia. Su capital no era muy diferente; las innovaciones –fueran a nivel artístico, estético o político– eran casi siempre vistas con cierto recelo (Larraza, 1997: 99-104). No quiere esto decir que la pamplonesa fuera una sociedad gris y ausente de dinamismo –como a veces se la caricaturiza–, pero incluso el progreso y las iniciativas transformadoras y hasta vanguardistas fueron en muchos casos también de la mano de su *ethos* tradicional. Síntesis y paradigma de ello fue en los años 30 la arquitectura de Víctor Eusa quien, con un peculiar estilo simbiótico modernista-tradicional, modeló la fisionomía de la nueva Pamplona y buena parte de sus edificios más emblemáticos, en su mayoría de carácter religioso (Ustárroz, 1989: 21).

40

Sebastián Taberna.
Gerraren aurpegia

Pablo Larraz Andía

LEICADUN OKINA

Sebastián Taberna Arregui 1907ko uztailaren 19an jaio zen Iruñeko Kale Nagusian, okintzan ziharduen Leitzako (Nafarroa) familia baten barruan. Garai hartan, Iruña 30.000 biztanle baino zertxobait gehiago zituen probintziako hiriburu xume bat zen. «Herri handi bat», ez oso industriala, biztanleriaren hein handi bat belaunaldi bat edo bi lehenago herrietatik oparotasun bila etorritakoen ondorengoa zena.

Ingurune aberats batean sortutako zazpi anai-arrebetatik hirugarrena zen Sebastián Taberna Arregui. Iruñeko Huarte eskolan ikasi zuen eta, Merkataritza ikastaro bat egin eta gero, familiaren negozioan sartu zen. Hasiera batean Iruñeko alde zaharreko Kale Nagusiko 40. zenbakiko okindegi bat zena, 20ko hamarkadatik aurrera pixkanakako garapen eta hedapen komertziala lortu zuen hirian (Vicondoa, 2023: 17-37).

Mende hasierako Nafarroako gizartea tradizionala zen, gehienbat landatarra eta kontserbadorea, tentsio sozial handirik gabea, non fedea eta erlijioa bertako idiosinkrasian funtsezkoak ziren. Hiriburua ez zen oso ezberdina; berrikuntzak –maila artistikoan, estetikoan eta politikoan– ia beti nolabaiteko mesfidantzaz ikusten ziren (Larraza, 1997: 99-104). Horrek ez du esan nahi Iruñeko gizartea dinamismorik gabeko gizarte grisa zenik –karikaturizatu izan den bezala–, baina aurrerapena eta ekimen eraldatzaile eta abangoardistak ere, askotan, *ethos* tradizionalaren eskutik joan ziren. Horren sintesia eta paradigma 30eko hamarkadan Víctor Eusaren arkitektura izan zen, zeinak estilo sinbiotiko modernista-tradizional bitxiarekin, Iruña berriaren fisionomia eta bertako eraikin enblematiko ugari modelatu zituen, gehienak erlijiosoak (Ustárroz, 1989: 21).

En este contexto, el joven panadero de la calle Mayor mostró ya desde su primera juventud un particular interés por el arte en varias de sus disciplinas. En la pequeña Pamplona, las posibilidades de formación eran más bien limitadas, a pesar de contar con artistas –principalmente pintores– de reconocida valía. En cualquier caso, el tercero de los Taberna no desaprovecharía sus posibilidades ni sus talentos. Primero, en su juventud más temprana, durante tres años, cursó dibujo en la Escuela de Artes y Oficios de la ciudad. Más tarde exploró la pintura, posiblemente como alumno en la academia de Javier Ciga Echandi (Zubiaur, 2005) y, desde finales de los años 20, claramente orientado a su campo predilecto: la fotografía.

Sus primeros disparos se efectuaron con la máquina «de casa», sobre la que no tenemos más referencia que unas cajas de negativos en celuloide de 6 x 9 cm, con escenas y retratos familiares. No sabemos exactamente en qué momento, pero durante este periodo Sebastián entabló relación con otros fotógrafos aficionados, muy en particular con su amigo y vecino Nicolás Ardanaz Piqué[1]. Tres años más joven, dedicado al comercio en el establecimiento familiar de droguería sito también en la calle Mayor, ambos iniciaron una fructífera colaboración formativa autodidacta, intensificada en los años 30 (Eleuteria Ardanaz, entrevista oral, 15 de abril de 1999).

Jornada fotográfica en el invierno de 1939. De izquierda a derecha: Sebastián Taberna y Pedro María Irurzun.

Autoría desconocida, Archivo Taberna Belzunce.

Ambos, a través de jornadas experimentales al aire libre, dedicadas tanto a la cámara como al pincel, moldearían estilos fotográficos propios, con mutuas influencias estéticas, pero también notables diferencias en su manera de trabajar. Con las limitaciones propias del entorno, la principal vía de conocimiento técnico y educación estética vino para ambos a través de la adquisición e intercambio de manuales, revistas gráficas y publicaciones extranjeras, principalmente francesas y alemanas. No entraré en esta cuestión, pues ya ha sido abordada en este volumen de forma pormenorizada por Cecilia Casas Desantes, con más autoridad y conocimiento de la materia.

Testuinguru horretan, Kale Nagusiko okinak gazte-gaztetatik erakutsi zuen artearekiko interes berezia zuela, hainbat diziplinatan. Iruña txikian, prestakuntza eskuratzeko aukerak urriak ziren, nahiz eta balio aitortuko artistak egon –nagusiki margolariak–. Edonola ere, tabernatarren hirugarrenak bere aukerak eta talentuak aprobetxatuko zituen. Lehenik, oso gaztea zela, hiru urtez, marrazketa ikasi zuen hiriko Arte eta Lanbideen Eskolan. Geroago, margolaritzan barneratu zen, ziurrenik Javier Ciga Echandiren akademiako ikasle gisa (Zubiaur: 2005) eta, 20ko hamarkadaren amaieratik aurrera, argi eta garbi bere esparrurik kuttunenera: argazkilaritzara.

Lehen kliskatzeak «etxeko» makinarekin egin zituen. Makina horri dagokionez, 6 x 9 cm-ko zeluloidezko negatibo-kaxa batzuk besterik ez ditugu, familiako irudi eta erretratuekin. Ez dakigu zehatz-mehatz noiz, baina garai hartan Sebastiánek beste argazkigile afizionatu batzuekin harremana egin zuen, batez ere bere lagun eta auzokide Nicolás Ardanaz Piquérekin[1]. Hiru urte gazteagoa zen, merkataritzan lan egiten zuen Kale Nagusian kokatua zegoen familiaren drogeria batean, eta bi-biek prestakuntza autodidaktako lankidetza oparo bati hasiera eman zioten, 30eko hamarkadan indartuko zena (Eleuteria Ardanaz, ahozko elkarrizketa, 1999ko apirilak 15).

Argazkigintza-eguna 1939ko neguan. Ezkerretik eskuinera: Sebastián Taberna eta Pedro María Irurzun.

Egile ezezaguna, Taberna Belzunce Artxiboa.

Kamerari eta pintzelari eskainitako aire zabaleko esperimentazio-jardunaldien bitartez, biek estilo fotografiko propioak garatuko zituzten, estetikan elkarri eraginez, baina lan egiteko moduan alde nabariak zituzten. Ingurunearen mugak zirela eta, ezagutza teknikoa eta hezkuntza estetikoa eskuratzeko bide nagusia gidaliburuak, aldizkari grafikoak eta atzerriko argitalpenak, batez ere frantsesak eta alemanak, erosi eta trukatzea izan zen bientzat. Ez dut gai horretan sakonduko, Cecilia Casas Desantesek libuurki honetan xehatu baitu, arloan autoritate eta ezagutza handiagoarekin.

41

Entre las «amistades fotográficas» de Sebastián cabe también destacar, aunque desde un plano de edad y relación diferentes, su amistad con el experimentado fotógrafo pamplonés Pedro María Irurzun (Cánovas, 1989: 73-86), del que aprendería la técnica del retrato y cuestiones relacionadas con el revelado.

La empresa familiar continuaba en expansión y, en 1933, durante el viaje a una feria de maquinaria industrial panadera en Alemania, Sebastián tomó contacto con la novedosa máquina Leica que, por su movilidad y versatilidad, suponía en aquellos momentos una auténtica revolución.

La mítica cámara alemana, sin duda la mejor de su momento, supuso una conquista tecnológica que cambiaría en adelante el concepto del reportaje de acción. Con una técnica indiscutiblemente superior al resto, en manos de un buen fotógrafo posibilitaba imágenes nítidas y precisas. Pequeña, robusta y liviana, gracias a su película de 35 mm que permitía 36 disparos sin recargar, otorgaba al reportero suficiente autonomía y movilidad para entrar en el mismo contexto de la acción y efectuar un reportaje seriado. Ágil en el manejo, rápida en el disparo y efectiva en los planos cortos, lo mismo permitía fotografiar rostros en toda su expresividad, que acciones en movimiento captando toda su emoción y dinamismo.

Aquel prodigio de la técnica cautivó a Sebastián, más aún tras adquirir publicaciones en las que quedaban patentes sus posibilidades y calidad artística. No le fue posible comprarla en aquel momento –desconocemos si debido a su elevado coste u otras dificultades–, habiendo de esperar cerca de dos años hasta que, gracias a las gestiones de Irurzun, lograra hacerse con una máquina Leica IIIA cromada, último modelo fabricado en 1935, junto a dos objetivos Elmar y una ampliadora también de óptica Leica. Aquello supuso para Sebastián el comienzo de un infinito campo de experimentación y posibilidades, así como de un intenso periodo de formación técnica y artística a través de manuales y revistas.

Sebastiánen «adiskidetasun fotografikoen» artean eskarmentu handiko Pedro María Irurzun argazkilari iruindarra ere aipatu beharra dago, nahiz eta beste adin- eta harreman-plano batean, (Cánovas, 1989: 73-86), harekin erretratuaren teknika eta errebelatuarekin lotutako gaiak ikasiko zituen eta.

Familiaren enpresak hedatzen jarraitzen zuen, eta 1933an, Alemaniako okintzako makina industrialen azoka batera egindako bidaian, Sebastiánek Leica makina berritzailea ezagutu zuen. Makina horrek, eskaintzen zuen mugikortasun eta moldakortasunagatik, berebiziko iraultza eragin zuen garai hartan.

Kamera aleman mitikoa, zalantzarik gabe bere garaiko onena, konkista teknologiko bat izan zen, une horretatik aurrera ekintza-erreportajearen kontzeptua aldatuko zuena. Argi eta garbi gainerakoena baino hobea zen teknika batekin, argazkilari on baten eskuetan irudi garbi eta zehatzak egiteko aukera ematen zuen. Txikia, sendoa eta arina, birkargatu gabe 36 kliskatze ahalbidetzen zituen 35 mm-ko filmari esker, erreportariari autonomia eta mugikortasun nahikoa ematen zizkion ekintzaren testuinguruan bertan sartu eta haren erreportaje seriatu bat egiteko. Arina maneiatzen, azkarra kliskatzean eta eraginkorra plano laburretan, aurpegiak bere adierazkortasun osoan fotografiatzeko aukera ematen zuen, baita mugimenduan zeuden ekintzak ere, beren emozio eta dinamismo guztia bereganatuz.

Teknika miresgarri horrek Sebastián liluratu egin zuen, are gehiago haren aukera eta kalitate artistikoa baieztatzen zituzten argitalpenak eskuratu ondoren. Une hartan ezin izan zuen erosi —ez dakigu garestia zelako edo beste zailtasun batzuk zirela medio—, eta bi urte inguru itxaron beharko zituen Irurzunen kudeaketari esker Leica IIIA makina kromatu bat eskuratu arte, 1935ean egindako azken modeloa, bi Elmar objektiborekin eta Leica optikako handigailu batekin batera. Horrek esperimentazio- eta aukera-eremu amaigabe baten hasiera ekarri zion Sebastiáni, baita eskuliburu eta aldizkarien bidez prestakuntza tekniko eta artistikoko aldi bizi baten hasiera ere.

PRELUDIO DE LA TRAGEDIA

Si hemos descrito someramente el entorno cultural en que se desenvolvió Sebastián Taberna, es también necesario referir el contexto político. El inicio de la década de los 30, con la proclamación de la Segunda República Española, supuso un periodo de intensa conflictividad social y efervescencia política. En la sociedad navarra, tradicional y poco proclive a los cambios, las disposiciones laicistas de los gobiernos republicanos provocaron un rechazo frontal en sectores muy amplios de la sociedad. Hay que señalar que las sucesivas pugnas electorales de este periodo se saldaron siempre con notables victorias de las diferentes coaliciones de conservadores y carlistas, así como sonados desencuentros entre los gobiernos central y foral (Ferrer Muñoz, 1992: 305-418).

Este tensionamiento y la polarización social, sobre todo a partir del conato revolucionario de 1934, se hicieron cada vez más patentes. Los enfrentamientos callejeros de grupos políticos opuestos –generalmente entre jóvenes socialistas y carlistas– pasaron a estar a la orden del día. En este contexto de inestabilidad, buena parte de la sociedad católica, hasta entonces ajena a la política activa, optó por incorporarse en organizaciones ya establecidas. El movimiento carlista, mayoritario únicamente en determinadas comarcas de Navarra –al contrario de lo que habitualmente se afirma–, pasó durante la República a crecer de forma exponencial y erigirse, dentro del espacio sociológico conservador, como el principal dique de contención frente al «peligro revolucionario» (Larraz y Sierra-Sesúmaga, 2010: 812-818).

La familia Taberna no fue ajena a esta situación. Sebastián había sido hasta entonces un joven sin filiación ni militancia política o sindical, dedicado plenamente al negocio familiar y a sus actividades artísticas. Un hombre nada dogmático y diverso en su espectro de amistades que, no obstante, vivió también con profundo disgusto el devenir político anticlerical.

Sin embargo, su íntimo amigo y compañero de aficiones Nicolás Ardanaz había sido siempre un ferviente carlista. Involucrado desde su primera juventud en la AET (Agrupación Escolar Tradicionalista) y activo militante de la Juventud Jaimista de Pamplona, dedicó buena parte de su producción artística –dibujos, carteles, murales y fotografías– al servicio propagandístico de «la Causa» (Larraz y Sierra-Sesúmaga, 2018: 458-460).

Este pudo ser uno de los motivos que empujó a Sebastián a alistarse junto a sus hermanos, en mayo de 1936, al Requeté de Pamplona[2]. Para entonces, la activa organización juvenil tradicionalista contaba con más de 300 jóvenes alistados en

TRAGEDIAREN ATARIKOA

Sebastián Tabernak bizi izan zuen ingurune kulturala azaletik deskribatu badugu, testuinguru politikoa ere aipatu beharra dago. 30eko hamarkadaren hasierak, Espainiako Bigarren Errepublikaren aldarrikapenarekin, gizarte-gatazka eta irakinaldi politiko biziko aldi bat ekarri zuen. Nafarroako gizartean, tradizionala eta aldaketetarako joera gutxikoa izaki, gobernu errepublikanoen xedapen laizistek gaitzespen zuzena eragin zuten gizarteko sektore oso zabaletan. Aipatzekoa da garai horretako hauteskunde-lehietan kontserbadoreen eta karlisten koalizioek garaipen nabarmenak lortu zituztela beti, bai eta gobernu zentralaren eta foralaren arteko desadostasun handiak ere (Ferrer Muñoz, 1992: 305-418).

Tentsio hori eta gizarte-polarizazioa, batez ere 1934ko saiakera iraultzailetik aurrera, gero eta nabariagoak izan ziren. Elkarren aurkariak ziren talde politikoen kaleko istiluak –normalean gazte sozialista eta karlisten artekoak– egunerokoak bihurtu ziren. Ezegonkortasuna nagusi zen testuinguru horretan, gizarte katolikoaren zati handi batek, ordura arte politika aktiboan parte hartzen ez zuenak, jada eratuta zeuden erakundeetan sartzea erabaki zuen. Mugimendu karlista, Nafarroako eskualde jakin batzuetan bakarrik gehiengoa zuena –sarri esaten denaren kontrara–, Errepublika garaian modu esponentzialean hazi zen eta, espazio soziologiko kontserbadorearen barruan, «arrisku iraultzailea» geldiarazteko funtsezko horma bilakatu zen (Larraz eta Sierra-Sesúmaga, 2010: 812-818).

Taberna familia ez zen egoera horretatik bazter geratu. Sebastián, ordura arte filiaziorik eta militantzia politiko edo sindikalik gabeko gaztea izan zen, familiaren negozioan eta bere jarduera artistikoetan bete-betean aritzen zena. Bere adiskidetasun-espektroan batere dogmatikoa eta nabarra ez zen gizona, zeinak, hala ere, atsekabe handiz bizi izan zuen bilakaera politiko antiklerikala.

Alabaina, lagun mina eta zaletasunetan kide izan zuen Nicolás Ardanaz karlista sutsua izan zen beti. Gazte-gaztetik AETren (Eskola Elkarte Tradizionalista) kidea eta Iruñeko Gazteria Jaimistako militante aktiboa, bere ekoizpen artistikoaren zati handi bat –marrazkiak, kartelak, muralak eta argazkiak– «Kausa»-ren propaganda-zerbitzura bideratu zuen (Larraz eta Sierra-Sesúmaga, 2018: 458-460).

Hori izan liteke 1936ko maiatzean Sebastián bere anaiekin batera Iruñeko Erreketean izena ematera bultzatu zuen arrazoietako bat[2]. Ordurako, gazte-erakunde tradizionalista aktiboak 300 gazte baino gehiago zituen hiriko auzoetan izena emanda, 1934tik aurrera gero eta militarragoak ziren egitura batean.

Argazkigintzara itzuli, gerra piztu aurreko hilabeteetan egin zuen lana erretratu eta eszena familiarretan zentratu zen, baita Iruñeko jaietako eta herriko ger-

43

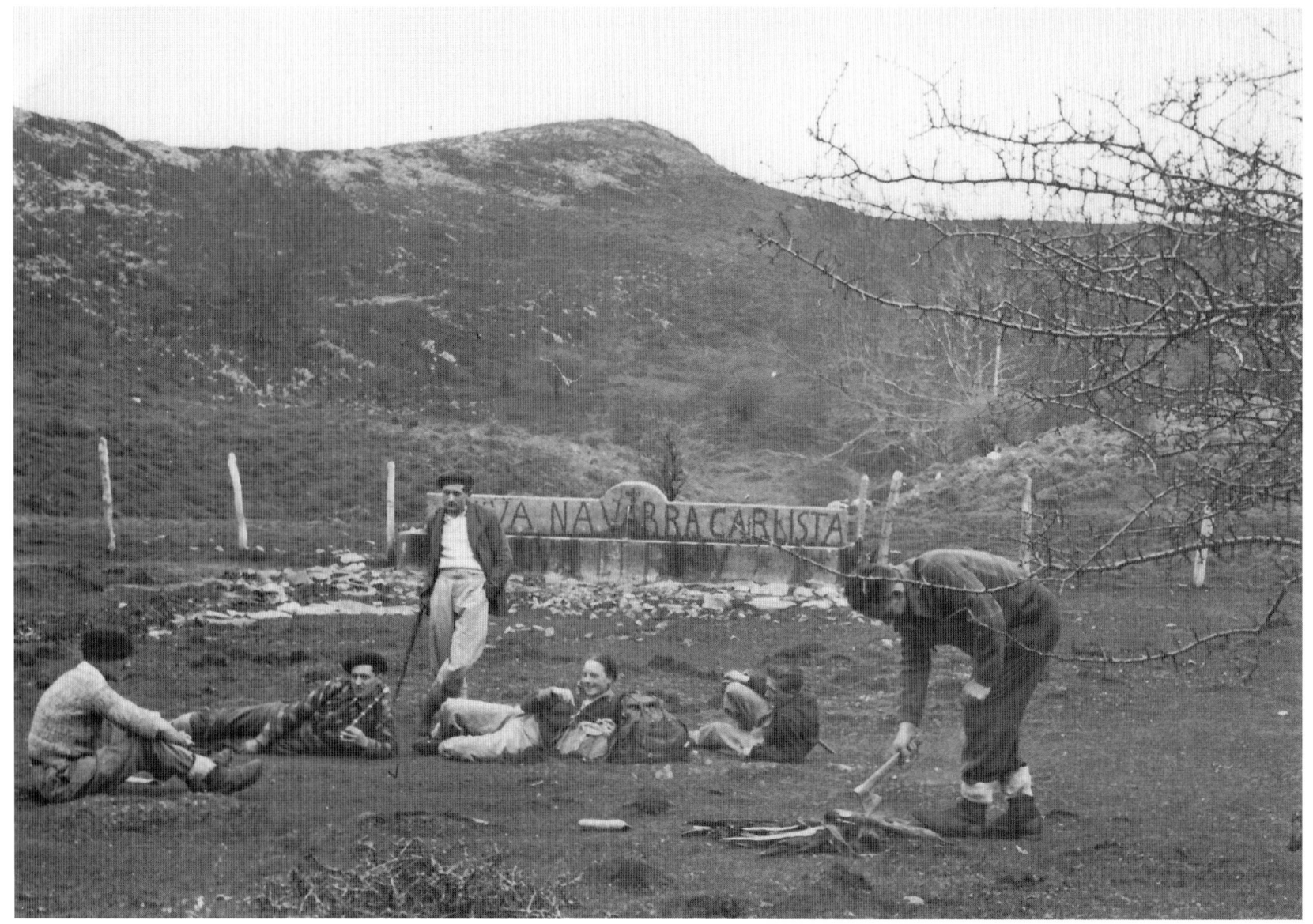

44

Excursión de jóvenes carlistas en las cercanías de Pamplona, hacia 1934. A la izquierda de la imagen Nicolás Ardanaz, junto a otros miembros destacados de la AET.

Foto Sebastián Taberna,
Archivo Taberna Belzunce.

Gazte karlistek Iruñeko aldirietara egindako irteera, 1934 inguru. Irudiaren ezkerraldean, Nicolás Ardanaz, AETko beste kide gailen batzuekin batera.

Argazkia Sebastián Taberna,
Taberna Belzunce Artxiboa.

los diferentes barrios de la ciudad, en una estructura que, a partir de 1934, había adquirido tintes cada vez más militares.

Volviendo a la fotografía, su producción en los meses previos al estallido bélico se centró en retratos y escenas familiares, así como en dinámicos reportajes sobre acontecimientos festivos y populares en la ciudad de Pamplona, en los que ya se objetiva una técnica perfecta en el manejo de su Leica. Destaca un singular desfile infantil con autos y disfraces por el casco viejo de la ciudad, además de enérgicas imágenes de la salida de las peñas durante los Sanfermines de 1936, ya en vísperas de la sublevación.

Unas fiestas, las de aquel año, tranquilas y sin altercados reseñables, a diferencia de los años previos. Sin embargo, su especial interés fotográfico por los miembros del *Muthiko Alaiak* –peña carlista por antonomasia de Pamplona, junto al *Benak Bat*– desvela el entorno en que se desenvolvía por esas fechas. El propio Nicolás Ardanaz fue autor de la pancarta «del Muthiko» aquel año, y rostros sin duda conocidos para Sebastián figuran en los primeros planos de sus imágenes.

Con una estética muy diferente, cabe destacar las escenas costumbristas del mercado de la Plaza de los Ajos, así como el reportaje de una familia gitana trashumante acampada junto a la feria de ganado. De las primeras, sorprende el perfecto manejo de la luz y los planos, en las segundas, su interés por el retrato etnográfico y los personajes singulares.

Tras la conclusión de la fiesta, en pocas horas la ciudad mudó completamente de semblante, y muchos rostros tornaron su expresión festiva por otra de fervor guerrero. No era ninguna sorpresa. La capital navarra había sido en los meses anteriores el centro neurálgico de la conspiración contra el gobierno de la República y los preparativos para la sublevación se llevaban cada vez con menos discreción. Un «secreto a voces» del que sólo faltaba saber el día y la hora (Ugarte, 1998: 143-155).

takariei buruzko erreportaje dinamikoetan ere, non Leica erabiltzerakoan teknika bikaina duela agerian geratzen den jada. Nabarmentzekoa da autoz lagundutako haurren mozorro-desfile berezia hiriko alde zaharrean, eta 1936ko sanferminetan, matxinadaren bezperan, peñen irteeraren irudi biziak.

Urte hartako festak, aurrekoetakoak ez bezala, lasaiak eta istilu handirik gabekoak izan ziren. Edonola ere, *Muthiko Alaiak* –Iruñeko peña karlista nagusia, Benak Batekin batera– peñakideengatik zuen interes fotografiko bereziak egun haietan non ibiliko zen ekarriko zuen argitara. Nicolás Ardanaz bera urte hartan «Muthiko» peñako pankartaren egilea izango zen, eta zalantzarik gabe Sebastiánentzat ezagunak ziren aurpegiak bere irudien lehen planoetan agertzen dira.

Oso bestelako estetika batekin, Baratxurien plazako merkatuko eszena kostunbristak nabarmendu behar dira, baita ijito-familia transhumante baten erreportajea ere, ganadu-azokaren ondoan kanpatuta. Lehenengoetatik, harrigarria da argiaren eta planoen erabilera perfektua; bigarrenetan, erretratu etnografikoarekiko eta pertsonaia bereziekiko interesa.

Jaiak amaituta, ordu gutxiren buruan hiria zeharo aldatu zen, eta askoren aurpegiera alaiak gerrazale aurpegiera hartu zuten. Ez zen inongo sorpresa. Aurreko hilabeteetan Nafarroako hiriburua Errepublikako gobernuaren aurkako konspiraziogune nagusia izan zen, eta altxamendurako prestakuntzak gero eta diskrezio gutxiagorekin egiten ziren. «Aski ezaguna zen sekretua», eguna eta ordua jakitea besterik falta ez zena (Ugarte, 1998: 143-155).

ARTIKULU: Sebastián Taberna. Gerraren aurpegia

VOLVEREMOS PARA LA SIEGA

El 19 de julio de 1936, a las seis de la mañana, según las instrucciones transmitidas la víspera a los jóvenes inscritos en el Requeté, los Taberna acudieron puntuales a la concentración en la Plaza del Castillo. A lo largo de la jornada fueron convergiendo miles de voluntarios procedentes de los pueblos de Navarra. La sublevación dirigida por el general Mola triunfó en Pamplona y en toda la provincia en pocas horas, no sin intentos de resistencia ni sin cobrarse sus primeras víctimas.

Aquel día Sebastián cumplía 29 años, y con intuición premonitoria sobre la trascendencia de lo que iba a suceder en las horas siguientes, acudió a la cita con su Leica y, lamentablemente, un único rollo de película. Fueron, muy posiblemente, las primeras imágenes de la sublevación tomadas en la ciudad.

A modo de reportaje, el carrete –de sólo 14 fotografías– recoge de forma secuencial escenas de lo que fue aconteciendo en aquel punto neurálgico: desde la primera concentración de voluntarios, al asalto de la sede de Izquierda Republicana por elementos de la Falange pamplonesa, o el entusiasmo desatado entre la población «partidaria». A pesar de medir los disparos, la película duró apenas tres horas, no llegando a registrar el singular ambiente –según los testigos, «entre guerrero, festivo y de romería»– que se fue desatando en la Plaza del Castillo a lo largo de la mañana con la llegada incesante de camiones cargados de voluntarios (Ugarte Tellería, 1998: 149-153).

Al mediodía muy posiblemente tuvo tiempo de regresar a casa para comer y de allí, a media tarde, acudir a los cuarteles de Pamplona donde se formaron las diferentes columnas que partirían a unos frentes todavía por definir.

Uniformado, ya sin su Leica, fue retratado por la cámara del reportero local José Galle entre los grupos de requetés que partían en dirección a Madrid a las órdenes del coronel García Escámez. Sus sonrisas delatan el convencimiento de que, en pocos días, estarían de regreso en sus casas. «Volveremos para la siega», repetían los labradores montados en los camiones. Les esperaban tres años de cruenta Guerra Civil.

UZTARAKO ITZULIKO GARA

1936ko uztailaren 19an, goizeko seietan, bezperan Erreketean izena eman zuten gazteei emandako jarraibideen arabera, tabernatarrak Gaztelu plazako kontzentraziora bertaratu ziren. Egunean zehar Nafarroako herrietatik joandako milaka boluntario bildu ziren. Mola jeneralak zuzendutako altxamenduak arrakasta izan zuen Iruñean eta probintzia osoan ordu gutxitan, hori bai, erresistentzia-saiakerak eta lehen hildakoak egon ziren.

Egun hartan Sebastiánek 29 urte betetzen zituen, eta hurrengo orduetan gertatuko zenaren garrantziak bihozkada batek eraginda, bere Leicarekin joan zen hitzordura eta, tamalez, film-biribilki bakarrarekin. Ziurrenik hirian egin ziren altxamenduaren lehen irudiak izan ziren.

Erreportaje gisa, karreteak –14 argazkikoa soilik– modu sekuentzialean jasotzen ditu puntu neuralgiko hartan gertatutakoaren eszenak: boluntarioen lehen kontzentraziotik, Iruñeko Falangeko kideek Ezker Errepublikanoaren egoitzari egindako erasora, edo herritar «jarraitzaileen» artean piztutako gogo bizira. Kliskatzeak neurriz egin arren, filmak hiru ordu baino ez zituen iraun, eta ezin izan zuen erregistratu goizean Gazteluko plazan boluntarioz betetako kamioiak etengabe iritsi zirenean piztu zen giro berezia –lekukoen arabera, «gerrazale, jai-giroko eta erromeriaren artekoa»– (Ugarte Tellería, 1998: 149-153).

Eguerdian, ziurrenik, bazkaltzeko etxera itzultzeko astia izan zuen, eta handik, arratsalde erdian, Iruñeko kuarteletara joan zen. Han, oraindik zehazteke zeuden fronteetara abiatuko ziren zutabeak eratu ziren.

Uniformea jantzita eta jada bere Leica gabe, José Galle erreportariaren kamerak García Escámez koronelaren agindupean Madrilerantz zihoazen errekete-taldeen artean erretratatu zuen. Haien irribarreek egun gutxiren buruan etxera itzuliko zirela uste zutela uzten dute agerian. «Uztarako itzuliko gara», errepikatzen zuten kamioietan zebiltzan laborariek. Hiru urteko gerra zibil odoltsua zuten zain.

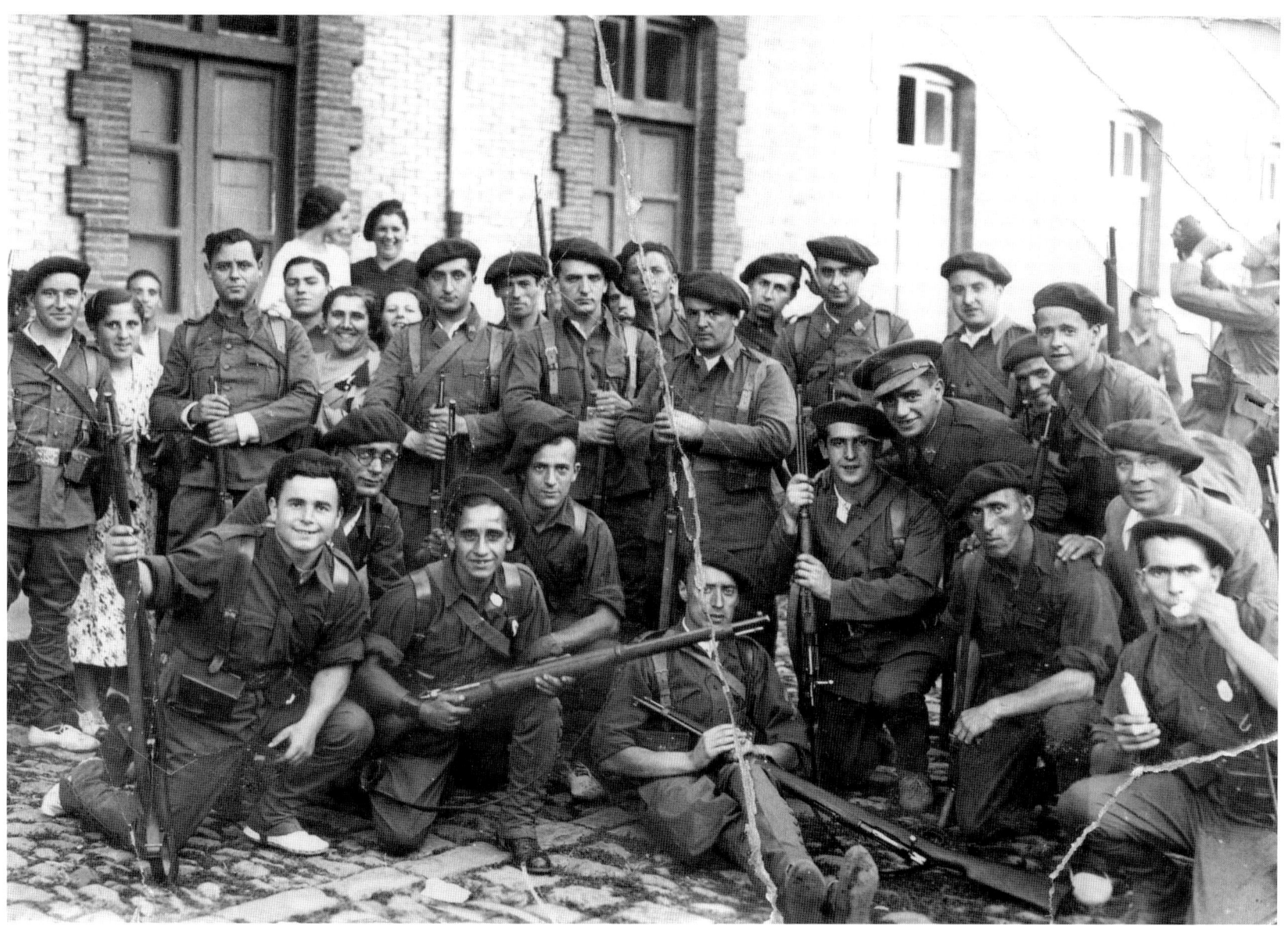

Voluntarios del Requeté de Pamplona en el patio del Cuartel de América antes de partir al frente, la tarde del 19 de julio de 1936. El cuarto por la izquierda, de pie en el centro de la imagen, es Sebastián Taberna.

Foto José Galle,
Archivo Larraz – Sierra-Sesúmaga.

Iruñeko Erreketeko boluntarioak Amerikako Kuarteleko patioan frontera abiatu baino lehen, 1936ko uztailaren 19ko arratsaldean. Ezkerretik hasita laugarrena, irudiaren erdigunean zutik, Sebastián Taberna da.

Argazkia José Galle,
Larraz – Sierra-Sesúmaga Artxiboa.

De los cinco hermanos Taberna que marcharon voluntarios aquella mañana, José León y Juan –los dos casados y con hijos– regresarían a casa meses más tarde. Chuma, el cuarto, sería dado de baja por enfermedad a lo largo de la campaña. Sólo Sebastián e Ignacio permanecieron en activo hasta el final de la contienda.

Del periplo de Sebastián durante las jornadas siguientes no tenemos datos concretos ni constancia gráfica, ya que la máquina de fotos había quedado en Pamplona. Si el grueso de la llamada «Columna de Madrid» llegó a las inmediaciones del puerto de Somosierra el día 24 de julio, sabemos que algunas secciones del recién creado Tercio del Rey[3], entre ellas la de Sebastián, mal armadas y pertrechadas, permanecieron de guarnición varios días en la Sierra de Cameros –entre Logroño y Soria– antes de proseguir con el resto del contingente (Aróstegui, 2013: 355).

Durante ese intervalo, aunque desconocemos los detalles, Taberna logró que le hicieran llegar desde Pamplona su cámara fotográfica, así como algunos rollos de película. Quizá para entonces, desvanecidas las esperanzas de un avance meteórico sobre Madrid, tomó conciencia de la trascendencia histórica de los episodios de los que iba a ser testigo, y de su excepcional disposición para ejercer como reportero de guerra desde dentro del mismo conflicto.

Ya con la Leica, su primera fotografía corresponde al viaje en automóvil de dos enlaces hacia Aranda de Duero, el día 25 de julio. A éste le siguieron otros carretes ubicados en Robregordo, Venta Gamera, Villavieja y Riaza, durante la primera quincena de agosto, mientras en un frente norte de Madrid todavía por definir se desarrollaban maniobras de tanteo entre ambos bandos.

Sebastián, un hombre metódico y ordenado en su forma de trabajar, anotaría a partir de entonces la relación numerada de sus rollos fotográficos, indicando fechas y lugares, los nombres de protagonistas y las circunstancias en que fueron obtenidos. Gracias a esta información, y a otros

«Libreta negra» donde Taberna apuntó los datos de cada carrete fotográfico.
Archivo Taberna Belzunce.

Goiz hartan boluntario joan ziren bost Taberna anaietatik José León eta Juan –biak ezkonduak eta seme-alabadunak– hilabete batzuk geroago itzuliko ziren etxera. Chumari, laugarrenari, baja emango zioten kanpainan gaixotasunagatik. Sebastián eta Ignazio soilik egon ziren jardunean gerra amaitu arte.

Sebastiánek hurrengo jardunaldietan egindako bidaiaz ez dugu datu zehatzik, ezta froga grafikorik ere, argazki-makina Iruñean geratu baitzen. «Madrilgo zutabea» delakoaren zatirik handiena Somosierrako portuaren ingurura uztailaren 24an iritsi bazen, badakigu sortu berri zen Erregearen Tertzioaren sekzio batzuk[3], horien artean Sebastiánena, gaizki armatu eta hornituak, Cameros mendilerroan –Logroño eta Soria artean– goarnizioan egon zirela egun batzuetan, gainerako kontingentearekin jarraitu baino lehen (Aróstegui, 2013: 355).

Tarte horretan, xehetasunik ez badugu ere, Tabernak Iruñetik bere argazki-kamera eta film-erroilu batzuk bidaltzea lortu zuen. Ordurako, beharbada, Madrilen aurrerapen meteoriko bat egiteko itxaropenak galduta, lekuko izango zituen gertakarien garrantzi historikoaz jabetu zen, baita gatazkan murgildutako gerrako erreportari gisa jarduteko zuen abagune ezin hobeaz ere.

Jada bere Leicarekin, bere lehen argazkia Aranda de Duerora zihoazen bi bitartekoren auto-bidaiarena da, uztailaren 25ean. Ondoren, Robregordon, Gamera bentan, Villaviejan eta Riazan kokatutako beste biribilki batzuk etorri ziren, abuztuko lehen hamabostaldian; oraindik definitzeke zegoen Madrilgo iparraldeko fronte batean, aitzitik, bi aldeen artean saiakera-maniobrak egiten ari ziren.

Sebastiánek, modu metodiko eta ordenatuan lan egiten zuen gizona izanik, ordutik aurrera bere argazki-biribilkien zerrenda zenbakitua idatziko zuen, datak eta lekuak, protagonisten izenak eta zein egoeratan egin ziren adieraziz. Informazio horri esker, eta Luz Belzunce neskalagunari bidalitako gutune-

Tabernak argazki-karrete bakoitzaren datuak idazteko erabili zuen «libreta beltza».
Taberna Belzunce Artxiboa.

detalles anotados en las cartas que envió a Luz Belzunce, su novia, podemos referenciar la mayoría de las imágenes, así como establecer con precisión su trayectoria bélica hasta junio de 1937.

En agosto de 1936, integrado a la tercera compañía del Regimiento de América al mando del capitán Valentín Bulnes, destacada en el frente de Somosierra y Navafría, Sebastián Taberna fue designado chófer de enlace e intendencia. Debido al negocio de panadería, Sebastián contaba ya con una larga experiencia en la conducción de vehículos, quedando en adelante a cargo de un pequeño camión marca Ford.

Su producción fotográfica en este periodo es numerosa y variada, fiel reflejo de la precaria vida de los voluntarios, la escasez de medios bélicos y la improvisación patente durante las primeras semanas de contienda en este frente. Doce rollos fotográficos, apurados hasta lograr 39 imágenes en cada uno, en los que plasmó escenas de la vida de campamento en la sierra: la construcción de refugios, cabañas, parapetos y alambradas; misas de campaña; la preparación y el reparto del rancho, labores de aseo, reparación de vehículos, y momentos para la convivencia y el descanso. También retratos de compañeros y mandos, población civil y algunas estampas de carácter etnográfico dedicadas al paisaje castellano y la vida rural de localidades próximas al frente: Robregordo, Villavieja, Riaza, Madarcos o Palazuelos.

Escenas en general amables y rostros desaliñados en los que todavía se percibe optimismo y esperanza en un desarrollo corto de la campaña. La confianza en un avance rápido y definitivo sobre la capital antes de final de año, así como las precarias condiciones de vida de los voluntarios, quedan también patentes en las misivas enviadas a sus casas. Antonio Ardanaz, hermano de su amigo Nicolás, escribía a su familia desde Somosierra, el 28 de agosto de 1936:

«Queridísimos papá y hermanos: procuren tomar un poquitín más de paciencia [...], pues según las noticias que por aquí circulan, ninguna iniciativa se tomará en este frente hasta la operación definitiva.

Nos encontramos veraneando sobre una regular colina, en medio de un caos de grandes rocas desprendidas de lo más alto, haciendo la vida de los trogloditas: por toda habitación una cueva, para hacer la vida y guarecernos de los cañonazos. Con el largo tiempo que llevamos de vida casi salvaje, lo mismo al sol, que al aire o la lluvia, durmiendo a la intemperie, estamos ya negros y curtidos como los gitanos. Los huesos están tan duros que cuando lleguemos allí la cama la tiraremos por la ventana y nos acostaremos en el suelo»[4].

tan jasotako beste xehetasun batzuei esker, irudi gehienak aipa ditzakegu, baita 1937ko ekainera arte egin zuen gerra-ibilbidea zehaztasunez jakin ere. 1936ko abuztuan, Somosierra eta Navafríako frontean nabarmendutako Valentín Bulnes kapitainaren agindupean Amerikako Erregimentuko hirugarren konpainian integratua, Sebastián Taberna bitarteko- eta intendentzia-txofer izendatu zuten. Okindegi-negozioa zela eta, Sebastiánek eskarmentu handia zuen ibilgailuak gidatzen, eta aurrerantzean Ford markako kamioi txiki baten ardura izango zuen.

Garai horretako argazki-ekoizpena ugaria eta askotarikoa da, boluntarioen bizimodu prekarioaren, gerra-baliabideen eskasiaren eta fronte horretan borrokaren lehen asteetako inprobisazio nabariaren isla. Hamabi argazki-biribilki, bakoitza 39 irudirekin agortuta, non mendiko kanpamentuko bizitzaren eszenak islatu zituen: babeslekuak, etxolak, parapetoak eta alanbre-hesiak eraikitzea; kanpainako mezak; arrantxoaren prestaketa eta banaketa, garbiketa-lanak, ibilgailuen konponketa, eta bizikidetzarako eta atseden hartzeko uneak. Halaber, lankideen eta agintarien erretratuak, biztanleria zibila eta izaera etnografikoko estanpa batzuk, Gaztelako paisaiari eta frontetik gertu dauden herrietako landa-bizitzari eskainiak: Robregordo, Villavieja, Riaza, Madarcos edo Palazuelos.

Oro har, eszena atseginak eta aurpegi zarpailak, oraindik ere baikortasuna eta itxaropena iradokitzen dutenak kanpainaren garapen laburrean. Urtea amaitu baino lehen hiriburuan aurrerapen azkar eta behin betiko bat egiteko konfiantza eta boluntarioen bizi-baldintza eskasak ere agerian geratzen dira etxera bidalitako gutunetan. Antonio Ardanazek, bere lagun Nicolásen anaiak, Somosierratik idazten zion familiari, 1936ko abuztuaren 28an:

«Aita eta anai-arreba maiteok: saia zaitezte pazientzia apur bat gehiago izaten [...]; izan ere, hemen entzuten diren berrien arabera, ez da inolako ekimenik egingo fronte honetan behin betiko operazioa egin arte.

Muino erregular baten gainean igarotzen ari gara uda, goi-goitik erortzen diren harkaitz handien anabasa baten erdian, trogloditen bizitza egiten: kobazuloak logela gisa, bizitza egiteko eta kanoi-kadetatik babesteko. Bizitza ia basatia daramagun denbora luze honetan, eguzkitan, aire zabalean edo euripean, egurats gorrian lo eginez, ijitoak bezain beltz gaude. Hezurrak hain daude gogorrak, ezen hara iristean ohea leihotik bota eta lurrean etzango baikara»[4].

En este tiempo, Sebastián aprovecharía algunos desplazamientos a Aranda de Duero y Soria para adquirir películas, productos químicos y un notable *stock* de papel fotográfico. Además, durante un viaje a Vitoria y Pamplona, logró recoger todo su equipo fotográfico: balanza de precisión, filtros, termómetro, lámparas, cronómetro, cubetas... y su ampliadora. Todo este material quedó recogido en el interior de dos grandes cajones de madera que, en adelante, le acompañarían dentro de su camión Ford a modo de «laboratorio ambulante».

De este modo, gracias a su ingenio y conocimientos, lograría realizar sus propios revelados e impresiones fotográficas en el mismo frente de batalla, algo inaudito en el contexto de fotógrafos y reporteros de nuestra Guerra Civil.

No se separó un instante de su Leica -siempre colgada en bandolera-, atento a cualquier suceso o escena que considerara de interés fotográfico, como tampoco desaprovechó los momentos de calma para instalar el laboratorio portátil y proceder al revelado y positivado de sus películas. Lo haría en cabañas, cocinas, habitaciones e, incluso, durante este periodo bélico, en la trasera del camión, cubriéndola con una espesa lona para lograr su «cuarto oscuro».

Su pertenencia al Tercio del Rey le haría coincidir en Somosierra y Navafría con su amigo Nicolás Ardanaz, también voluntario junto a su hermano Antonio, y que, además de actuar como enlace, practicaría también la fotografía con su Rolleiflex. Existen numerosas evidencias gráficas de la actividad simultánea de ambos como reporteros. Los encontramos en escenas grupales, así como en instantáneas realizadas de forma recíproca con las cámaras intercambiadas, aspecto documentado pero que además se intuye en las imágenes por su calidad de encuadre y enfoque. Como caso anecdótico y burlón, dos de estas imágenes, de ellos montados en sendos burros, fueron publicadas juntas en *Diario de Navarra* de 27 de septiembre de 1936, con un expresivo texto al pie: «Dos bravos requetés pamploneses en Somosierra, Ardanaz y Taberna, que además son dos artistazos haciendo fotos del frente».

Lo cierto es que, si bien ya desde antes de la guerra Nicolás Ardanaz había sido colaborador gráfico habitual para el *Diario*, Sebastián lo fue de forma muy esporádica. A pesar de tener fácil acceso tanto a este medio como a *El Pensamiento Navarro* –el otro periódico principal en la provincia–, ambos anhelantes de imágenes al carecer de reporteros gráficos en el frente, Taberna nunca mostró interés en la divulgación de sus fotos. De hecho, las pocas imágenes de su autoría publicadas por *Diario de Navarra* lo fueron muy probablemente a través de copias remitidas al medio por el propio Ardanaz.

Todo ello nos confirma el propósito documental e intimista de su fotografía en campaña, reduciendo la difusión únicamente a familiares y a su ámbito de compañeros más próximo.

Garai hartan, Sebastiánek Aranda de Duero eta Soriara egin zituen bidaia batzuk aprobetxatuko zituen filmak, produktu kimikoak eta argazki-paperaren stock bikaina erosteko. Gainera, Gasteizera eta Iruñera egindako bidaia batean, bere argazki-ekipamendu osoa jaso zuen: doitasun-balantza, iragazkiak, termometroa, lanparak, kronometroa, kubetak... eta bere handigailua. Material hori guztia zurezko bi tiradera handitan bilduta geratu zen, eta aurrerantzean Ford kamioiaren barruan lagunduko zuten, «laborategi ibiltaria» bailitzan.

Era horretan, bere buru-argitasunari eta ezagutzei esker, gudu-frontean bertan argazkiak errebelatu eta inprimatzea lortuko zuen. Gure Gerra Zibileko argazkilari eta erreportarien testuinguruan, beste inork ez zuen horrelakorik egin.

Ez zen sekula bere Leicatik aldentzen –beti soin-uhal gisa zintzilik–, interes fotografikoa zuen edozein gertaera edo eszenari adi, eta lasaitasuneko uneak aprobetxatuko zituen laborategi eramangarria instalatu eta filmak errebelatu eta positibatzeko. Txaboletan, sukaldeetan, logeletan eta, garai beliko horretan, kamioiaren atzealdean ere egingo zuen, olana lodi batekin estaliz, bere «gela iluna» lortzeko.

Erregearen Tertzioko kide izateak Somosierra eta Navafrían bere lagun Nicolás Ardanazekin kointziditzera eraman zuen, hura ere boluntarioa bere anaia Antoniorekin batera, eta, bitarteko gisa jarduteaz gain, bere Rolleiflexarekin ere argazkiak egingo zituen. Biek erreportari gisa aldi berean egindako jardueraren froga grafiko ugari daude. Talde-eszenetan aurki ditzakegu, baita trukatutako kamerekin elkarri egindako argazkietan ere. Alderdi hori dokumentatua dago, baina irudietan ere igartzen da, enkoadraketaren eta fokuratzearen kalitateagatik. Kasu anekdotiko eta zelebre gisa, irudi horietako bi, biak asto banaren gainean agertzen dituena, 1936ko irailaren 27ko Diario de Navarra egunkarian argitaratu ziren elkarrekin, oinean testu adierazkor bat zutela: «Bi errekete iruindar adoretsu Somosierran, Ardanaz eta Taberna, frontearen argazkiak egiten dituzten bi artista itzel, gainera».

Egia esan, gerra piztu baino lehenagotik Nicolás Ardanaz *Diario*ko ohiko kolaboratzaile grafikoa bazen ere, Sebastián oso noizbehinka izan zen. Komunikabide hori zein *El Pensamiento Navarro* –probintziako beste egunkari nagusia– sarbide-helmenean izan arren biek irudiak eskuratzeko irrikatzen baitzeuden frontean erreportari grafikorik ez zutelako, Tabernak ez zuen inoiz bere argazkiak zabal zitezen interesik erakutsi. Are gehiago, oso litekeena da *Diario de Navarra* egunkariak argitaratu zituen bere irudi urriak Ardanazek berak hedabideari igorritako kopien bidez argitaratu izana. Horrek guztiak kanpainan ateratako argazkiaren asmo dokumental eta intimista berresten digu, familiartekoei eta lankide hurkoenei soilik helaraziz.

Retomando el hilo de la campaña, a pesar del carácter desenfadado de la mayoría de sus imágenes durante el verano de 1936, la guerra pronto mostraría su verdadero rostro. A principios de septiembre daban comienzo los ataques nacionales con objeto de ocupar por completo el puerto de Navafría, donde Sebastián Taberna captaría sus primeras fotografías de combates reales con el enemigo. El día 17, durante el asalto a las posiciones del Reducto y el Trincherón, fortificadas por los republicanos en la cima de la sierra (Infantes Martín, 1937: 135-146), su fotografía tomó contacto directo con la brutalidad de la guerra. Allí recogería los rostros abatidos de los combatientes y un campo de batalla desolado en el que, por primera vez, aparecen cadáveres. Efectuó también un extraordinario reportaje de la penosa evacuación de los heridos a través del monte. No existe, muy posiblemente, otro testimonio gráfico sobre la batalla por el puerto de Navafría.

Kanpainaren hariari berriro helduz, 1936ko udan bere irudi gehienetan lasaitasuna nagusi izan arren, gerrak laster erakutsiko zuen bere benetako aurpegia. Irailaren hasieran hasi ziren eraso nazionalak, Navafríako portua erabat okupatzeko. Sebastián Tabernak etsaiarekin izandako benetako borrokaldien lehen argazkiak egin zituen bertan. Hilaren 17an, errepublikanoek mendil-tontorrean gotortutako Reducto eta Trincherón posizioen aurkako erasoan (Infantes Martín, 1937: 135-146), bere argazkiek gerraren basakeriarekin harreman zuzena izan zuten estrainakoz. Han, adoregabetutako borrokalarien aurpegien eta suntsitutako gudu-zelaien irudiak egingo zituen, non lehen aldiz gorpuak agertzen diren. Erreportaje paregabe bat ere egin zuen, zaurituak menditik nola ebakuatzen ziren agertzen zuena. Ziur aski, ez dago Navafríako portuko gudari buruzko beste lekukotasun grafikorik.

Sebastián y Nicolás a lomos de un burro. Campamento de Navafría (Segovia), agosto de 1936.

Fotos Sebastián Taberna y Nicolás Ardanaz, Archivo Taberna Belzunce.

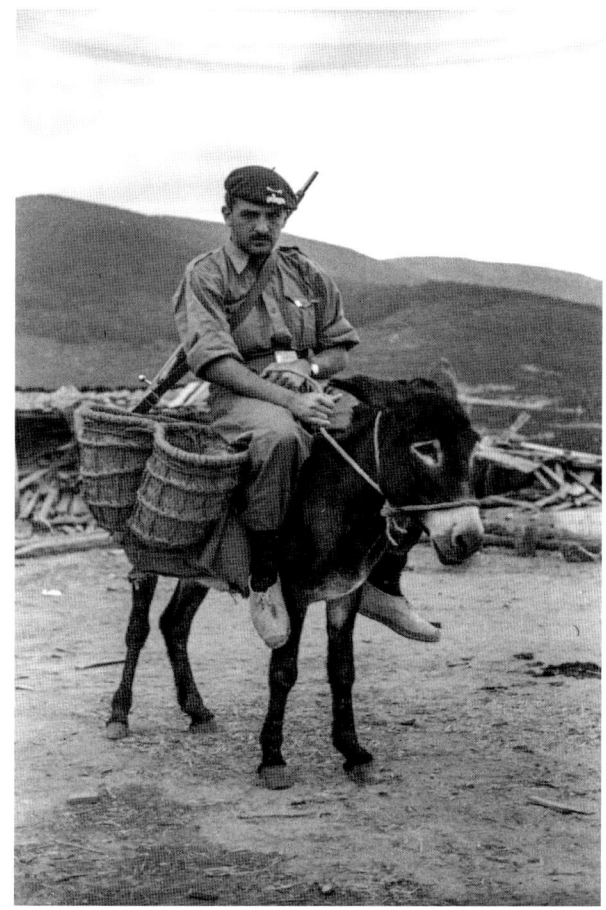

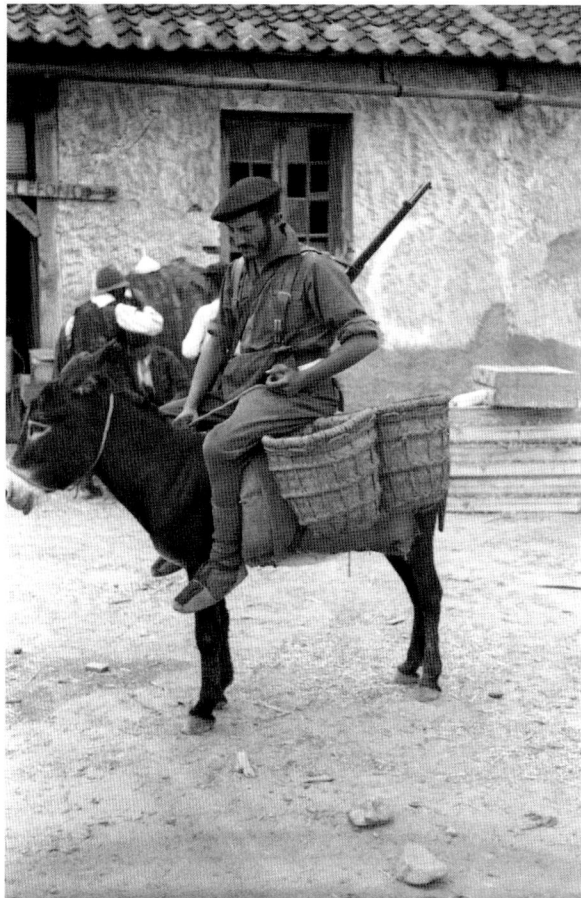

Sebastián eta Nicolás asto banaren gainean. Navafríako (Segovia) kanpamentua, 1936ko abuztua.

Argazkiak Sebastián Taberna y Nicolás, Ardanaz Taberna Belzunce Artxiboa.

51

LA BATALLA POR SIGÜENZA

Una vez dominadas estas posiciones estratégicas de la sierra de Guadarrama, la estrategia del mando sublevado pasaba por preparar una ofensiva al norte de Madrid. Para ello, la ciudad ferroviaria de Sigüenza conformaba una plaza estratégica clave, que intentaría tomar en dos ocasiones: la primera, fallida, el 7 de agosto; y la segunda, efectiva, el 8 de octubre de 1936[5].

Sebastián fue parte y testigo de esta última, sobre la que ejecutó desde la primera línea el que quizá sería su mejor reportaje bélico, en el que se reflejan cada una de las fases de la operación. Comenzó a primera hora del 8 de octubre con un bombardeo aéreo sobre las defensas republicanas, que pudo captar desde las posiciones nacionales en la altura dominante del «Mirón». Le siguió el asalto «a la carrera» de los requetés desde el cerro hasta la estación ferroviaria y las primeras casas, para continuar con imágenes de los asaltos y combates dentro de la población. El voluntario José María Erdozáin, alférez en la misma compañía de Taberna, relató de esta manera la acción, en carta a su familia:

> *«El día 8, a las doce y diez minutos, nos lanzamos dos compañías monte abajo hasta llegar a las primeras casas. Fue algo emocionante. Nos zumbaban por lo menos seis ametralladoras y las balas a unos les pasaban la ropa, a otros les saludaban levantando polvo a sus pies. A pesar del intensísimo fuego, nuestra compañía (109 hombres) no tuvo más que un muerto y algunos heridos.*
>
> *Cogida la primera casa, nos lanzamos a la conquista del pueblo, desalojando a los rojos casa a casa [...]. El fragor del combate nos lanzó con ansias locas de pelea y nos pusimos en cabeza, consiguiendo tomar el castillo, que es famosísimo por su antigüedad»[6].*

La secuencia continúa con imágenes del sitio establecido sobre la catedral, donde los milicianos, que habían rechazado la capitulación, consolidaron su defensa haciendo un fuego muy efectivo desde sus alturas, como atestigua el elevado número de bajas causado entre los asaltantes durante los siguientes días (Infantes Martín, 1937: 147-161). Entre los caídos se encontraba el propio Erdozáin, amigo de Sebastián, protagonista de varias de sus fotografías y autor de la carta anteriormente referida.

SIGÜENZA ESKURATZEKO GUDUA

Guadarramako mendilerroko posizio estrategiko horiek menderatutakoan, matxinatutako agintarien estrategiak Madrilgo iparraldean erasoaldi bat prestatzea barne hartzen zuen. Horretarako, Sigüenza hiria funtsezko toki estrategikoa zen, bi aldiz hartzen saiatuko zirena: lehena, huts egin zuena, abuztuaren 7an; eta bigarrena, eraginkorra, 1936ko urriaren 8an[5].

Sebastián azken horren parte eta lekuko izan zen, eta hari buruz egin zuen lehen lerrotik bere gerra-erreportajerik onena izan litekeena, operazioaren fase guztiak islatzen dituena. Urriaren 8ko goizean hasi zen, errepublikanoen defentsen gaineko aireko bonbardaketa batekin, «Mirón»-en gaineko posizio nazionaletatik atzeman ahal izan zuena. Ondoren, erreketeen eraso «lasterra» etorri zen, muinotik tren-geltokiraino eta lehen etxeetaraino, eta, ondoren, herri barruko eraso eta borroken irudiekin jarraitu zuen. José María Erdozáin boluntarioak, Tabernaren konpainia bereko alfereza zenak, honela kontatu zuen ekintza, familiari bidalitako gutunean:

> *«Hilaren 8an, hamabiak eta hamarretan, bi konpainia abiatu ginen mendian behera, lehen etxeetara iritsi arte. Zirraragarria izan zen. Gutxienez sei metrailadorek burrunba egiten ziguten eta balek arropa zeharkatzen zieten batzuei, beste batzuk oinetan hautsak harrotuz agurtzen zituzten. Sua bizia izan arren, gure konpainiak (109 gizon) hildako bat eta zauritu batzuk baino ez zituen izan.*
>
> *Lehenengo etxea hartuta, herria konkistatzeari ekin genion, gorriak etxez etxe ateraz [...]. Borrokaren harrabotsak borrokarako gogoa piztu zigun, eta buruan jarri ginen, eta haren antzinatasunagatik hain ezaguna den gaztelua hartzea lortu genuen»[6].*

Sekuentziak katedralaren gainean ezarritako lekuaren irudiekin jarraitzen du. Bertan, milizianoek, kapitulazioari uko egin ziotenez, beren defentsa sendotu zuten, goitik oso modu eraginkorrean su eginez, hurrengo egunetan erasotzaileen artean izandako baja ugariek adierazten duten moduan (Infantes Martín, 1937: 147-161). Erorien artean Erdozáin bera zegoen, Sebastiánen laguna, bere hainbat argazkiren protagonista eta arestian aipatutako gutunaren idazlea.

Los sublevados optaron entonces por hacer descargas directas de artillería sobre el templo, con piezas de gran calibre parapetadas en las vías colindantes. El día 15, Taberna obtuvo en las calles de Sigüenza insólitas imágenes previas al asalto al templo, con el nerviosismo patente en los rostros de los voluntarios. A continuación, peligrosas escenas bajo las balas de la progresión del ataque por la calle Medina, encabezado por un pequeño blindado que parapetaba el avance de la infantería. El médico militar Fernando Alsina, que presenció el asalto desde una posición cercana, recogió en su diario algunos detalles curiosos coincidentes con la secuencia de las imágenes:

«Día 15. Sigüenza. Llegamos al mediodía; en las calles no se ven más que soldados tras las barricadas, todos llevan boinas rojas: pregunto si se las quitan para el asalto, pero según mis informantes se niegan los chicos a hacerlo. Quieren ir cara al enemigo de modo que sepa que son requetés [...]. Los requetés se disponen a subir a lo largo de la calle en cuanto se les ordene, los oficiales comprueban sus pistolas, los soldados cargan sus fusiles y se cuelgan de la cintura las bombas de mano.

El tanque sube la cuesta y embiste contra la verja de hierro que no tarda en romperse, pero queda enganchado por un hierro de la misma verja y no puede retroceder»[7].

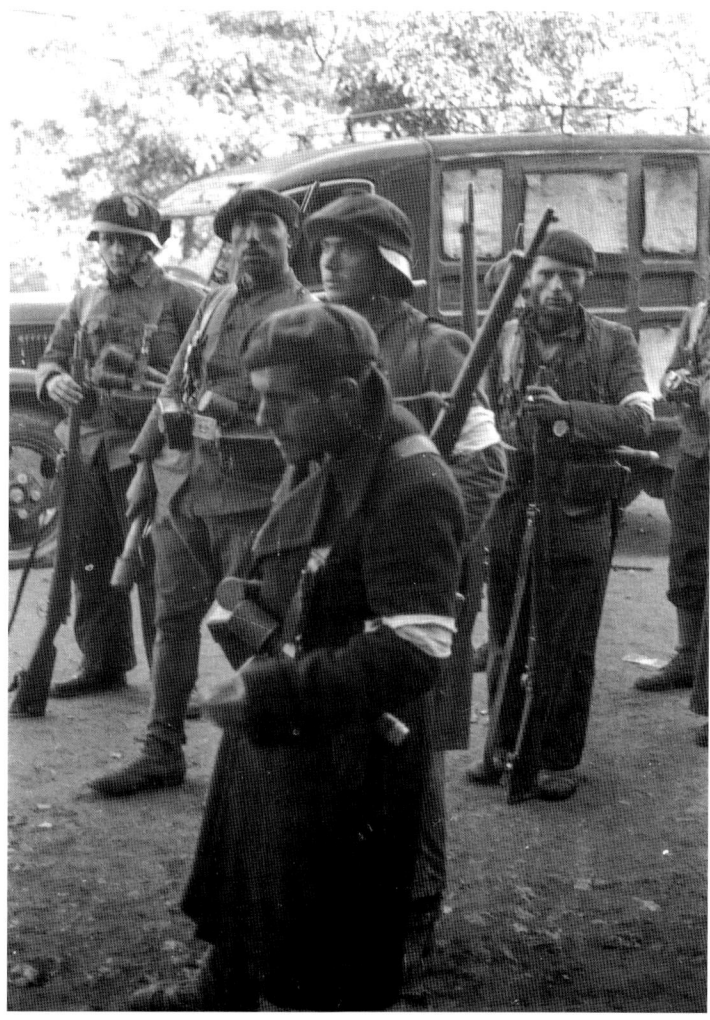

Requetés navarros y riojanos provistos de bombas de mano, brazaletes blancos y boinas rojas para su identificación, listos para el asalto de la catedral. Sigüenza (Guadalajara), 9 de octubre de 1936.

Foto Sebastián Taberna, Archivo Taberna Belzunce.

Nafar eta errioxar erreketeak eskuzko bonba, besoko zuri eta txapel gorri identifikagarriekin, katedralari eraso egiteko prest. Sigüenza (Guadalajara), 1939ko urriak 9.

Argazkia Sebastián Taberna, Taberna Belzunce Artxiboa.

Orduan, matxinatuek tenpluari artilleria-deskarga zuzenak egitea erabaki zuten, inguruko bideetan parapetatutako kalibre handiko piezekin. Hilaren 15ean, Tabernak ezohiko irudiak lortu zituen Sigüenzako kaleetan, tenpluari eraso baino lehen, boluntarioen aurpegietan urduritasuna nabari zelarik. Jarraian, balen azpiko eszena arriskutsuak erasoak Medina kalean zehar aurrera egiten zuen heinean, infanteriaren aurrerapena parapetatzen zuen blindatu txiki bat buruan. Fernando Alsina mediku militarrak, erasoa hurbileko posizio batetik ikusi zuenak, irudien sekuentziarekin bat datozen xehetasun bitxi batzuk jaso zituen bere egunkarian:

«Hilak 15. Sigüenza. Eguerdian iritsi ginen; kaleetan soldaduak besterik ez dira ikusten barrikaden atzean, guztiek txapel gorriak daramatzate: erasorako kentzen ote dituzten galdetu dut, baina nire berriemaileen arabera, mutilek uko egiten diote hori egiteari. Etsaiari aurpegia eman nahi diote, erreketeak direla jakin dezan [...]. Erreketeak kalean gora igotzen dira agindu bezain azkar, ofizialek pistolak ikuskatzen dituzte, soldaduek fusilak kargatu eta eskuzko bonbak gerritik zintzilikatzen dituzte.

Tankea maldan gora igotzen da, eta burdin-hesiaren kontra jotzen du. Burdin-hesi hori berehala hausten da, baina hesiko burdina batekin katigatuta geratzen da eta ezin du atzera egin»[7].

53

Las dos últimas fotografías del reportaje corresponden a la rendición de los últimos defensores republicanos de la catedral: concentrados en plena calle, exhaustos y maniatados por los codos y muñecas, encarnan la viva imagen de la derrota tras su defensa tenaz.

En las jornadas posteriores, sus fotografías atestiguan el estado de absoluta desolación y los terribles daños materiales causados en el edificio durante los combates, y muestra a una población que trataba de recobrar la serenidad.

La toma de Sigüenza impactó profundamente en Sebastián. La dureza de la batalla, la pérdida de amigos en los combates, así como la destrucción de la catedral –para un ferviente amante del arte y la arquitectura–, le marcaron profundamente. De hecho, la ciudad del Doncel es el único escenario bélico que volvió a visitar tras la contienda.

Entre noviembre y diciembre de 1936, se atenuó la intensidad bélica en el frente de Guadalajara y, a la par, la producción fotográfica de Sebastián. Más serena, se centró en estampas cotidianas y de convivencia en torno a poblaciones como La Toba, Naharros o Atienza. También algunas visitas a Sigüenza en misión de intendencia, en las que se puede documentar el proceso de desescombro de la catedral, el inicio de la reconstrucción de algunos edificios y el esfuerzo de la población por recobrar la normalidad.

La relativa estabilidad bélica de este periodo permitió a Sebastián establecer su «laboratorio portátil» de manera más confortable en estancias de las casas o en las habitaciones de los establecimientos donde se alojaba. El 16 de enero de 1937, escribía a su novia Luz Belzunce desde el Hotel Venancio de Sigüenza:

«Los chismes de la foto los he colocado en un cuarto del hotel, que por ser pequeño y tener calefacción, es muy a propósito para ello. En él también duermo, así que tu verás lo bien que estoy. El que tenga calefacción es de mucha importancia para revelar y demás cosas de la foto, claro que lo aprovecho yo también»[8].

Erreportajeko azken bi argazkiak katedraleko azken defendatzaile errepublikanoen errendizioarenak dira: kalean kontzentratuta, akituta eta ukondoetatik eta eskumuturretatik lotuta, defentsa irmoa egin eta gero jasandako porrotaren irudi bizia irudikatzen dute.

Ondorengo egunetan, bere argazkiek erabateko atsekabearen eta borrokaldietan eraikinean eragindako kalte material izugarrien lekukotza ematen dute, eta lasaitasuna berreskuratzen saiatzen ari zen biztanleria akitu bat erakusten dute.

Sigüenza hartzeak biziki hunkitu zuen Sebastián. Guduaren bortizkeriak, borrokaldietan lagunak galtzeak eta katedrala suntsitu izanak –artearen eta arkitekturaren zale amorratua izanik–, sakonki markatu zuten. Izan ere, Doncel hiria da gerraren ondoren berriro bisitatu zuen agertoki beliko bakarra.

1936ko azaroa eta abendua bitartean, Guadalajarako fronteko gerra-intentsitatea arindu zen, eta, aldi berean, Sebastiánen argazki-ekoizpena ere bai. Lasaiagoa, La Toba, Naharros eta Atienza bezalako herrien inguruko eguneroko eta bizikidetzako irudietan zentratu zen. Intendentzia-misioan Sigüenzara egindako bisita batzuk ere bai, zeintzuetan katedraleko hondakinak kentzeko prozesua, eraikin batzuen berreraikitzearen hastapenak eta herritarrak normaltasuna berreskuratzeko egiten ari ziren ahalegina dokumentatu daitezkeen.

Garai hartako nolabaiteko egonkortasun belikoari esker, Sebastiánek bere «laborategi eramangarria» erosoago ezarri ahal izan zuen etxeetako geletan edo ostatu hartzen zuen establezimenduetako logeletan. 1937ko urtarrilaren 16an, Luz Belzunce neska-lagunari zera idatzi zion Sigüenzako Venancio hoteletik:

«Argazkiko trasteak hoteleko gela batean jarri ditut, txikia denez eta berogailua duenez, horretarako oso egokia baita. Bertan lo ere egiten dut; beraz, zuk ikusiko duzu zein ongi nagoen. Berogailua izatea oso garrantzitsua da argazkia errebelatzeko eta eta abar, eta nik ere aprobetxatzen dut, noski»[8].

«FOTÓGRAFO OFICIAL»

Como es lógico, su actividad de reportero no pasó desapercibida a los mandos y el día 23 de diciembre de 1936 –siendo ya cabo–, fue designado «fotógrafo oficial» del Cuartel General de Sigüenza, dentro de la División Soria. Un cometido complementario, ya que continuó con su puesto de enlace de intendencia, que le permitiría cierta autonomía y facturar algunos gastos de material. Como contrapartida, ocasionalmente ejecutaría reportajes considerados de «interés militar»: visitas al frente de altos mandos, maniobras a campo abierto, fotografías del material bélico capturado al enemigo o de heridas supuestamente producidas por «balas explosivas», munición prohibida en la Convención de Ginebra. Fuera de estos encargos, Sebastián continúo centrando su fotografía en la vida cotidiana y las vivencias de los combatientes y en dejar constancia de aquello que consideraba de interés histórico.

Los primeros días de enero de 1937 obtuvo vistosas imágenes del Batallón de Ceriñola en su llegada a Sigüenza y espontáneos retratos de sus integrantes obtenidos desde la distancia. Les siguieron, en días posteriores, instantáneas de la artillería en humeante acción cerca de Torremocha del Campo, y escenas de convivencia durante la estancia de la tropa en Algora, en atmosféricos ambientes marcados por la bruma y la oscuridad.

Su primer encargo «oficial» corresponde a mediados de enero de 1937, durante la visita que realizó el general Mola al frente de Sigüenza. Taberna recogió con su cámara la salida del «Director» de la conspiración de su alojamiento y su visita al frente, acompañado del Cuartel General. El reportaje terminó con unas escenas solitarias de Mola, ataviado con su característica gabardina clara y la Leica en las manos, tomando fotografías panorámicas del yermo paisaje castellano.

A éste le seguirían en febrero otros reportajes de encargo, como la visita de los entonces propagandistas del Tradicionalismo Federico García Sanchiz y María Rosa Urraca Pastor a las posiciones de Navafría, durante una fuerte ventisca; y una vistosa revista militar del general Moscardó a las tropas concentradas en las proximidades de Medranda y Alcorlo.

Sin embargo, el grueso de la producción fotográfica de Sebastián durante un periodo invernal de exigua estabilidad en el frente de Guadalajara continuó orientado hacia sus temas predilectos. En pequeñas poblaciones como El Atance, Medranda, Renales, La Toba, Torremocha del Campo o Jirueque, reunió un abundante elenco de escenas cotidianas y de convivencia, marcadas por la meteorología y la rudeza de la vida de campaña. Imágenes de parajes desolados, frío y suciedad, suelos embarrados y atmósferas vaporosas que nos recuerdan a las estampas y ambientes propios de la vida de trincheras durante la Gran Guerra europea.

«ARGAZKILARI OFIZIALA»

Logikoa den bezala, agintariak bere erreportari-jardueraz ohartu ziren, eta 1936ko abenduaren 23an –jada kaboa zela– Sigüenzako Kuartel Nagusiko «argazkilari ofizial» izendatu zuten, Soria Dibisioaren barruan. Zeregin osagarri bat, intendentzia-bitarteko postuarekin jarraitu baitzuen, nolabaiteko autonomia eta material-gastu batzuk fakturatzeko aukera emango ziona. Ordainetan, «interes militarra» zuten erreportajeak egingo zituen noizean behin: goi-agintariek frontera egindako bisitak, zelai zabaleko maniobrak, etsaiari atzemandako gerra-materialaren argazkiak edo ustez «bala leherkorrek», Genevako Konbentzioan debekatutako munizioak, eragindako zaurien argazkiak. Enkargu horiek gorabehera, Sebastiánek bere argazkigintza borrokalarien eguneroko bizitzan eta bizipenetan ardazten jarraitu zuen, baita interes historikotzat jotzen zuena jasotzen ere.

1937ko urtarrileko lehen egunetan, Ceriñolako Bataloiaren irudi ikusgarriak lortu zituen Sigüenzara iritsi zenean, eta urrutitik egindako kideen erretratu espontaneoak ere bai. Hurrengo egunetan, Torremocha del Campotik gertu kea zeriela ekinean ari ziren artilleriaren argazkiak etorriko ziren, eta tropak Algoran egin zuen egonaldian izandako bizikidetza-eszenak, lanbroa eta iluntasuna nagusi ziren giro atmosferikoetan.

Bere lehen enkargu «ofiziala» 1937ko urtarrilaren erdialdean egin zuen, Mola jeneralak Sigüenzako frontera egin zuen bisitaldian. Tabernak, bere kamerarekin, konspirazioaren «zuzendaria» ostatutik irteten eta frontera egindako bisita jaso zituen, Kuartel Nagusiarekin batera. Erreportajea Molaren eszena bakarti batzuekin amaitu zen, bere gabardina argia soinean eta Leica eskuetan zituela, Gaztelako paisai etzearen argazki panoramikoak eginez.

Geroago, otsailean, enkarguzko beste erreportaje batzuk etorriko ziren, hala nola Federico García Sanchiz eta María Rosa Urraca Pastor Tradizionalismoko propagandistek Navafríako posizioetara egindako bisita, haizete gogor betean; eta Moscardó jeneralak Medranda eta Alcorlo inguruan bildutako tropei egindako ikuskatze militar ikusgarri bat.

Hala ere, Sebastiánek Guadalajarako frontean neguan bizitako egonkortasun eskaseko aldi batean egindako argazki gehienek bere gairik kuttunetara bideratuta jarraitu zuten. El Atance, Medranda, Renales, La Toba, Torremocha del Campo eta Jirueque bezalako herri txikietan, eguneroko eta bizikidetzako eszena mordoa bildu zituen, meteorologiak eta kanpainako bizitzaren zakartasunak markatuta. Europako Gerra Handiko lubakietako bizitzako irudi eta giroak gogora ekartzen dizkiguten bazter erraustu, hotz eta zikinen, zoru lokaztuen eta atmosfera lurrungarrien irudiak.

Un periodo de relativa calma bélica, en el que incluso había ocasión para el contacto directo con «el enemigo». El requeté Ramón Urdiáin escribía el 8 de enero de 1937 a su casa desde La Toba:

> «Queridos padres y hermanos: como veis he cambiado de domicilio otra vez. Hoy a la mañana hemos venido a La Toba, a relevar a una compañía que lleva 40 días en los parapetos. En estas posiciones se han dado varios casos de salir unos y otros a charlar en medio de los parapetos y dar palabra de no tirarse un tiro por ejemplo en cuatro horas. Durante ese plazo puede uno andar tranquilamente tieso por los parapetos»[9].

A mediados de febrero daban comienzo los preparativos de una próxima ofensiva. Taberna, siempre atento a los acontecimientos, dedicó varios carretes al desembarco en Sigüenza de vehículos blindados y material bélico para el CTV (*Corpo di Truppe Volontarie*) enviado por la Italia fascista de Mussolini en apoyo a los sublevados. La presencia de los italianos y su llamativo equipamiento provocaría el asombro y la curiosidad en la población. También el interés de Sebastián Taberna que, en los andenes de la estación de ferrocarril, en un escenario nublado y de atmósfera evanescente propicio para reflejos y contraluces, lograría algunas imágenes de notable perfección y belleza estética.

Finalmente, entre el 8 y el 23 de marzo tuvo lugar la esperada ofensiva que daría paso a la célebre batalla de Guadalajara. Otra vez en primera línea, acompañando a la División Soria en su labor de enlace, Taberna ejecutó su segundo gran reportaje en combate, con extraordinarias imágenes de la entrada de las fuerzas nacionales en las poblaciones de Jadraque, Algora y Cogolludo, en condiciones meteorológicas extremas. Cesáreo Sanz-Orrio, compañero de Sebastián en la misma compañía de requetés, escribía a su familia desde Padilla de Hita, el 12 de marzo de 1937:

> «Estamos llevando una paliza física terrible. Desde la madrugada a la noche andando sin descanso por sembrados de nieve y barro hundiéndonos hasta el tobillo, durmiendo en esos mismos sembrados con el capote y una manta. Nieve, agua, granizo y en todo momento un aire fuerte y helador que nos mete lo que caiga hasta los huesos»[10].

Nolabaiteko barealdi belikoko garaia, «etsaiarekin» harreman zuzena izateko aukera ere bazegoena. Ramón Urdiáin erreketeak honako hau idatzi zuen 1937ko urtarrilaren 8an etxera La Tobatik:

> «Guraso eta anai-arreba maiteok: ikusten duzuenez, berriz aldatu dut bizilekua. Gaur goizean La Tobara etorri gara, parapetoetan 40 egun daramatzan konpainia bat ordezkatzera. Posizio hauetan, zenbait kasutan, batzuk eta besteak parapetoen erdian hitz egitera atera dira, eta elkarri tirorik ez botatzeko hitza eman dute, adibidez, lau ordutan. Epe horretan lasai asko ibil zaitezke parapetoetan barna»[9].

Otsailaren erdialdean hasi ziren hurrengo erasoaldiaren prestalanak. Tabernak, beti gertakizunei adi, hainbat biribilki eskaini zizkion Sigüenzan Mussoliniren Italia faxistak matxinatuen alde bidalitako ibilgailu blindatuak eta CTVarentzako (*Corpo di Truppe Volontarie*) gerra-materialaren iritserari. Italiarren presentziak eta haien ekipamendu deigarriak harridura eta jakin-mina piztuko zituen herritarrengan. Eta Sebastián Tabernaren interesa ere bai, tren-geltokiko nasetan, atmosfera argi eta giro lainotsuko eszenatoki batean, isla eta kontraargietarako apropos, bikaintasun eta edertasun estetiko nabarmeneko irudiak lortuko baitzituen.

Azkenik, martxoaren 8tik 23ra bitartean, Guadalajarako Gudu ezaguna piztuko zuen erasoaldia izan zen. Lehen lerroan berriz ere, Soria Dibisioari bitarteko-lanetan lagunduz, Tabernak borrokako bere bigarren erreportaje handia egin zuen, indar nazionalak Jadraque, Algora eta Cogolludo herrietan sartu zireneko irudi apartekin, muturreko baldintza meteorologikoetan. Cesáreo Sanz-Orriok, Sebastiánek errekete-konpainia berean zuen lagunak, 1937ko martxoaren 12an Padilla de Hitatik zera idatzi zion bere familiari:

> «Sekulako pasada fisikoa jasaten ari gara. Goizaldetik gauera soroetan zehar ibiltzen gara etengabe elurretan eta lokatzetan blai, orkatilaraino hondoratuz, longain eta manta batekin soro horietan bertan lo eginez. Elurra, ura, kazkabarra eta, une oro, erortzen dena hezurretaraino sartzen digun haize zakar eta hotz-hotza»[10].

56

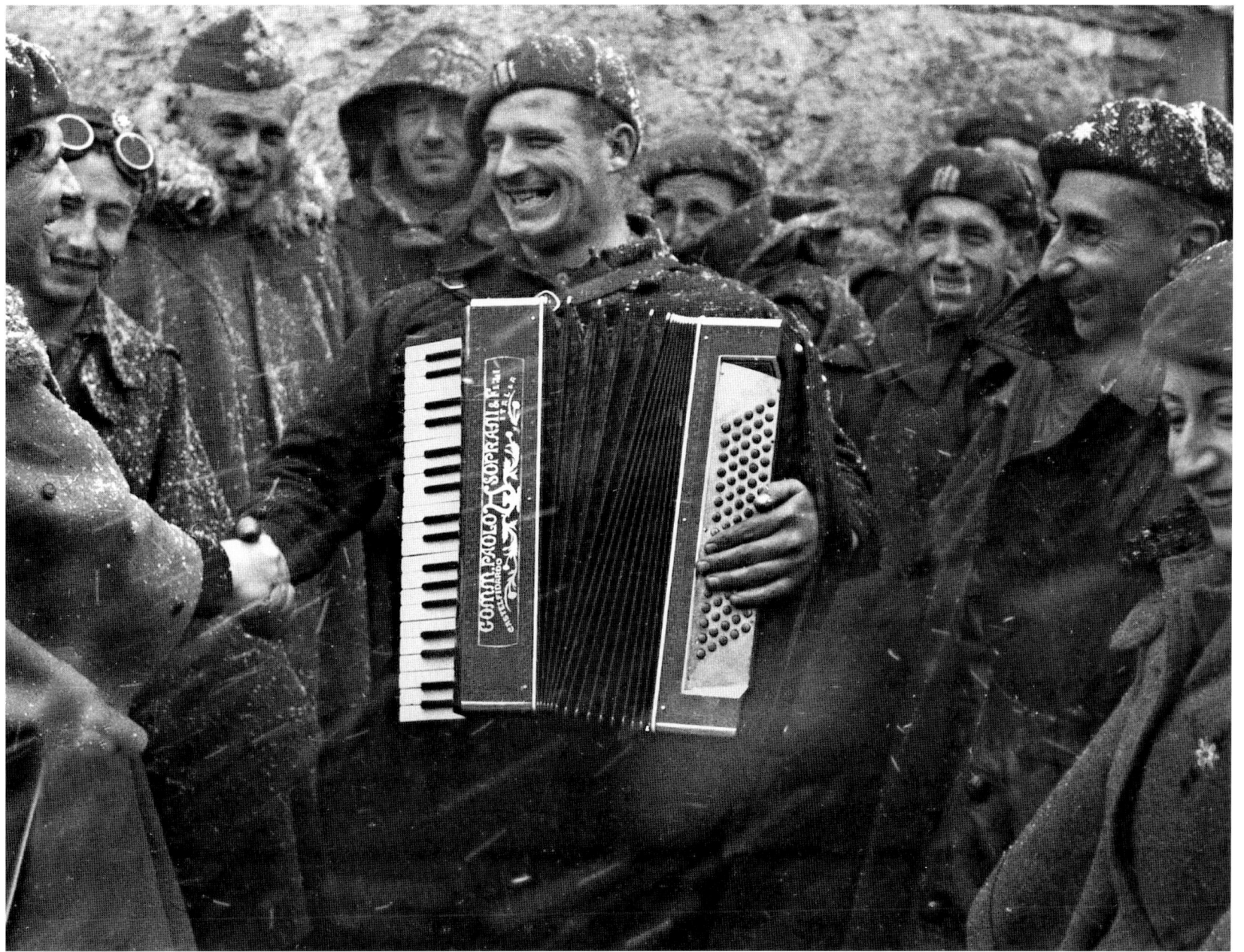

Visita oficial al frente de Somosierra.
En el centro, Martín Erviti, «el acordeonista de
Olagüe». Febrero de 1937.

Foto Sebastián Taberna,
Archivo Taberna Belzunce.

Bisita ofiziala Somosierrako frontera.
Erdigunean, Martín Erviti, «Olagueko akor-
deoi-jotzailea». 1937ko otsaila.

Argazkia Sebastián Taberna,
Taberna Belzunce Artxiboa.

ARTIKULU: Sebastián Taberna. Gerraren aurpegia

Como epílogo del reportaje, destaca la secuencia de fotografías sobre el penoso avance entre la nieve de la columna por la carretera Nacional II, cuando la ofensiva italiana se encontraba ya en el punto crítico. El estrepitoso fracaso del CTV en su súbito avance sobre Guadalajara, a pesar del despliegue de medios y efectivos, supuso una victoria moral sin paliativos para el ejército de la República (Lara, 2018).

En los meses siguientes no se volverían a plantear operaciones de envergadura en todo el frente de la Alcarria. Se iniciaba así un periodo de estabilidad y relativa tranquilidad, que permitió a Sebastián Taberna disponer de estancias más prolongadas en Sigüenza y otras poblaciones más próximas al frente, como Casas de San Galindo y Jadraque. Destacan de esta etapa las escenas de convivencia entre soldados y población, retratos de tipos y oficios tradicionales, imágenes de labores agrícolas y paisajes, por lo general en un tono bucólico y etnográfico.

Llegado el verano de 1937, encontramos varios reportajes descriptivos, unos dedicados a la reconstrucción de puentes por una compañía de ingenieros y otros a la actividad de sanitarios, médicos y enfermeras en el hospital de sangre de Jadraque. También una extraordinaria crónica gráfica sobre la celebración de la festividad de San Fermín por parte de los requetés navarros destacados en el pueblo de Casas de San Galindo. Escenas de bailes, manteos, juegos y tragos de vino, en unas imágenes llenas de fuerza y dinamismo, en las que se hace patente la alegría desbordada.

VIAJES A RETAGUARDIA

Por esas fechas, seguramente durante algún periodo de permiso, Sebastián tuvo ocasión de visitar varias localidades del frente Norte. De aquel viaje nos quedan unas hermosas imágenes a contraluz del puerto de Bilbao y Altos Hornos, así como un reportaje muy técnico sobre construcciones defensivas del famoso Cinturón de Hierro de Bilbao, en las que todavía se aprecian las señales de los combates recientes. Ya de regreso, tuvo también oportunidad de visitar en Pamplona a su novia Luz, mientras ejercía su labor de enfermera en el Hospital Alfonso Carlos donde, en la terraza, fotografió escenas desenfadadas de juego y convivencia.

Meses más tarde volvería de nuevo a la capital navarra, esta vez para cubrir el recibimiento a las Brigadas de Navarra tras su regreso de la campaña del Norte, el 9 de noviembre de 1937. El reportaje resulta de particular interés por lo extenso y vistoso, abarcando tanto la parada militar y misa de campaña en la

Erreportajearen epilogo gisa, zutabeak II. errepide nazionalean elurraren artean egindako aurrerapen nekagarriari buruzko argazki-sekuentzia nabarmentzen da, italiarren erasoa puntu kritikoan zegoenekoa. CTVk Guadalajarako bat-bateko aurrerapenean egindako porrot ikaragarriak, baliabide eta soldadu ugari izan arren, erabateko garaipen morala izan zen Errepublikako armadarentzat (Lara, 2018).

Hurrengo hilabeteetan ez zen operazio handirik egingo Alcarriako fronte osoan. Horrela, nolabaiteko egonkortasun- eta lasaitasun-aldi bat hasi zen, eta, horri esker, Sebastián Tabernak egonaldi luzeagoak egingo zituen Sigüenzan eta frontetik gertuago zeuden beste herri batzuetan, hala nola Casas de San Galindon eta Jadraquen. Soldaduen eta herritarren arteko bizikidetzaren eszenak, herritar eta lanbide tradizionalen erretratuak, nekazaritza-lanen eta paisaien irudiak nabarmentzen dira etapa honetan, oro har tonu bukoliko eta etnografikoan.

1937ko uda iritsita, hainbat erreportaje deskriptibo aurkituko ditugu, batzuk ingeniari-konpainia batek zubiak berreraikitzeari buruzkoak, eta beste batzuk Jadraqueko odol-ospitaleko osasun-langile, mediku eta erizainen jardunari buruzkoak. Halaber, Casas de San Galindo herrian bereizitako nafar erreketeek San Fermin eguna ospatzeari buruzko kronika grafiko bikaina. Dantza, airatze, joko eta ardo-tragoen eszenak, bizitasunez eta dinamismoz beteriko irudietan, zenbaitetan pozak gainezka egiten zuela agerian uzten dutenak.

BIDAIAK ATZEGOARDIARA

Garai hartan, segur aski baimen-aldi batean, Iparraldeko fronteko hainbat herri bisitatzeko aukera izan zuen Sebastiánek. Bidaia hartatik kontraargian egindako Bilboko portuaren eta Labegaraien irudi ederrak geratzen zaizkigu, baita Bilboko Burdin Gerriko ospetsuaren defentsa-eraikuntzei buruzko erreportaje oso tekniko bat ere, zeintzuetan berriki bizitako borroken zantzuak ikusten diren oraindik. Itzulitakoan, Alfonso Carlos Ospitalean erizain-lanetan ari zen Luz neskalaguna bisitatzeko aukera ere izan zuen Iruñean. Bertan, terrazan, jolas- eta bizikidetza-eszena lasaien argazkiak egin zituen.

Zenbait hilabete geroago, Nafarroako hiriburura itzuliko zen, oraingoan 1937ko azaroaren 9an Iparraldeko Kanpainatik itzuli ondoren Nafarroako Brigadei egindako harreraren berri emateko. Erreportajeak interes berezia du zabala eta ikusgarria izateagatik, Iruñeko Ziudadelako zelaiguneko geldialdi militarra eta

explanada de la Ciudadela de Pamplona, como el posterior desfile por las calles de la ciudad. A pesar de que ninguna de sus fotografías llegó a publicarse, podemos intuir que Taberna contó con algún tipo de autorización oficial para poder moverse libremente entre los corresponsales que cubrían el acto. Como curiosidad, en varias de las fotografías publicadas por los medios, podemos identificar con claridad a Sebastián, Leica en mano, ataviado con la cazadora de paño a cuadros que le acompañó durante la campaña.

Dos días después del desfile, Sebastián Taberna volvería a dar muestra de su intuición y agilidad como reportero de guerra, en los momentos inmediatos al bombardeo que efectuó la aviación republicana sobre Pamplona, el 11 de noviembre de 1937. En el que podemos considerar su último reportaje de acción, encontramos imágenes de las calles y los edificios afectados por las bombas, llenos de escombros, en vigorosas y dinámicas escenas que combinan la presencia de espectadores y curiosos con la actuación de los servicios de emergencia. Se trata de un episodio del que, a pesar de su relevancia, no existe más constancia gráfica conocida.

kanpainako meza eta, ondoren, hiriko kaleetan barna egingo zen desfilea jasotzen baitzituen. Argazki horietako bakar batek ere argia ikusi ez zuen arren, susmoa dugu Tabernak baimen ofizialen bat izan zuela ekitaldiaren berri ematen ari ziren korrespontsalen artean askatasunez mugitzeko. Bitxikeria gisa, hedabideek argitaratutako hainbat argazkitan, Sebastián argi identifika dezakegu, Leica eskuan, kanpainan erabili zuen oihalezko laukidun jaka jantzita.

Desfilea baino bi egun geroago, Sebastián Tabernak gerra-erreportari gisa zuen sena eta arintasuna erakutsiko zituen, errepublikanoen hegazkinek 1937ko azaroaren 11n Iruña bonbardatu eta berehala. Bere azken ekintza-erreportajean, bonbek kaltetutako kale eta eraikinen irudiak ikus ditzakegu, hondakinez beteta, ikusleen eta ikusberen presentzia eta larrialdi-zerbitzuen jarduna konbinatzen dituzten eszena bizi eta dinamikoetan. Gertakari garrantzitsua izan arren, ez dago froga grafiko gehiagorik.

1937-1938ko neguan Sebastiánek argazkilari gisa izango zuen azken misio ofizialari aurre egin zion. Gatazkaren hasieran kartografia militar gehiena errepublika-

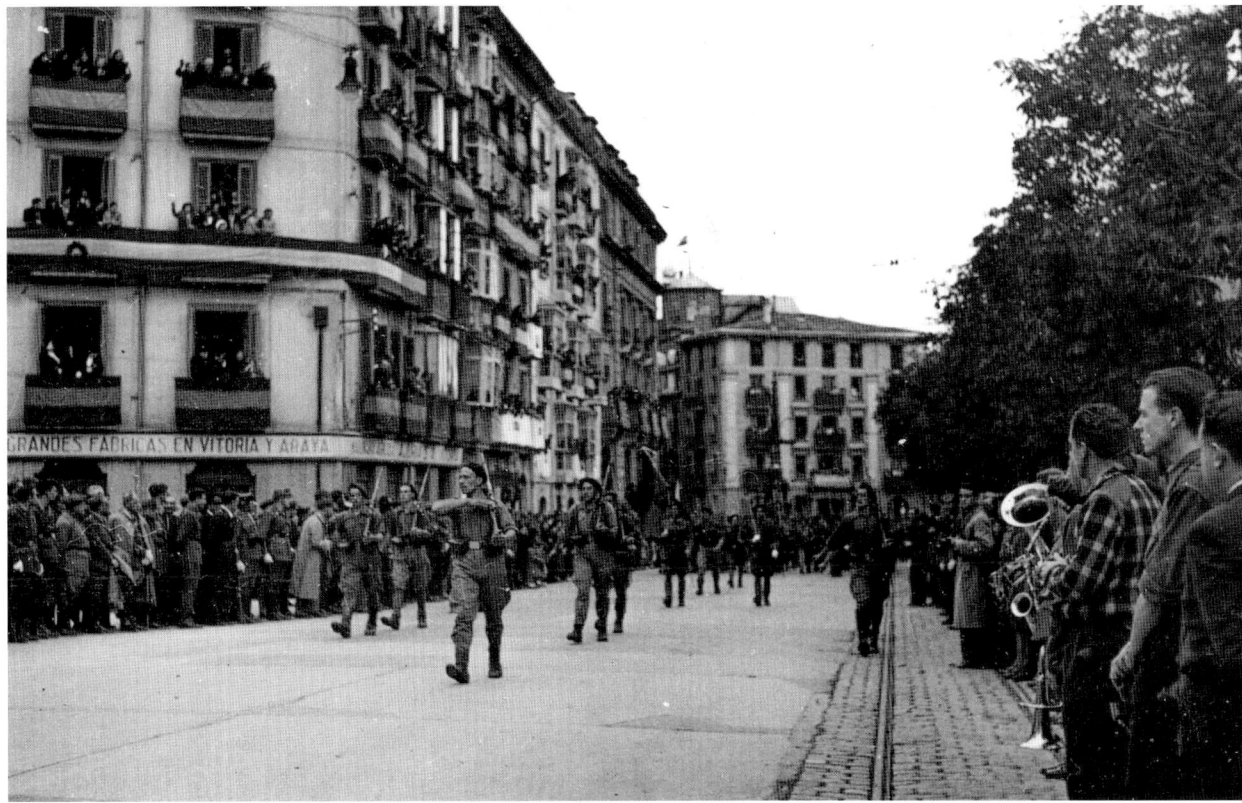

Desfile de las Brigadas de Navarra por la calle San Ignacio de Pamplona, el 9 de noviembre de 1937. A la derecha, entre el público, Sebastián Taberna con chaqueta a cuadros y su Leica en las manos.

Autoría desconocida, Archivo González-Boza.

Nafarroako Brigaden desfilea Iruñeko San Ignazio kalean barrena, 1937ko azaroaren 9an. Eskuinean, jendartean, Sebastián Taberna laukidun jaka soinean eta bere Leica eskuetan.

Egile ezezaguna, González-Boza Artxiboa.

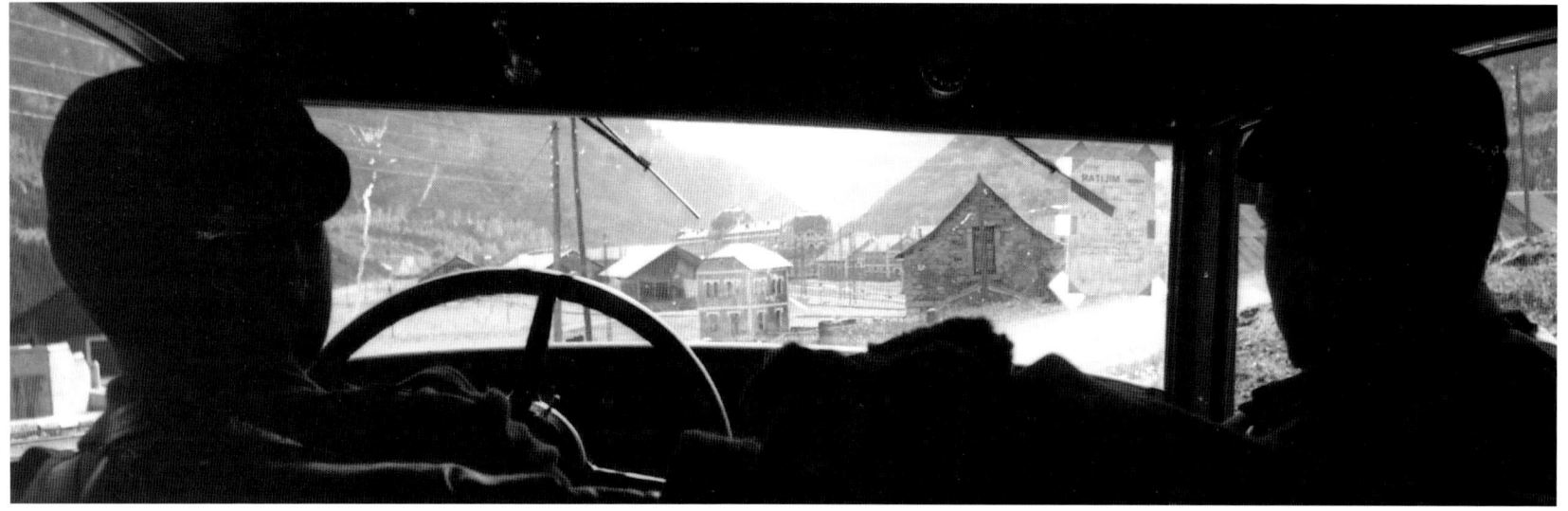

El equipo cartográfico llegando a la estación
de Canfranc (Huesca), en marzo de 1938.
Foto Sebastián Taberna,
Archivo Taberna Belzunce.

Ekipo kartografikoa Canfranceko geltokira
iristen, 1938ko martxoa.
Sebastián Tabernaren argazkia,
Taberna Belzunce Artxiboa.

En el invierno de 1937-1938 Sebastián encaraba una última y definitiva misión oficial como fotógrafo. Al encontrarse la mayor parte de la cartografía militar en zona republicana al comienzo de la contienda, el Estado Mayor de Burgos precisaba de nuevos planos topográficos de la frontera hispano-francesa, con el fin de planificar su fortificación y defensa en caso de incursiones guerrilleras o una hipotética invasión.

Para ello, se formó equipos técnicos integrados por topógrafos, ingenieros y fotógrafos con la misión de cartografiar y obtener imágenes de la orografía pirenaica en la frontera. Como miembro de uno, en los meses siguientes y hasta el final de la contienda, Sebastián Taberna se dedicaría a recoger imágenes panorámicas de los valles pirenaicos de Ansó, Hecho, Canfranc y Tena para la elaboración de mapas.

De aquel periodo «amable» conservaría la amistad con varios arquitectos mallorquines con los que, en momentos de ocio, compartió su afición por el románico oscense. No así imágenes, ya que, a excepción de algunas copias positivadas y dos rollos realizados en las inmediaciones del puerto de Canfranc, todo el material fotográfico –películas y copias– se envió por orden superior al Estado Mayor de Burgos. De esta forma, alejado de los peligros de la primera línea y de sus compañeros del Tercio del Rey, llegó el final de la guerra para Sebastián Taberna.

noen eremuan zegoenez, Burgosko Estatu Nagusiak hispano-frantziar mugaren plano topografiko berriak behar zituen, gerrillariek erasoaldirik egitekotan edo balizko inbasio kasuetan gotortzea eta defentsa planifikatzeko.

Horretarako, topografoek, ingeniariek eta argazkilariek osatutako talde teknikoak eratu ziren, mugako Pirinioetako orografiaren irudiak kartografiatu eta lortzeko. Talde horietako baten kide gisa, hurrengo hilabeteetan, Sebastián Tabernak Pirinioetako Ansó, Hecho, Canfranc eta Tena ibarretako irudi panoramikoak egingo zituen mapak egiteko helburuarekin.

Garai «atsegin» hartan Mallorcako hainbat arkitektorekin egindako adiskidetasuna mantendu zuen, aisialdi-uneetan, Huescako erromanikoarekiko zaletasuna partekatu baitzuten. Ez zuen, baina, irudirik kontserbatuko; izan ere, Canfranceko portuaren ingurumarietan egindako kopia positibatu batzuk eta bi biribilki izan ezik, argazki-material guztia –filmak eta kopiak– Burgosko Estatu Nagusira bidali zen, goikoek hala agindu. Era horretan, lehen lerroko arriskuetatik eta Erregearen Tertzioko bere kideengandik aldenduta, gerraren amaiera iritsi zen Sebastián Tabernarentzat.

60

PASAR PÁGINA

Dos meses después del final de la contienda, en junio de 1939, contrajo matrimonio con su novia, Luz Belzunce. Se iniciaba para ellos un nuevo tiempo vital, en el que «la guerra» conformaba un periodo oscuro del que distanciarse.

Al contrario que su amigo Nicolás Ardanaz, Sebastián permaneció en adelante ajeno a cualquier tipo de actividad política y desligado de encuentros de excombatientes o conmemoraciones relacionadas con la etapa bélica. Sin duda, los tres años de contienda habían supuesto para él –como para tantos otros españoles de su generación– un periodo traumático y doloroso. La decisión consciente de «pasar página» supuso para muchos supervivientes de la tragedia –tal vez la mayoría– una opción práctica y un mecanismo psicológico legítimo y necesario para poder retomar el presente de sus vidas sin sucumbir a la frustración.

AURRERA EGITEA

Bi hilabete geroago, 1939ko ekainean, Luz Belzunce neskalagunarekin ezkondu zen. Aro berri bati hasiera eman zieten, eta «gerra» atzean uzi beharreko garai iluna bihurtu zen.

Bere lagun Nicolás Ardanaz ez bezala, Sebastiánek aurrerantzean ez zuen jarduera politikorik izango eta ez zuen inongo loturarik matenduko borrokalari ohien topaketekin ez garai belikoarekin lotutako omenaldiekin. Noski, gerrako hiru urteak traumatikoak eta mingarriak izan ziren berarentzat, bai eta bere belaunaldiko espainiar ugarirentzat ere. «Aurrera egiteko» erabaki kontzientea aukera praktiko eta mekanismo psikologiko legitimo eta beharrezkoa izan zen tragediatik bizirik atera ziren askorentzat –agian gehienentzat–, frustrazioan erori gabe bizitzen ari ziren uneari heldu ahal izateko.

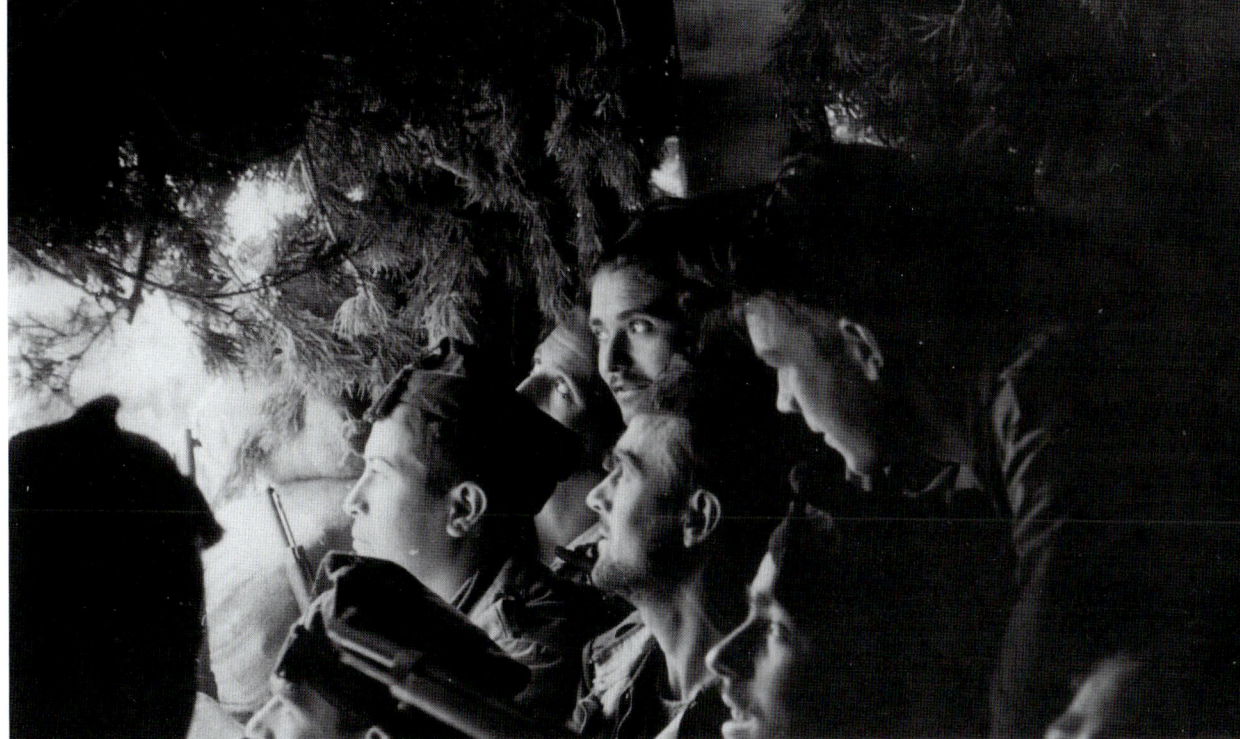

Voluntarios observan a cubierto el paso de la aviación enemiga. Navafría (Segovia), agosto 1936.
Foto Sebastián Taberna, Archivo Taberna Belzunce.

Boluntarioak babespean etsaiaren hegazkinak nola igarotzen diren behatzen. Navafria (Segovia), 1936ko abuztua.

Argazkia Sebastián Taberna, Taberna-Belzunce Artxiboa.

ARTIKULU: Sebastián Taberna. Gerraren aurpegia

Apenas hablaría de la guerra a sus seis hijos. Sólo de forma puntual, en reuniones familiares o encuentros ocasionales con antiguos compañeros de campaña, se le podría escuchar comentar episodios o sucesos de aquel periodo. Tal vez, porque Sebastián, como tantos otros, consideraba que únicamente quienes habían sobrevivido al mismo naufragio serían capaces de entender la magnitud del drama que vivieron. «No os podéis siquiera imaginar lo que fue aquello» y «una Guerra Civil es lo peor que le puede suceder a una nación», son algunas de las frases transmitidas a sus hijos.

Desde 1939, decenas de rollos de negativos y varios cientos de positivos quedaron meticulosamente ordenados y guardados en cinco cajas de madera compartimentadas y numeradas. Depositadas en el desván de la casa familiar situada en la Carretera de Francia de la vieja Iruña, reposarían durante varios decenios.

El empeño que Sebastián dedicó a su correcta conservación es solo comparable con la determinación de no desempolvar ni volver a revelar ninguna fotografía del periodo bélico. Sin embargo, seguramente consciente del valor artístico e histórico de aquel legado, consideró que no podía perderse y que, tal vez algún día, con la suficiente perspectiva, aquellas fotografías debían ver la luz.

Continuó su actividad fotográfica en tiempo de paz, e instalaría su laboratorio fotográfico en la buhardilla de casa. Sin embargo, apenas volvió a ejercer la fotografía de reportaje para la que tan extraordinarias cualidades había demostrado. En adelante el objetivo de su Leica se limitaría al ámbito más íntimo y familiar. También mantuvo el interés por el arte –la arquitectura y la pintura en especial– y por el mundo de las antigüedades. En sus viajes serían habituales las visitas a galerías, museos y monumentos, y en su biblioteca reuniría numerosos volúmenes sobre estas materias. En la «Pamplona sin teléfono» de la postguerra, el acceso al mundo de la cultura y sus publicaciones era limitado. Sebastián se convirtió en un asiduo de las tertulias artísticas y culturales del Casino Principal de Pamplona, y de su excelente biblioteca, bien surtida de periódicos y revistas nacionales y extranjeras. Su sensibilidad e inclinación por el arte se mantendría perenne hasta el final de sus días, algo que siempre trató de enseñar y transmitir a sus hijos.

Para el secreto quedarían las tertulias con su amigo Nicolás Ardanaz en la «rebotica» de su droguería de la Calle Mayor. Muchas tardes, durante horas, hablarían de fotografía y de pintura; quizás, en la intimidad, también de la guerra. Sebastián Taberna Arregui falleció en Pamplona, el 1 de octubre de 1986, sin que su producción fotográfica llegara ver la luz pública en vida.

la ez zuen gerrari buruz hitz egingo bere sei seme-alabekin. Noizean behin soilik entzun ziezaiokeen garai hartako gertakariei buruz hitz egiten, familia-bilkurean edo kanpainako kide ohiekin noizbehinka egiten zituzten topaketetan. Beharbada, Sebastiánek, beste askok bezala, uste zuelako hondamendi beretik bizirik atera zirenak bakarrik izango zirela gai bizitako dramaren tamaina ulertzeko. «Ezin duzue imajinatu ere egin zer izan zen hura» eta «gerra zibila da nazio bati gerta dakiokeen gauzarik okerrena» dira seme-alabei helarazitako esaldietako batzuk.

1939tik, dozenaka negatibo-biribilki eta ehunka positibo kontu handiz ordenatuta eta gordeta geratu ziren zatitu eta zenbakitutako zurezko bost kaxatan. Iruña Zaharreko Frantziako Errepidean dagoen familiaren etxeko ganbaran utzita, hainbat hamarkadetan atseden hartuko zuten.

Sebastiánek hori guztia behar bezala kontserbatzeko egin zuen ahalegina gerra-garaiko argazki guztiak kutxen barruan mantendu eta ez errebelatzeko erabakiarekin konpara daiteke soilik. Hala ere, ziur aski ondare haren balio artistiko eta historikoaz jabetuta, ezin zela galdu pentsatu zuen, eta agian noizbait, perspektiba nahikoarekin, argazki haiek argia ikusi behar zutela.

Bake-garaian argazkigintzan aritzen jarraitu zuen, eta etxeko ganbaran instalatu zuen bere laborategi fotografikoa. Hala ere, ez zen ia gehiago arituko ia erreportajeko argazkigintzan, eremu horretan bikaina zela erakutsi arren. Aurrerantzean, bere Leicaren objektiboa esparru intimo eta familiarrenera bideratuko zuen soilik. Artearekiko interesa ere izan zuen –artikektura eta margolaritza nagusiki–, baita antigoaleko gauzen munduarekikoa ere bai. Bere bidaietan galeriak, museoak eta monumentuak bisitatu ohi zituen, eta liburutegian arlo horiei buruzko liburuki ugari bilduko zituen. Gerraosteko «telefonorik gabeko Iruñean», kulturaren eta kulturari buruzko argitalpenen mundurako sarbidea mugatua zen. Horrela bada, Sebastián ohikoa bihurtu zen Iruñeko Kasino Nagusiko solasaldi artistiko eta kulturaletan, bere liburutegi bikainean, nazioko eta atzerriko egunkari eta aldizkariekin ongi hornitua. Artearekiko sentsibilitatea eta zaletasuna bere egunen amaierara arte bizirik mantenduko zuen, eta hori seme-alabei irakasten eta transmititzen saiatu zen beti.

Bere lagun Nicolás Ardanazekin Kale Nagusiko bere drogeriaren «botika-ostean» izandako solasaldiak isilpean mantenduko ziren. Arratsalde askotan, ordu luzez hitz egingo zuten argazkigintzaz eta pinturaz; agian, intimitatean, baita gerraz ere. Sebastián Taberna Arregui Iruñean zendu zen, 1986ko urriaren 1ean, eta bizirik egon zen bitartean bere argazki-ekoizpenak argi publikoa ikusi.

Sebastián Taberna. El rostro de la guerra. Pablo Larraz Andía

EL LEGADO

La producción fotográfica de Sebastián Taberna durante el periodo bélico es ingente: más de 5.500 imágenes en rollos de película que, salvo algunas excepciones, se han conservado sin fragmentar y en perfectas condiciones. Quizá, uno de los fondos fotográficos más extensos sobre la Guerra Civil correspondientes a un único autor, que su hija María Eugenia, en una encomiable labor, ha digitalizado y clasificado en los últimos años.

Revisando su obra, tal y como apunta Cecilia Casas en su estudio, descubrimos a un aficionado autodidacta y muy completo, que conoce y domina a la perfección la técnica fotográfica de su Leica. Además, es capaz de realizar con notable éxito el complejo proceso de revelado, hasta en lugares y circunstancias insospechadas.

Como fotógrafo, destaca su versatilidad para desarrollar géneros diferentes; una notable intuición como reportero a la hora de captar las mejores escenas en el instante más adecuado; y una gran agilidad en el manejo de la cámara[11]. Virtudes que se ponen de manifiesto en sus reportajes fotográficos, logrando imágenes de una fuerza y autenticidad al alcance sólo de quien forma parte misma de la acción.

Su sensibilidad y conocimiento del entorno afectivo del combatiente fluyen al tratar escenas más sosegadas: la nostalgia del soldado que recibe una carta o escribe a casa; su recogimiento durante las celebraciones religiosas; o la cotidianeidad del rancho, el aseo o el despioje. Instantes únicamente accesibles de forma natural y sin rubor cuando el que está al otro lado del objetivo de la cámara es quien comparte las mismas penurias.

En la mayoría de las fotografías de Taberna la figura humana destaca como gran protagonista y centro de atención, incluso en los contextos más vigorosos. Rostros de hombres y mujeres de nitidez y autenticidad descarnada, en ocasiones capaces de despertar en el espectador emociones que nos transportan al corazón mismo de la guerra.

Quizá, en la era de internet y de los móviles con cámara, nos puede costar entender la importancia de la imagen en aquel contexto, hace 80 años, cuando la fotografía era un recurso escaso, excepcional en los frentes de combate. Ramón Urdiáin, voluntario requeté de 19 años en el Tercio del Rey, aunque en otra compañía que Sebastián, escribía a su casa, el 16 de enero de 1937:

ONDAREA

Sebastián Tabernak gerra-garaian egindako argazki-ekoizpena erraldoia da: 5.500 irudi baino gehiago film-biribilkietan, salbuespenak salbuespen, zatitu gabe eta egoera ezin hobean kontserbatu direnak. Baliteke autore bakar baten Gerra Zibilari buruzko funts fotografiko zabalenetako bat izatea, azken urte hauetan, bere alaba María Eugeniak digitalizatu eta sailkatzeko lan goresgarria egin duena.

Cecilia Casasek bere azterlanean adierazi duen moduan, Sebastiánen obra berrikusita, bere Leicaren argazkigintza-teknika ezin hobeto ezagutu eta menderatzen duen afizionatu autodidakta eta oso konpletoa aurkituko dugu. Gainera, errebelatze-prozesu konplexua arrakasta nabarmenez egiteko gai da, baita leku eta egoerarik harrigarrienetan ere.

Argazkilari gisa, genero desberdinak garatzeko duen moldakortasuna nabarmendu beharra dago; erreportari gisa duen sen nabarmena unerik egokienean eszenarik onenak atzemateko orduan; eta kamera erabiltzeko arintasun handia[11]. Bertute horiek ageriko bihurtzen dira argazki-erreportajeetan, eta soilik ekintzaren beraren parte denaren eskura dagoen indar eta benetakotasuna duten irudiak lortzen ditu.

Borrokalariaren ingurune afektiboarekiko sentsibilitatea eta ezagutza gailentzen dira eszena lasaiagoak lantzean: gutun bat jasotzen duen edo etxera idazten duen soldaduaren nostalgia; ospakizun erlijiosoetako bildutasuna; edo arrantxoaren, garbiketaren eta zorriak kentzearen egunerokotasuna. Une horietarako sarbidea naturaltasunez eta gorritu gabe bakarrik izan daiteke, baldin eta kameraren objektiboaren beste aldean dagoenak ere miseria berdinak bizi baditu.

Tabernaren argazki gehienetan giza irudia protagonista eta ardatz gisa gailentzen da, baita testuinguru indartsuenetan ere. Araztasun eta benetakotasun gordineko gizon-emakumeen aurpegiak, batzuetan ikuslearengan gerraren erdigunera garraiatzen gaituzten emozioak pizteko gai direnak.

Interneten eta kameradun mugikorren garaian, kosta dakiguke ulertzea irudiak testuinguru hartan duen garrantzia, duela 80 urte, argazkia baliabide urria zenean, salbuespenezkoa borroka-fronteetan. Ramón Urdiáinek, Erregearen Tertzioko 19 urteko errekete-boluntarioa, baina Sebastiánena ez zen konpainia batean, 1937ko urtarrilaren 16an, etxera idatzi zuen:

63

«Hoy hemos estado un compañero y yo en Sigüenza pasando el día. Ayer estuvimos pidiendo permiso al capitán y nos hizo pase para ir en la camioneta del suministro de la compañía [...]. Mi único interés de ir a Sigüenza era por retratarme. Una vez estando en la misma fuimos a la barbería a que nos afeitasen y después fuimos al taller de fotografía, pero resulta que no trabaja por no tener material, así que no me voy a poder retratar si no es que me mandáis vosotros la máquina»[12].

Para el combatiente, un retrato fotográfico podía conformar su última representación en vida, el medio donde mantener su imagen viva para el recuerdo. Por otra, remitido a casa, suponía además una prueba tangible de que el ser querido en la distancia «estaba bien» y «gozaba de buena salud». Un documento de valor extraordinario que, gracias a su «laboratorio portátil» de revelado y positivado, Sebastián Taberna hizo accesible a sus compañeros en el mismo frente de batalla. El voluntario Cesáreo Sanz-Orrio escribió a su familia en junio de 1937, en una carta que incluía fotografías obtenidas por Sebastián durante la batalla de Guadalajara:

«Fijaos en tres de las fotos, son de cuando el avance de marzo, por la impedimenta que llevamos y el tiempo que gozábamos. Una de las fotos es maravillosa, la compañía avanzando desplegada por un repliegue, para lanzarse al asalto de Miralrío. En todas las fotos voy al frente de mi sección, que está en primer término, estoy retratado»[13].

Tanto sus fotos individuales como de grupo, circularon de forma asidua entre los voluntarios del Tercio del Rey. Unas veces como «fe de vida» que enviaron a sus casas, otras como recuerdo del camarada caído. También entre la población; Sebastián entregó copias de sus fotografías a las familias que lo habían acogido como señal de agradecimiento y recuerdo de su estancia. Sabemos además que sus imágenes sirvieron para ilustrar recordatorios y necrológicas, e incluso como modelo para dibujos realizados por los propios combatientes.

De esta forma, sus instantáneas adquirirían un carácter personal, ya que eran sus mismos protagonistas quiénes hacían uso de ellas. Un medio de comunicación afectiva entre el frente y la retaguardia que ponía rostro a las cartas que sus compañeros remitían al hogar.

«Gaur gudarikide bat eta biok Sigüenzan egon gara egun-pasa. Atzo baimena eskatu genion kapitainari, eta konpainiako hornidura-kamionetan joateko pase bat eman zigun [...]. Erretratu bat egiteko soilik joan nahi nuen Sigüenzara. Bertan geundela bizartegira joan ginen bizarra egitera eta gero argazki-tailerrera joan ginen, baina ez du lanik egiten materialik ez duelako; beraz, ezin izango dut erretraturik egin, zuek makina bidaltzen ez badidazue»[12].

Borrokalariarentzat argazki-erretratua bizirik zegoela egindako azken irudia izan zitekeen, bere irudia oroitzapenerako bizirik mantentzeko bidea. Bestetik, etxera bidalita, urruti zegoen pertsona maitea «onik» eta «osasuntsu» zegoela frogatzen zuen. Balio itzeleko dokumentua, eta errebelatzeko eta positibatzeko «laborategi eramangarriari» esker, Sebastián Tabernak gudu-frontean bertan eskuragarri jarri zuena gudarikideentzat. Cesáreo Sanz-Orrio boluntarioak bere familiari idatzi zion 1937ko ekainean, Sebastiánek Guadalajarako guduan egindako argazkiak jasotzen zituen gutun batean:

«Erreparatu argazkietako hiruri, martxoko aurreratzekoak dira, daramatzagun hatuengatik eta genuen denboragatik. Argazkietako bat zoragarria da, konpainia hedatuta aurrera doa, Miralríoko erasoari ekiteko. Argazki guztietan nire sekzioaren buruan noa, lehen planoan dagoena, erretratatuta nago»[13].

Bere bakarkako zein taldeko argazkiak maiz ibili ziren Erregearen Tertzioko boluntarioen esku artean. Batzuetan etxeetara bidali zuten «bizi-agiri» gisa, beste batzuetan erorritako kamaradaren oroigarri gisa. Herritarren artean ere bai; Sebastiánek argazkien kopiak eman zizkien harrera egin zioten familiei, esker on eta egonaldiaren oroigarri moduan. Gainera, jakin badakigu bere irudiek oroigarriak eta nekrologikoak irudikatzeko balio izan zutela, are borrokalariek beraiek egindako marrazkietarako eredu gisa ere.

Horrela, bere argazkiek kutsu pertsonala hartzen zuten, protagonistek erabiltzen baitzituzten. Frontearen eta atzeguardiaren artean komunikazio afektiboa izateko bide bat, gudarikideek etxera bidaltzen zituzten gutunei aurpegia jartzen ziena.

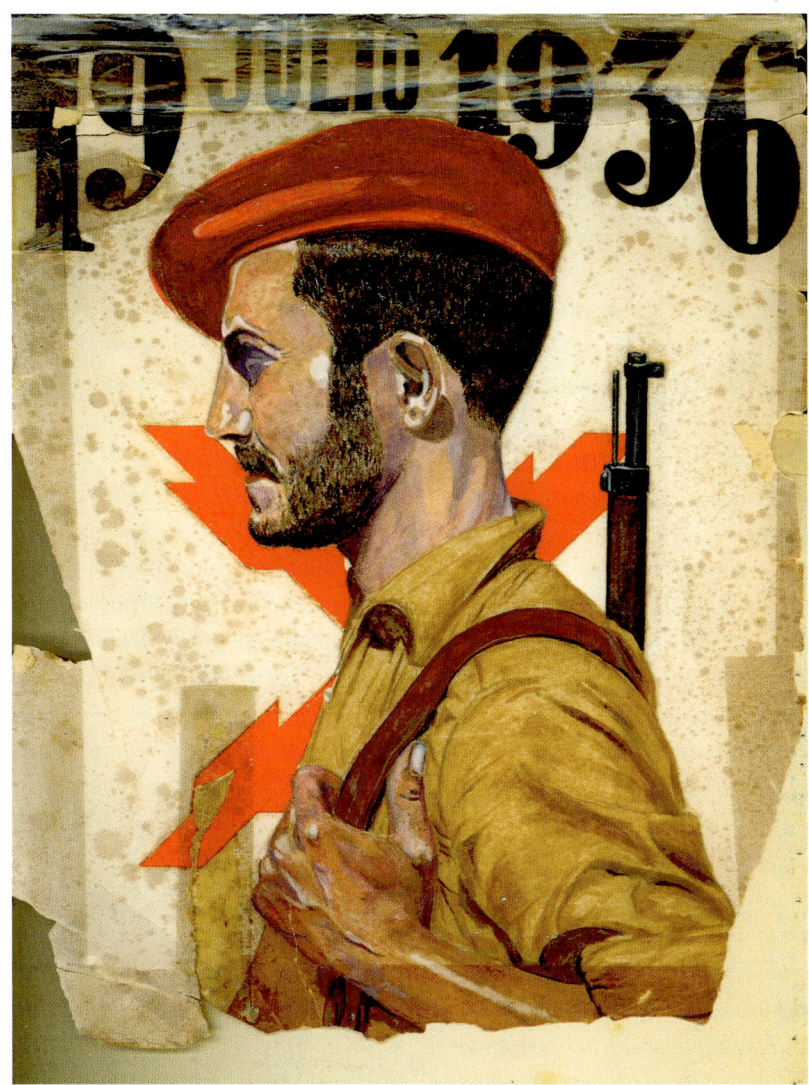

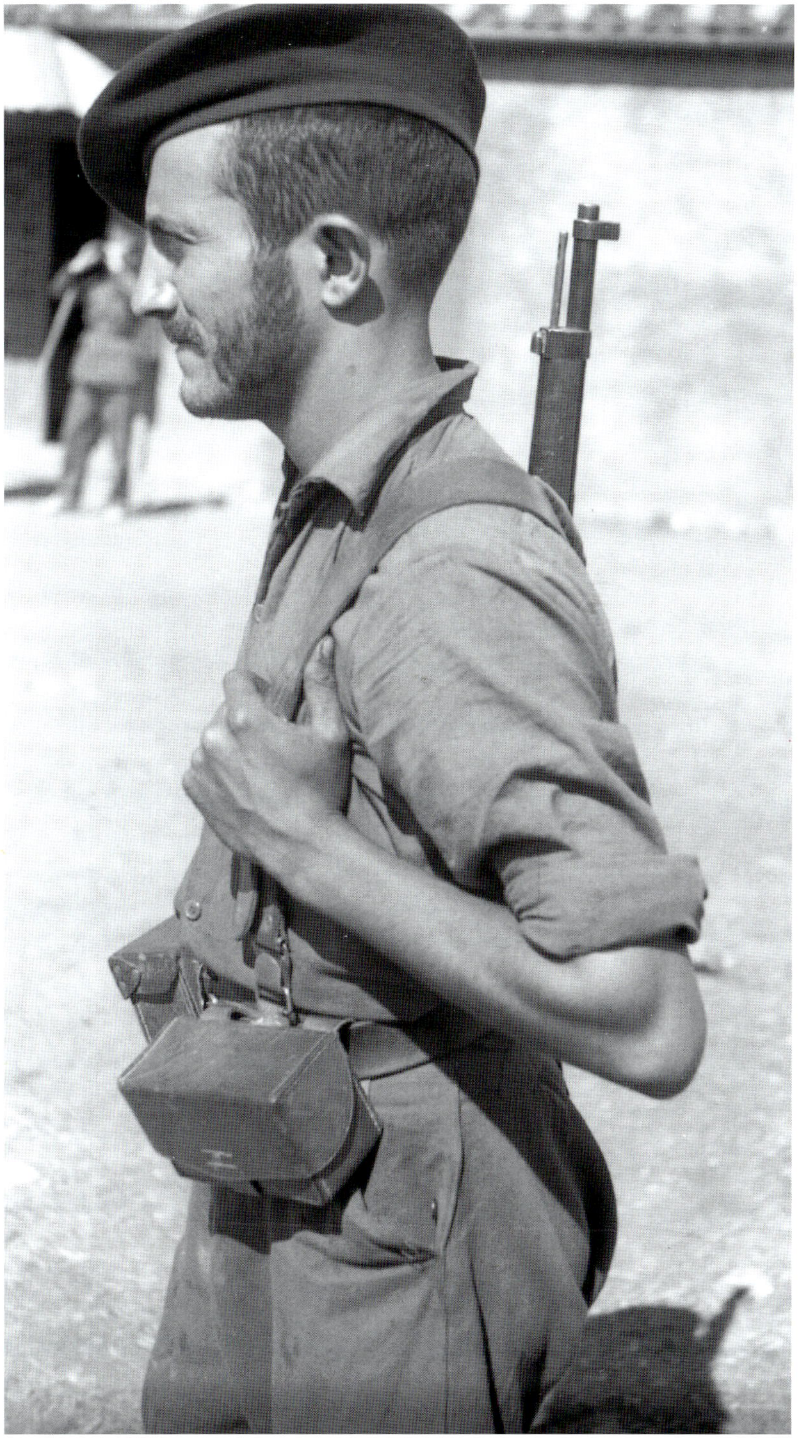

Fotografía de Nicolás Ardanaz con patillas «a lo Zumalacárregui» y cartel propagandístico elaborado en base a la foto.

Foto Álvaro Chapa,
Archivo Urdiáin.

Nicolás Ardanazen argazkia, «Zumalakarregiren estiloko» belarrondoko ileekin eta argazkian oinarrituta egindako propaganda-kartela.

Argazkia Álvaro Chapa,
Urdiain Artxiboa.

ARTIKULU: Sebastián Taberna, Gerraren aurpegia

Una circunstancia que el mismo Sebastián también procuró plasmar en imagen: requetés en animada conversación en las inhóspitas posiciones de Navafría, mientras revisan copias positivadas; centinelas nocturnos observando a la luz del farol el último retrato del compañero caído; o el combatiente que mientras se despide desde el vagón de tren de sus compañeros, sostiene en la mano la foto de grupo en que aparece. Un juego de imágenes sobre otras imágenes.

Dentro de su producción, sorprenden las pocas fotografías dedicadas a escenas preparadas o simuladas. Una de las más logradas corresponde a una batería antiaérea cerca de Jadraque, abordada desde un vistoso contrapicado. Con su dotación en perfecta composición, tomada justo en el instante en que se descubre en el cielo la silueta de una escuadrilla de bombarderos sobre los que, en realidad, no están disparando, ya que se trata de aviones «amigos». Composiciones que, por otra parte, abordó siempre de forma honesta en sus notas y que corresponden casi en su totalidad a las primeras semanas de contienda. En adelante, no precisaría de este recurso: la realidad cotidiana superaba cualquier simulación[14].

Otro aspecto que llama la atención en su fotografía son las pocas imágenes de destrucción y barbarie –a excepción del reportaje de Sigüenza–, y la escasísima presencia de cadáveres. Quizá, su propia condición de soldado y la convivencia diaria con la muerte, le llevaron a abordar esta cuestión con extraordinario pudor. Del mismo modo, son también contadas las fotografías que realizó a prisioneros, una materia sin duda de interés para un reportero de guerra. A pesar de haber tenido contacto con soldados republicanos cautivos, son muy pocas las ocasiones en que los retrató: imágenes aisladas, nunca a modo de reportaje. Sacadas desde una respetuosa distancia y sin primeros planos, las fotografías se centraron en el rostro de aquellos hombres: semblantes en los que se sintetiza de forma descarnada la derrota, el miedo y la incertidumbre acerca de su destino.

La última de sus cinco imágenes dedicadas a esta materia, a finales del año 1937, corresponde a una escena muy diferente: un requeté, fusil en brazo, camina junto al prisionero que conduce camino del hospital de Jadraque, mientras ambos parecen hablar de forma distendida. Una imagen sin mayor trascendencia ni vistosidad, pero en la que Taberna, quizá, quiso ver un resquicio para la esperanza. A esas alturas de la guerra, en el frente, tal vez la animadversión hacia «el enemigo» pudiera ser menor que en la retaguardia. Siempre es más fácil odiar aquello a lo que no se ha puesto rostro humano.

Quizá el gran valor del legado de Sebastián Taberna reside en su autenticidad. Al contrario de la fotografía bélica de propaganda en general, que pretendía transmitir uniformidad, abundancia de medios, los encantos de una intrépida vida de campaña y la aureola de la victoria, sus imágenes reflejan precisamente lo contrario: la penosa y descarnada realidad de la guerra.

Sebastiánek berak ere irudiz islatu nahi izan zuen hori: erreketeak elkarrizketa bizian Navafríako posizio babesgabeetan, kopia positibatuak aztertzen dituzten bitartean; gaueko zentinelak farolaren argitan eror 	itako lagunaren azken erretratuari begira; edo borrokalaria, tren-bagoitik gudarikideei agur egiten dien bitartean, bera agertzen den talde-argazki bat eskuan duela. Beste irudi batzuen gaineko irudi-jokoa.

Bere ekoizpenaren barruan, harritzekoa da zer argazki gutxi eskaintzen zaizkion prestatutako edo simulatutako eszenei. Onenetako bat Jadraquetik gertu dagoen bateria antiaireko bat da, kontrapikatu ikusgarri batetik egina. Dotazioa konposizio ezin hobean, hain zuzen ere zeruan bonbaketari-eskuadrilla baten silueta ikusten den unean hartuta. Berez, ez dira tiroka ari, bando berekoen hegazkinak baitira. Edonola ere, konposizio horiekin beti zintzo jokatu zuen bere oharretan, eta ia guztiak gatazkaren lehen asteetakoak dira. Aurrerantzean, ez zuen baliabide hori beharko: eguneroko errealitateak simulazio oro gainditzen zuen[14].

Bere argazkietan atentzioa ematen duen beste alderdi bat hondamenaren eta basakeriaren irudi urri –Sigüenzako erreportajea izan ezik–, eta gorpu gutxi daudela da. Beharbada, soldadu izateak eta egunero heriotzarekin bizitzeak eraman zuten gai honi begirune handiz heltzera. Era berean, presoei ere oso argazki gutxi egin zizkien, gai horrek gerra-erreportarientzat interes berezia izanagatik ere. Gatibu zeuden soldadu errepublikanoekin harremana izan arren, ez zituen apenas erretratatu: irudi isolatuak, inoiz ez erreportaje gisa. Errespetuzko distantzia batetik aterata eta lehen planorik gabe, argazkiek gizon haien aurpegia izan zuten ardatz: porrota, beldurra eta beren patuari buruzko ziurgabetasuna gordin islatzen duten aurpegiak.

Gai horri eskainitako bost irudietako azkena, 1937ko amaieran, oso bestelako eszena bati dagokio: errekete bat, fusila besoan, gidatzen duen presoaren aldamenean doa oinez Jadraqueko ospitalera bidean, biek lasai hitz egiten ari direla dirudien bitartean. Garrantzi eta ikusgarritasun handirik gabeko irudia, baina Tabernak, agian, itxaropenerako zirrikitu bat ikusi nahi zuen bertan. Gerraren une horretan, baliteke frontean «etsaiarenganako» gorrotoa atzegoardian baino txikiagoa izatea. Beti da errazagoa giza aurpegirik jarri ez zaion hori gorrotatzea.

Agian Sebastián Tabernaren ondarearen balio handia bere benetakotasunean datza. Oro har propagandazko argazkilaritza belikoa ez bezala, uniformetasuna, bitarteko-ugaritasuna, kanpainako bizitza adoretsuaren xarmak eta garaipenaren aureola transmititu nahi baitzituen, bere irudiek hain zuzen ere kontrakoa islatzen dute: gerraren errealitate nekez eta gordina.

Bere eszena espontaneoetan agerian geratzen dira borrokalariaren nekeak eta gabeziak; muturreko klima, elikadura prekarioa, janzkeraren itxura narras eta heterogeneoa. Eta akaso jasateko zailena: etxemina. Lasaitasun-garaiko eta

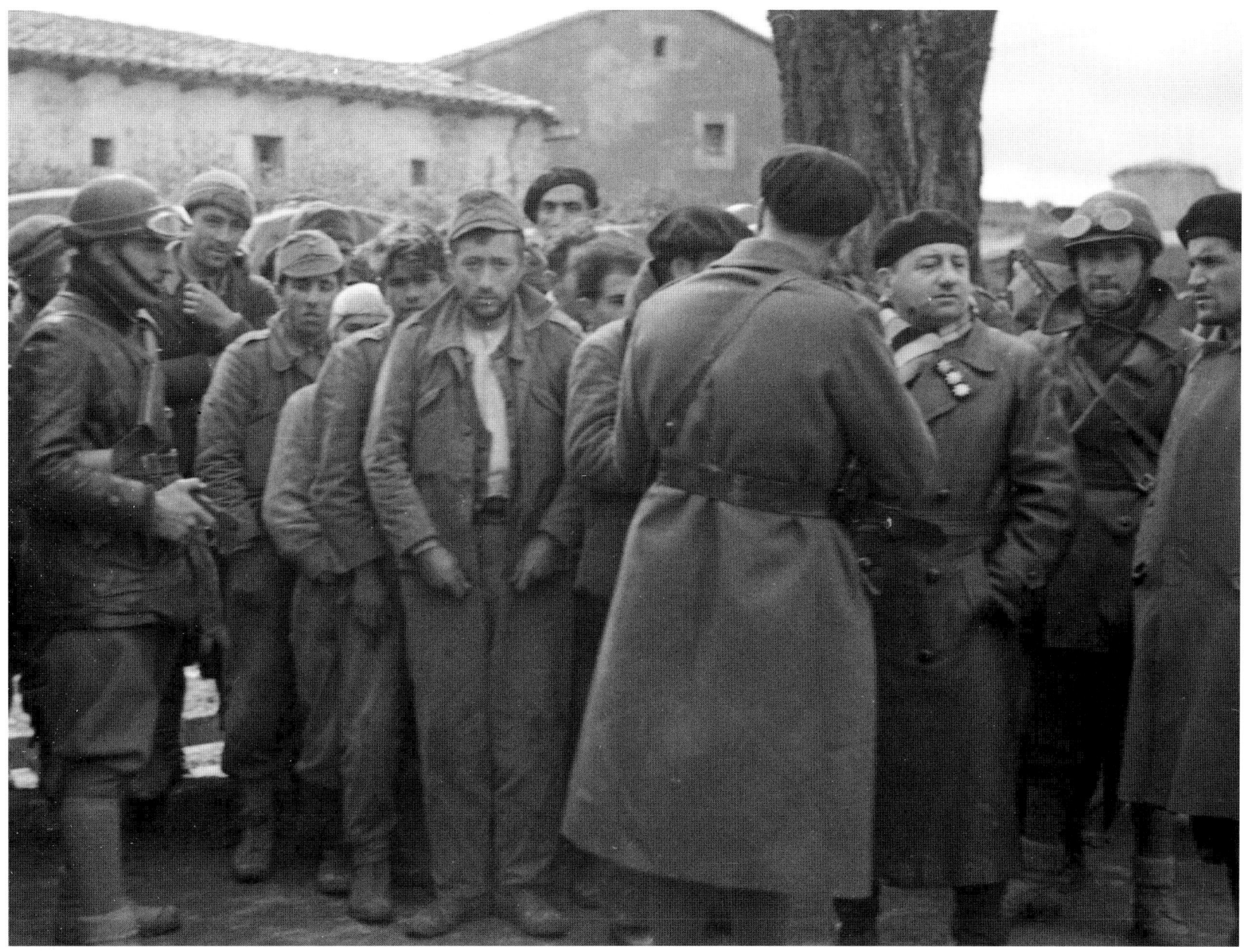

Soldados republicanos apresados por los italianos del CTV al comienzo de la batalla de Guadalajara. Jadraque, 10 de marzo de 1937.

Foto Sebastián Taberna,
Archivo Taberna Belzunce.

Guadalajarako guduaren hasieran CTVko italiarrek preso hartutako soldadu errepublikanoak. Jadraque, 1937ko martxoak 10.

Argazkia Sebastián Taberna,
Taberna Belzunce Artxiboa.

En sus escenas espontáneas quedan patentes las penurias y privaciones del combatiente; el clima extremo, lo precario de su alimentación, el aspecto sucio y heterogéneo de su indumentaria. Y quizá lo más difícil de sobrellevar: la añoranza del hogar. Sucede también en sus reportajes dedicados a los periodos de calma y la vida de posición. El atractivo de la guerra como aventura y vida azarosa se desvanece y surge, siquiera con más fuerza, la nostalgia.

Sin embargo, a pesar del panorama desolador, la fotografía de Sebastián certifica de forma inequívoca la determinación y el compromiso de sus compañeros que, como él, se habían incorporado voluntariamente a la lucha. También la firmeza de sus convicciones espirituales, exteriorizadas sin pudor ante la incertidumbre y la presencia cotidiana de la muerte.

Un componente éste, el de la autenticidad, poco habitual en el panorama gráfico de la Guerra Civil española. La fotografía de Taberna, libre y genuina, brota de las mismas entrañas del conflicto. Propia de un combatiente, protagonista y, a la vez, testigo directo de escenas y visiones prácticamente inaccesibles a los ojos del reportero profesional. Si añadimos otros méritos, como la destreza y perfección técnica en el uso de la Leica, su intuición y sensibilidad, y un evidente talento artístico, podemos concluir que nos encontramos quizá ante uno de los mejores legados fotográficos de nuestra Guerra Civil. En cualquier caso, deberá ser el espectador quien las juzgue y saque sus propias conclusiones.

Estudiar los cientos de fotografías de Sebastián Taberna, y escudriñar en los rostros que preservó para la posteridad, ha sido un emocionante viaje en el tiempo, a veces sobrecogedor. Un ejercicio de observación que, si logramos hacer sin prejuicios, pueda quizá reconciliarnos en alguna medida con esa parte traumática de nuestra historia, y desvelarnos las amargas enseñanzas de la guerra.

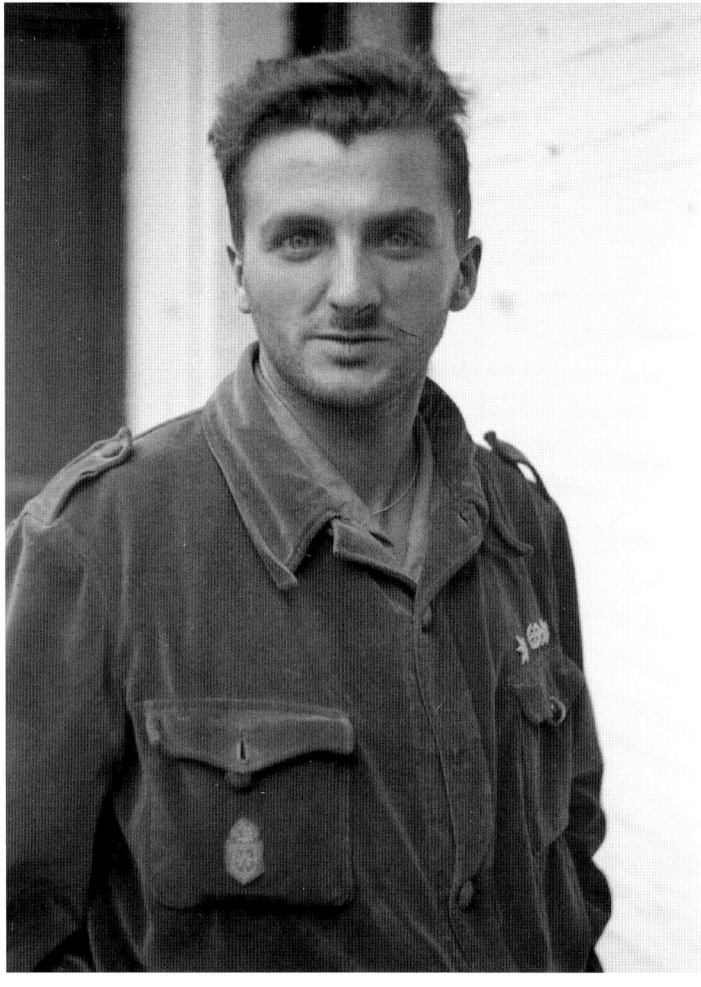

Ignacio Taberna, hermano de Sebastián, a su llegada a Pamplona del frente durante un permiso, en enero de 1938.

Foto Sebastián Taberna, Archivo Taberna Belzunce.

Ignacio Taberna, Sebastiánen anaia, frontetik Iruñera iritsi zenean, baimen batean, 1938ko urtarrilean.

Argazkia Sebastián Taberna, Taberna Belzunce Artxiboa.

posizioko bizitzari eskainitako bere erreportajeetan ere hori gertatzen da. Gerrak abentura eta bizitza gorabeheratsu gisa duen erakargarritasuna desagertu egiten da, eta nostalgia sortzen da, are indar handiagoz.

Hala ere, egoera atsekabegarria izan arren, Sebastiánen argazkiek argi eta garbi adierazten dute bere kideen erabakitasuna eta konpromisoa, bera bezala euren borondatez sartu baitziren borrokan. Baita bere uste espiritualen irmotasuna ere, heriotzaren eguneroko presentziaren eta ziurgabetasunaren aurrean lotsarik gabe adieraziak.

Osagai hori, benetakotasunarena, ez da oso ohikoa Espainiako Gerra Zibilaren panorama grafikoan. Tabernaren argazkiak, askeak eta benetakoak, gatazkaren erraietatik bertatik sortzen dira. Borrokalari batena, protagonista eta, aldi berean, erreportari profesionalaren begietara ia eskuraezinak diren eszena eta ikuspenen lekuko zuzen batena. Beste meritu batzuk gehitzen baditugu, hala nola Leica trebetasunez eta bikaintasun teknikoarekin erailtzea, bere sena eta sentsibilitatea, eta bistan den talentu artistikoa, agian gure Gerra Zibileko argazki-ondarerik onenetako baten aurrean gaudela ondorioztza genezake. Nolanahi ere, ikusleak epaitu eta ondorioak atera beharko ditu.

Sebastián Tabernaren ehunka argazki aztertzea, eta etorkizunerako kontserbatu zituen aurpegiak aztertzea, denboran zeharkako bidaia zirraragarria izan da, batzuetan bihotz-ukigarria. Behatze-ariketa horrek, aurreiritzirik gabe egitea lortzen badugu, agian gure historiaren zati traumatiko horrekin nolabait adiskidetzeko eta gerrako irakaspen saminak azaleratzeko aukera emango digu.

Sebastián Taberna. El rostro de la guerra. Pablo Larraz Andía

NOTAS

1. Nicolás Ardanaz Piqué (17 de mayo de 1910 - 7 de noviembre de 1982) célebre fotógrafo pamplonés de formación autodidacta, además de pintor, dibujante, cartelista, belenista y montañero. Ejerció la fotografía desde los años treinta hasta finales de los sesenta, centrado principalmente en el paisajismo, la naturaleza, y la vida rural y urbana, desde un enfoque predominantemente etnográfico y tradicional. Fue también uno de los fundadores de la Agrupación Cinematográfica y Fotográfica de Navarra. Tras su muerte, su extenso fondo fotográfico fue donado al Archivo del Museo de Navarra. Su fotografía bélica y la relación de amistad con Sebastián Taberna, han sido abordadas de forma pormenorizada por Larraz y Sierra-Sesúmaga (2018: 456-494). Su producción fotográfica ha sido también estudiada por Javier Zubiaur (2006 y 2011a: 838-846) y Carlos Cánovas (1989: 31-42; 2000: 5-11; 2012: 133-145, y 2022).

2. El documento titulado *Estado de revista del Requeté de Pamplona a 1 de mayo de 1936*. Dentro del Primer grupo del Cuarto Piquete, compuesto por voluntarios del Casco Viejo de Pamplona, figura inscrito Sebastián Taberna Arregui junto a sus hermanos José León y Juan (Ugarte Tellería, 1998: 475-476).

3. El Tercio del Rey, Tercio de Pamplona o del Rey Carlos VII, en realidad nunca llegó a constituir una unidad orgánica independiente ya que, desde el mismo 19 de julio, suscompañías fueron integradas en los Regimientos de América y Sicilia, dentro de la llamada Columna García Escámez. Originariamente estuvo formado en su integridad por voluntarios de los barrios de Pamplona y poblaciones cercanas (Villava, Huarte, Echauri, Cizur, Galar y los Valles de Egüés y Esteríbar). Llamado también «el Batallón Sagrado», por estar conformado en su núcleo más genuino por carlistas de filiación antigua y miembros de familias preeminentes en la organización tradicionalista. Durante las campañas de 1936-1939, actuó en los frentes de Somosierra, Navafría, Sigüenza y numerosas poblaciones de Guadalajara. Sobre el periplo bélico del Tercio del Rey, la relación más completa y exhaustiva se recoge en la obra de Julio Aróstegui (2013: 348-372), aunque también existen varios volúmenes basados en recuerdos personales o documentos epistolares que aportan datos interesantes sobre algunos episodios en los que tomó parte y que han sido recogidos en la bibliografía.

4. Carta de Antonio Ardanaz Piqué a su familia desde Navafría (Segovia), el 28 de agosto de 1939. Archivo Eleuteria Ardanaz.

5. Para una contextualización de la operación sobre Sigüenza efectuada entre los días 8 y 15 de octubre de 1936, uno de los estudios más completos, desde el punto de vista de los sublevados, corresponde a José María Manrique (2009: 29-91). Existen también numerosos documentos y testimonios directos sobre los recuerdos de veteranos carlistas que participaron en la batalla de Sigüenza. Destacan las colecciones de cartas de los requetés del Tercio del Rey José María Erdozáin (Ollaquindia, 1997: 68-78); las de Ramón Urdiáin y Cesáreo Sanz-Orrio, todas ellas conservadas por sus respectivas familias. También dos diarios de guerra de voluntarios de la misma unidad: el de Manuel José Lorenzo, inédito y depositado en el Museo del Carlismo de Estella (1396-1939: 8-9), y el de Manuel Sánchez Forcada (2003: 652). Entre los testimonios publicados, tenemos los recuerdos del voluntario del Tercio de Valvanera Manuel Bellosillo (1992: 41-45); el relato del teniente José Sanz Díaz, del Tercio María de Molina (1938: 69-95); el testimonio del alférez José María Sanjuán Gil (1988: 139-151); o el diario de guerra del médico gallego Fernando Alsina (2015: 177-194).

OHARRAK

1. Nicolás Ardanaz Piqué (1910eko maiatzak 17 - 1982ko azaroak 7) argazkilari iruindar ospetsu autodidakta, margolari, marrazkilari, kartelgile, jaiotzazale eta mendizalea. Hogeita hamarreko hamarkadatik hirurogeiko hamarkadaren amaiera arte aritu zen argazkigintzan, batez ere paisajismoari, naturari eta landa- eta hiri-bizitzari erreparatuta, nagusiki ikuspegi etnografiko eta tradizionaletik. Halaber, Nafarroako Elkarte Zinematografiko eta Fotografikoaren sortzailekidea izan zen. Hil ondoren, bere argazki-funts zabala Nafarroako Museoaren Artxiboari dohaintzan eman zitzaion. Larraz eta Sierra-Sesúmaga xehe aritu dira bere argazkigintza belikoan eta Sebastian Tabernarekin izandako adiskidetasunari buruz (2018: 456-494). Javier Zubiaurrek (2006 eta 2011: 838-846) eta Carlos Cánovasek (1989: 31-42; 2000: 5-11, 2012: 133-145, eta 2022) ere haren ekoizpen fotografikoa ikertu dute.

2. *Estado de revista del Requeté de Pamplona a 1 de mayo de 1936* izenburudun dokumentua. Iruñeko Alde Zaharreko boluntarioek osatutako Laugarren Piketeko lehen taldearen barruan, Sebastián Taberna Arregui izena emana dago, José León eta Juan anaiekin batera (Ugarte Tellería, 1998: 475-476).

3. Erregearen Tertzioa, Iruñeko Tertzioa edo Karlos VII.a Erregearen Tertzioa, egiaz ez zen inoiz unitate organiko independente bat izatera iritsi, uztailaren 19az geroztik bere konpainiak Amerika eta Siziliako Erregimentuetan integratu baitziren, García Escámez Zutabea deiturikoaren barruan. Hasiera batean, Iruñeko auzoetako eta inguruko herrietako (Atarrabia, Uharte, Etxauri, Zizur, Galar eta Egues eta Esteribar haranak) boluntarioek osatu zuten. «Batailoi Sakratua» ere deitzen zitzaion, bere nukleorik jatorrena antzinako filiazioko karlistek eta erakunde tradizionalistan gailentzen ziren familietako kideek osatzen zutelako. 1936-1939ko kanpainetan, Somosierra, Navafría, Sigüenza eta Guadalajarako herri ugaritako fronteetan aritu zen. Erregearen Tertzioaren bidaldi belikoari buruz, Julio Aróstegiren lanean (2013: 348-372) jasotzen da zerrendarik konpleto eta zehatzena, baina badira oroitzapen pertsonaletan edo dokumentu epistolarretan oinarritutako hainbat liburuki ere, parte hartu zuen eta bibliografian jaso diren gertakari jakin batzuei buruzko datu interesgarriak ematen dituztenak.

4. Antonio Ardanaz Piquék Navafríatik bere familiari helarazitako gutuna, 1939ko abuztuaren 28koa. Eleuteria Ardanaz Artxiboa.

5. 1936ko urriaren 8tik 15era Sigüenzan egindako operazioa testuinguruan kokatzeko, matxinatuen ikuspuntutik egindako azterlanik konpletoenetako bat José María Manriquerena da (2009: 29-91). Sigüenzako guduan parte hartu zuten karlista beteranoen oroitzapenei buruzko dokumentu eta zuzeneko testigantza ugari ere badaude. Aipagarriak dira Erregearen Tertzioko José María Erdozáin (Ollaquindia, 1997: 68-78), Ramón Urdiáin eta Cesáreo Sanz-Orrio erreketeen gutun-bildumak, guzti-guztiak beren senideek kontserbatzen dituztenak. Unitate bereko boluntarioen gerrako bi egunkari ere bai: Manuel José Lorenzorena, argitaragabea eta Lizarrako Karlismoaren Museoan gordailutua (1396-1939: 8-9), eta Manuel Sánchez Forcadarena (2003:652). Argitaratutako testigantzen artean ditugu Manuel Bellosillo Valvanerako Tertzioko boluntarioaren oroitzapenak (1992: 41-45); María de Molina Tertzioko José Sanz Díaz tenientearen kontakizuna (1938: 69-95); José María Sanjuán Gil alferezaren testigantza (1988: 139-151); edo Fernando Alsina mediku galiziarraren gerra-egunkaria (Alsina, 2015: 177-194).

6. Carta de José María Erdozáin a su familia, el 10 de octubre de 1936. Archivo Pascual Figueroa.

7. El doctor Fernando Alsina, movilizado durante la contienda en un equipo quirúrgico del bando sublevado en el frente de Sigüenza, recoge en su diario interesantes apuntes sobre acciones bélicas concretas, así como acerca del temperamento y comportamiento en campaña de los requetés (Alsina, 2015: 177-180).

8. Carta de Sebastián Taberna a Luz Belzunce, desde el Hotel Venancio de Sigüenza, el 16 de enero de 1937. Archivo Taberna Belzunce.

9. Carta de Ramón Urdiáin su familia desde La Toba (Guadalajara), el 8 de enero de 1937. Archivo Urdiáin.

10. Carta de Cesáreo Sanz-Orrio a su madre desde Padilla de Hita (Guadalajara), el 12 de marzo de 1937. Archivo Sanz-Orrio.

11. El azar nos ha proporcionado una prueba directa de su destreza en el uso de la Leica. La filmación realizada por Cifesa el día 9 de noviembre de 1937, proyectada con el nombre de *Homenaje a las Brigadas de Navarra*, nos descubre su presencia en el minuto 5:20 de la película, durante el desfile de las tropas. Un breve instante en el que podemos distinguir en primer plano a Sebastián adelantándose al público para ajustar su cámara y disparar su cámara con extraordinaria rapidez.

12. Carta de Ramón Urdiáin a su familia desde San Andrés del Congosto, el 16 de enero de 1937. Archivo Urdiáin.

13. Carta de Cesáreo Sanz-Orrio a su familia desde Padilla de Hita (Guadalajara), el 1 de junio de 1937. Archivo Sanz-Orrio.

14. Sobre el análisis de fotografías de guerra, reales o simuladas, resulta particularmente interesante el exhaustivo estudio realizado por José Manuel Susperregui en relación con la célebre imagen de Robert Capa «muerte de un miliciano», donde se concluye que se trata de una escena recreada (Susperregui, 2009: 50-109).

6. José María Erdozáinek bere familiari helarazitako gutuna, 1936ko urriaren 10ekoa. Pascual Figueroa Artxiboa.

7. Sigüenzako Frontean matxinatutako bandoaren talde kirurgiko batean mobilizatutako Fernando Alsina doktoreak gerra-ekintza jakin batzuei buruzko ohar interesgarriak jasotzen ditu bere egunkarian, baita erreketeek kanpainan duten izaerari eta jokabideari buruzkoak ere (Alsina, 2015: 177-180).

8. Sebastián Tabernak Sigüenzako Venancio hoteletik Luz Belzunceri helarazitako gutuna, 1937ko urtarrilaren 16koa. Taberna Belzunce Artxiboa.

9. Ramón Urdiáinek La Tobatik bere familiari helarazitako gutuna, 1937ko urtarrilaren 8koa. Urdiáin Artxiboa.

10. Cesáreo Sanz-Orriok Padilla de Hitatik (Guadalajara) bere amari helarazitako gutuna, 1937ko martxoaren 12koa. Sanz-Orrio Artxiboa.

11. Halabeharrez, Leica erabiltzean zuen trebetasunaren froga zuzena aurkitu dugu. Cifesak 1937ko azaroaren 9an egindako filmazioak, Homenaje a las Brigadas de Navarra izenburupean proiektatuak, filmaren 5:20 minutuan, bere presentziaren berri ematen digu tropen desfilean. Une labur batean, Sebastián lehen planoan ikus dezakegu jendeari aurrea hartzen, bere kamera doitu eta ziztu bizian kliskatzeko.

12. Ramón Urdiáinek San Andrés del Congostotik bere familiari helarazitako gutuna, 1937ko urtarrilaren 16koa. Urdiáin Artxiboa.

13. Cesáreo Sanz-Orriok Padilla de Hitatik (Guadalajara) bere familiari helarazitako gutuna, 1937ko ekainaren 1ekoa. Sanz-Orrio Artxiboa.

14. Gerrako argazki erreal edo simulatuen analisiari dagokionez, bereziki interesgarria da José Manuel Susperreguik Robert Caparen «miliziano baten heriotza» irudi ospetsuari buruz egindako ikerketa xehea, birsortutako eszena bat dela ondorioztatzen duena (Susperregui, 2009: 50-109).

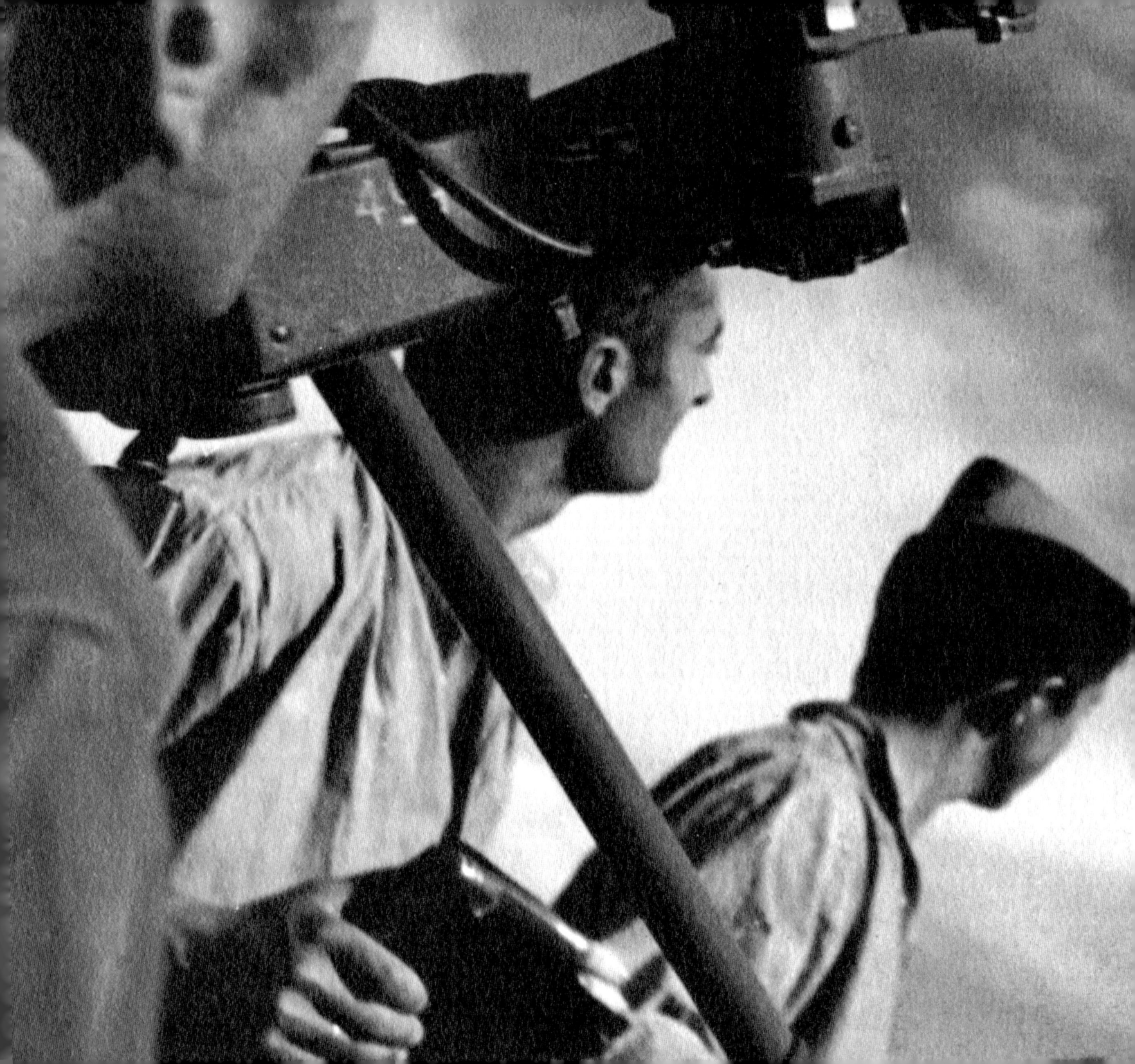

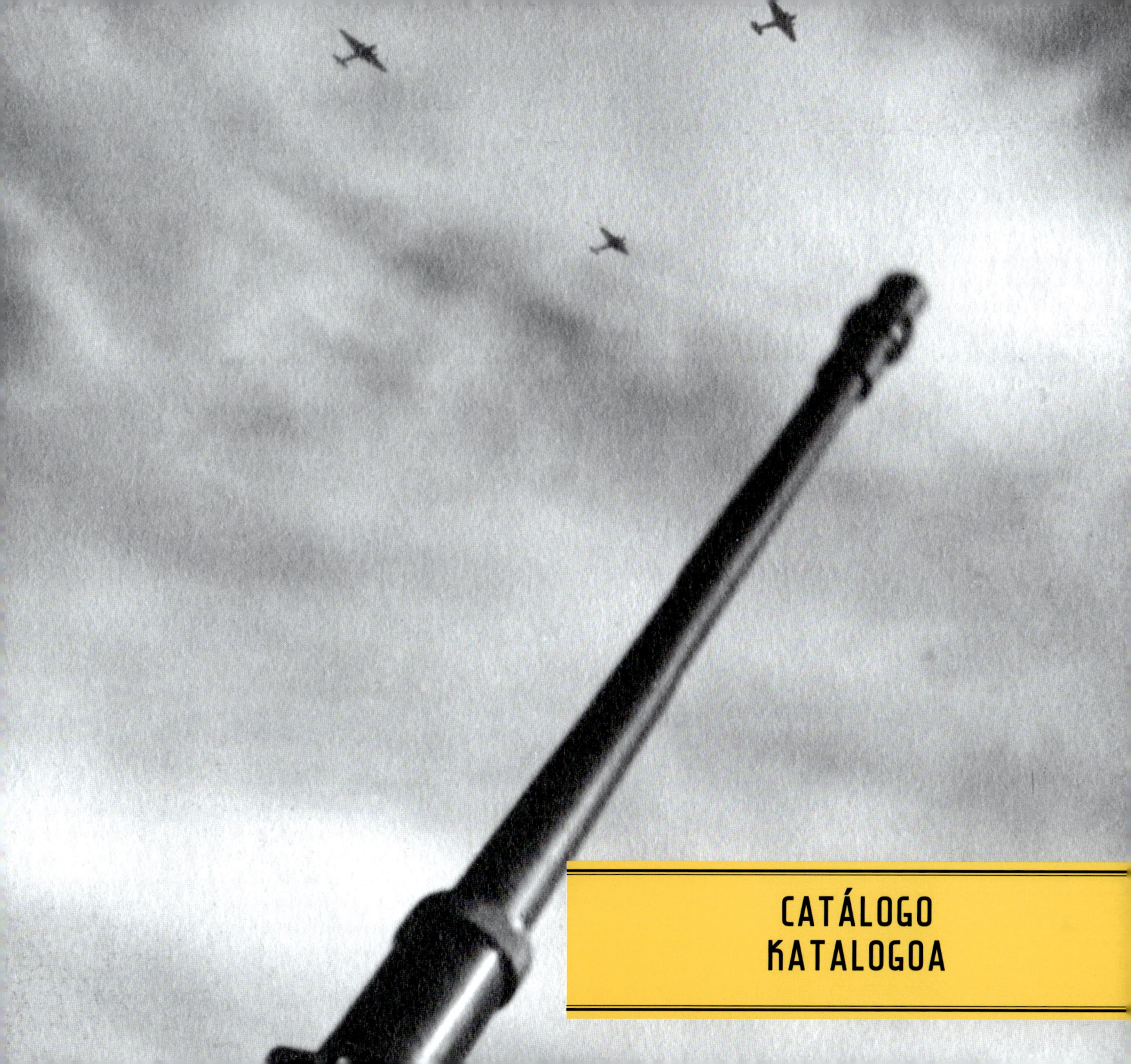

CATÁLOGO
KATALOGOA

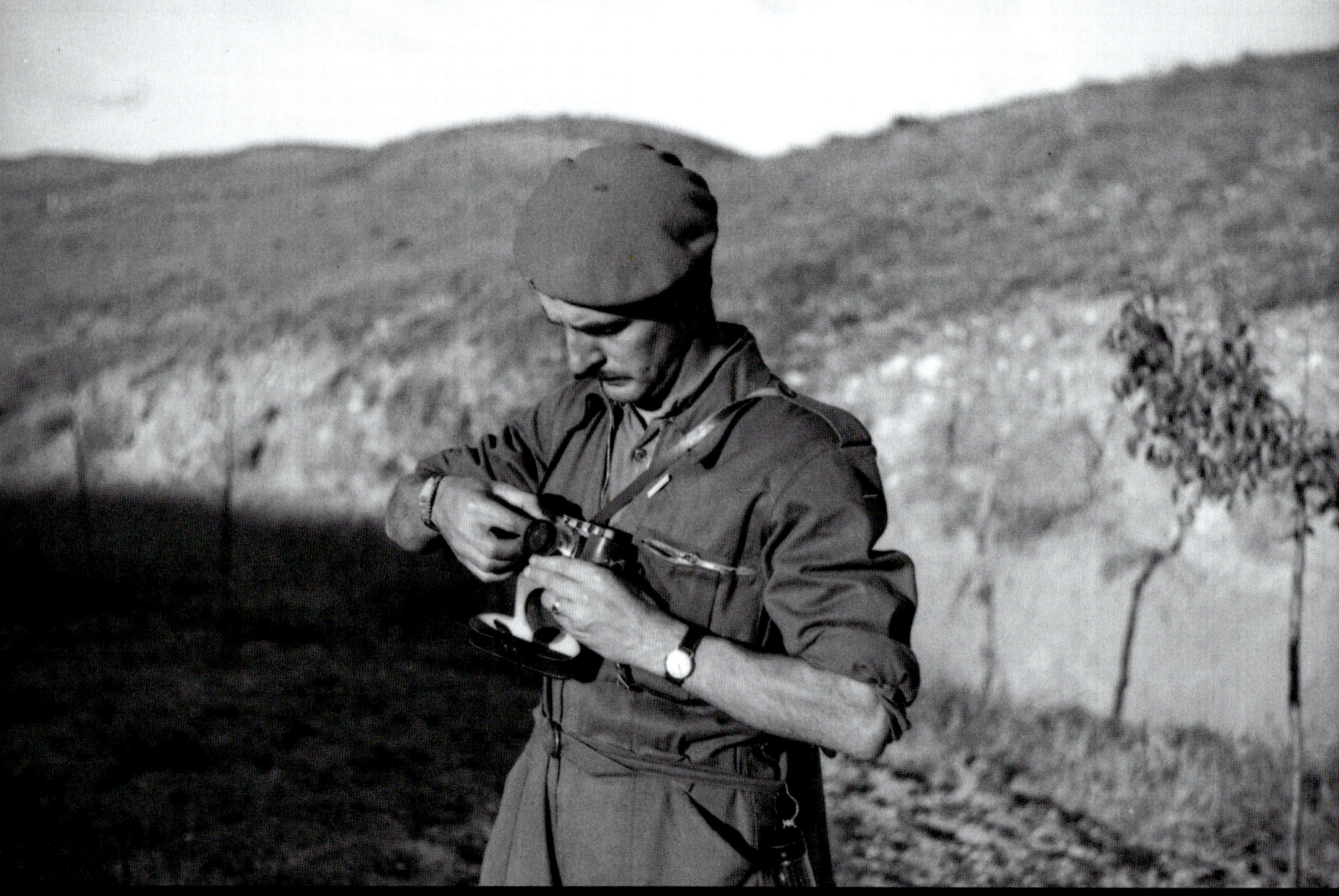

Sebastián Taberna Arregui con su cámara Leica
Jadraque (Guadalajara), junio de 1937

Sebastián Taberna Arregui bere Leica kamerarekin
Jadraque (Guadalajara), 1937ko ekaina

SEBASTIÁN TABERNA. EL ROSTRO DE LA GUERRA

Sebastián Taberna Arregui (1907-1986) nació en Pamplona, en una familia dedicada a la panadería. Junto a su ocupación en el negocio familiar, desde muy joven orientó su tiempo e intereses hacia varios campos artísticos: el dibujo, la pintura y, muy en especial, la fotografía.

En 1933, durante un viaje a Alemania, Sebastián Taberna conoció la novedosa máquina Leica que, por su ligereza, autonomía y versatilidad, supuso en aquellos momentos una auténtica revolución fotográfica. Dos años después, adquirió un modelo de Leica IIIA, junto a dos objetivos Elmar y una ampliadora. Aquello supondría para él un infinito campo de experimentación y posibilidades.

En julio de 1936, nada más finalizar las fiestas de San Fermín, daba comienzo la Guerra Civil española. Sebastián partió al frente como requeté voluntario encuadrado en el Tercio del Rey, lo que, durante los meses siguientes, le convertiría en testigo de excepción del drama de la guerra desde la perspectiva del combatiente inmerso en las mismas entrañas del conflicto.

Consciente de ello, y gracias a las posibilidades que le brindaba su puesto como chófer de enlace e intendencia, su pasión por la fotografía le llevaría a ejercer como reportero gráfico aficionado en aquellos lugares y acciones bélicas en las que tomaría parte, principalmente en los frentes de Somosierra, Navafría, Sigüenza y Guadalajara.

Gracias a su intuición y sensibilidad para captar escenas e instantes, junto a una extraordinaria agilidad y destreza en el manejo de la Leica, la producción fotográfica de Sebastián Taberna durante este periodo conforma uno de los mejores testimonios gráficos sobre nuestra Guerra Civil.

Su importancia radica no sólo en el valor histórico y la calidad artística de un autor versátil, capaz de combinar escenas de la vida cotidiana con el reportaje de acción, el paisaje, el retrato o el bodegón. El interés de la producción de Taberna reside también en su doble condición de fotógrafo y combatiente, y en la singularidad de que fuera él mismo, con su laboratorio portátil, quien revelara y positivara las imágenes en el frente de batalla.

Un legado único que, tras ochenta años, sale a la luz por primera vez gracias al estudio y cuidadosa selección de imágenes del extenso fondo de negativos conservado por su familia, el Archivo Taberna Belzunce.

SEBASTIÁN TABERNA. GERRAREN AURPEGIA

Sebastián Taberna Arregui (1907-1986) Iruñean sortu zen, okin-familia batean. Familiako negozioan aritzeaz gain, gazte-gaztetatik hainbat eremu artistikotara bideratu zituen bere denbora eta interesak: marrazketa, margolaritza eta, batez ere, argazkigintza.

1933an, Alemaniara egin zuen bidaia batean, Sebastián Tabernak Leica makina berria ezagutu zuen, zeinak haren arintasun, autonomia eta moldaerraztasunagatik une horretan argazkilaritza goitik behera irauli zuen. Bi urte geroago, IIIA Leica modelo bat erosi zuen, baita bi Elmar objektibo eta handigailu bat ere. Era horretan, esperimentazio-arlo eta aukera mugagabeak irekiko zitzaizkion.

1936ko uztailean, San Fermin festak amaitu bezain azkar, Espainiako Gerra Zibila hasi zen. Sebastián frontera abiatu zen Erregearen Tertzioko errekete boluntario gisa. Hortaz, hurrengo hilabeteetan, gerraren dramaren lekuko zuzen bihurtuko zen gatazkaren erraietan murgildutako borrokalariaren ikuspuntutik.

Horretaz jabeturik, eta bitarteko eta intendentziako txofer-postuak eskaintzen zizkion aukerei esker, argazkigintzarekiko zuen grinak erreportari grafiko afizionatu izatera eramango zuen parte hartuko zuen leku eta ekintza belikoetan, batez ere Somosierra, Navafría, Sigüenza eta Guadalajarako fronteetan.

Eszenak eta uneak atzemateko zuen intuizio eta sentiberatasunari esker, eta Leicaren erabileran zuen bizitasun eta trebetasun itzelari esker, garai horretan Sebastián Tabernak egindako ekoizpen fotografikoa gure Gerra Zibilari buruzko testigantza grafikorik onenetakoa da.

Bere garrantzia ez datza soilik balio historikoan eta eguneroko bizitzako eszenak akziozko erreportajearekin, paisaiarekin, erretratuarekin edo natura hilarekin konbinatzeko gai den egile moldakor baten kalitate artistikoan. Tabernaren ekoizpenarekiko interesa aldi berean argazkilari eta borrokalari izatean eta berak, bere laborategi eramangarriarekin, gudu-fronteko irudiak errebelatu eta positibatu izanaren berezitasunean ere badatza.

Ondare paregabea, laurogei urteren ondoren, bere familiak Belzunce Taberna Artxiboan kontserbatzen dituen negatiboen funts zabaleko irudien azterketari eta aukeraketa arduratsuari esker lehen aldiz argitara ematen dena.

UN FOTÓGRAFO AUTODIDACTA

En la pequeña Pamplona de los años 30, las posibilidades de lograr formación en las nuevas técnicas y tendencias de la fotografía eran muy limitadas. Sebastián Taberna lo haría de forma autónoma, a través de publicaciones del momento, principalmente alemanas, inglesas y francesas.

En este sentido, tuvieron especial influencia en él los manuales sobre el uso de la Leica de Paul Wolff, en los que el maestro alemán desgranaba experiencias y consejos acerca de su manejo en las diferentes disciplinas de la fotografía, e incidía en aspectos técnicos como el revelado y el positivado. Gracias a su estudio, Sebastián logró un completo dominio de la cámara, los diferentes procesos fotográficos, y tomó conciencia de su enorme potencial. Además, revistas gráficas y anuarios fotográficos le sirvieron de herramienta para empaparse de la cultura visual en boga, así como de modelo y fuente de inspiración en el futuro.

Otro pilar clave para la formación de Sebastián Taberna fue su amistad con algunos fotógrafos pamploneses; bien profesionales, como el retratista Pedro María Irurzun, o jóvenes aficionados con inquietudes similares, caso de su amigo Nicolás Ardanaz. Juntos, compartirían libros y revistas, experiencias y excursiones fotográficas en las que practicar.

Pronto, las circunstancias vitales conducirían a ambos al escenario más dramático y terrible; a la vez, a un infinito campo de posibilidades donde desarrollar su sensibilidad y talento para el arte de la fotografía.

Portada del *Photography year book*, 1935, anuario gráfico que sin duda sirvió de modelo e inspiración, tanto a Sebastián Taberna como a Nicolás Ardanaz, para algunas de las imágenes que tomaron en el frente durante los meses siguientes

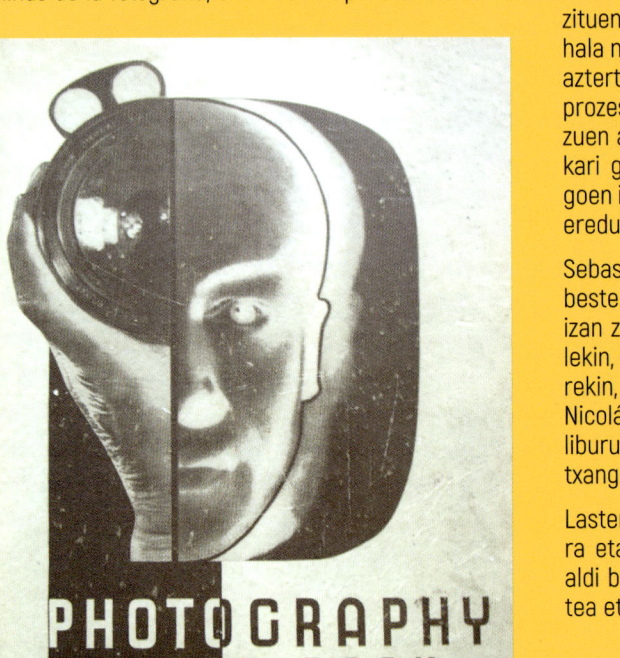

ARGAZKILARI AUTODIDAKTA

30eko hamarkadako Iruña txikian, argazkigintzako teknika eta joera berrietan prestakuntza eskuratzeko aukerak oso urriak ziren. Sebastián Tabernak modu autonomoan egin zuen, une horretako argitalpenen bitartez, nagusiki Alemania, Ingalaterra eta Frantziakoak.

Ildo horretan, Paul Wolffen Leicaren erabilerari buruzko gidaliburuek eragin berezia izan zuten harengan. Haietan, maisu alemaniarrak argazkigintzaren hainbat diziplinatan Leicaren erabilerarekin lotutako bizipenak eta aholkuak ematen zituen, baita alderdi teknikoak azpimarratu ere, hala nola errebelatzea eta positibatzea. Gidaliburua aztertuz, Sebastiánek kamera eta argazkigintzako prozesu guztiak erabat menderatzea lortu zuen, eta zuen ahalmen izugarriaz jabetu zen. Gainera, aldizkari grafikoak eta argazki-urtekariak boladan zegoen ikusizko kulturaz blaitzeko baliatu zituen, baita eredu eta inspirazio-iturri gisa ere etorkizunean.

Sebastián Tabernaren prestakuntzarako funtsezko beste alderdi bat hainbat argazkilari iruindarrekin izan zuen adiskidetasuna izan zen, bai profesionalekin, esaterako Pedro María Irurzun erretratugilearekin, edo antzeko kezkak zituzten zale gazteekin, Nicolás Ardanaz adiskidearekin, adibidez. Elkarrekin liburuak eta aldizkariak, bizipenak eta trebatzeko txango fotografikoak partekatuko zituzten.

Laster bizitzako egoerek agertokirik dramatikoenera eta ikaragarrienera eramango zituzten bi-biak; aldi berean, argazkigintzaren arterako sentsibilitatea eta talentua garatzeko aukera eremu mugaga-

Photography year book, 1935 ale baten azala. Urtekari grafiko hori, zalantzarik gabe, bai Sebastián Tabernarentzat, bai Nicolás Ardanazentzat eredu eta inspirazio-iturri izan zen hurrengo hilabeteetan frontean egingo zituzten irudi batzuetarako

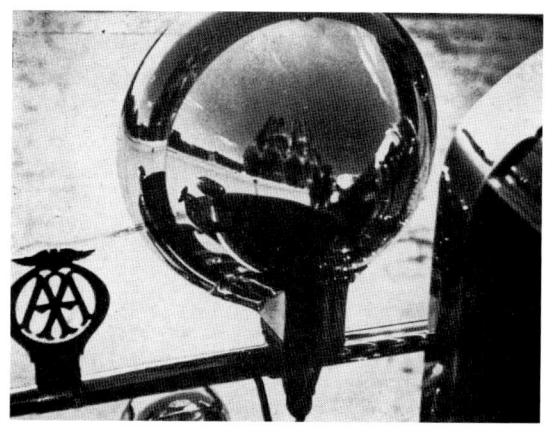

Fotografía basada en el efecto reflectante del faro de un automóvil, realizada por Norman Parkinson publicada en la página 92 del *Photography year book, 1935*. Editado por T. Korda en Londres, 1936.

Auto baten faroaren isla-efektuan oinarritutako argazkia, Norman Parkinsonek 1935ean egina, eta *Photography year book, 1935* lanaren 92. orrialdean argitaratua. T. Kordak 1936an Londresen argitaratua.

Fotografía de Sebastián Taberna
Sebastián Tabernaren argazkia
Jadraque (Guadalajara), 1937

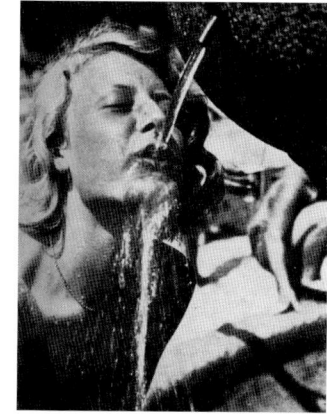

Retrato de Paul Wolff realizado en Frankfurt, en 1935 y, también publicada en el anuario de fotografía, *Photography year book, 1935* en la página 245.

Paul Wolffen erretratua, 1935ean Frankforten egina, eta, halaber, *Photography year book, 1935* argazkilaritza-urtekarian argitaratua, 245. orrialdean.

Fotografía de Sebastián Taberna
Sebastián Tabernaren argazkia
Jadraque (Guadalajara), 1937

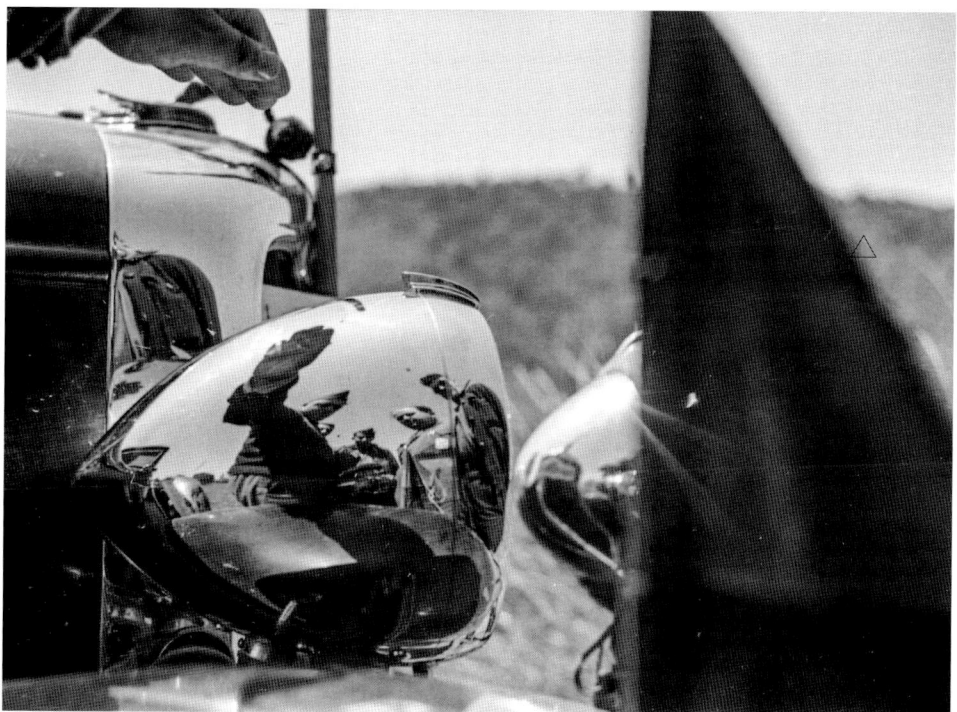

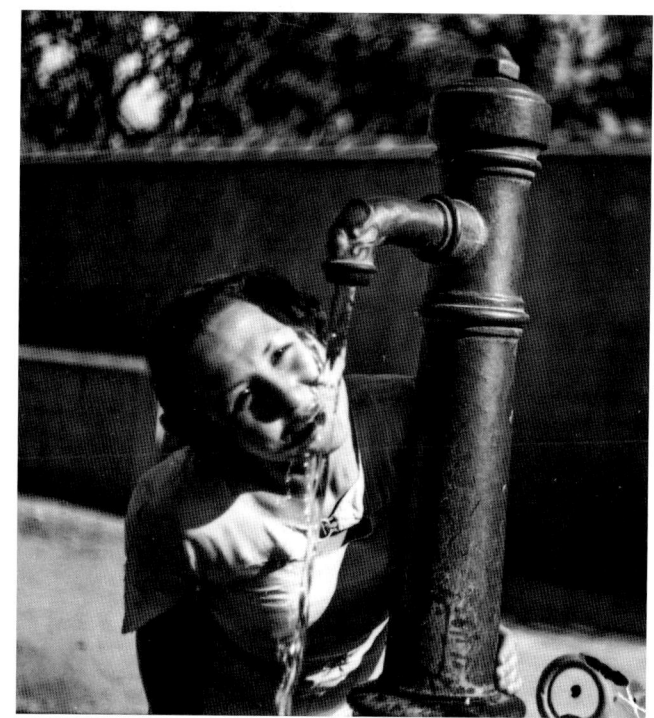

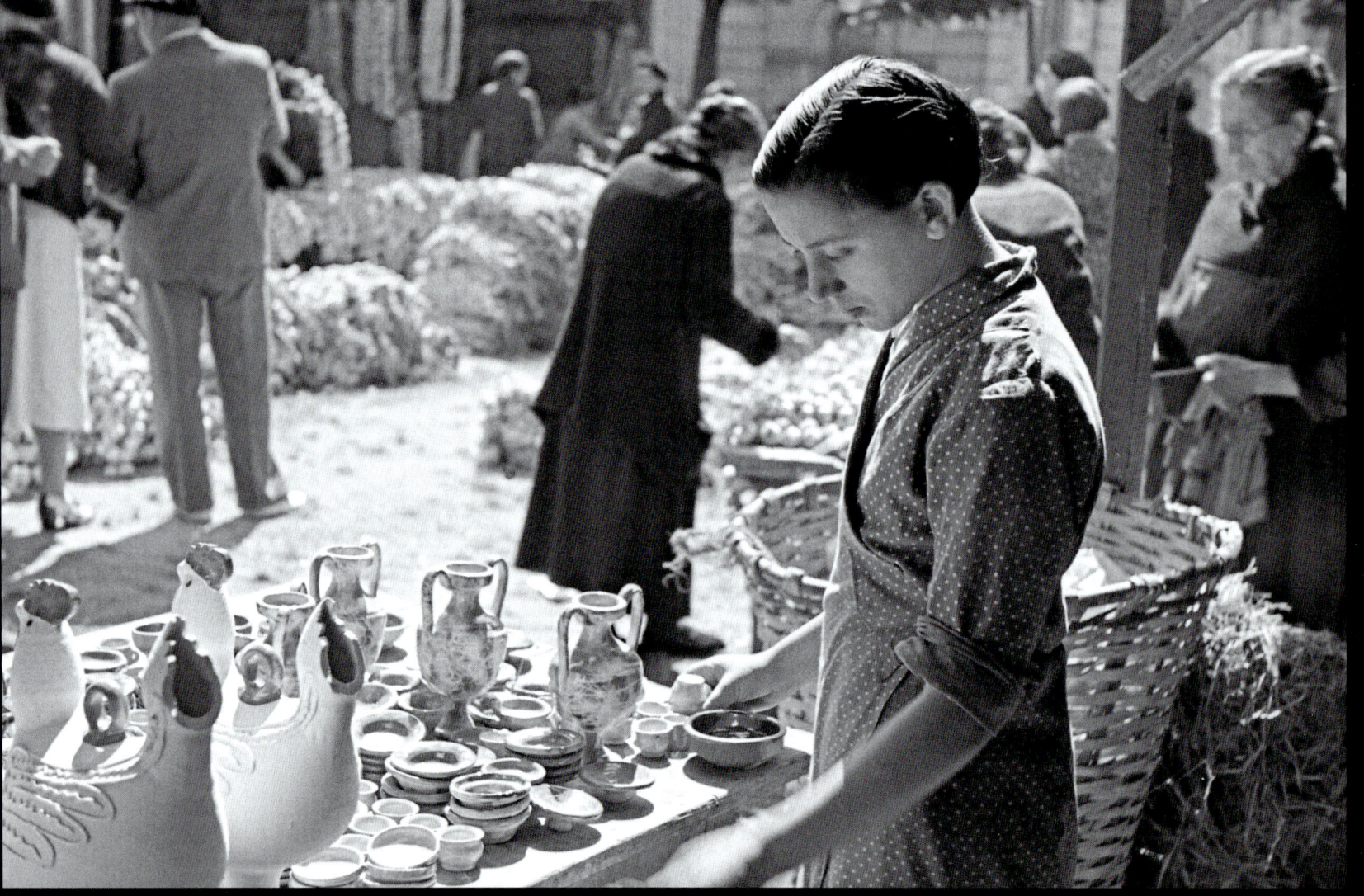

Joven tendera en su puesto de alfarería del
mercado de la Plaza de los Ajos

Pamplona, julio de 1936

Dendari gazte bat bere eltze-postuan,
Baratxurien plazako merkatuan

Iruña, 1936ko uztaila

LOS ÚLTIMOS SANFERMINES

AZKEN SANFERMINAK

El 6 de julio de 1936 Pamplona iniciaba, un año más, sus fiestas patronales en honor a San Fermín. Unos días de celebración y diversión en que campo y ciudad, lo religioso y lo pagano, lo popular y lo selecto, parecían converger en la calle sin estridencias.

Los de 1936 fueron, paradójicamente, unos sanfermines tranquilos, con ausencia de altercados y enfrentamientos políticos, que habían sido habituales en los años previos. Una sociedad navarra dividida y tensionada parecía darse una tregua durante las fiestas. Una tranquilidad ficticia, ya que los preparativos de la rebelión se intensificaron esos días en Pamplona, epicentro de la conspiración militar contra el gobierno de la República.

Sebastián Taberna tomaría con su Leica el pulso de la fiesta y algunos eventos de aquellos días: el ambiente en la calle Mayor, donde regentaba su panadería, el bullicioso paso de las peñas en su salida de la plaza de toros, el tradicional mercadillo de la Plaza de los Ajos o la feria anual de ganado. Nada en aquellas imágenes parecía presagiar que, unas horas después de concluir las fiestas, los mismos escenarios y protagonistas tornarían su aspecto festivo en otro de convulsión prebélica.

1936ko uztailaren 6an, Iruñeak, beste urte batez, San Ferminen omenezko jaiei hasiera ematen zien. Ospakizun- eta dibertsio-egunak non landak eta hiriak, erlijiosoak eta paganoak, herrikoiak eta finak kalean bat egiten zutela zirudien, karrankarik gabe.

1936koak, paradoxikoki, sanfermin lasaiak izan ziren, istilu eta liskar politikorik gabeak, aurreko urteetakoak ez bezala. Bazirudien Nafarroako gizarte zatitu eta tentsionatuak festetan su-etena eman zuela. Itxurazko lasaitasuna, matxinadaren prestalanak areagotu egin baitziren egun horietan Iruñean, II. Errepublikako gobernuaren aurkako konspirazio militarraren epizentroan.

Sebastián Tabernak, bere Leicarekin, jaien pultsua eta egun haietako ekitaldi batzuk atzemango zituen: Kale Nagusiko giroa, bere ardurapeko okindegia bertan baitzegoen; peñak zezen-plazatik irteetean sortzen zen zalaparta; Baratxurien plazako azoka tradizionala edo urteroko abere-feria. Irudi haietan ezerk ez zuen iragartzen, jaiak amaitu eta ordu batzuetara, agertoki eta protagonista horiek murgilduta zeuden jai-giroak gerra aurreko asalduraren antza hartuko zuenik.

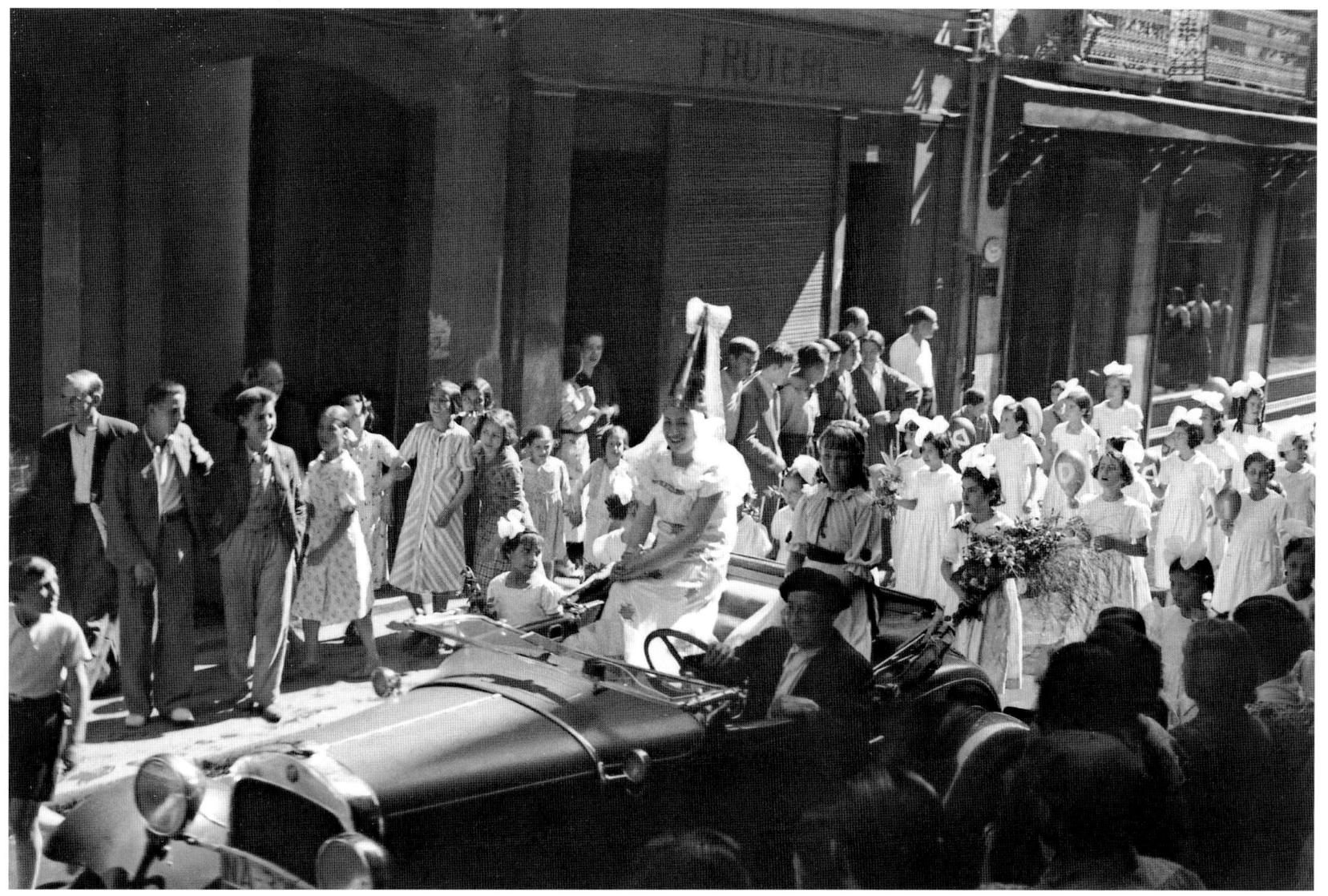

Desfile infantil en la calle Mayor

Pamplona,
junio de 1936

Haurren desfilea Kale Nagusian

Iruña,
1936ko ekaina

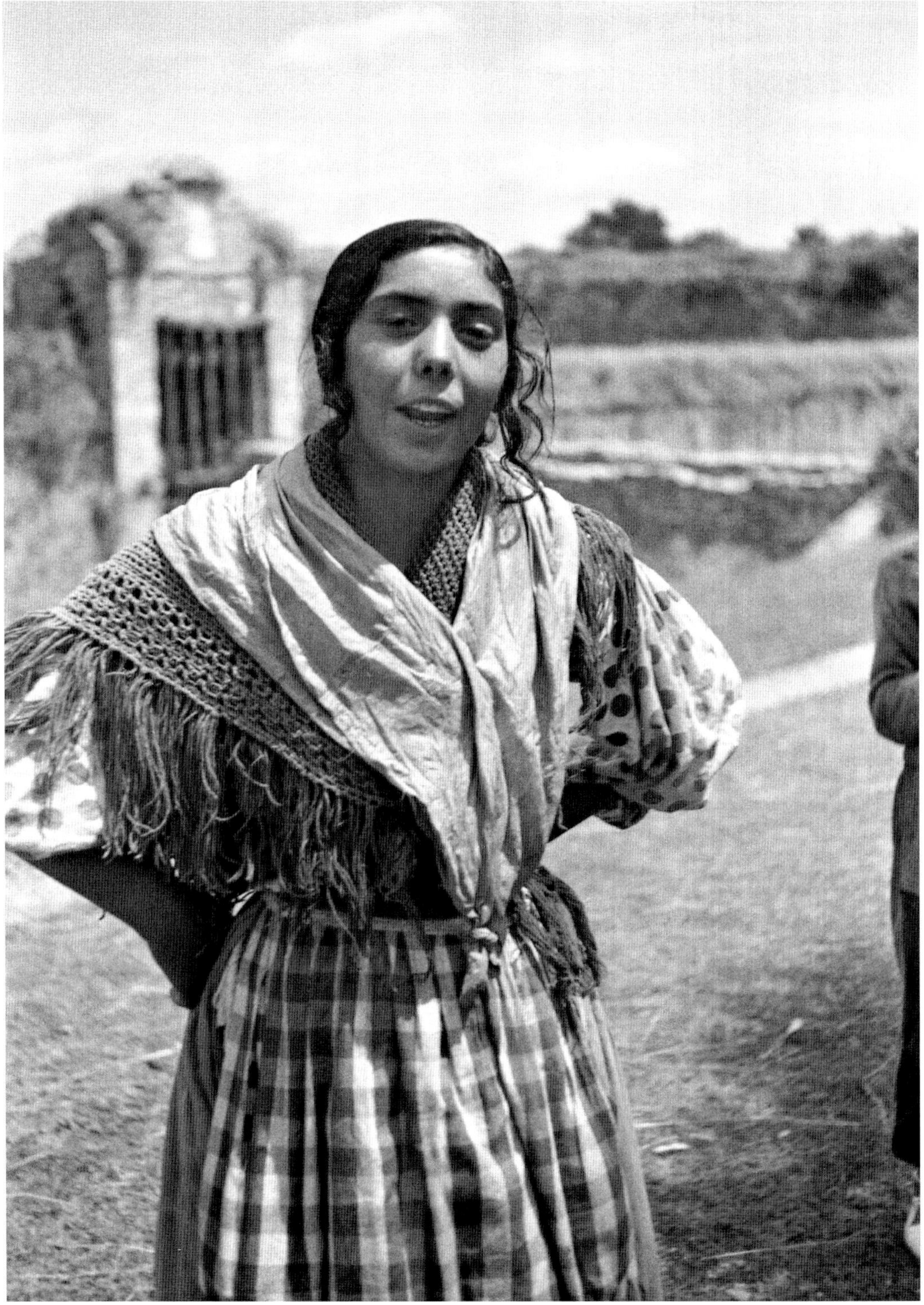

Niña gitana en la Ciudadela, frente a la Puerta del Socorro

Pamplona,
julio de 1936

Haur ijitoa Ziudadelan, Socorro atearen aurrean

Iruña,
1936ko uztaila

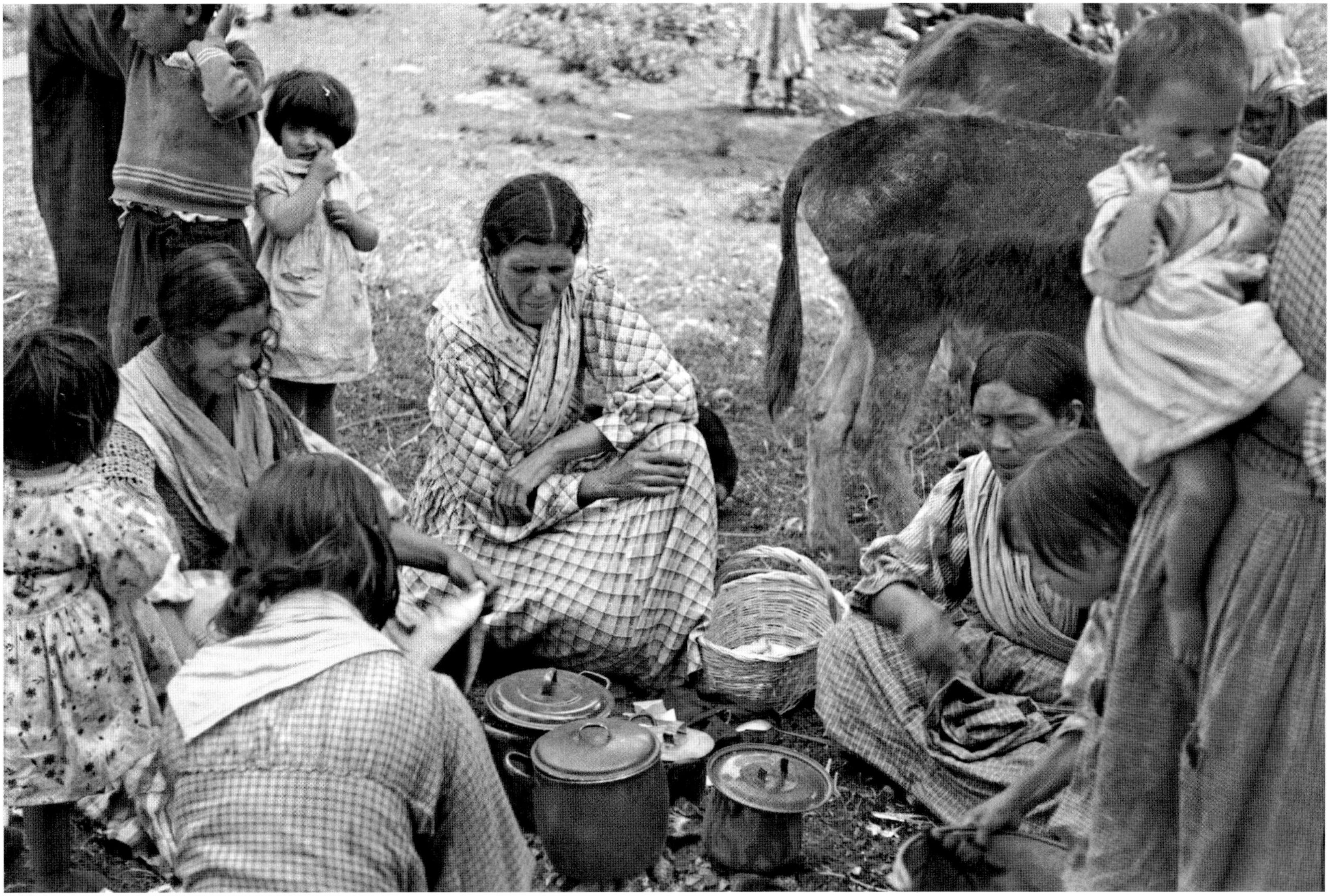

Familia gitana acampada junto a la Ciudadela, durante la tradicional feria de ganado

Pamplona,
julio de 1936

Ziudadelaren ondoan kanpatutako ijito-familia, ganadu-azoka tradizionalean

Iruña,
1936ko uztaila

Azken Sanferminak

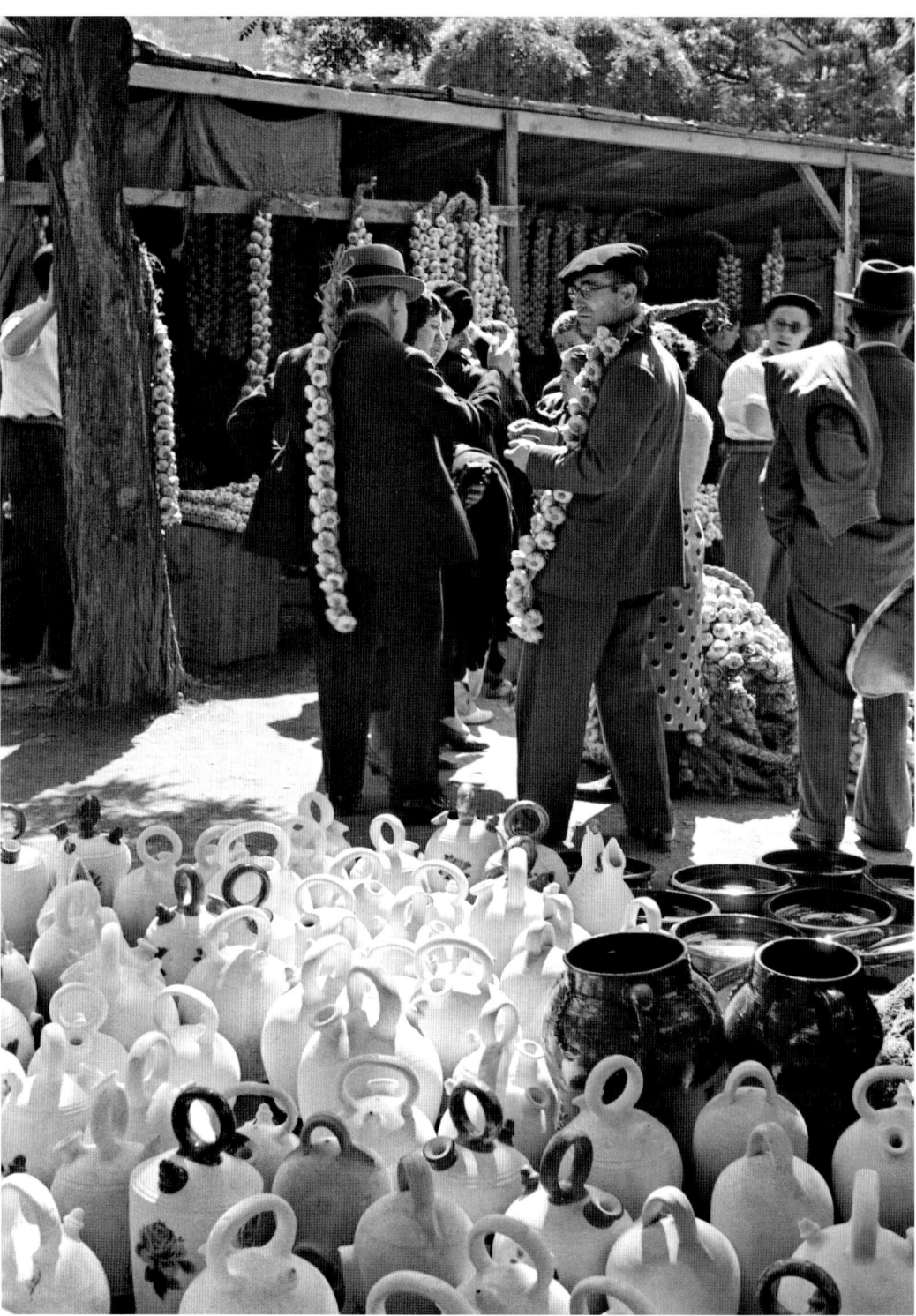

84

Mercado de la Plaza de los Ajos

Pamplona,
julio de 1936

Baratxurien plazako merkatua

Iruña,
1936ko uztaila

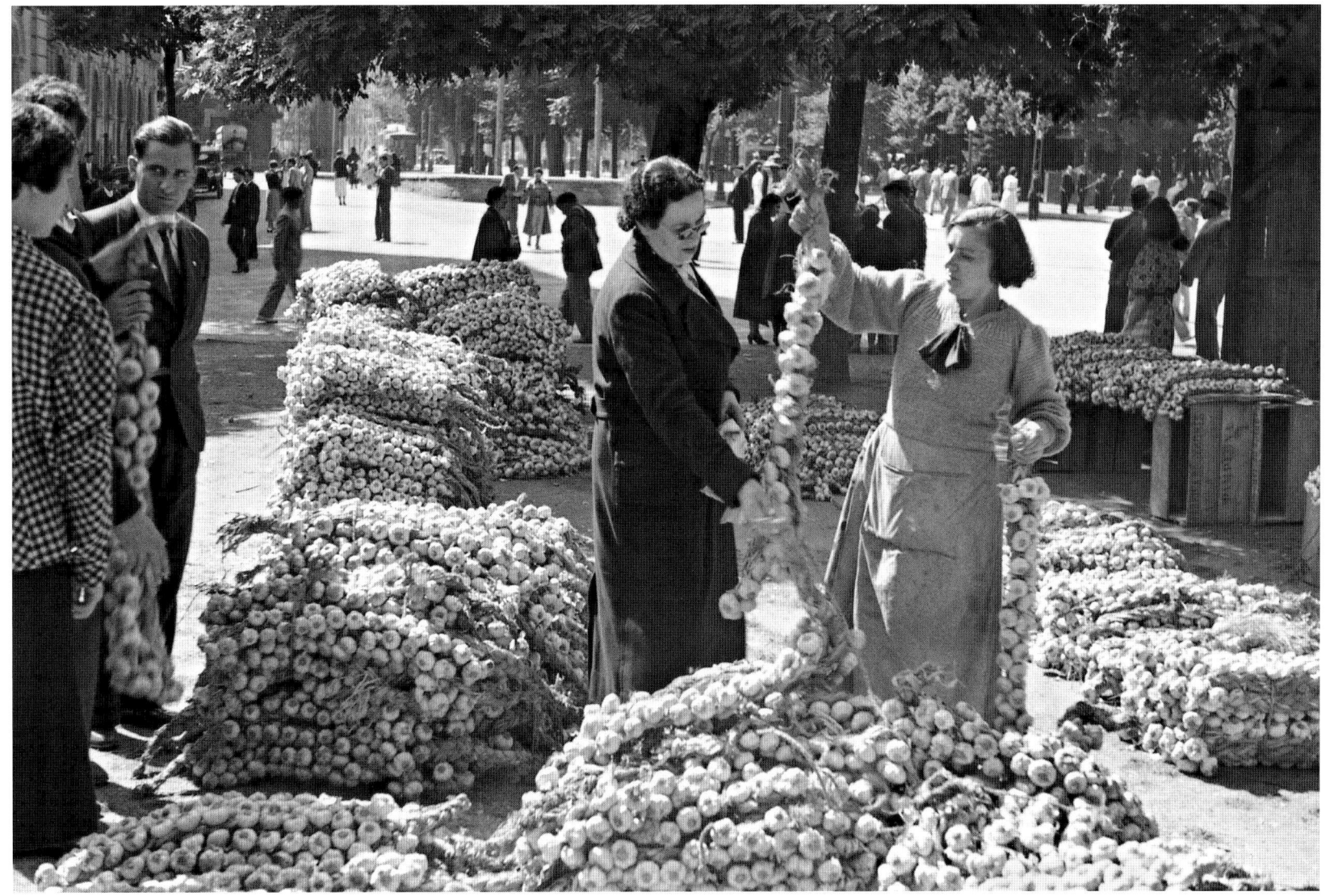

Mercado de la Plaza de los Ajos

Pamplona,
julio de 1936

Baratxurien plazako merkatua

Iruña,
1936ko uztaila

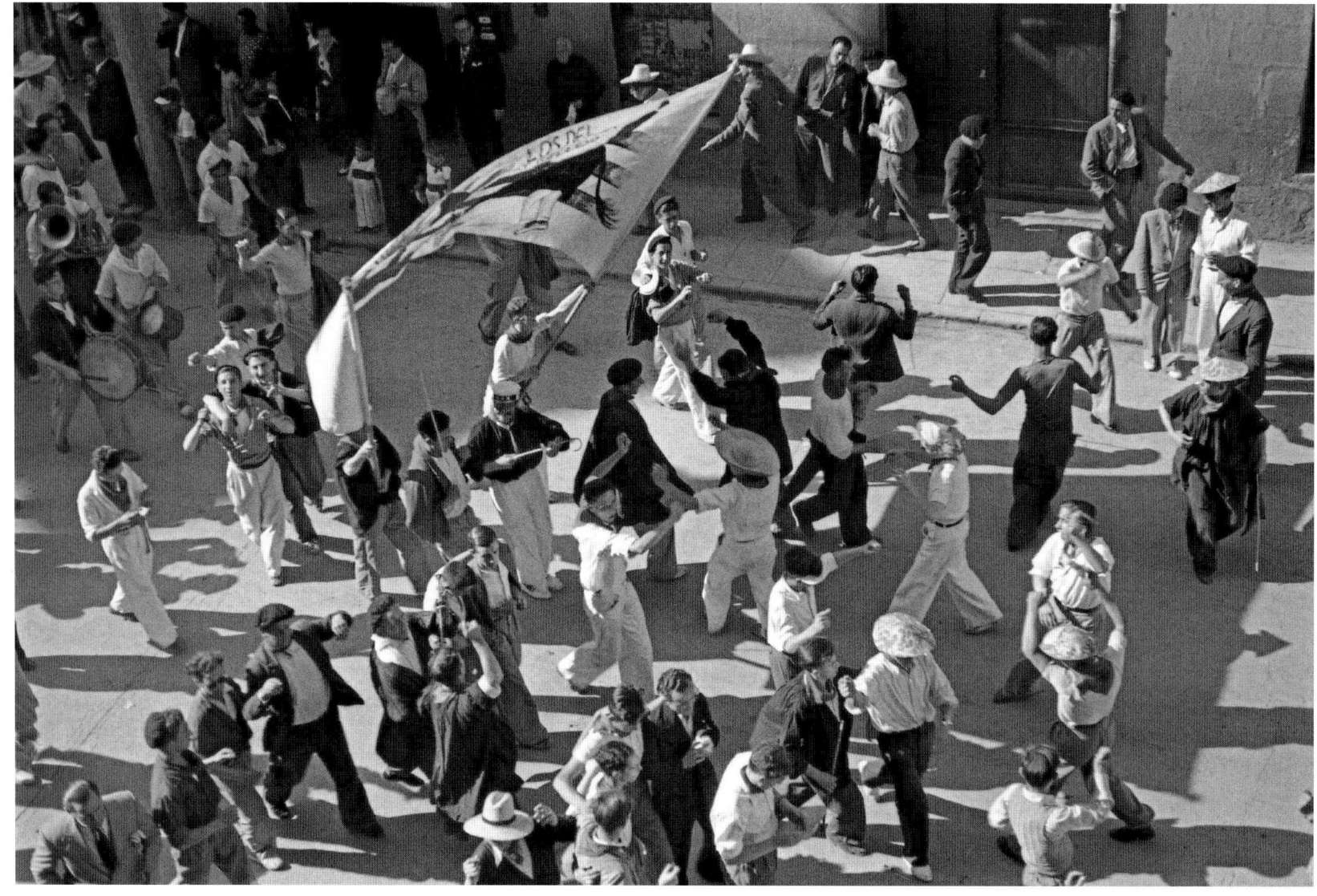

86

**Paso de una peña sanferminera por la calle
Mayor camino de la plaza de toros**

Pamplona,
julio de 1936

**Sanferminetako peña bat Kale Nagusitik
igarotzen zezen-plazara bidean**

Iruña,
1936ko uztaila

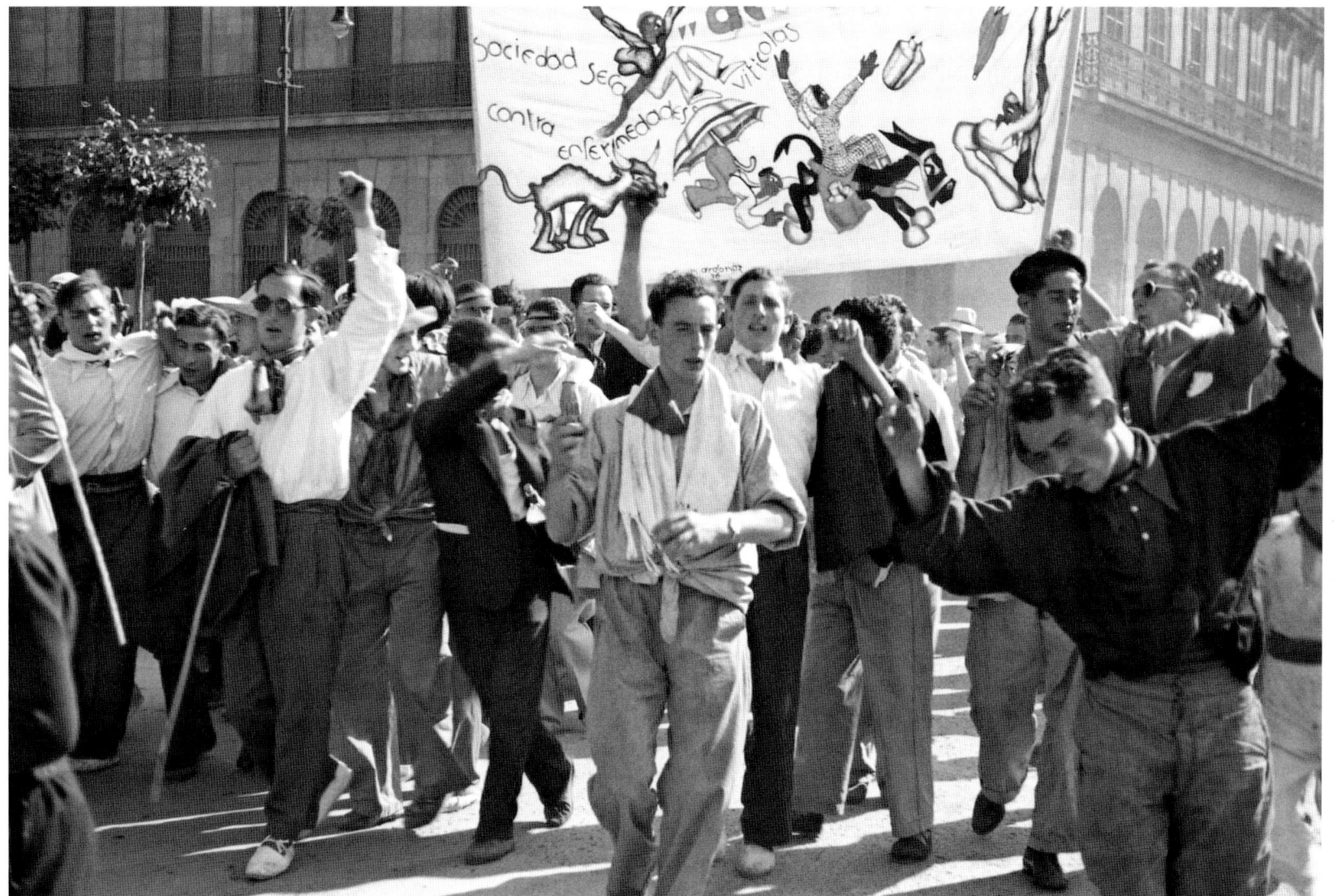

Miembros de la Peña *Muthiko Alaiak* **a su paso por la Plaza del Castillo**

Pamplona,
julio de 1936

Muthiko Alaiak **peñako kideak Gazteluko plazatik igarotzen**

Iruña,
1936ko uztaila

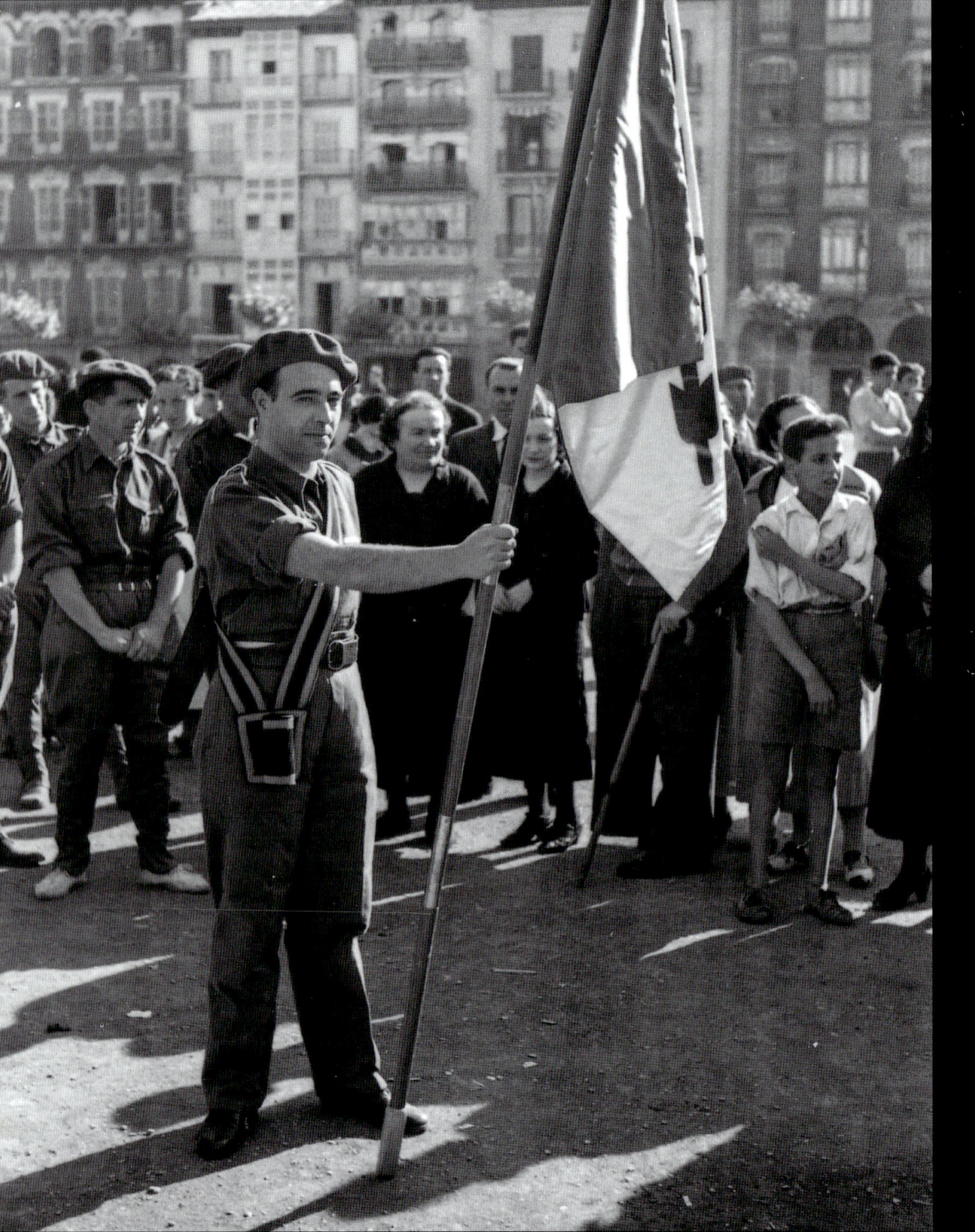

Cesáreo Sanz-Orrio portando la bandera del Requeté de Pamplona

Pamplona,
19 de julio de 1936

Cesáreo Sanz-Orrio Iruñeko Erreketearen bandera daramala

Iruña,
1936ko uztailak 19

A primera hora del 19 de julio de 1936, el general Mola declaraba el estado de guerra en la provincia. Desde las seis de la mañana, más de 4.000 civiles navarros, mayoritariamente carlistas, se fueron congregando en la capital dispuestos a tomar las armas en apoyo del golpe militar.

Uno de ellos fue Sebastián Taberna, junto a cuatro de sus hermanos. Sin adscripción política previa, y motivados fundamentalmente por sus convicciones religiosas, sólo unas semanas antes habían decidido inscribirse en el Requeté de Pamplona, la organización juvenil del Tradicionalismo.

En su estreno como reportero gráfico, Taberna recogió con su Leica las que seguramente son las primeras imágenes del alzamiento en Pamplona. Un único rollo fotográfico en el que plasmó la formación militar de los voluntarios en la Plaza del Castillo, la congregación de vecinos y curiosos, junto con otras escenas de los inicios de la sublevación.

Esa misma tarde, agotada ya la película de su Leica, Sebastián acudió acompañado de cuatro de sus hermanos a los cuarteles de Pamplona, donde se proporcionó armas y uniformes a los voluntarios. Los Taberna quedaron encuadrados, junto a otros requetés pamploneses, en la Columna García Escámez, embrión de la unidad carlista del Tercio del Rey, que a última hora del día partió en dirección a Madrid.

El fotógrafo pamplonés José Galle los retrató por grupos antes de su salida hacia el frente en autobuses y camiones. Las sonrisas y el entusiasmo imperante desvelan su convencimiento de que, en pocos días, estarían victoriosos de regreso en sus casas. «Volveremos para la siega», repetían ingenuamente.

Les aguardaban tres años de penalidades en una larga y cruenta Guerra Civil. A algunos de ellos, también la muerte.

1936ko uztailaren 19an goizean goiz, Mola jeneralak gerra-egoera deklaratu zuen probintzian. Goizeko seietatik, 4.000 zibil nafar baino gehiago, gehien-gehienak karlistak, hiriburuan bildu ziren, kolpe militarra babesteko armak hartzeko prest.

Horietako bat Sebastián Taberna izan zen, bere lau anaiarekin batera. Aldez aurretik atxikipen politikorik izan gabe, eta batez ere beren sinesmen erlijiosoek eraginda, zenbait aste lehenago Iruñeko Erreketean, Tradizionalismoaren gazte erakundean, izena ematea erabaki zuten.

Erreportari grafiko gisa egindako debutean, Tabernak seguruenik Iruñeko altxamenduaren lehen irudiak direnak egin zituen bere Leicarekin. Argazki-film bakar batean, boluntarioen formazio militarra islatu zuen Gazteluko plazan, bai eta auzokideak eta kuxkuxeroak ere, altxamenduaren hastapenetako beste eszena batzuekin batera.

Uztailaren 19ko arratsalde hartan bertan, bere Leicaren filma agortu zitzaiola, Sebastián Iruñeko kuarteletara joan zen bere anaiekin. Bertan, armak eta uniformeak eman zizkieten boluntarioei, eta tabernatarrak, beste errekete iruindar batzuekin batera, García Escámez Zutabean kokatuta geratu ziren, Erregearen Tertzioaren unitate karlistaren ernamuinean, egunaren amaieran Madrilerantz abiatu zena.

José Galle argazkilari iruindarrak taldeka erretratatu zituen autobus eta kamioietan frontera abiatu aurretik. Nagusi ziren irribarreek eta suhartasunak agerian uzten dute egun gutxiren buruan etxera garaile itzuliko zirelakoan zeudela. «Uztarako itzuliko gara», errepikatzen zuten inozoki.

Gerra zibil luze eta odoltsu batean hiru urtez neke asko jasango zituzten. Horietako batzuek are heriotza ere.

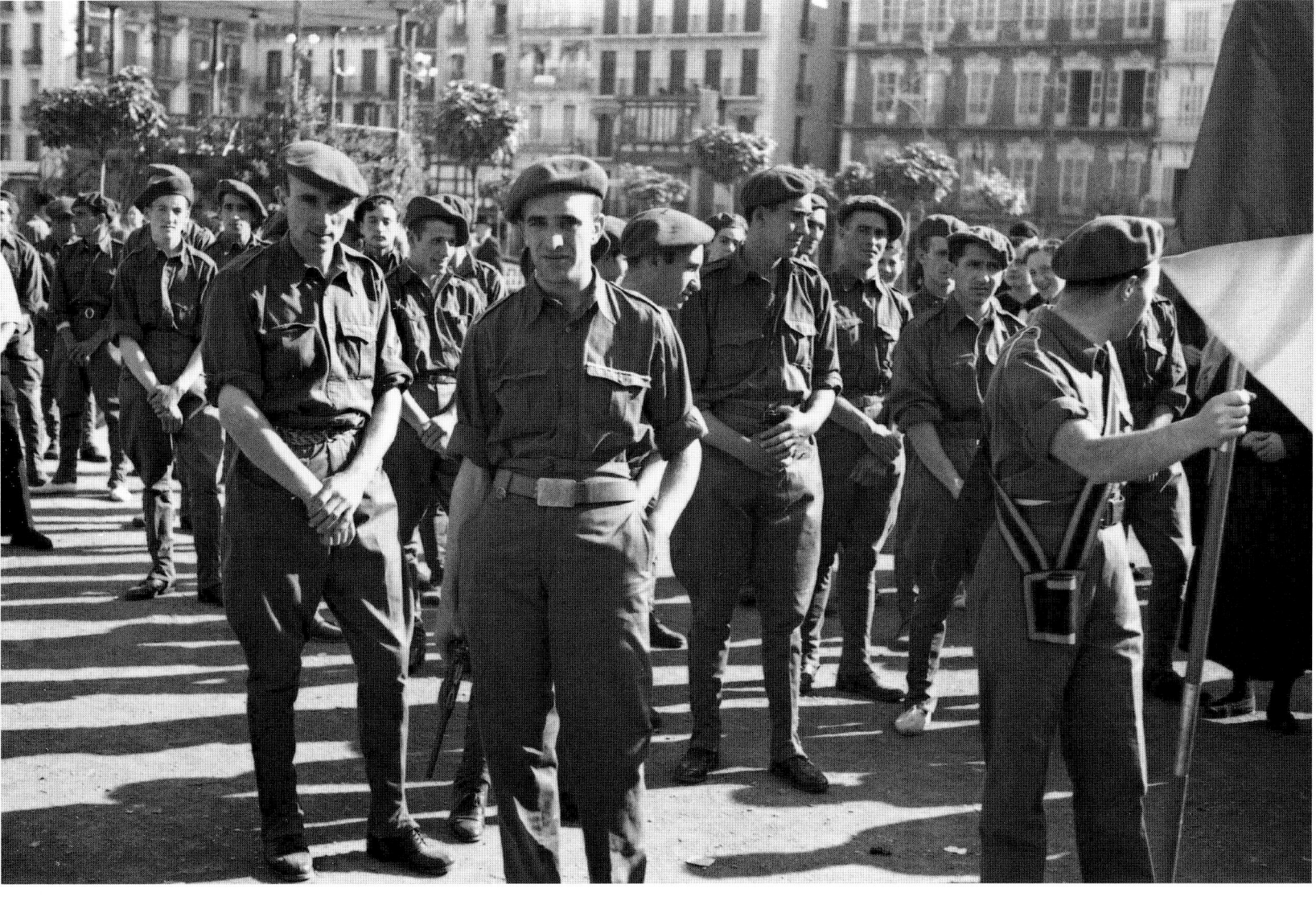

Formación dc voluntarios carlistas a primera hora de la mañana en la Plaza del Castillo

Pamplona,
19 de julio de 1936

Boluntario karlisten formazioa goizean goiz Gazteluko plazan

Iruña,
1936ko uztailak 19

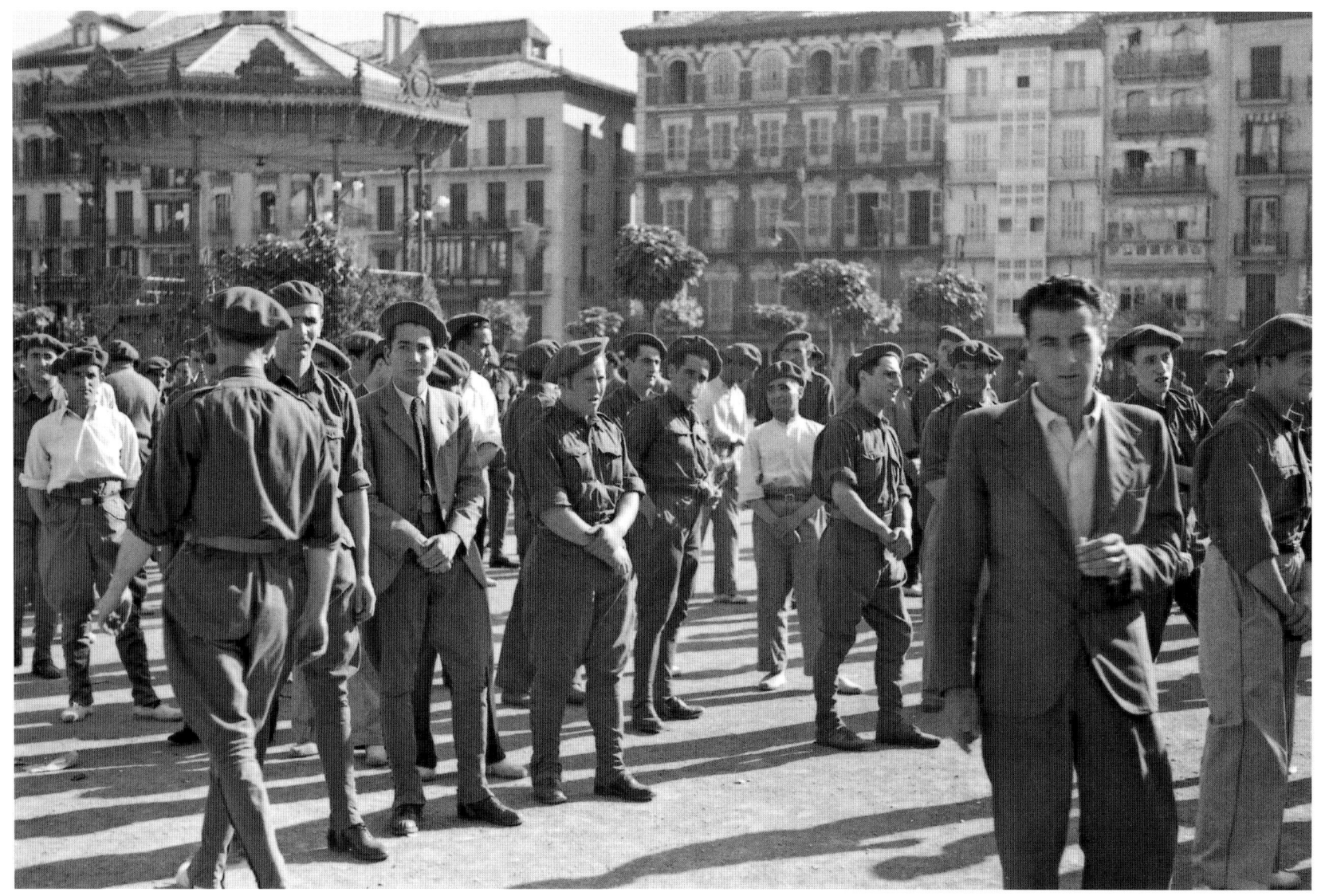

Formación de voluntarios carlistas a primera hora de la mañana

Pamplona,
19 de julio de 1936

Boluntario karlisten formazioa goizean goiz

Iruña,
1936ko uztailak 19

La partida

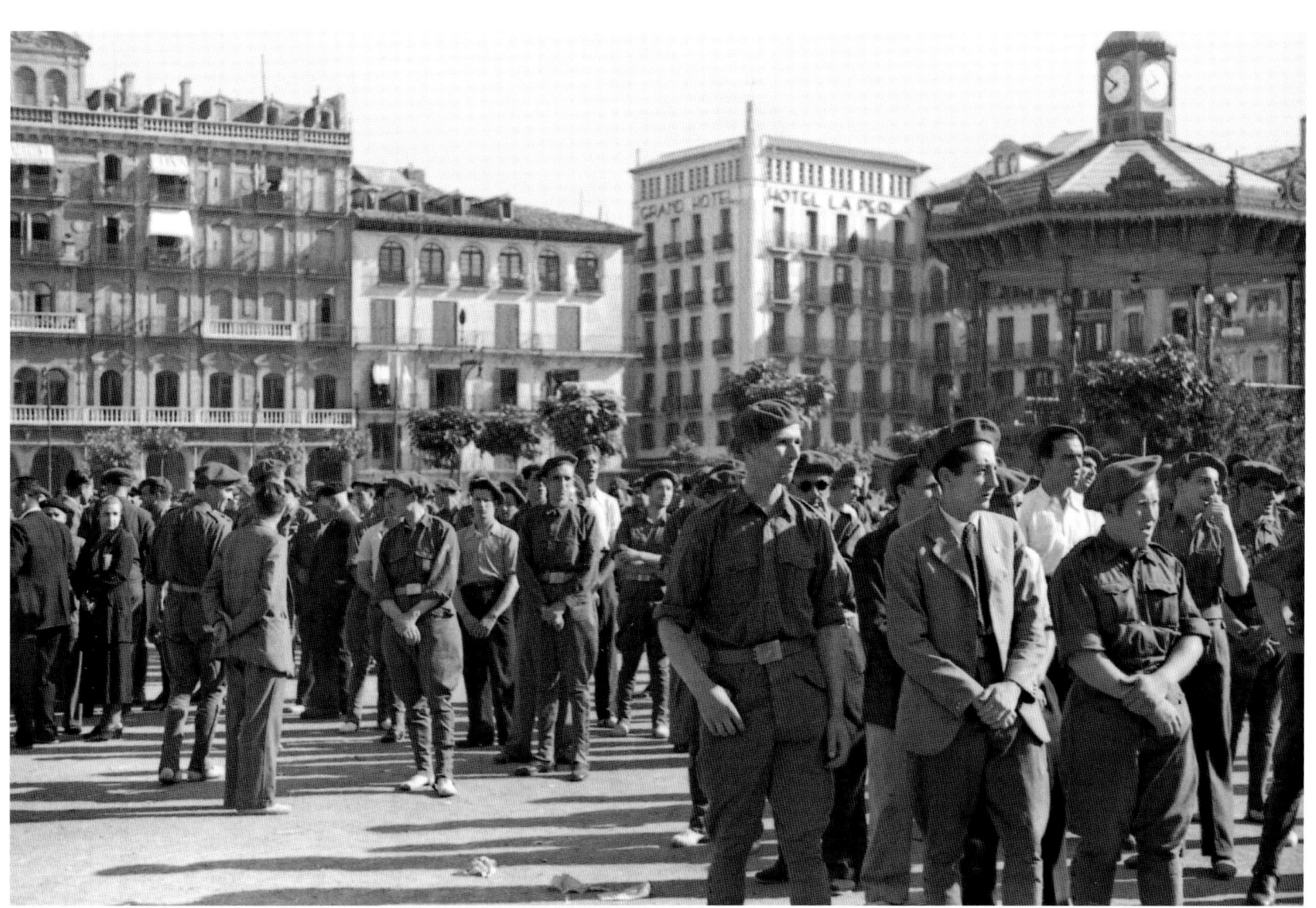

93

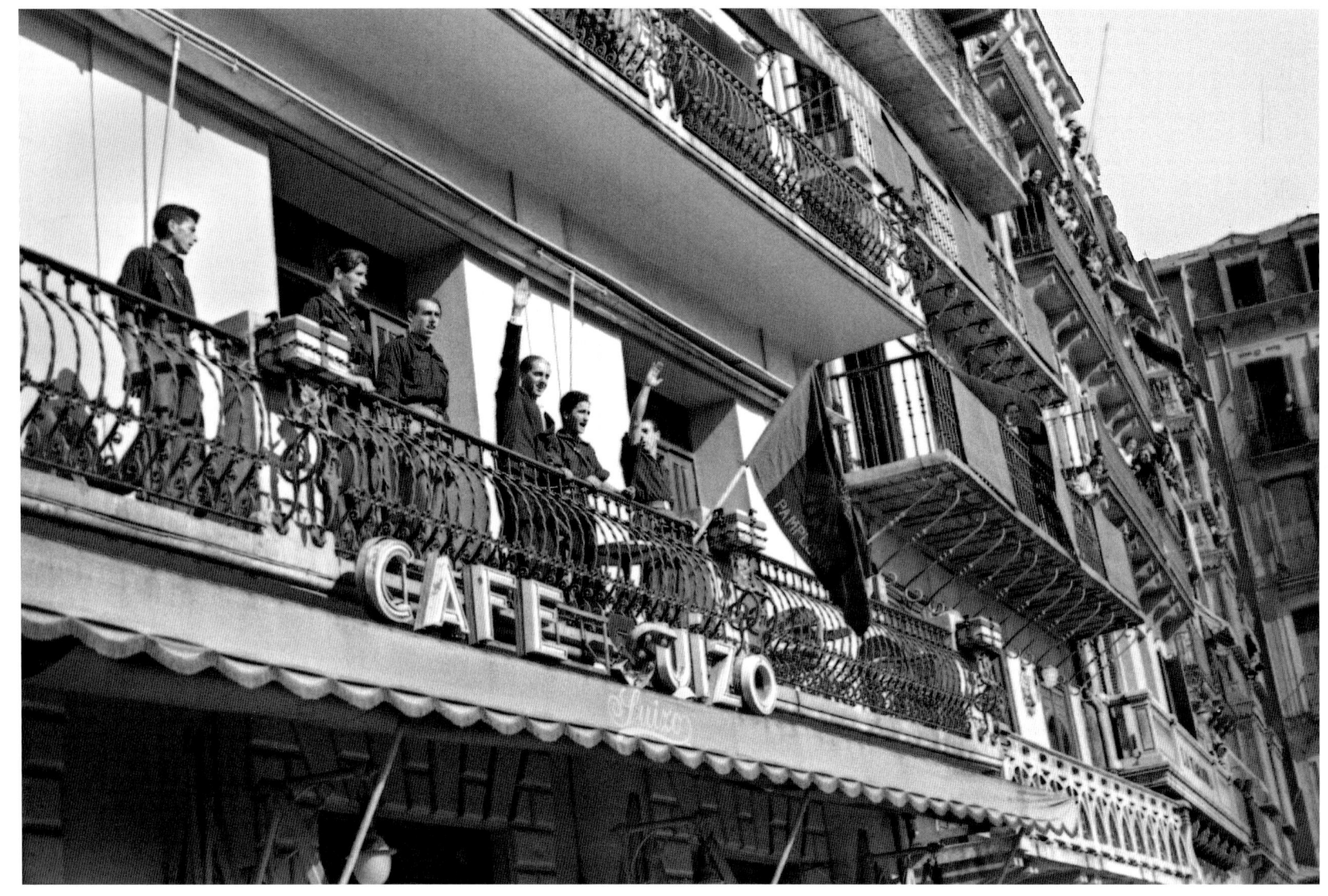

**Asalto de miembros de Falange Española
a la sede de Izquierda Republicana**

Pamplona,
19 de julio de 1936

**Espainiako Falangeko kideek Ezker Errepublikanoaren
egoitzari egindako erasoa**

Iruña,
1936ko uztailak 19

La partida

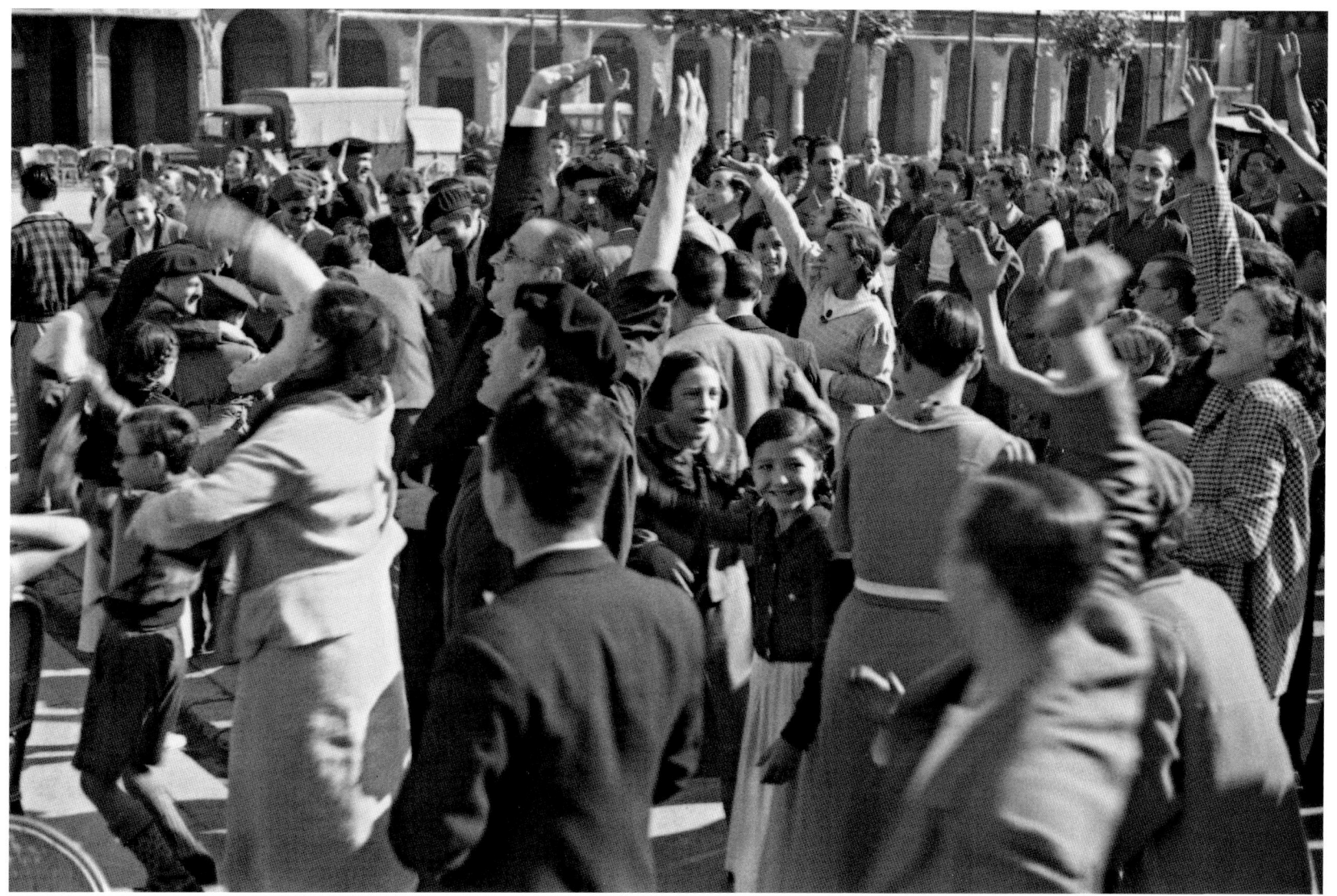

**Civiles congregados en la Plaza del
Castillo aclaman a los sublevados**

Pamplona,
19 de julio de 1936

**Gaztelu plazan bildutako zibilak
matxinatuak goraipatuz**

Iruña,
1936ko uztailak 19

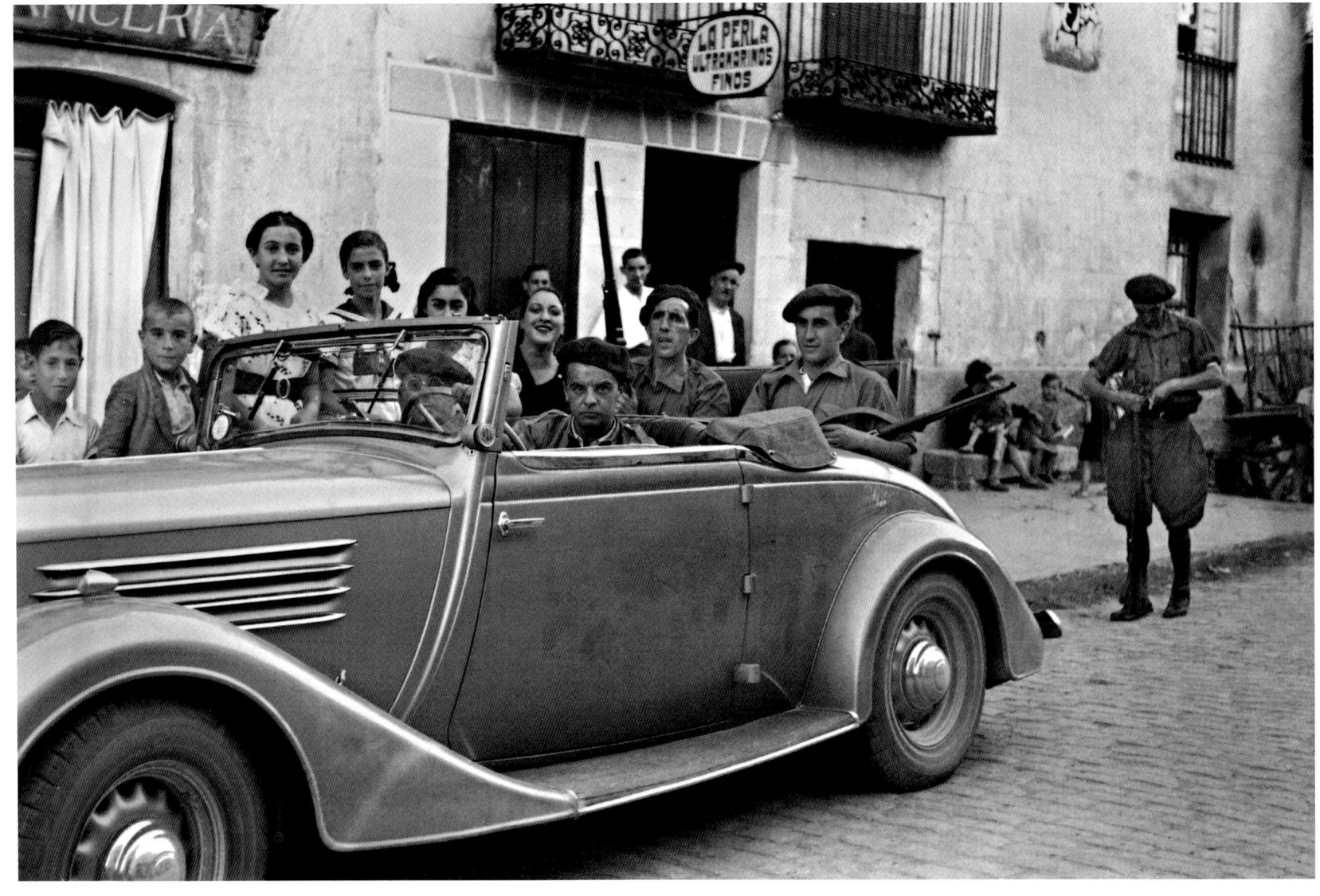

Patrulla de requetés camino de
Aranda de Duero (Burgos)

24 de julio de 1936

Errekete-patruila Aranda de Duerorako
(Burgos) bidean

1936ko uztailak 24

La partida

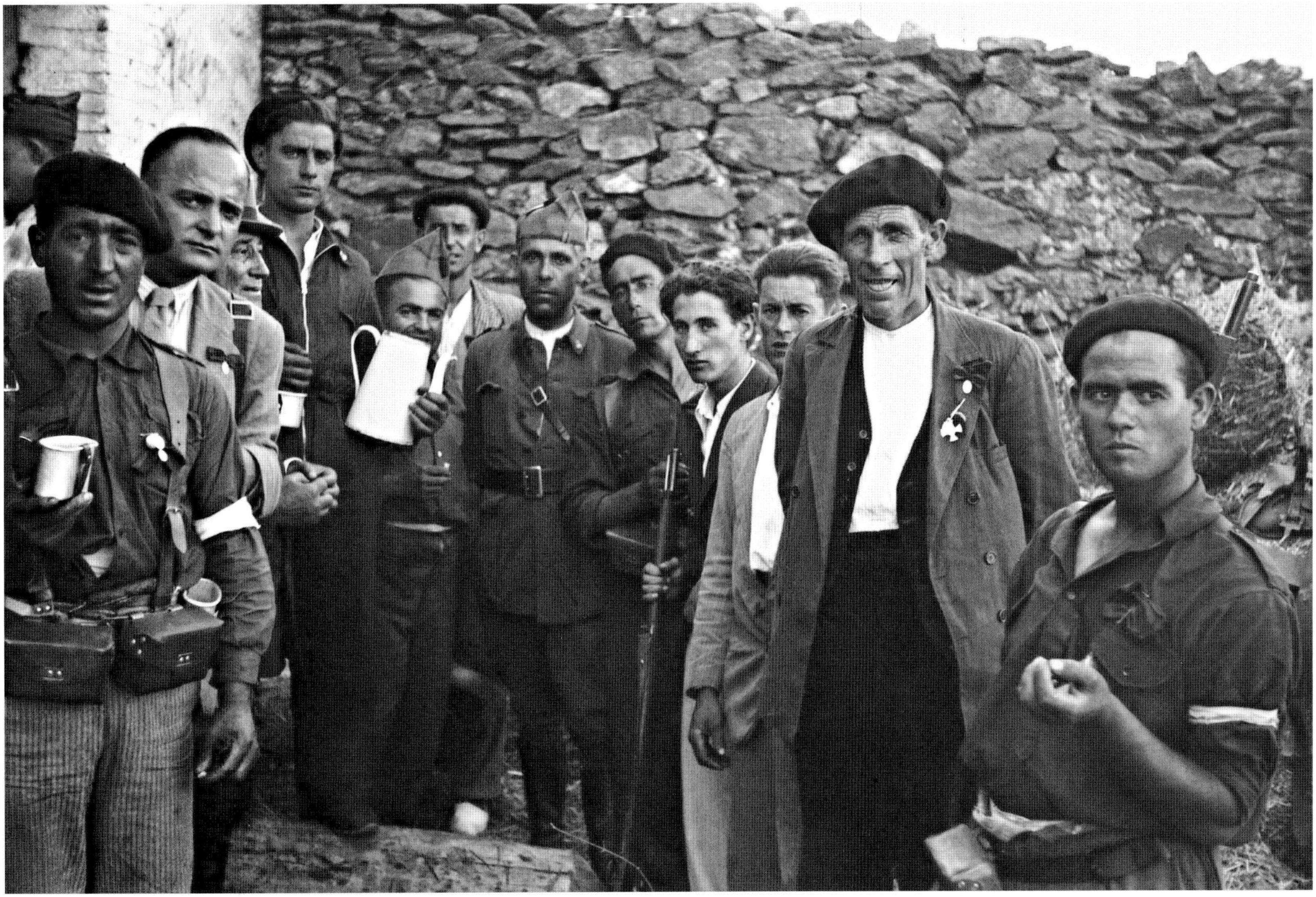

**Desayuno de los voluntarios de la Columna de
Navarra tras su llegada a la Venta de la Gamera**

Pinuécar (Madrid),
agosto de 1936

**Nafarroako Zutabeko boluntarioak gosaltzen,
Gamerako Bentara iritsi eta gero**

Piñuécar (Madril),
1936ko abuztua

Irteera

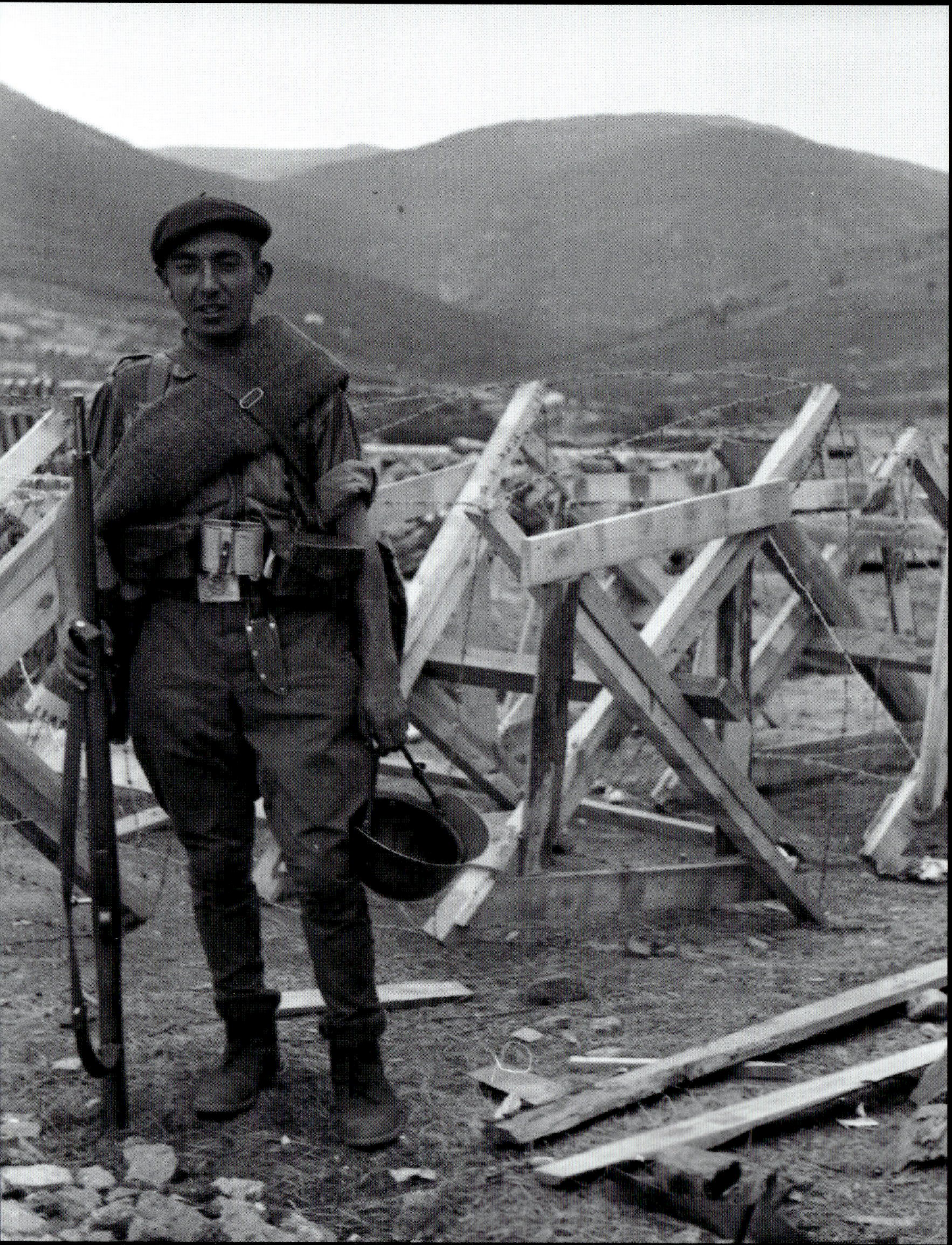

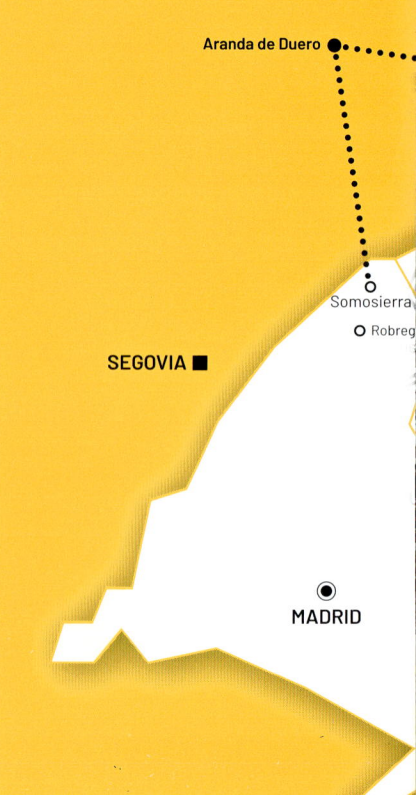

Campamento de Navafría (Segovia)
Agosto de 1936

Navafríako (Segovia) kanpamentua
1936ko abuztua

Aranda de Duero
Somosierra
Robreg
SEGOVIA ◼
MADRID ◉

BILBAO
BILBO

SAN SEBASTIÁN
DONOSTIA

Irún
Irun

VITORIA
GASTEIZ

PAMPLONA
IRUÑA

Canfranc

Valle de Hecho

LOGROÑO

Alfaro

Tudela
Tutera

SORIA

ZARAGOZA

El Burgo de Osma

...tienza   Cogolludo

Palazuelos

Sigüenza

Algora

...draque   Casas de San Galindo

Cifuentes

...ADALAJARA

 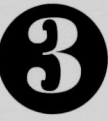
El propósito de la Columna de Navarra en su rápida marcha sobre la capital se desvaneció de forma precipitada. Tras vencer algunos focos de resistencia republicana en Logroño, la fuerza expedicionaria llegó a Soria el día 22 de julio, con intención de continuar su ruta por tierras castellanas. Sin embargo, milicias y tropas republicanas controlaban ya poblaciones y puntos estratégicos de la carretera a Guadalajara, haciendo imposible el avance. En los días siguientes, la columna prosiguió su marcha hacia Aranda de Duero, con el propósito de ocupar los puertos de Somosierra y Navafría, objetivos que lograron los días 25 de julio y 17 de septiembre de 1936.

Durante este periodo de la campaña, Sebastián Taberna recogió con el objetivo de su Leica tanto escenas de la vida cotidiana de los voluntarios, como de los combates durante la conquista de ambas posiciones montañosas, y sus dramáticas consecuencias.

«Nafarroako Zutabea» izenekoaren asmoa, hiriburuan zeharkako martxa bizian, berehala hutsaldu zen. Logroñoko errepublikanoen erresistentzia-gune batzuk garaitu eta gero, espedizio-indarra uztailaren 22an iritsi zen Soriara, Gaztelako lurretan aurrera egiten jarraitzeko asmoz. Alabaina, milizia eta tropa errepublikanoek Guadalajarako errepideko herriak eta puntu estrategikoak kontrolatzen zituzten, eta ezinezkoa zen aurrera egitea. Hurrengo egunetan, zutabeak Aranda de Duerorantz jarraitu zuen, Somosierra eta Navafría portuak okupatzeko asmoz. Helburu horiek 1936ko uztailaren 25ean eta irailaren 17an lortu zituzten.

Kanpainaren aldi horretan, Sebastián Tabernak, Leicaren objektiboarekin, boluntarioen eguneroko bizitzako eszenak jaso zituen, baita bi mendi-posizioen konkistan izandako borroken eta haien ondorio lazgarrienak ere.

99

━━━━━ Línea del frente de Guadalajara en marzo de 1937.
Guadalajarako fronteko lerroa 1937ko martxoan.

•·•●•· Itinerario de la «Columna de Navarra» en julio de 1936.
«Nafarroako Zutabearen» ibilbidea 1936ko uztailean.

○ Localidades del frente de Guadalajara fotografiadas por Sebastián Taberna.
Guadalajarako fronteko herriak, Sebastián Tabernak fotografiatuak.

■ Principales poblaciones de la retaguardia fotografiadas por Sebastián Taberna.
Atzeagoardiako posizio nagusiak, Sebastián Tabernak fotografiatuak.

◉ Ciudades de referencia.
Erreferentziazko hiriak.

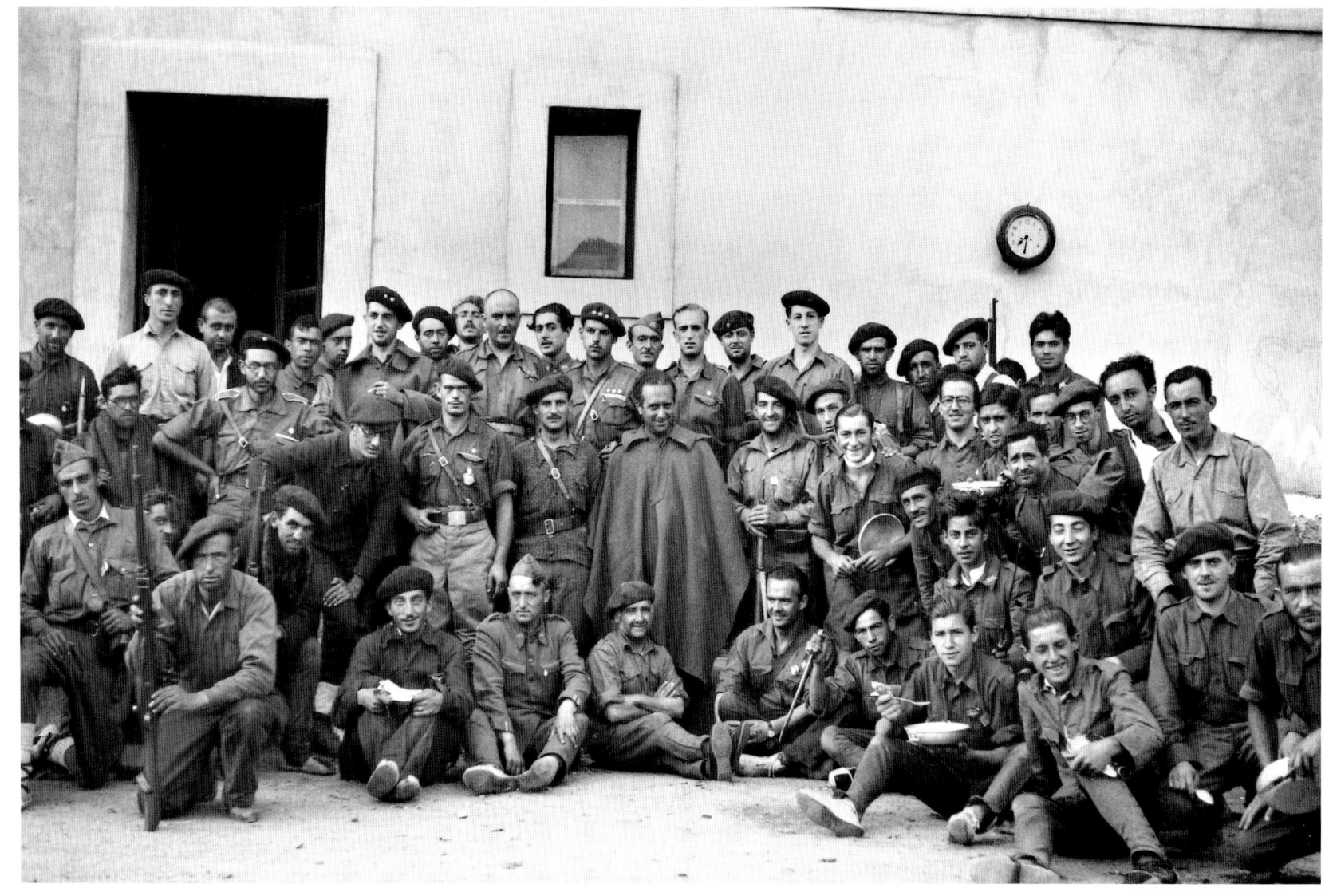

Grupo de voluntarios del Tercio del Rey
en la Estación de Villavieja de Lozoya
(Madrid)

15 de agosto de 1936

Erregearen Tertzioko boluntario-talde bat
Villavieja de Lozoyako geralekuan (Madril)

1936ko abuztuak 15

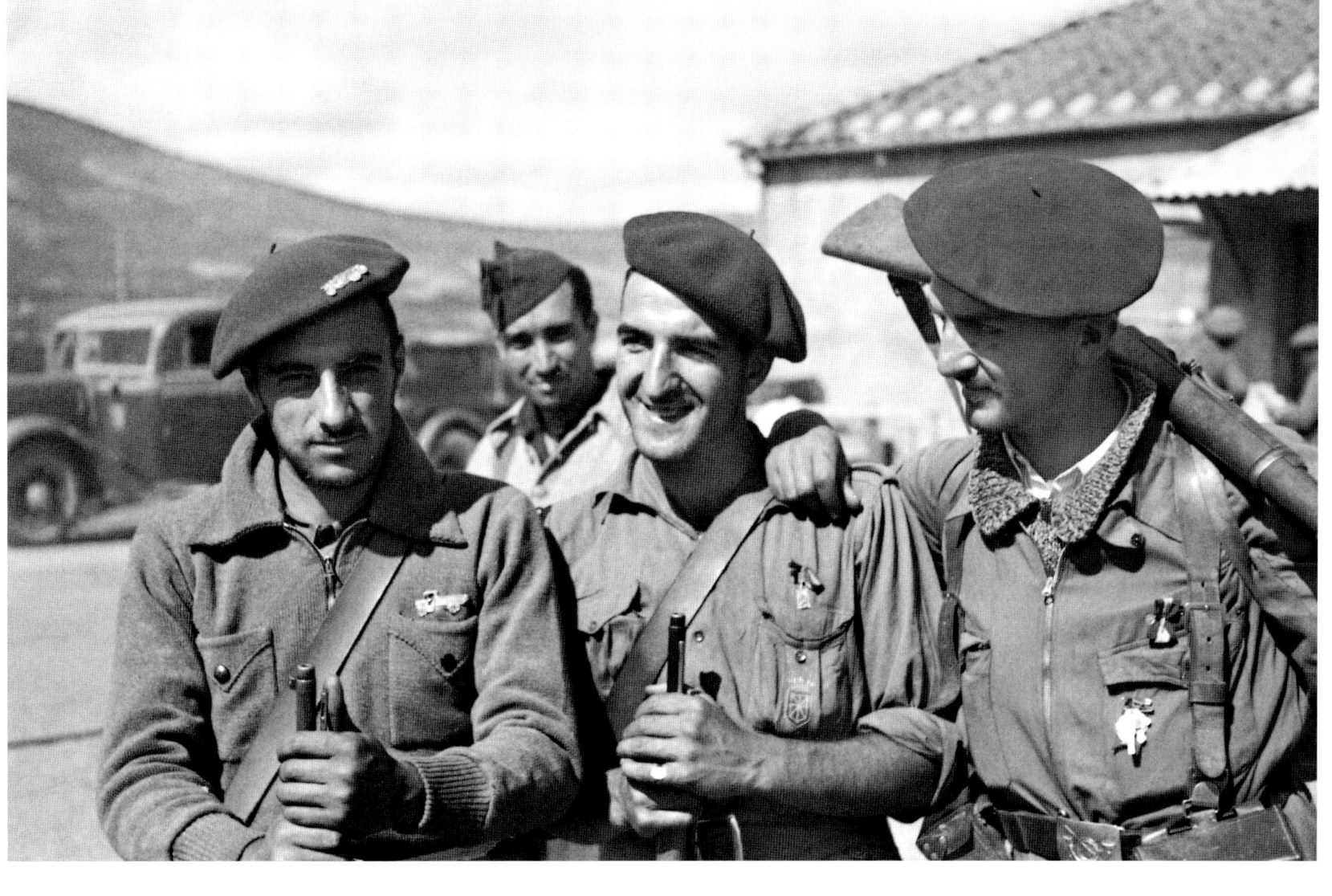

Voluntarios en el campamento de Navafría
(Segovia). A la derecha, Sebastián Taberna y a la
izquierda su hermano Chuma

Septiembre de 1936

Boluntarioak Navafríako (Segovia) kanpamentuan.
Eskuinean, Sebastián Taberna, eta ezkerrean, bere
anaia Chuma

1936ko iraila

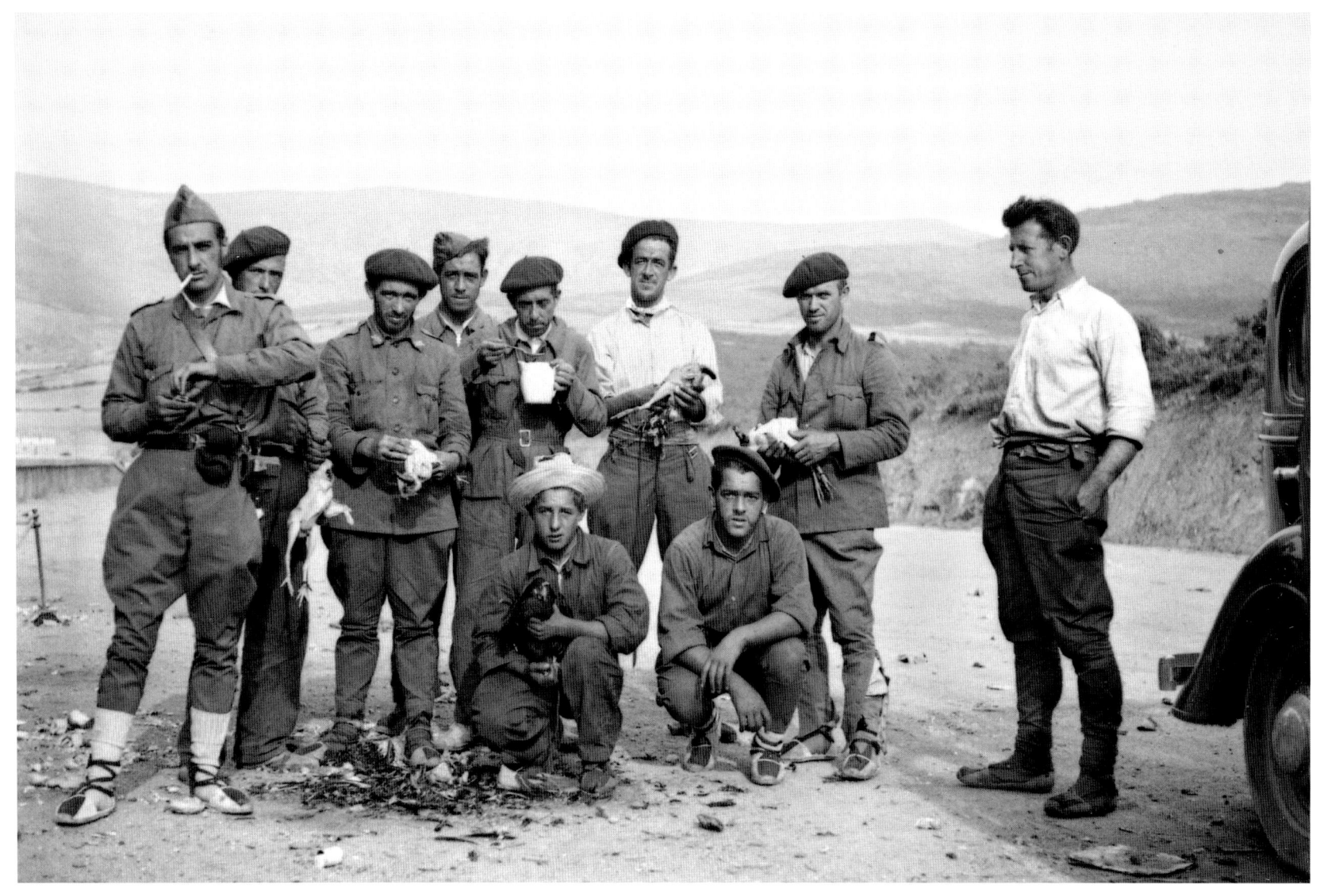

102

Desplumando gallinas para el rancho

Robregordo (Madrid),
agosto de 1936

Oiloak arrantxorako lumatzen

Robregordo (Madril),
1936ko abuztua

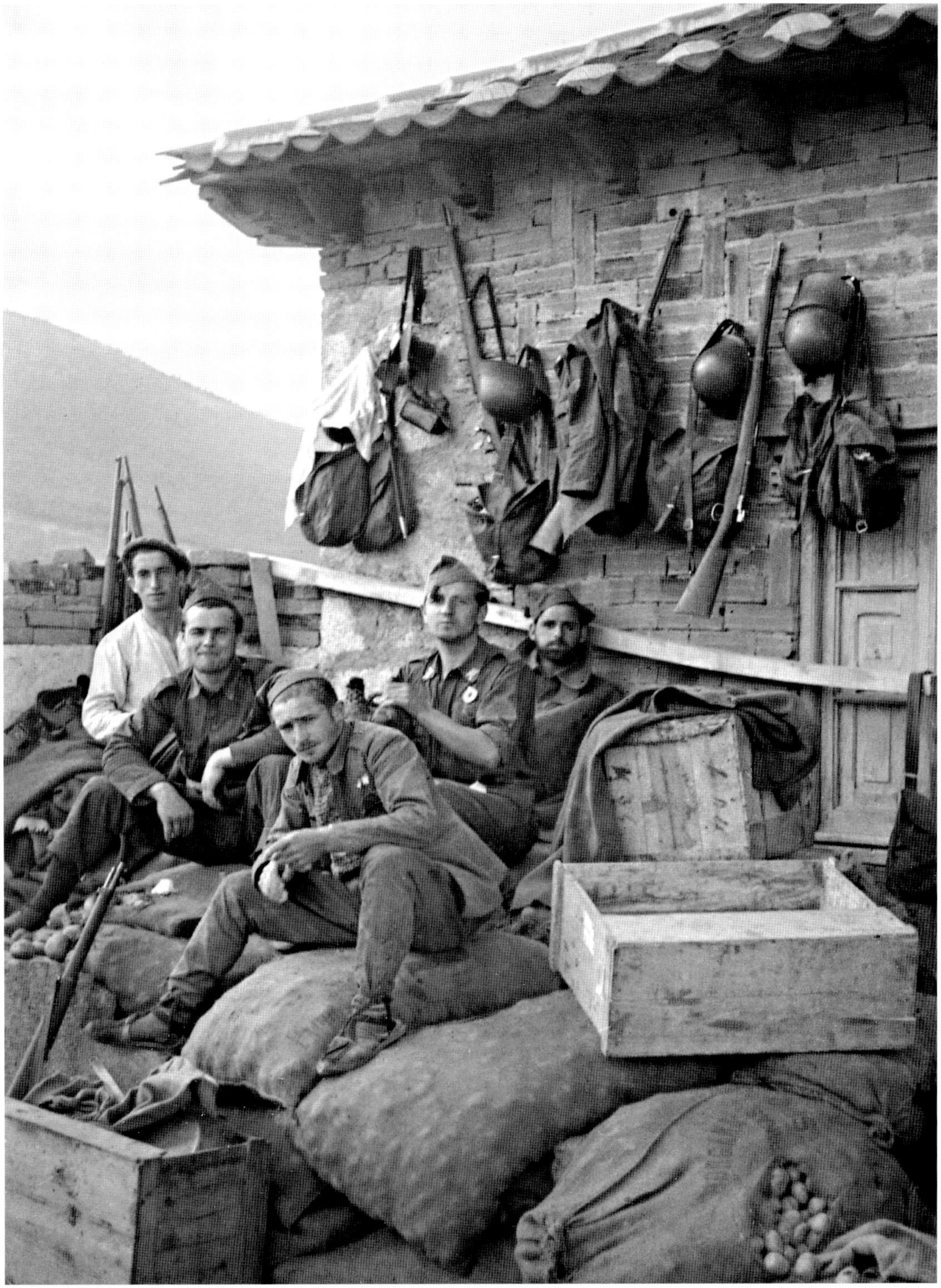

Campamento de la Columna de Navarra   103

Navafría (Segovia),
agosto de 1936

Nafarroako Zutabearen kanpamentua

Navafría (Segovia),
1936ko abuztua

Madrilera!

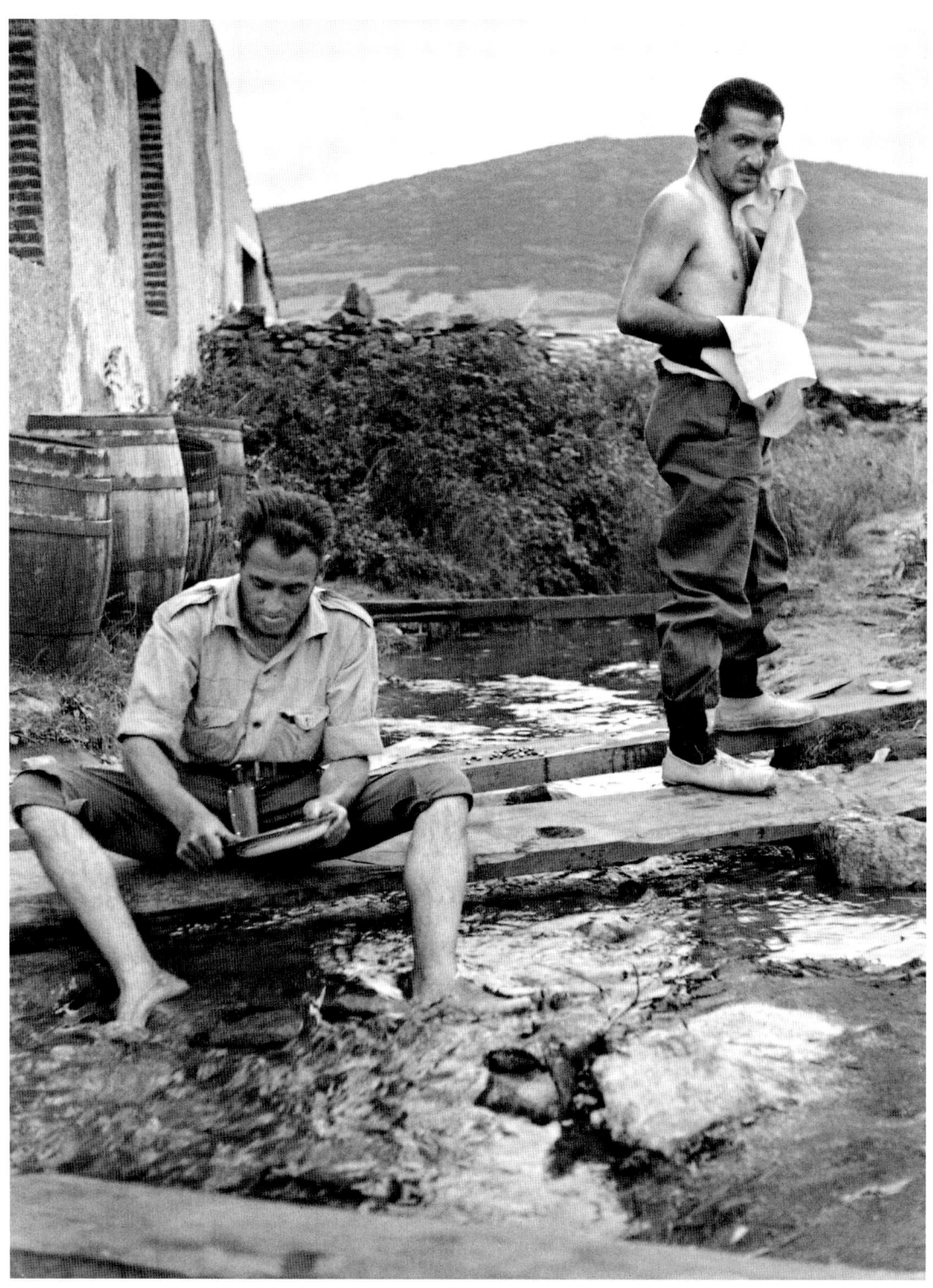

104 **Aseándose en un regacho**

Navafría (Segovia),
agosto de 1936

Erreka batean beren burua garbitzen

Navafría (Segovia),
1936ko abuztua

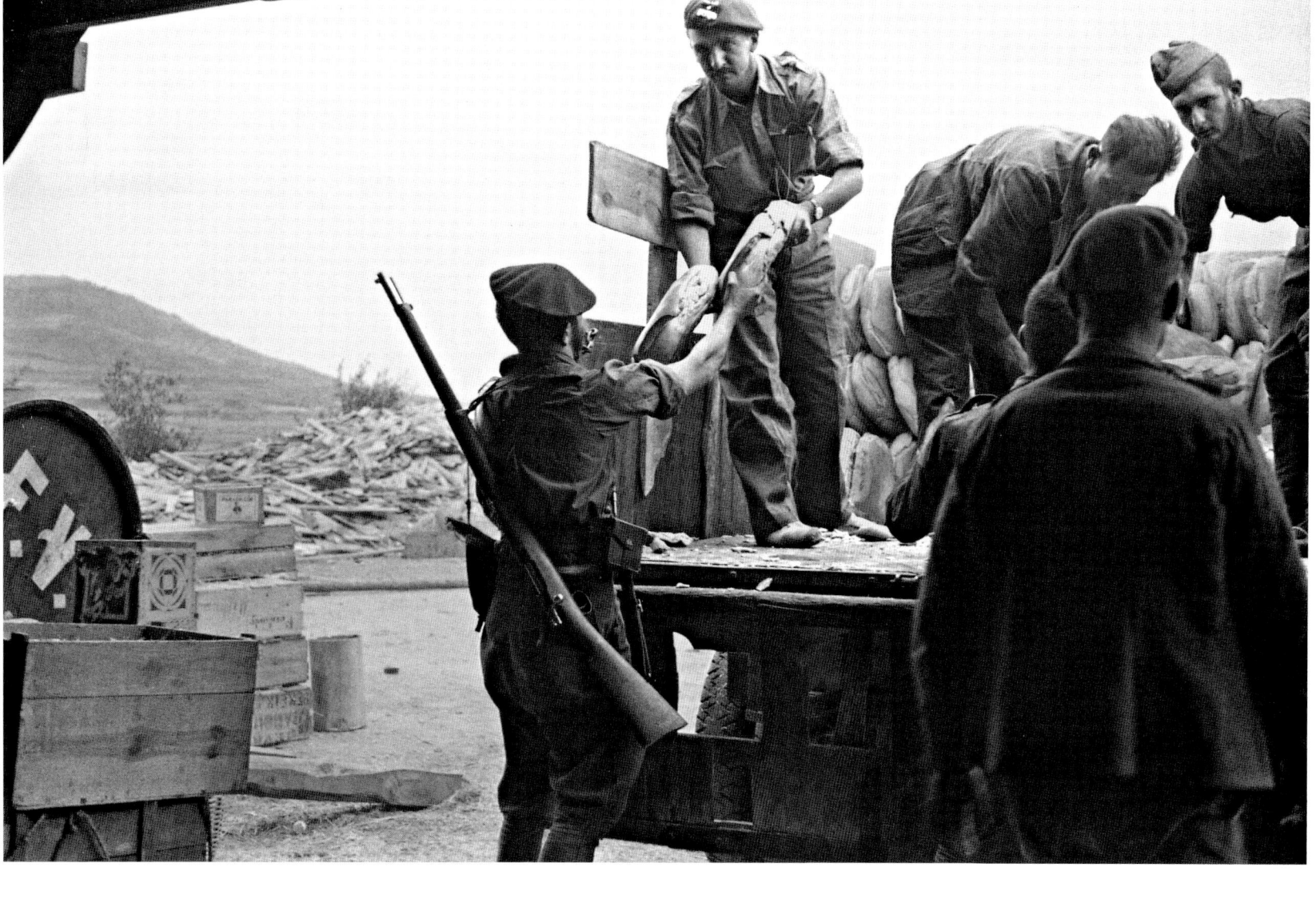

Llega el camión de Intendencia. Sebastián Taberna
entrega hogazas de pan a su amigo Nicolás Ardanaz,
también fotógrafo

Navafría (Segovia),
10 de agosto de 1936

Intendentziaren kamioia iritsi da. Sebastián Tabernak
ogi biribilak ematen ari dizkio bere lagun eta argazki-
lari Nicolás Ardanazi

Navafría (Segovia),
1936ko abuztuak 10

Madrilera!

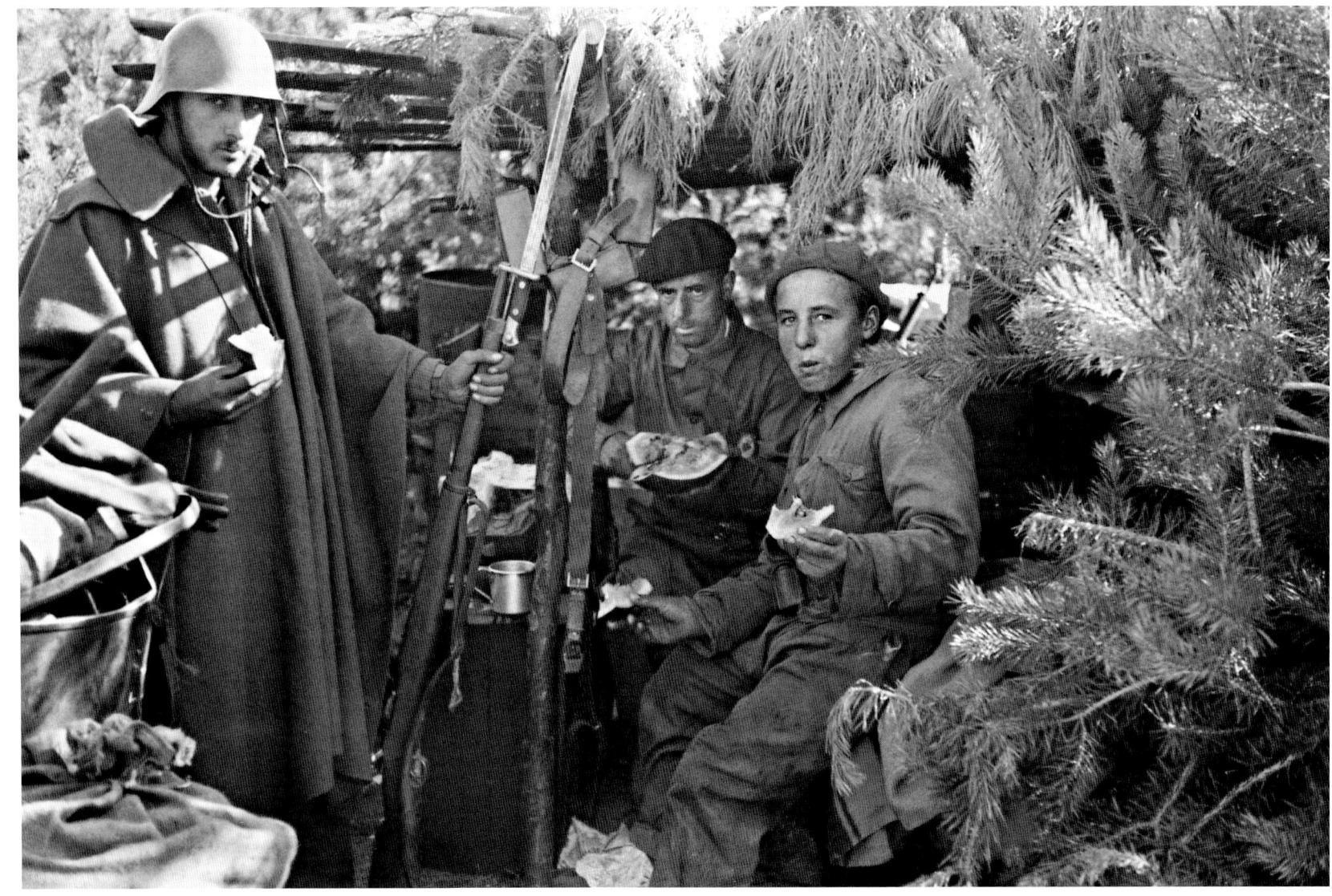

Comiendo sandía en el parapeto. Chuma (hermano de Sebastián), Erviti y Fulgencio Andía «Mosquito», el voluntario más joven de la columna

Navafría (Segovia),
agosto de 1936

Parapetoan sandia jaten. Chuma (Sebastiánen anaia), Erviti eta Fulgencio Andía «Eltxoa», zutabeko boluntariorik gazteena

Navafría (Segovia),
1936ko abuztua

¡A Madrid!

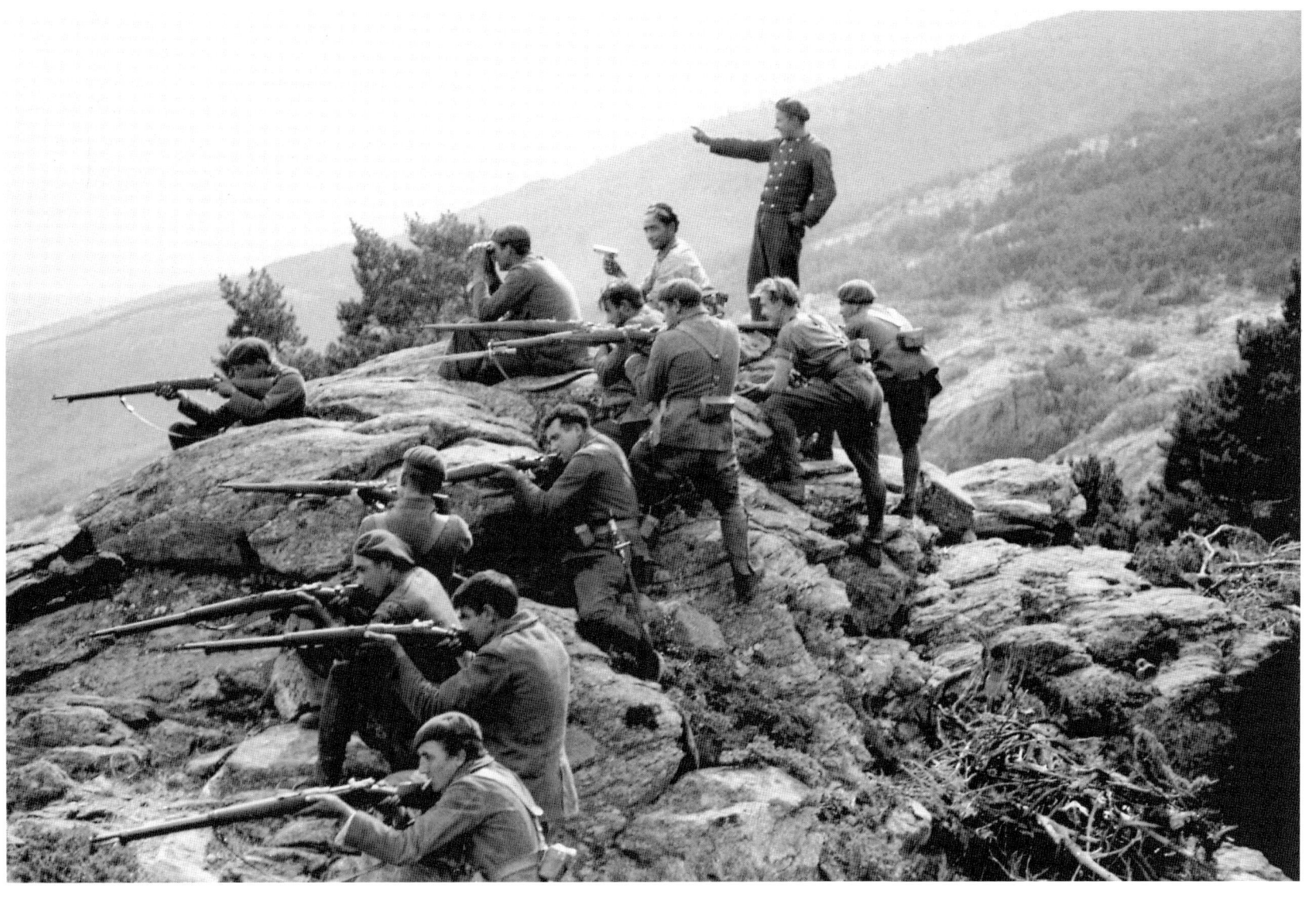

Simulando disparar desde los riscos

Navafría (Segovia),
agosto de 1936

Harkaitzetatik tiro egiten ari direlako itxurak egiten

Navafría (Segovia),
1936ko abuztua

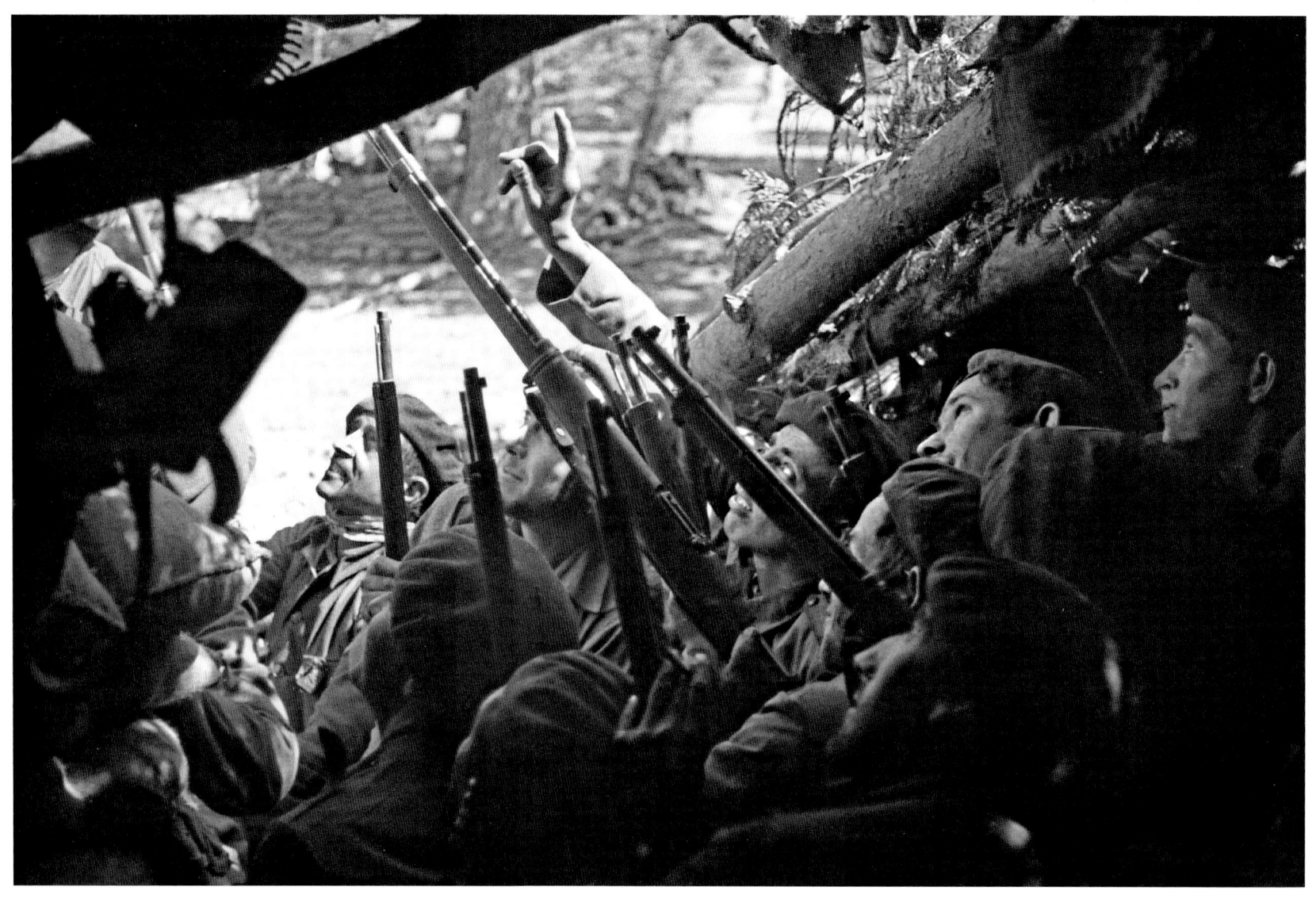

¡A cubierto! Pasa «el Negus», célebre avión republicano

Navafría (Segovia),
agosto de 1936

Babes hartzera! «Negus», hegazkin errepublikano ezaguna, igarotzen ari da

Navafría (Segovia),
1936ko abuztua

¡A Madrid!

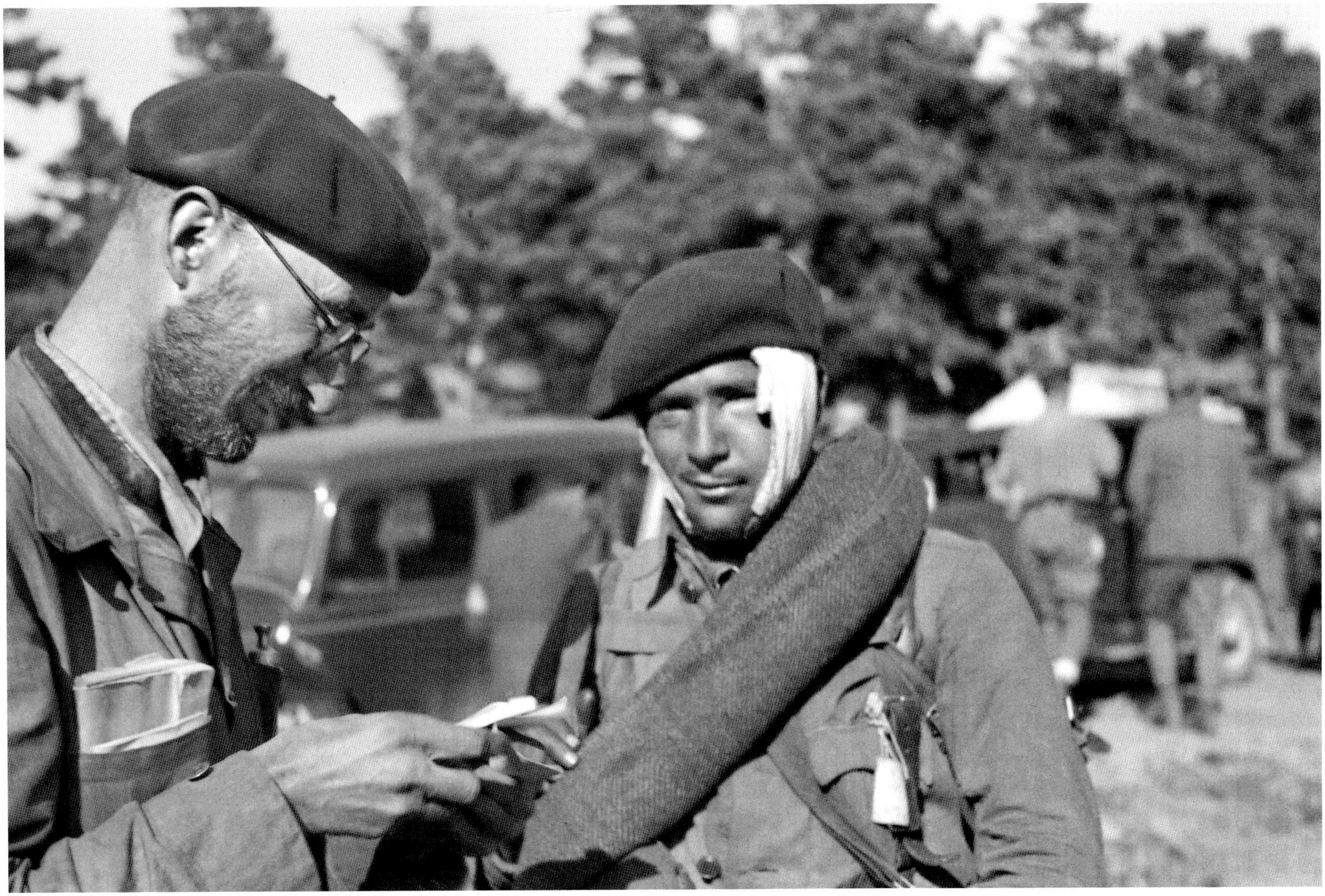

Enlace herido entregando un parte

Navafría (Segovia),
agosto de 1936

Zauritutako bitartekoa parte bat entregatzen

Navafría (Segovia),
1936ko abuztuak 19

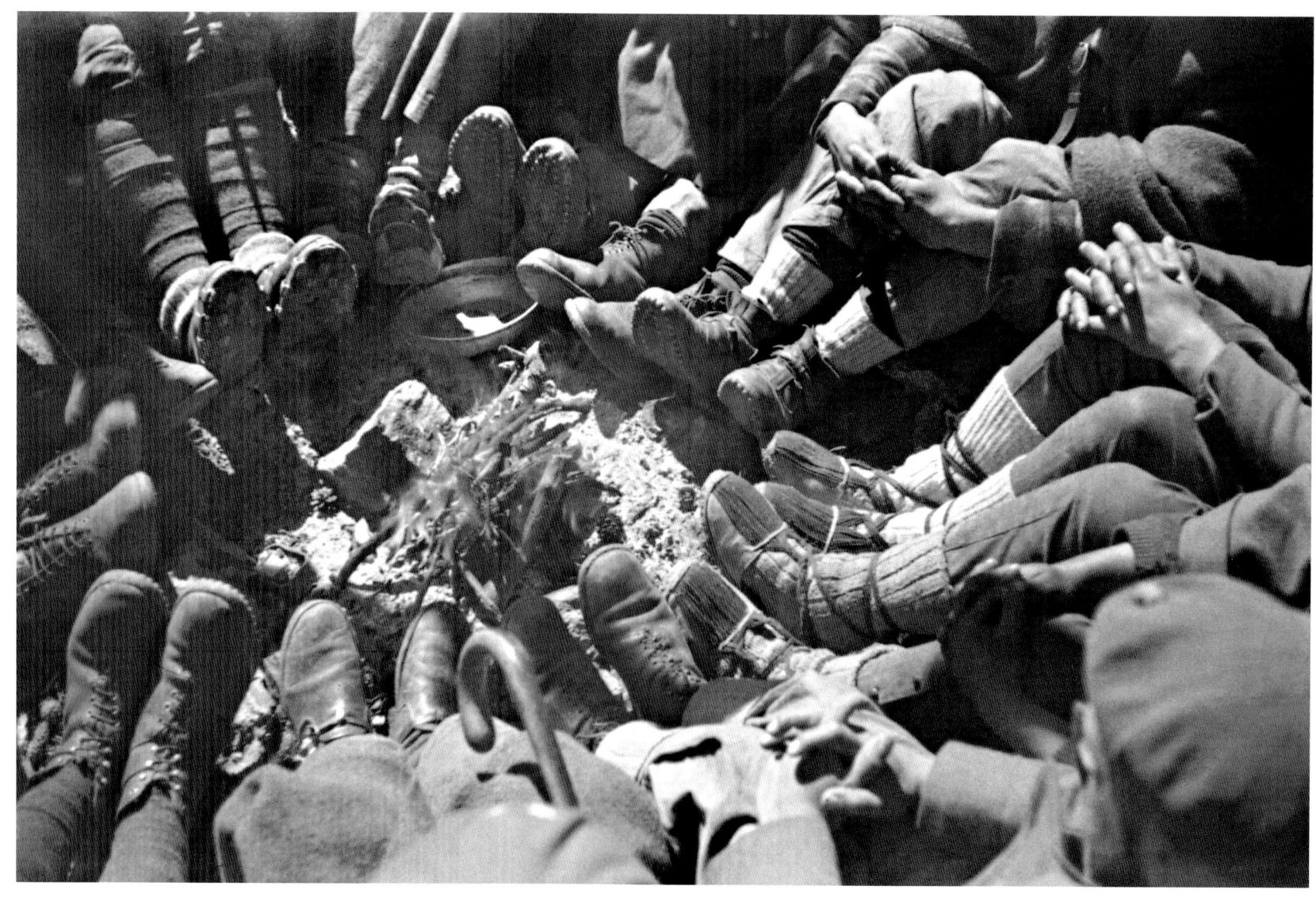

110

Al calor de la hoguera

Navafría (Segovia),
octubre de 1936

Suaren inguruan goxo-goxo

Navafría (Segovia),
1936ko urria

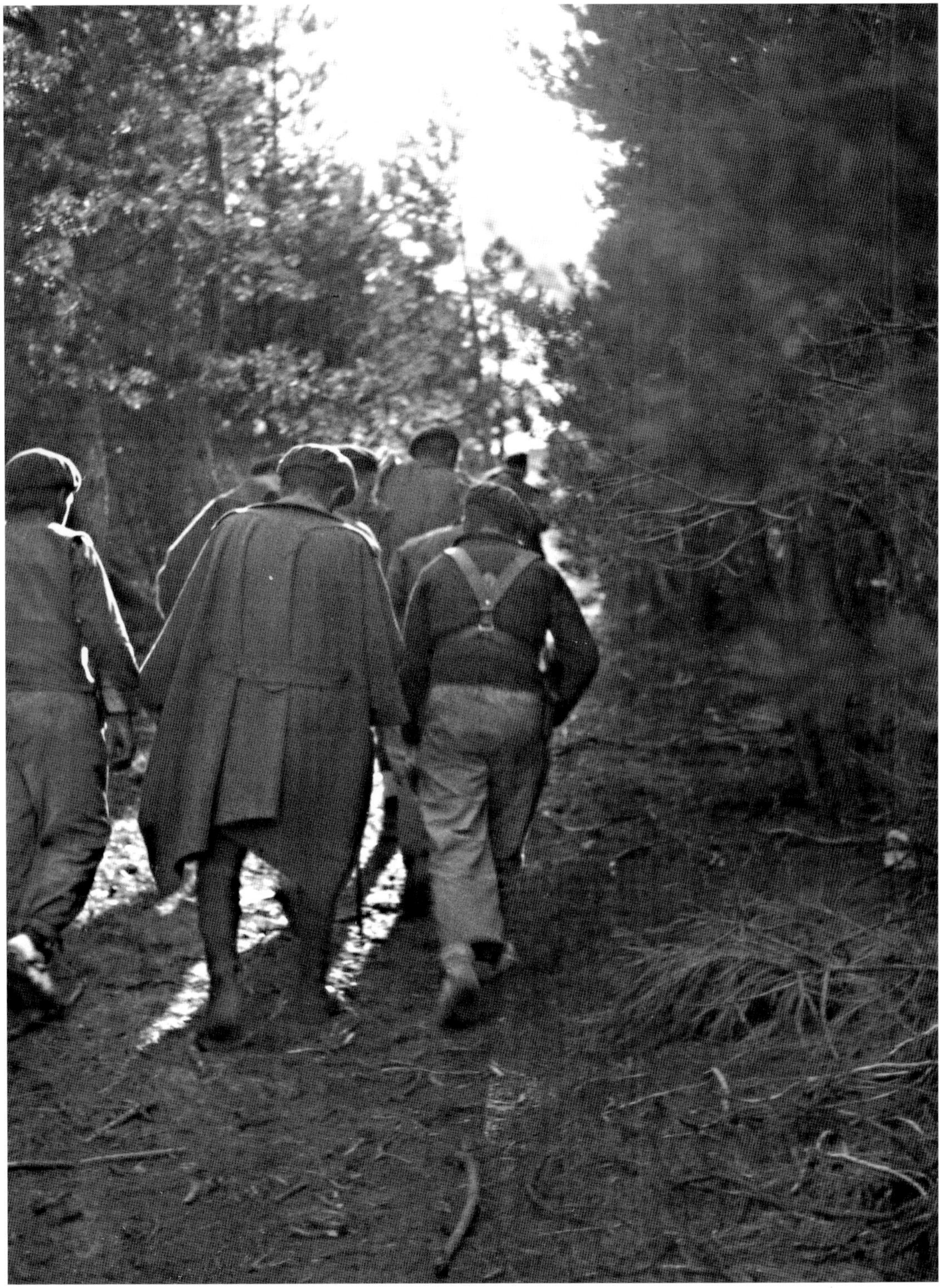

Marcha hacia la Casa forestal

Navafría (Segovia),
17 de septiembre de 1936

Basoko etxeranzko martxa

Navafría (Segovia),
1936ko irailak 17

111

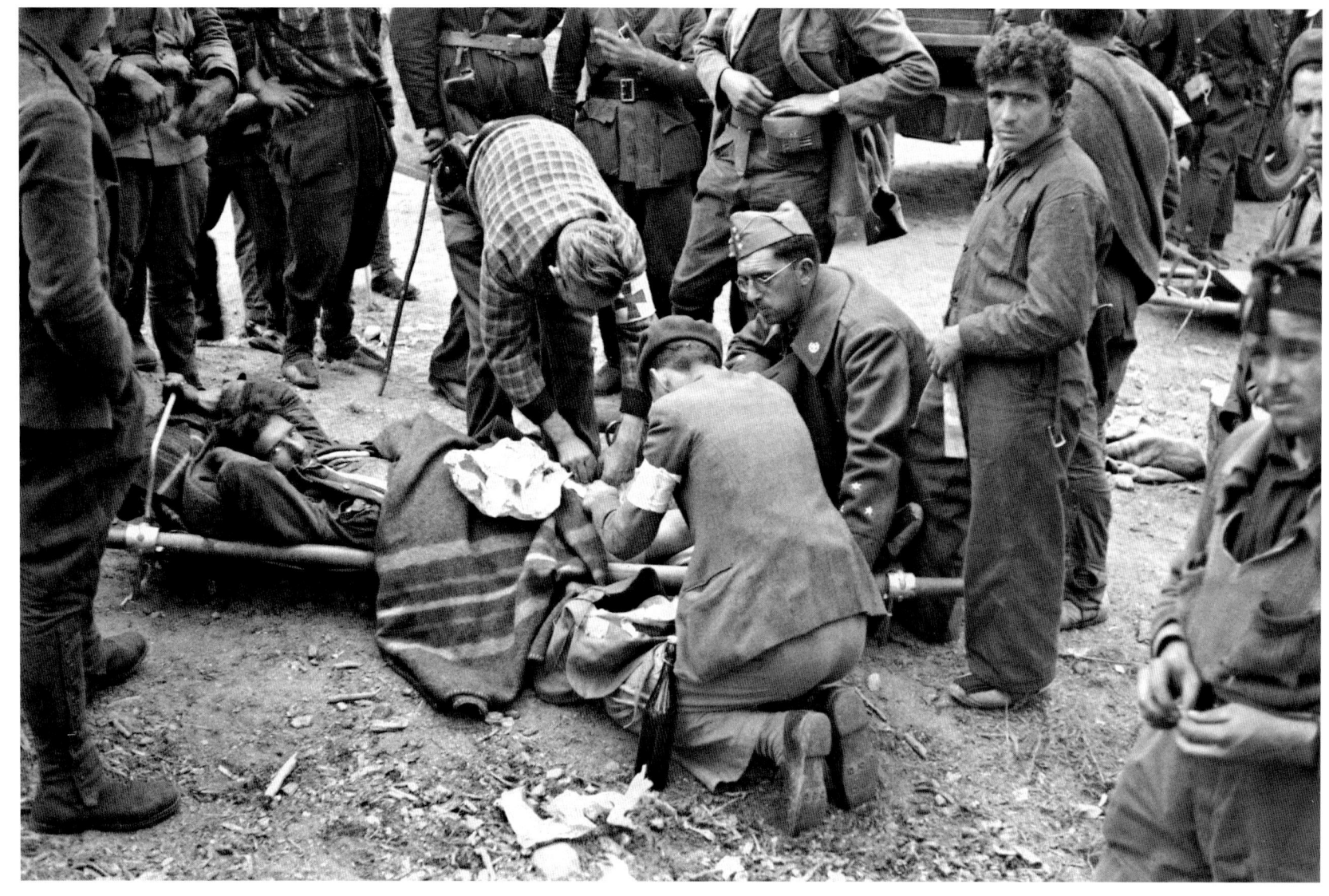

Primera cura de un herido durante la ocupación del puerto

Navafría (Segovia),
17 de septiembre de 1936

Zauritu baten lehen sendaketa, portuaren lehen okupazioan

Navafría (Segovia),
1936ko irailak 17

¡A Madrid!

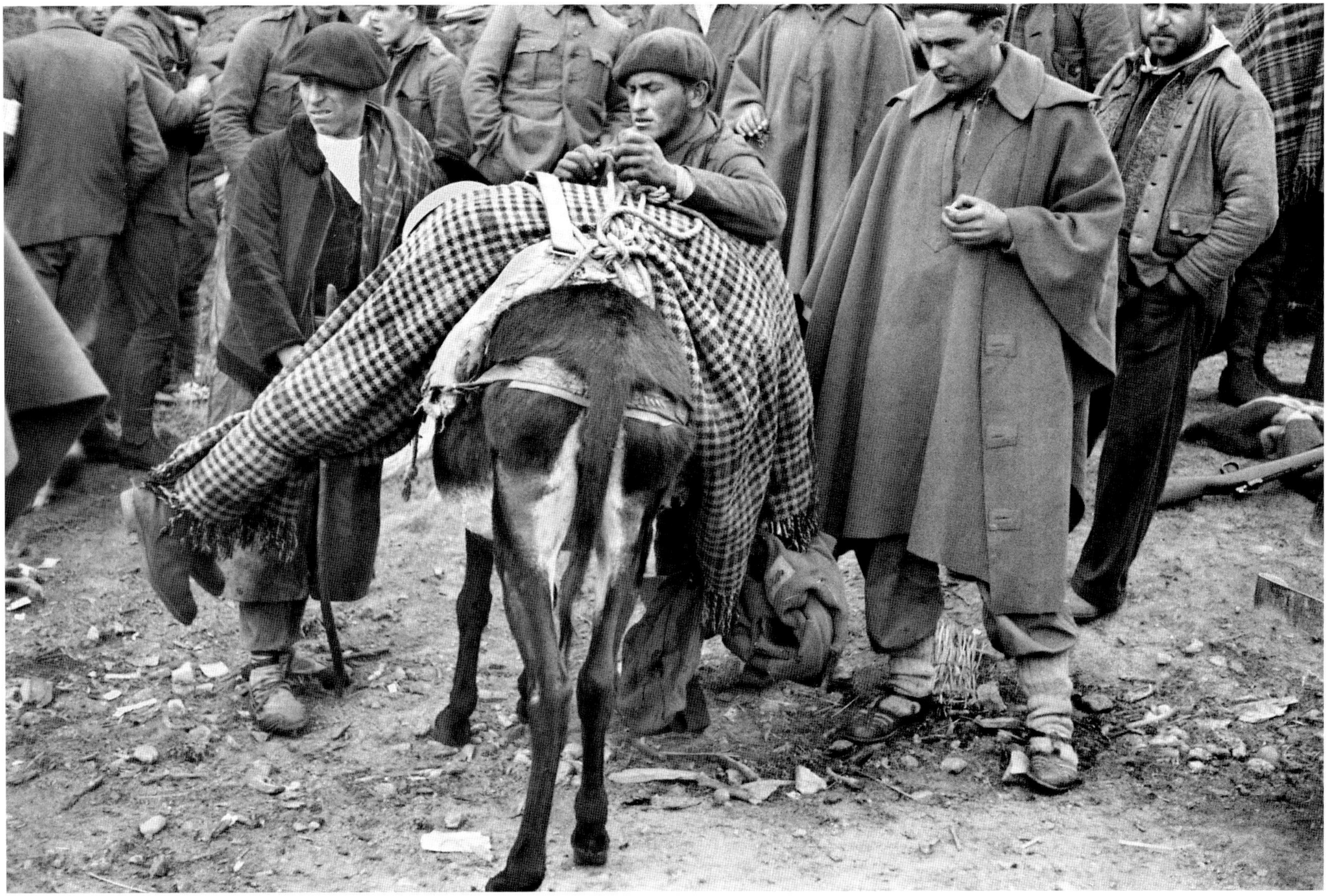

Evacuación de un cadáver a lomos de un burro

Navafría (Segovia),
17 de septiembre de 1936

Gorpu bat asto baten gainean ebakuatzea

Navafría (Segovia),
1936ko irailak 17

Madrilera!

LA BATALLA POR SIGÜENZA

3.1

SIGÜENZA EŚKURATZEKO GUDUA

La ciudad de Sigüenza y su estación ferroviaria suponían un enclave estratégico para el control del frente al norte de Madrid. El día 8 de octubre de 1936, las fuerzas sublevadas iniciaron el asalto a la población desde varias posiciones dominantes, ocupándola al día siguiente tras intensos combates urbanos.

Sin embargo, varios centenares de milicianos republicanos se refugiaron tras los robustos muros de su catedral-fortaleza, haciéndose fuertes en su interior y estableciendo desde sus alturas una tenaz resistencia, en espera de la llegada de refuerzos desde Guadalajara. En los días siguientes, se sucedieron los enfrentamientos con varios intentos de asalto por parte de los sublevados y, más tarde, haciendo fuego directo sobre el templo con piezas de artillería de gran calibre. Finalmente, tras siete días de combate y numerosas bajas en ambos bandos, los últimos defensores de la catedral aceptaban la rendición la tarde del día 15 de octubre.

Sebastián Taberna fue protagonista en primera línea y testigo de excepción de la batalla por Sigüenza, que recogió en un completo e impresionante reportaje secuencial desde la aproximación y ocupación de la ciudad, hasta los asaltos a la catedral y su bombardeo. También constató el estado de destrucción y los graves daños estructurales que sufrió el templo, que suponen un documento gráfico único.

Sigüenza hiria eta haren tren-geltokia Madrilgo iparraldeko frontea kontrolatzeko gune estrategikoak ziren. 1936ko urriaren 8an, matxinatutako indarrek herritarrei eraso egin zieten hainbat posizio nagusitatik, eta biharamunean okupatu zuten, hiri-borroka bizien ondoren.

Hala eta guztiz ere, ehunka miliziano errepublikanok katedral-gotorlekuaren horma sendoen atzean babes hartu zuten, barruan indartuz eta goitik erresistentzia gogorra ezarriz, Guadalajaratik errefortzuak noiz iritsiko zain. Hurrengo egunetan, matxinatuek hainbat eraso-saiakera egin zituzten, eta, geroago, su zuzena bideratu zuten tenplura kalibre handiko artilleria-piezekin. Azkenik, zazpi egunez borrokatu eta bi bandoetan baja ugari jasan ondoren, katedralaren azken defendatzaileek urriaren 15eko arratsaldean amore ematea onartu zuten.

Sebastián Taberna lehen lerroko protagonista eta Sigüenza eskuratzeko guduaren ezohiko lekuko izan zen. Erreportaje sekuentzial konpleto eta ikusgarri batean jaso zuen gudua, hurbilketa eta hiriaren okupaziotik hasi eta katedralari egindako eraso eta bonbardaketaraino. Halaber, tenpluaren suntsipen-egoera eta egiturak jasandako kalte larriak ere jaso zituen, dokumentu grafiko paregabe batean.

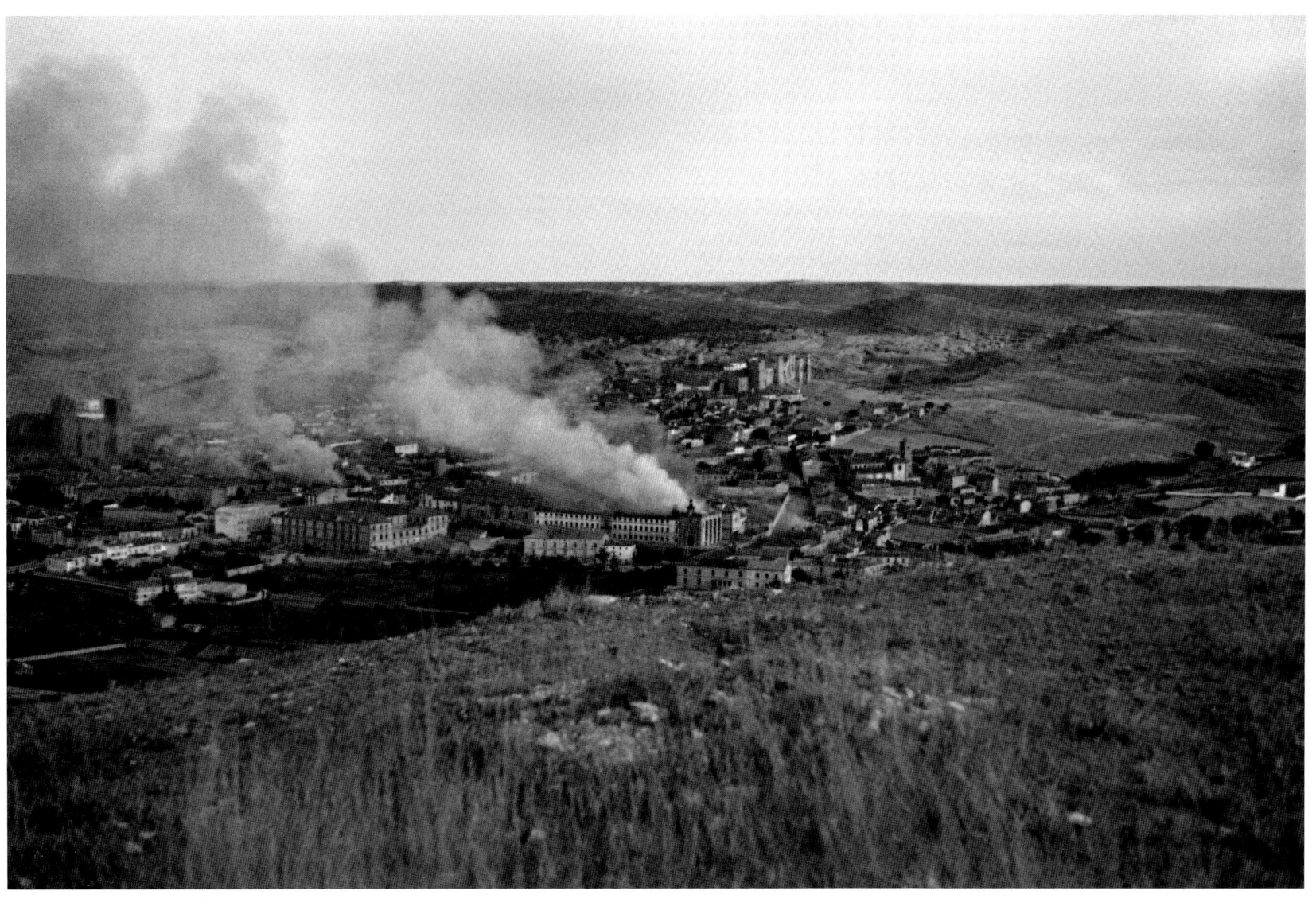

La ciudad en llamas vista desde la loma del Mirón

Sigüenza (Guadalajara),
8 de octubre de 1936

Hiria sutan, El Mirón menditik ikusita

Sigüenza (Guadalajara),
1936ko urriak 8

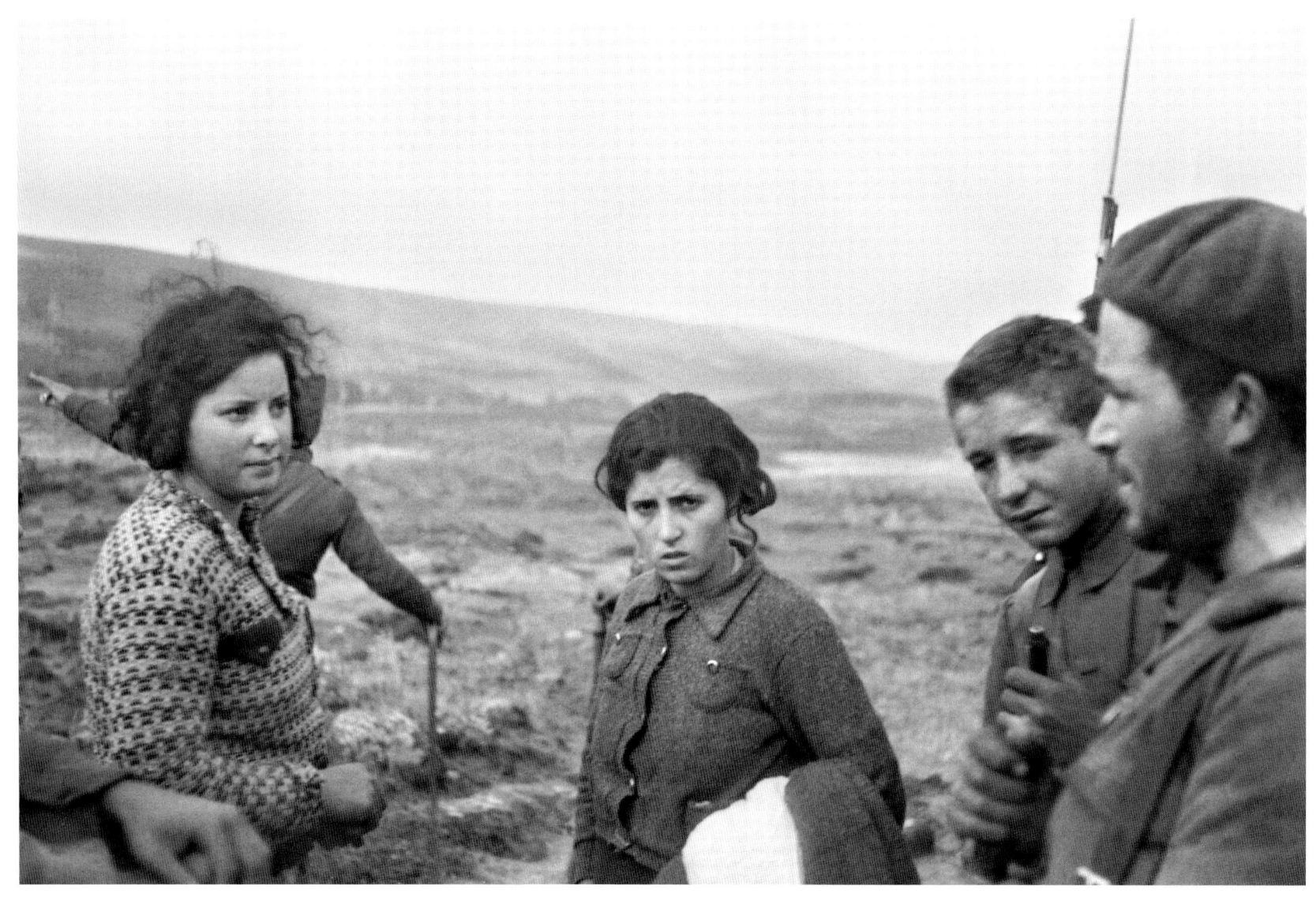

Mujeres huyendo de los combates

Sigüenza (Guadalajara),
8 de octubre de 1936

Emakumeak borrokaldietatik ihesi

Sigüenza (Guadalajara),
1936ko urriak 8

La batalla por Sigüenza

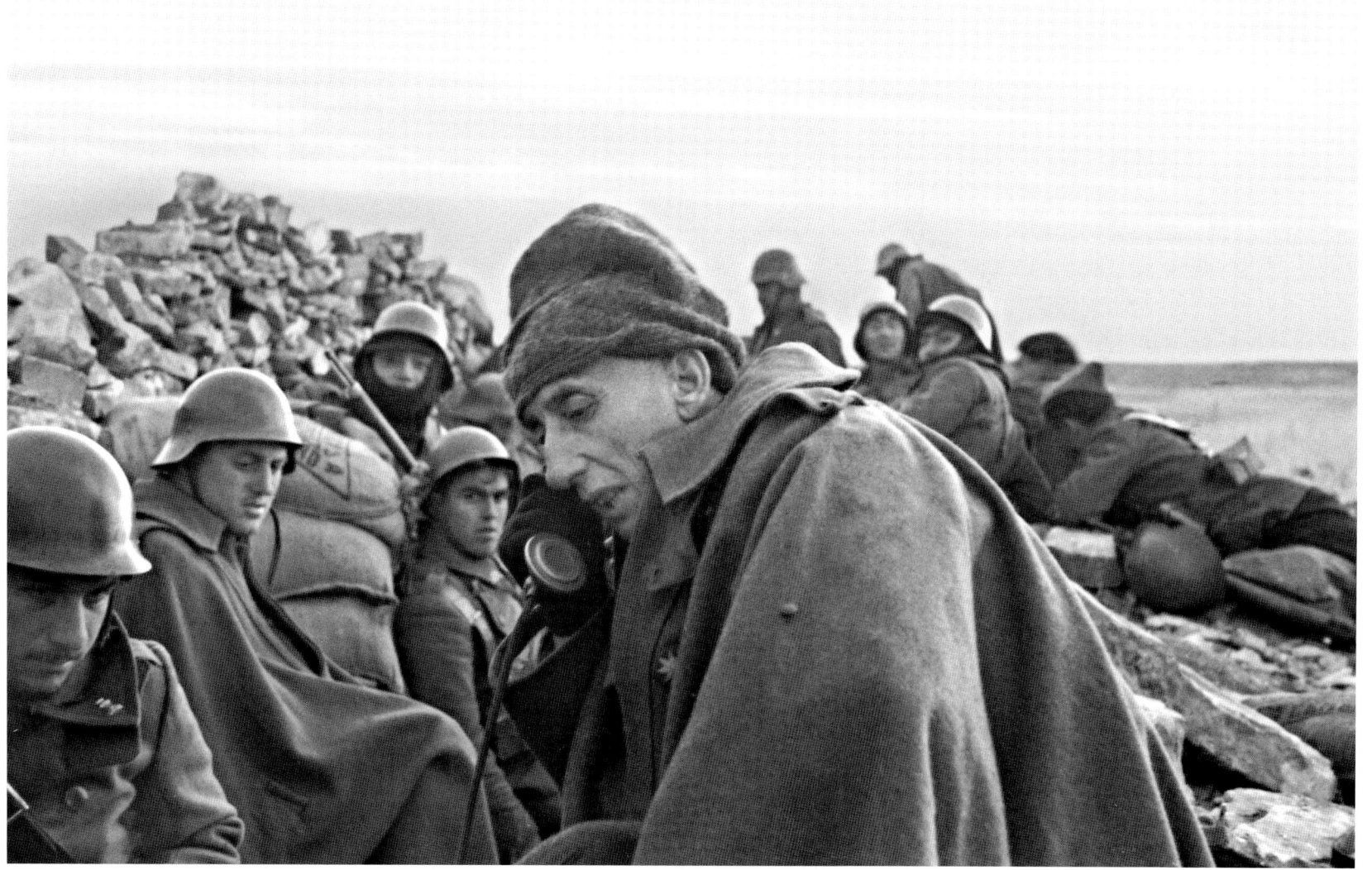

Momento en el que el coronel Marzo comunica desde la loma del Mirón la toma de la ciudad al general Franco

Sigüenza (Guadalajara), 9 de octubre de 1936

Marzo koronelak Franco jeneralari hiria hartu dutela El Mirón menditik jakinarazten dion unea

Sigüenza (Guadalajara), 1936ko urriak 9

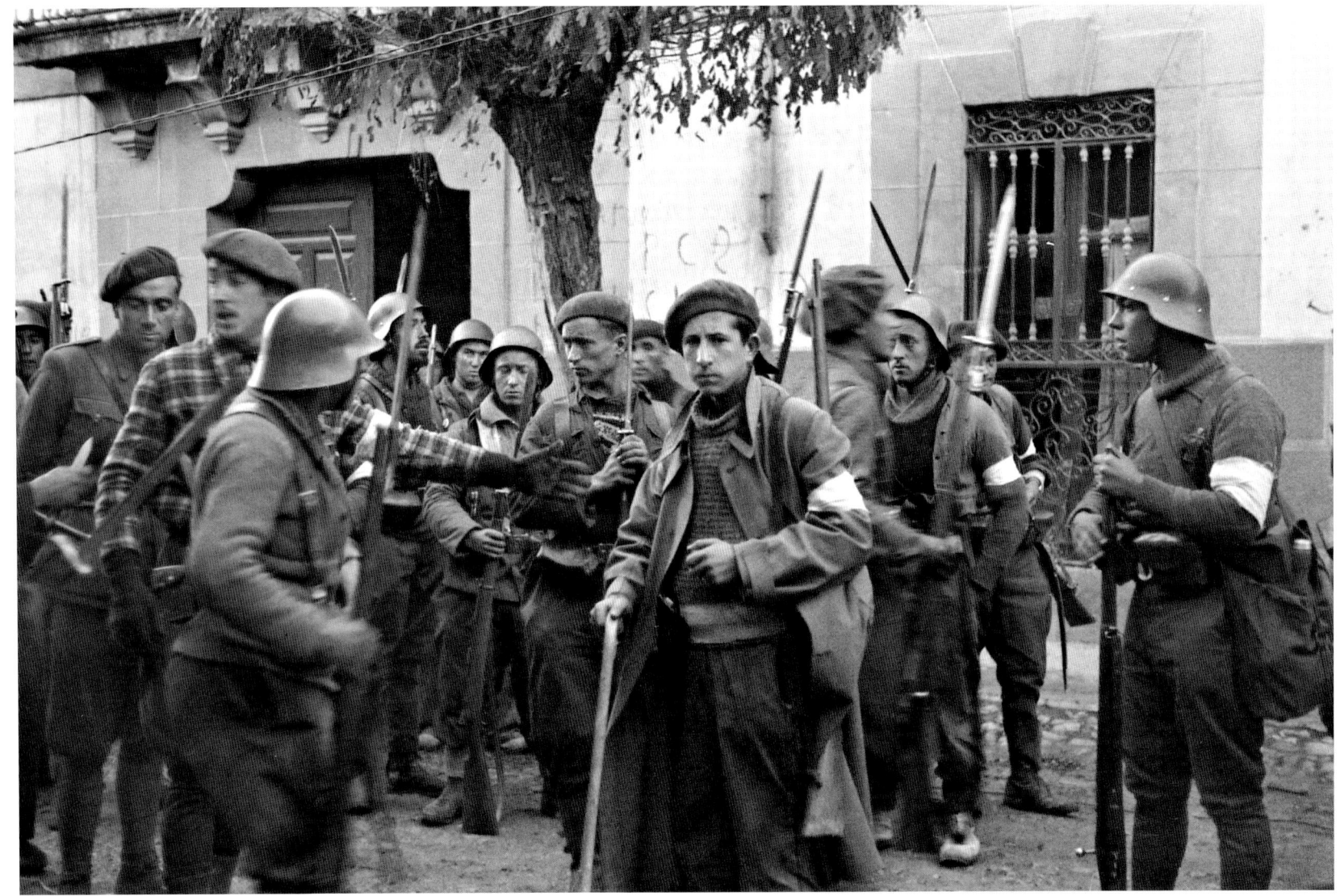

118

**Requetés del Tercio del Rey se disponen
para el asalto a la catedral**

Calle San Roque, Sigüenza (Guadalajara),
15 de octubre de 1936

**Erregearen Tertzioko erreketeak katedralari
eraso egiteko prestatzen**

San Roque kalea, Sigüenza (Guadalajara),
1936ko urriak 15

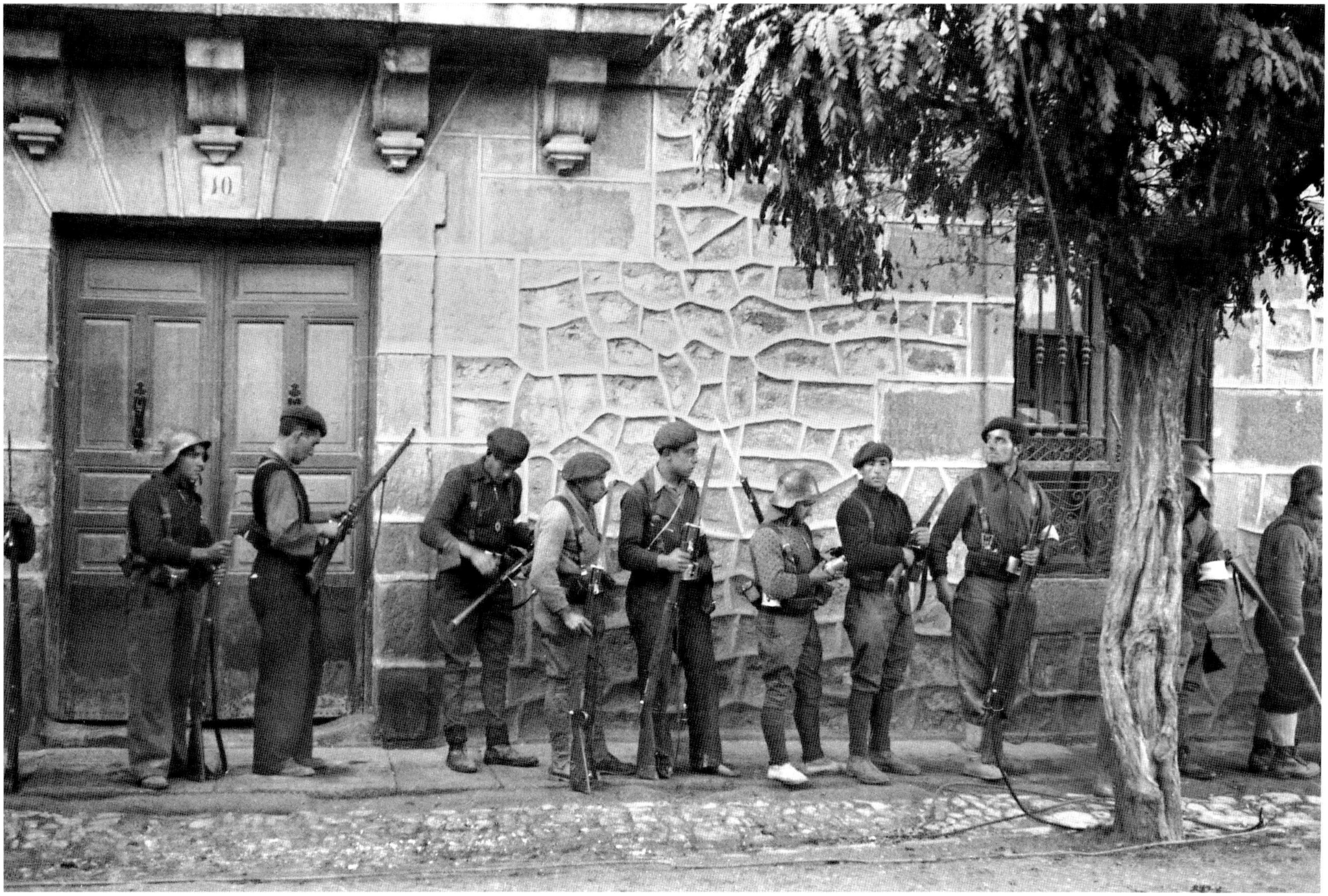

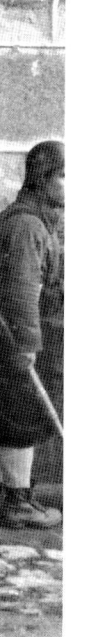

Calando bayonetas, preparando las armas y las bombas de mano

Calle San Roque, Sigüenza (Guadalajara),
15 de octubre de 1936

Baionetak jartzen, armak eta eskuzko bonbak prestatzen

San Roque kalea, Sigüenza (Guadalajara),
1936ko urriak 15

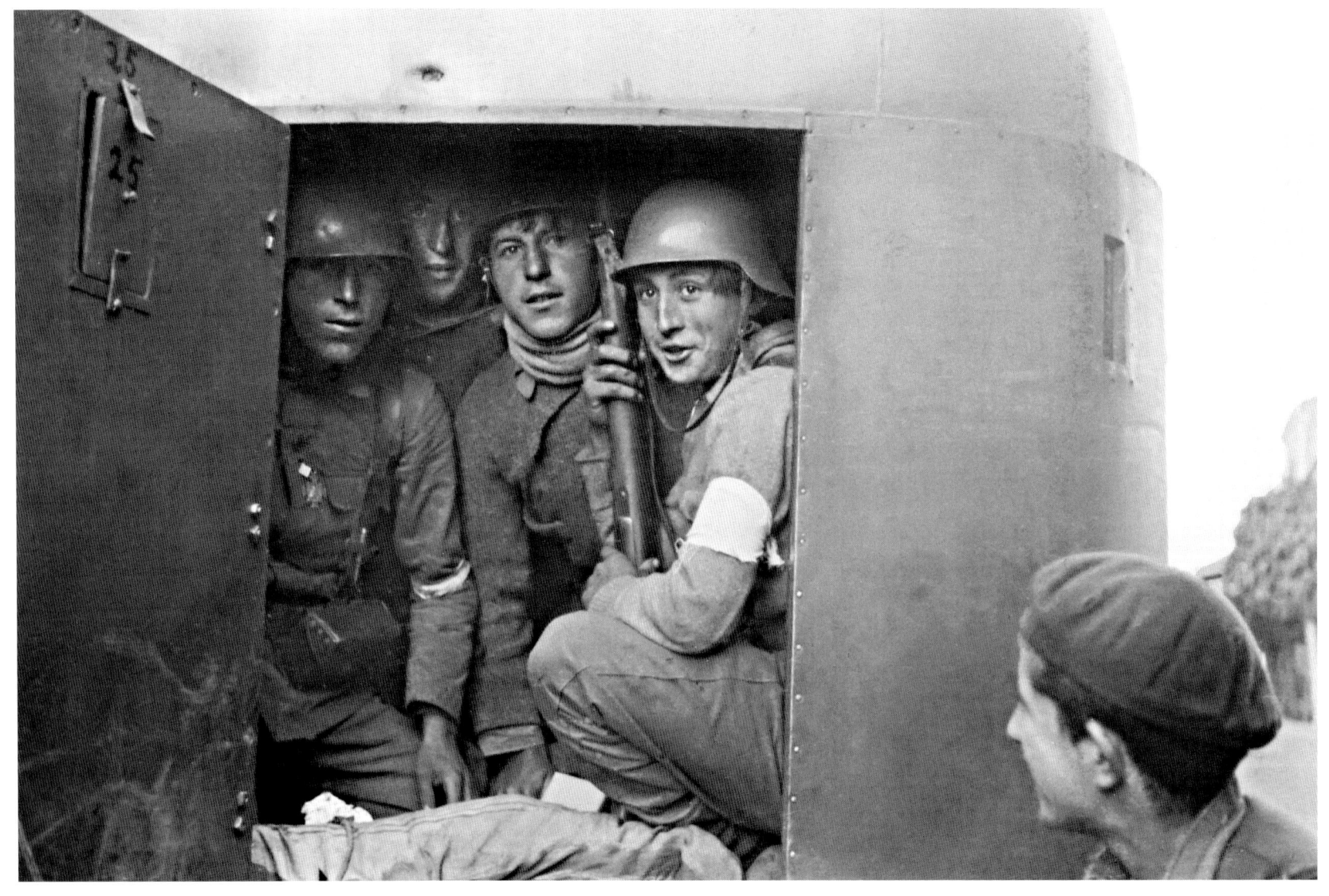

120

Voluntarios en el interior de un camión blindado capturado listos para el asalto a la catedral

Calle Medina, Sigüenza (Guadalajara),
15 de octubre de 1936

Boluntarioak harrapatutako kamioi blindatu baten barruan, katedralari eraso egiteko prest

Medina kalea, Sigüenza (Guadalajara),
1936ko urriak 15

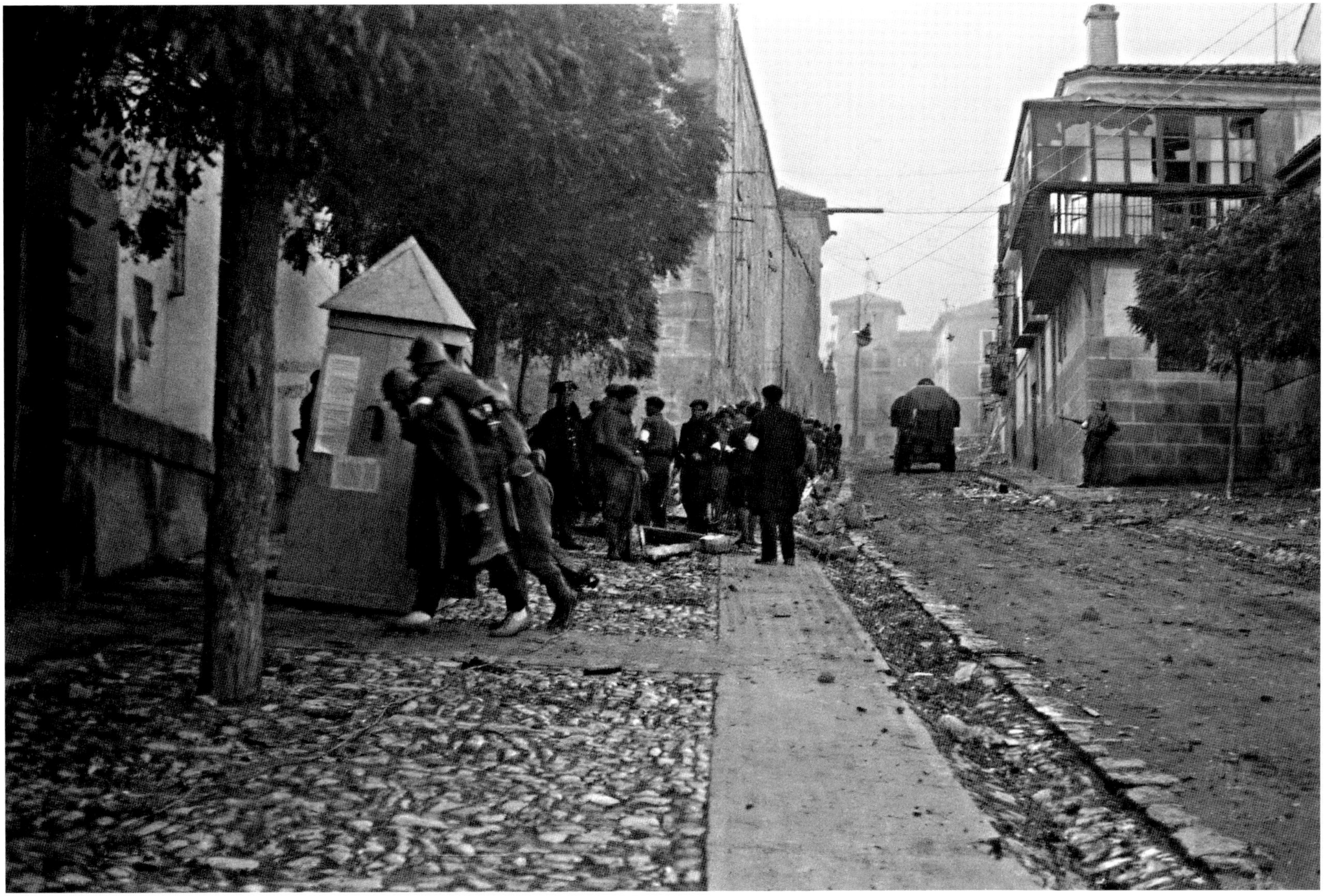

Asalto a la catedral encabezado por el blindado, mientras un herido es retirado a hombros

Calle Medina, Sigüenza (Guadalajara),
15 de octubre de 1936

Blindatu bat buru dela katedralari egindako erasoa, zauritu bat bizkar gainean erretiratzen duten bitartean

Medina kalea, Sigüenza (Guadalajara),
1936ko urriak 15

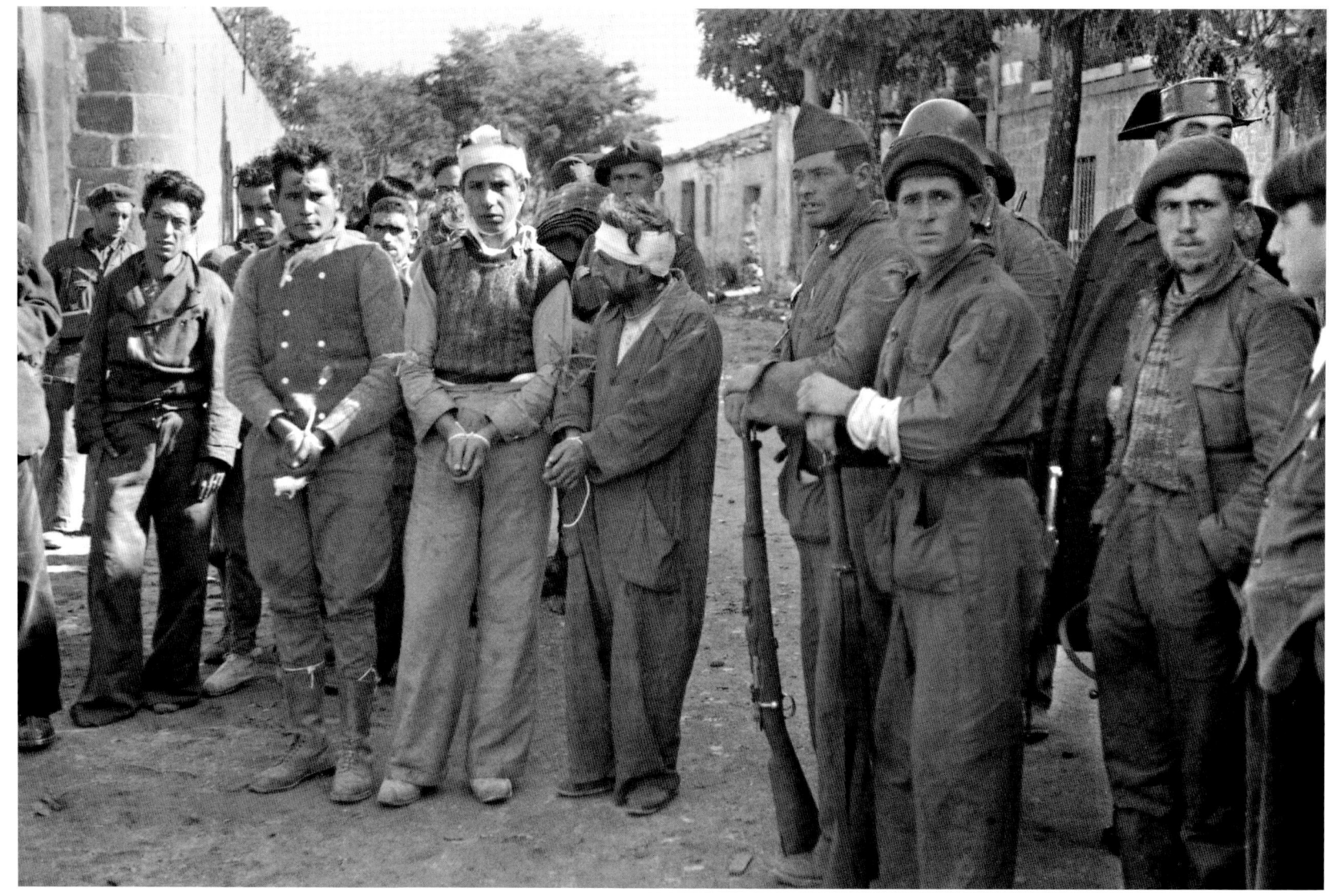

Milicianos republicanos prisioneros, algunos heridos, atados por manos y codos tras rendir su resistencia en la catedral

Esquina calle San Roque con Paseo de la Alameda, Sigüenza (Guadalajara), 15 de octubre de 1936

Preso hartutako miliziano errepublikanoak, batzuk zaurituta, eskuak eta ukondoak lotuta, katedralean errenditu eta gero

San Roque kaleak eta Alameda pasealekuak bat egiten duten izkina, Sigüenza (Guadalajara), 1936ko urriak 15

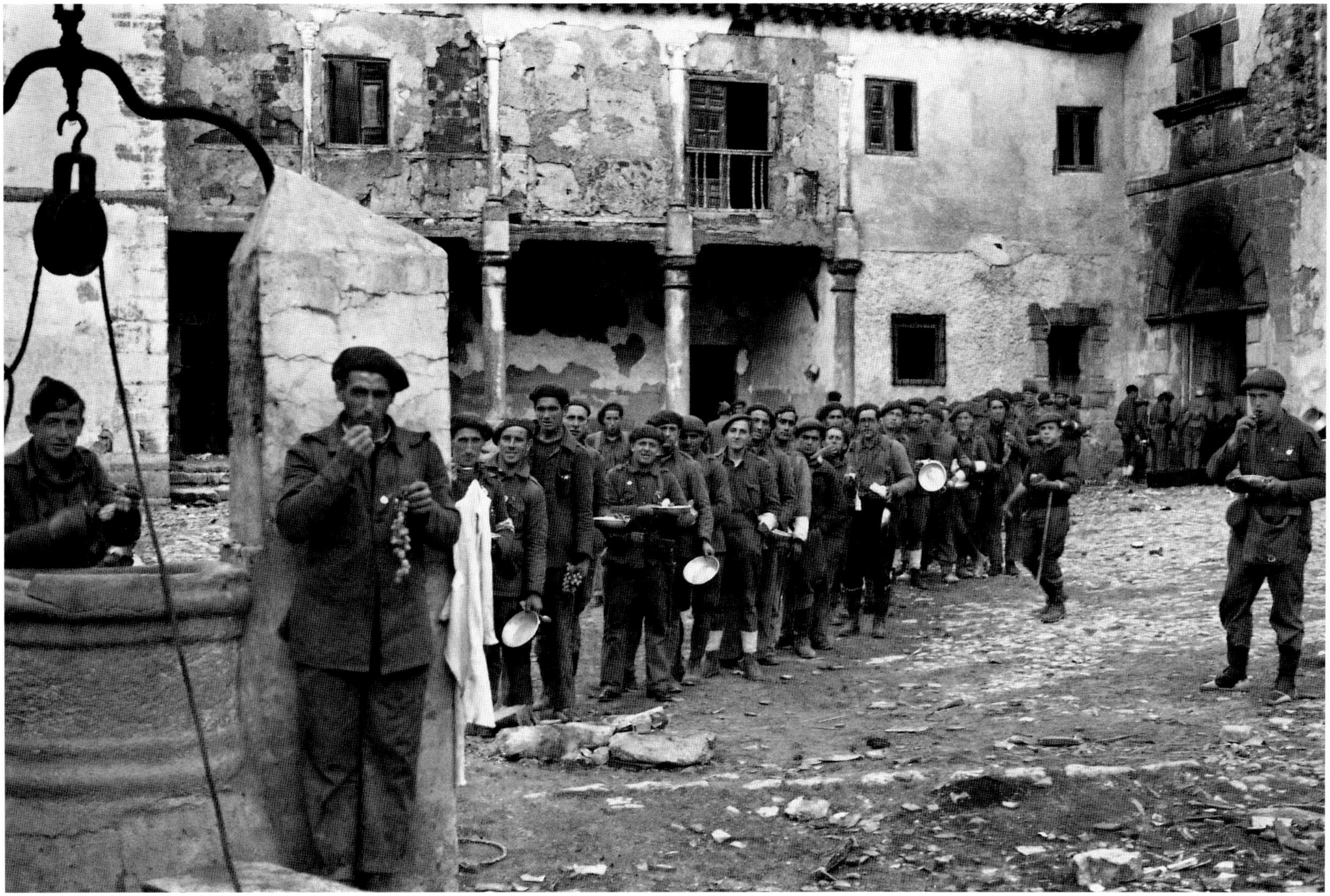

**Requetés del Tercio del Rey
a la espera del rancho**

Patio del castillo de Sigüenza (Guadalajara),
16 de octubre de 1936

**Erregearen Tertzioko erreketeak
arrantxoaren zain**

Sigüenzako (Guadalajara) gazteluko patioa,
1936ko urriak 16

123

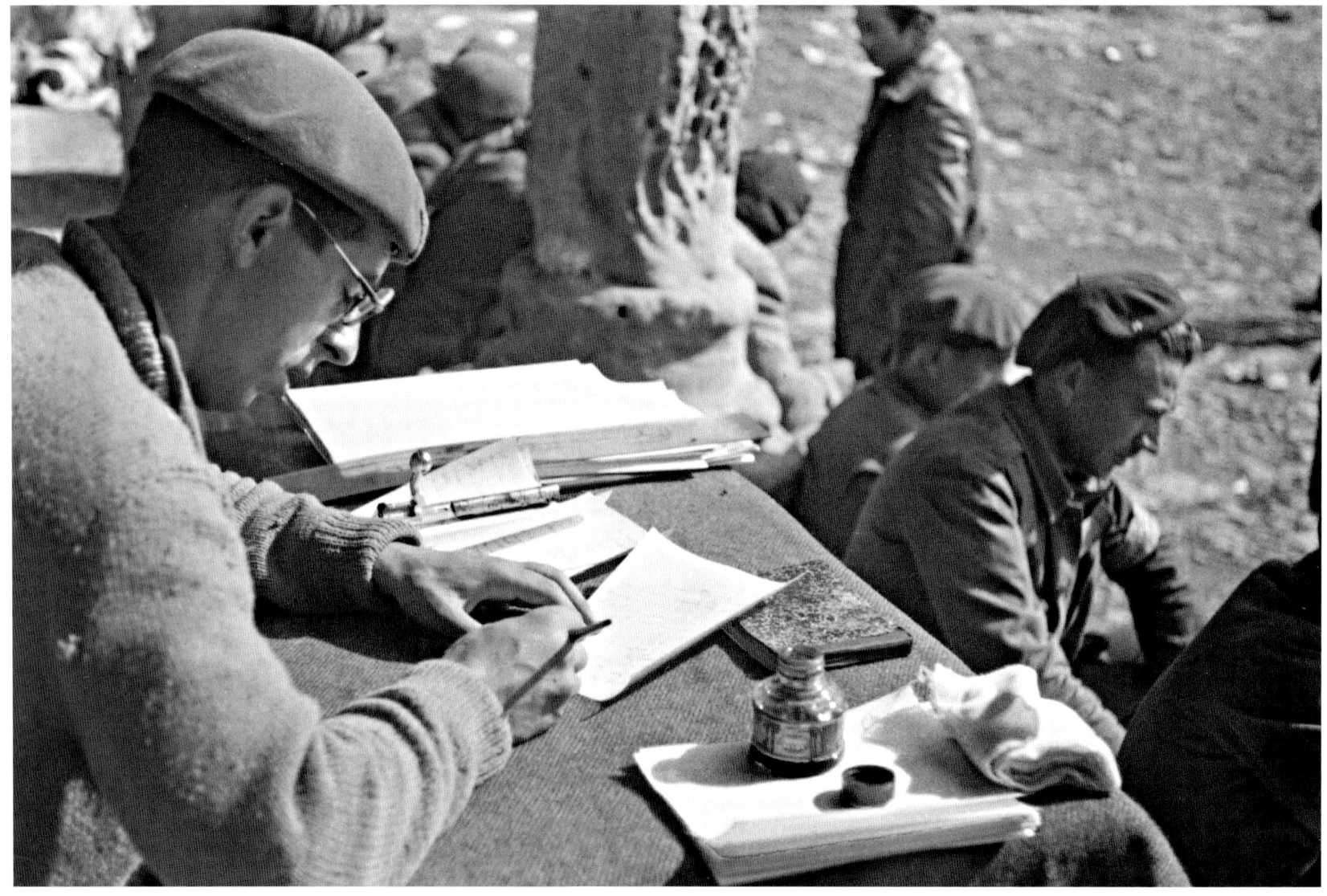

124

Escribano del Tercio del Rey anotando el parte de
bajas. Como pisapapeles, un cerrojo de fusil

Castillo de Sigüenza,
16 de octubre de 1936

Erregearen Tertzioko eskribaua hildakoen partea
idazten. Papergaineko gisa, fusilaren mordoiloa

Sigüenzako gaztelua,
1936ko urriak 16

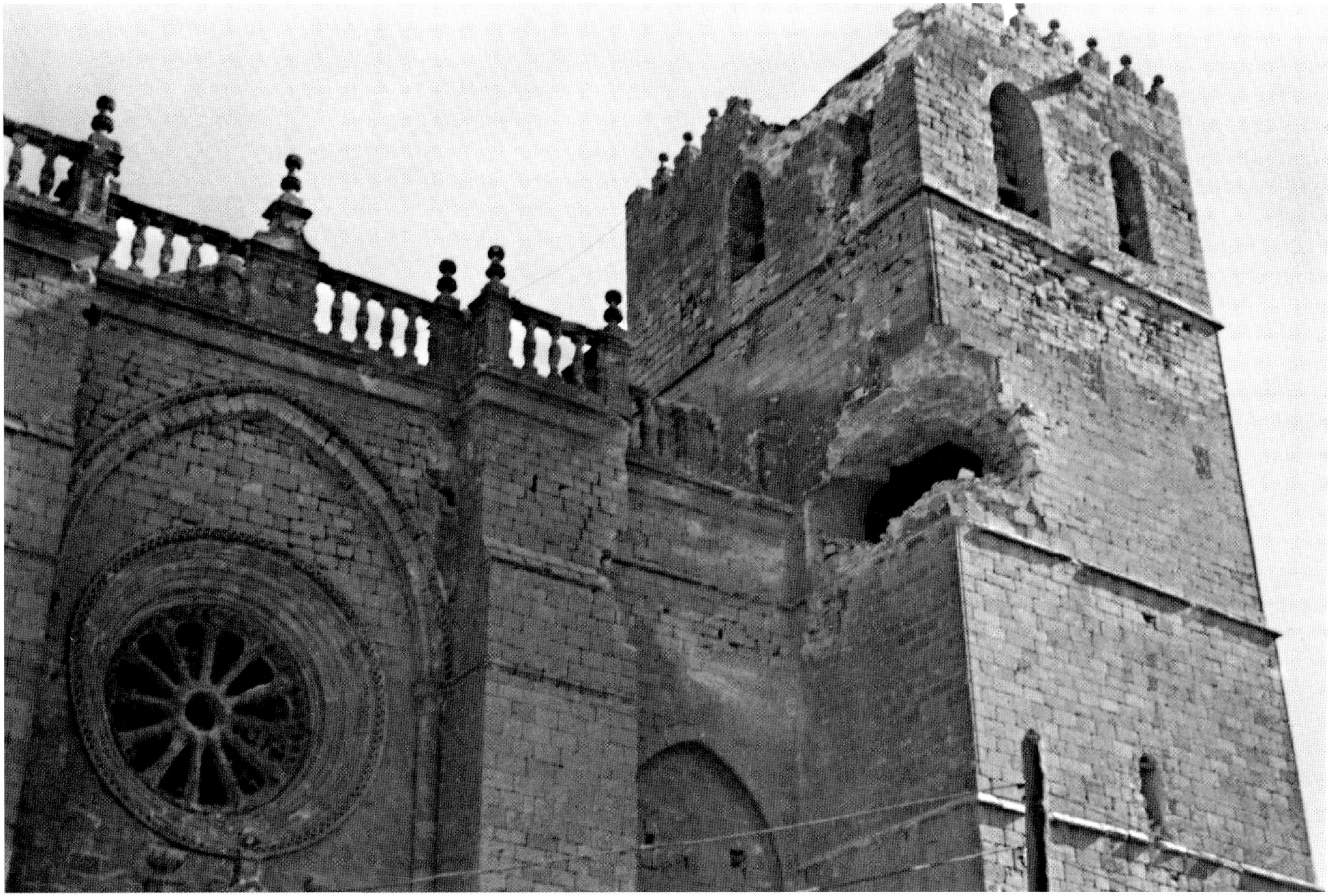

Fachada occidental de la catedral de Sigüenza tras los combates y bombardeos

Sigüenza (Guadalajara),
octubre de 1936

Sigüenzako katedralaren mendebaldeko fatxada erasoaldi eta bonbardaketen ondoren

Sigüenza (Guadalajara),
1936ko urria

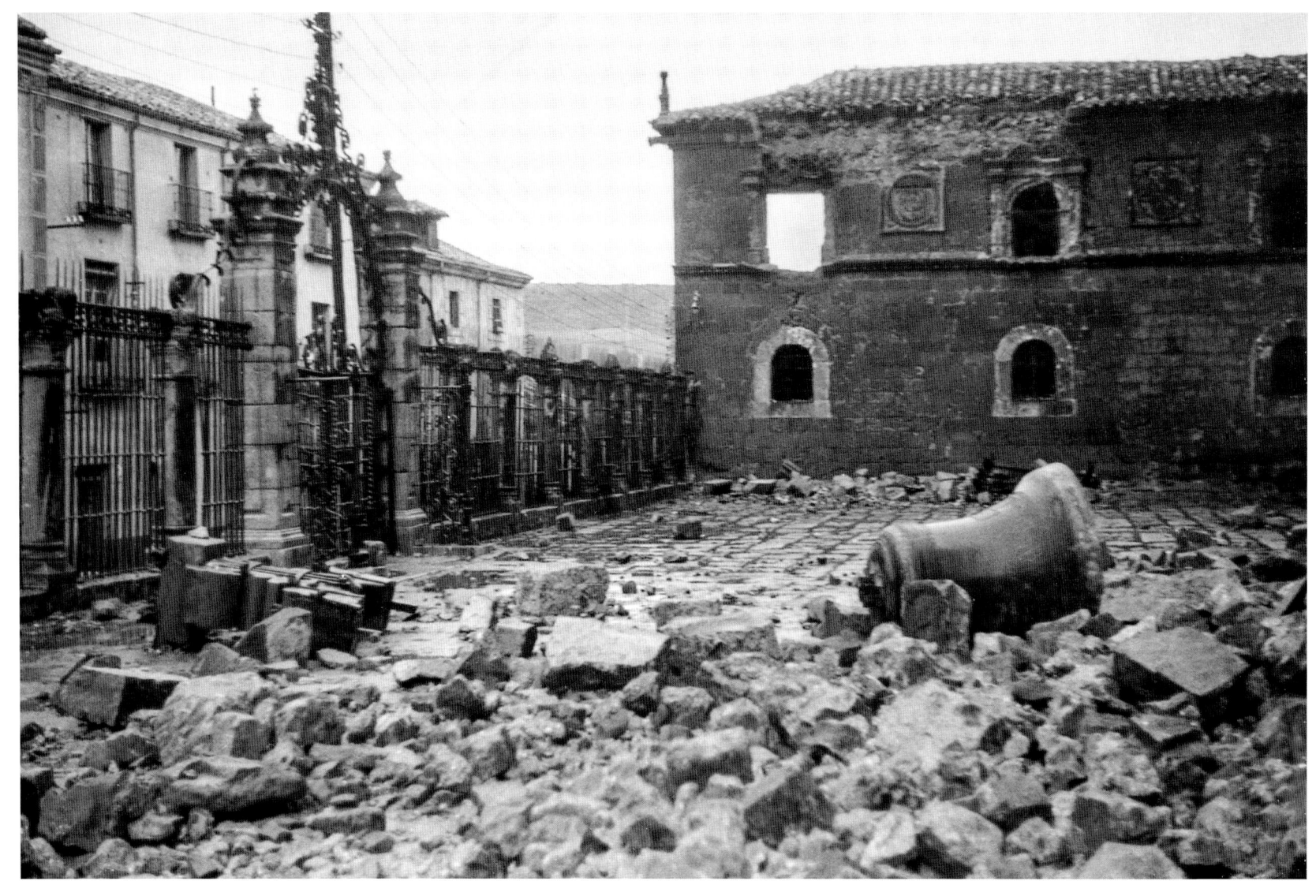

126

**Imágenes del estado de la catedral de
Sigüenza tras los combates y bombardeos**

Sigüenza (Guadalajara),
octubre de 1936

**Sigüenzako katedralaren egoeraren irudiak,
erasoaldi eta bonbardaketen ondorengoak**

Sigüenza (Guadalajara),
1936ko urria

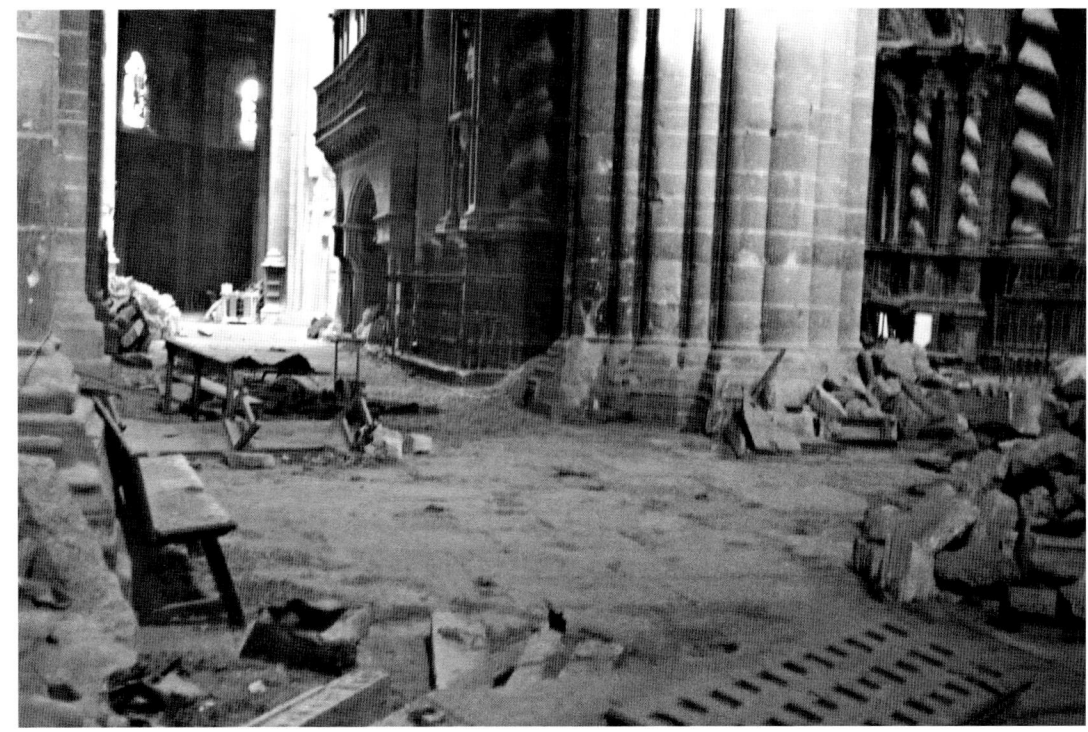

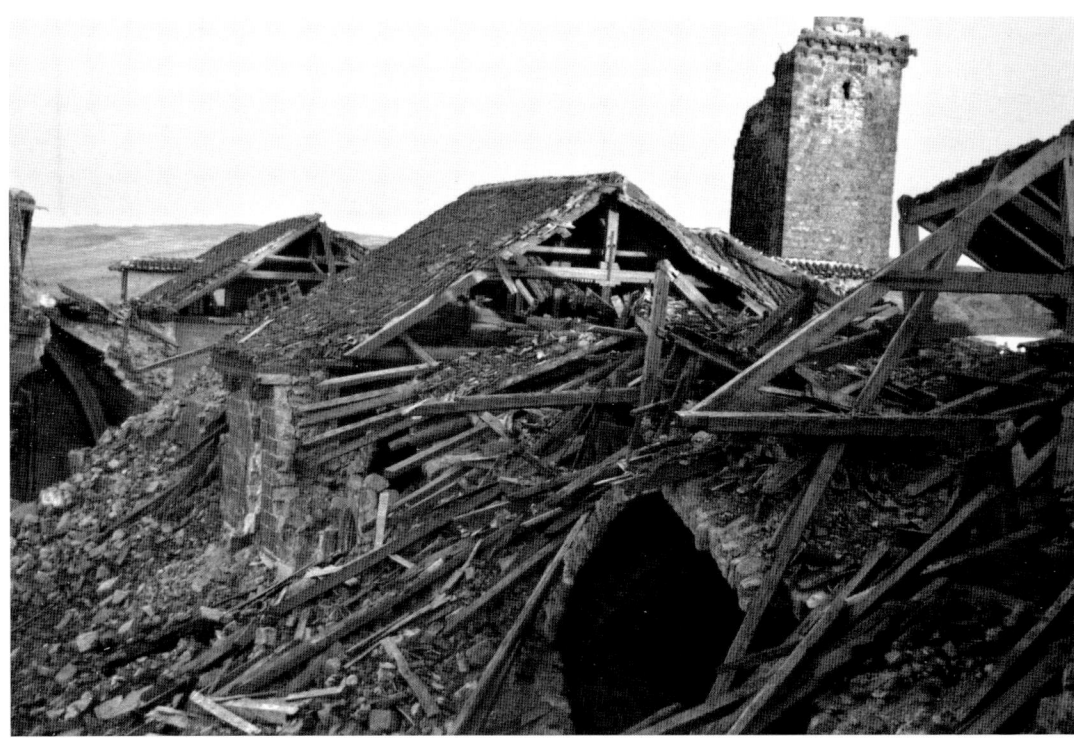

Sigüenza eskuratzeko gudua

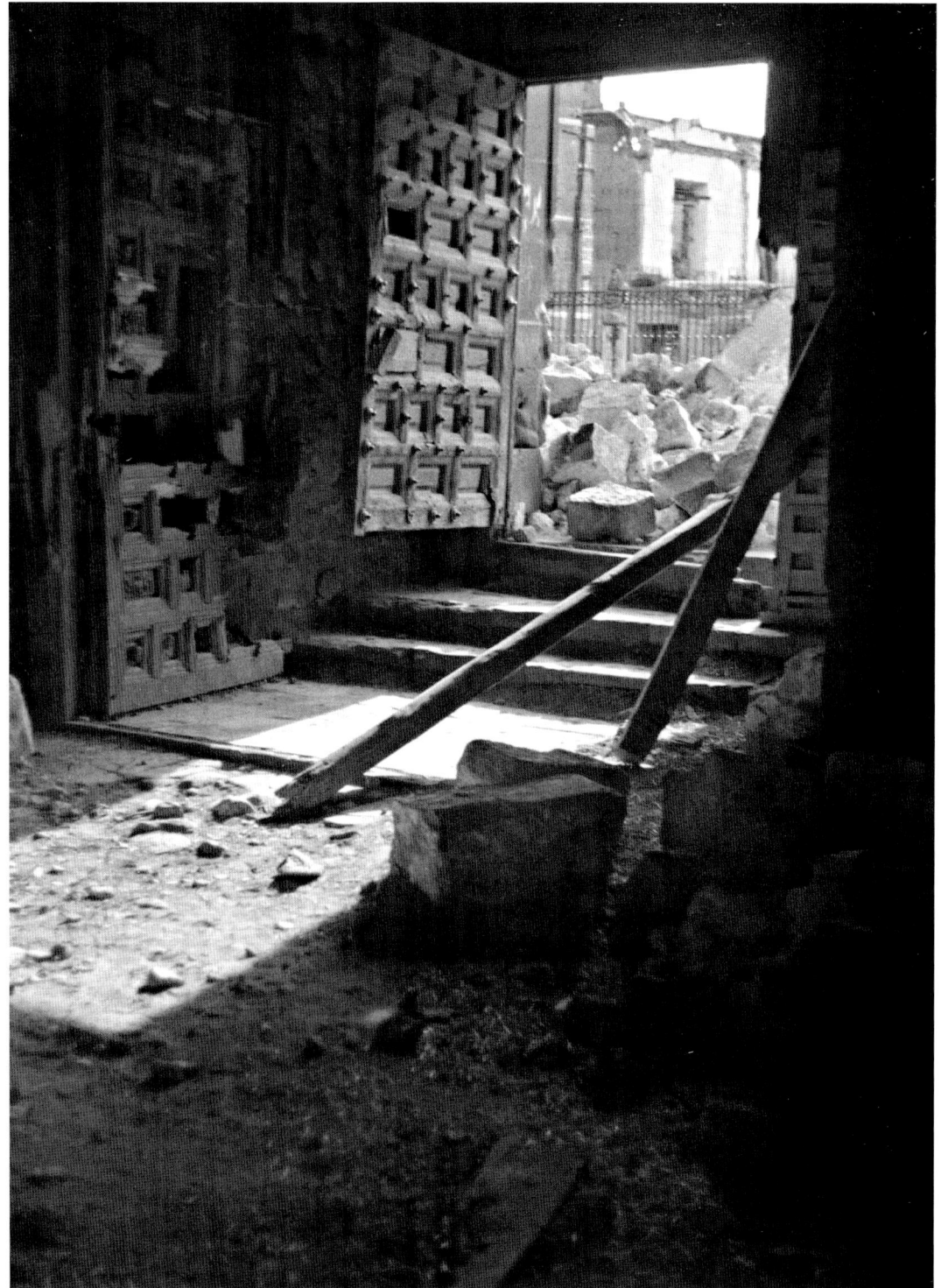

**Puerta de entrada a la catedral tras
los combates y bombardeos**

Sigüenza (Guadalajara),
octubre de 1936

**Katedraleko sarrerako atea erasoaldi
eta bonbardaketen ondorengoak**

Sigüenza (Guadalajara),
1936ko urria

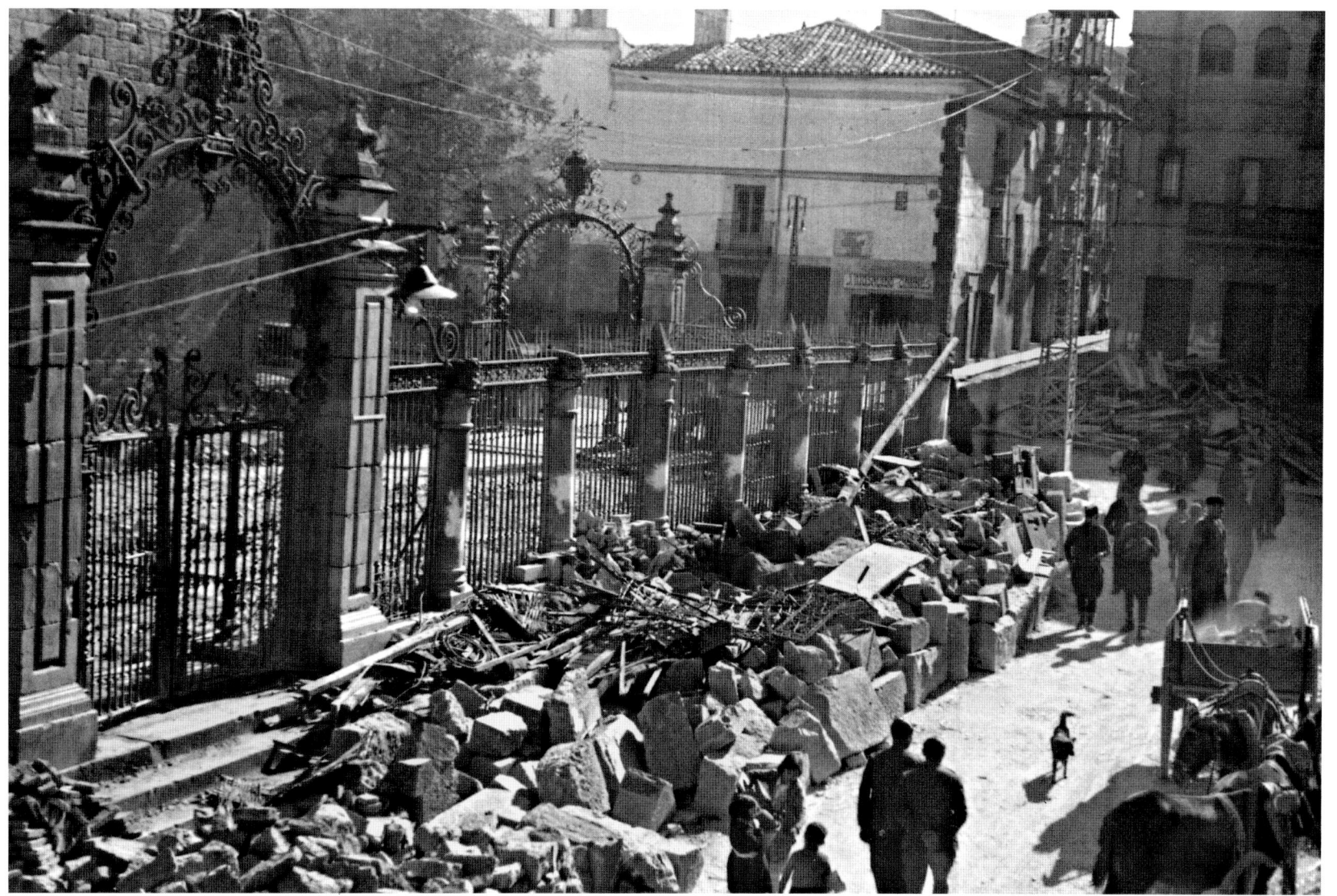

Calle Medina y patio de entrada a la catedral ya iniciados los trabajos de desescombro

Sigüenza (Guadalajara),
noviembre de 1936

Medina kalea eta katedraleko sarrerako patioa, hondakinak kentzen hasi eta gero

Sigüenza (Guadalajara),
1936ko azaroa

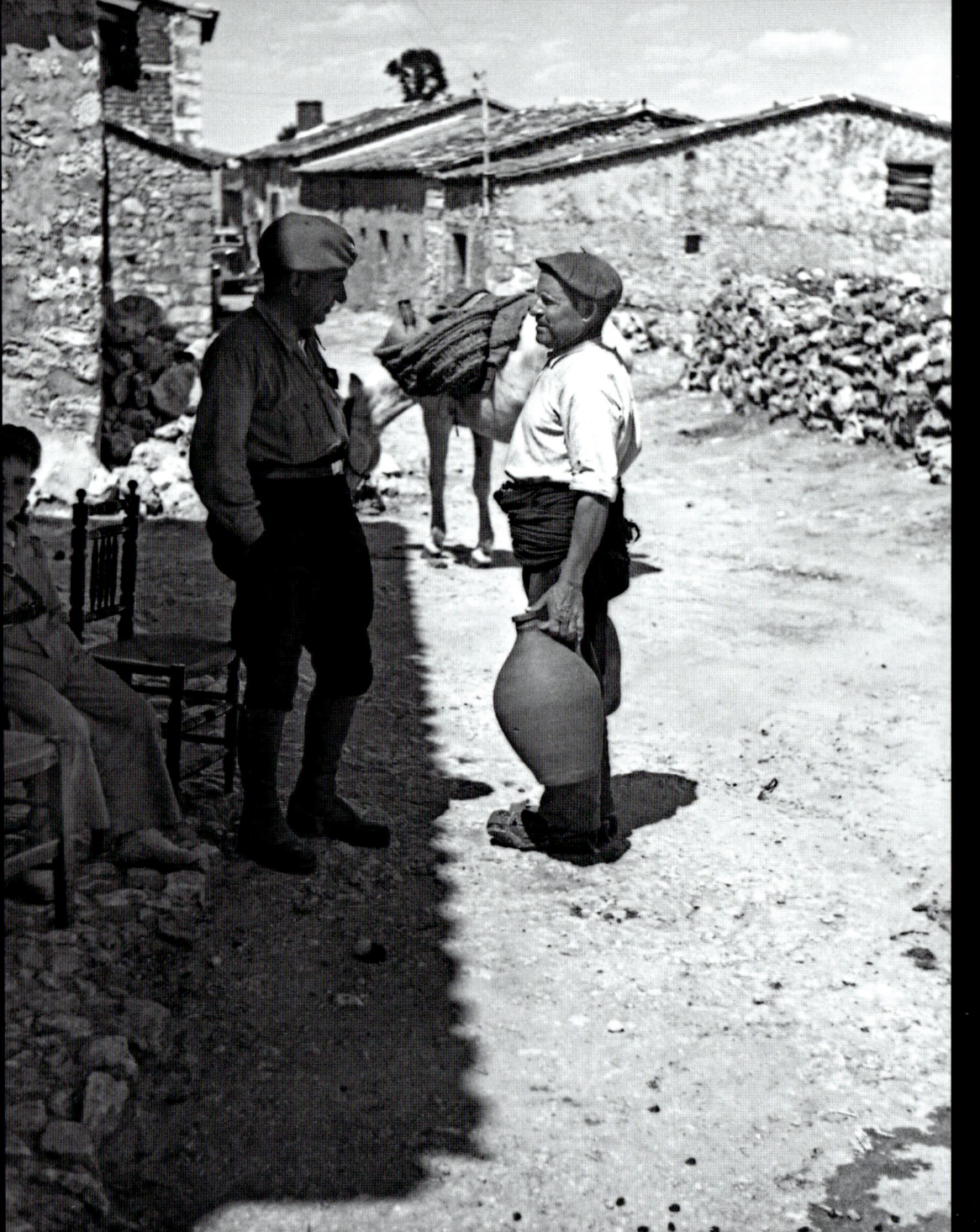

El teniente coronel Sotelo conversa con Ángel Ortego
vecino de Casas de San Galindo (Guadalajara)

Junio de 1937

Sotelo teniente koronela Ángel Ortego Casas de San
Galindoko (Guadalajara) herritarrekin hizketan

1937ko ekaina

CONVIVIR, SOBREVIVIR

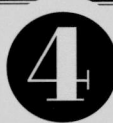

BIZIKIDE IZAN, BIZIRAUN

La contienda dio lugar, en las localidades más próximas al frente, a una prolongada y obligada coexistencia entre soldados y vecinos. La guerra impregnaba la vida de unos y otros.

La población civil se acabaría acostumbrando a las idas y venidas de tropas o material bélico, al paso de los aviones y a la presencia permanente del soldado. La vida diaria, las tareas domésticas o las labores agrícolas debían continuar y, en ocasiones, la convivencia daba paso a lazos de afecto y cooperación.

También para el combatiente, el instinto de supervivencia se acababa imponiendo como mecanismo para lograr sobrellevar la incertidumbre y el caos moral de la guerra. La camaradería suponía el vínculo natural entre aquellos que compartían riesgos, penurias, ideales o simplemente circunstancias. Sebastián Taberna fue uno más entre ellos y, como tal, retrató con descarnada autenticidad sus momentos de descanso y convivencia, de íntima nostalgia del hogar y la familia, o de bulliciosa diversión en los que, por un rato, «olvidaban estar en guerra».

Gudak frontetik hurbilen zeuden herrietan, soldaduen eta herritarren arteko bizikidetza luze eta nahitaezkoa ekarri zuen. Gerrak batzuen eta besteen bizitza blaitzen zuen.

Azkenean, zibilak tropen, gerra-materialen eta hegazkinen joan-etorrietara eta soldaduen etengabeko presentziara ohituko ziren. Eguneroko bizitzak, etxeko lanek eta nekazaritza-lanek jarraitu behar zuten, eta, batzuetan, bizikidetzaren ondorioz, afektuzko eta lankidetzazko harremanak ere sortuko ziren.

Borrokalariaren artean ere, azkenean, biziraupen-sena nagusitzen zen, gerraren ziurgabetasuna eta kaos morala gainditzeko mekanismo gisa. Kamaraden arteko adiskidetasuna arriskuak, nekeak, idealak edo, besterik gabe, egoerak partekatzen zituztenen arteko lotura naturala zen. Sebastián Taberna bat gehiago izan zen haien artean, eta, horrenbestez, egiazkotasun gordinez erretratatu zituen haien atseden- eta bizikidetza-uneak, etxearen eta familiaren nostalgia intimokoak, edo dibertsio zalapartatsukoak, tarte batez «gerran egotea ahaztuarazten zietenak».

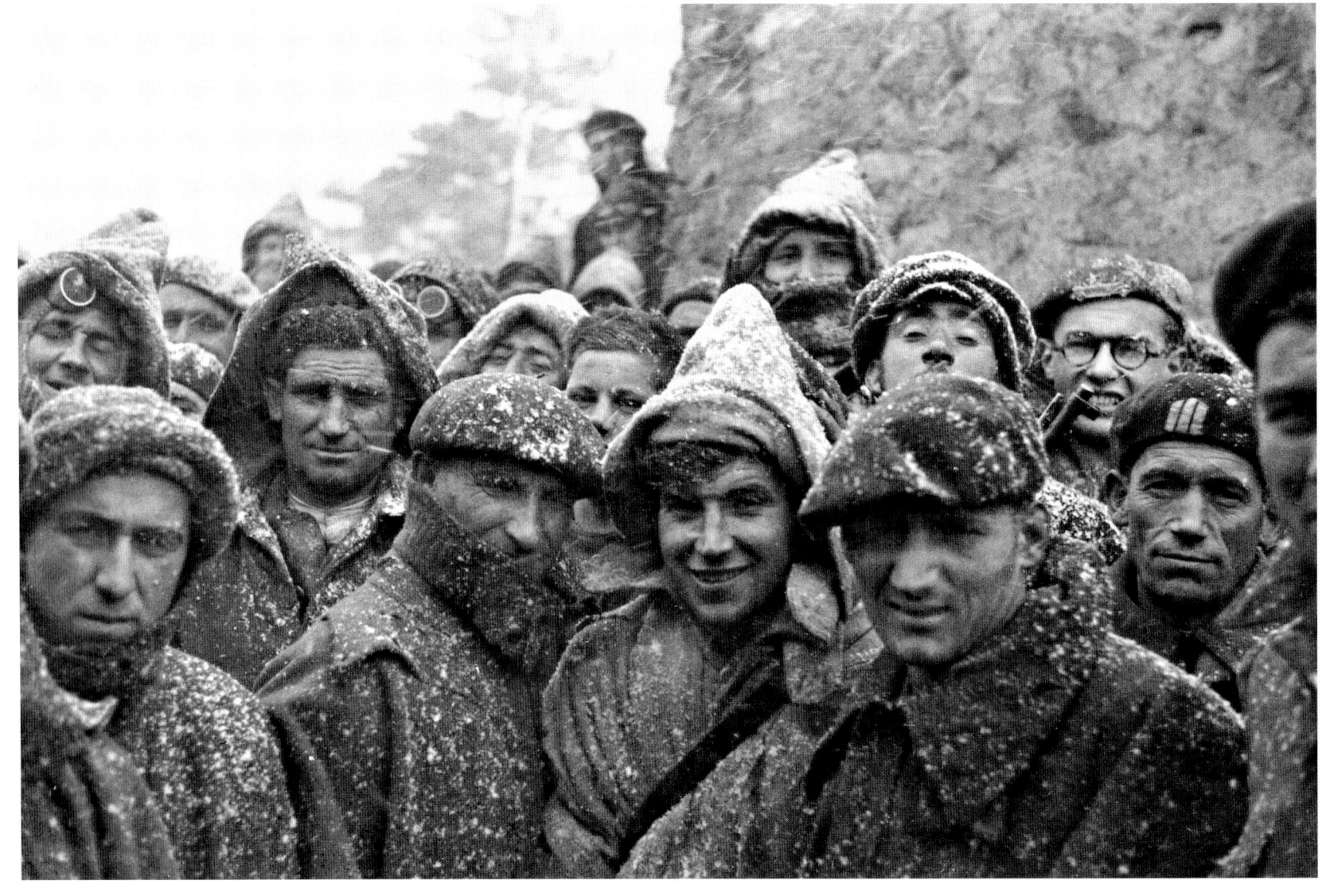

132

Requetés del Tercio de Santiago en el
Pico del Nevero

Somosierra (Madrid),
8 de febrero de 1937

Santiagoko Tertzioko erreketeak
Pico del Neveron

Somosierra (Madrid),
1937ko otsailak

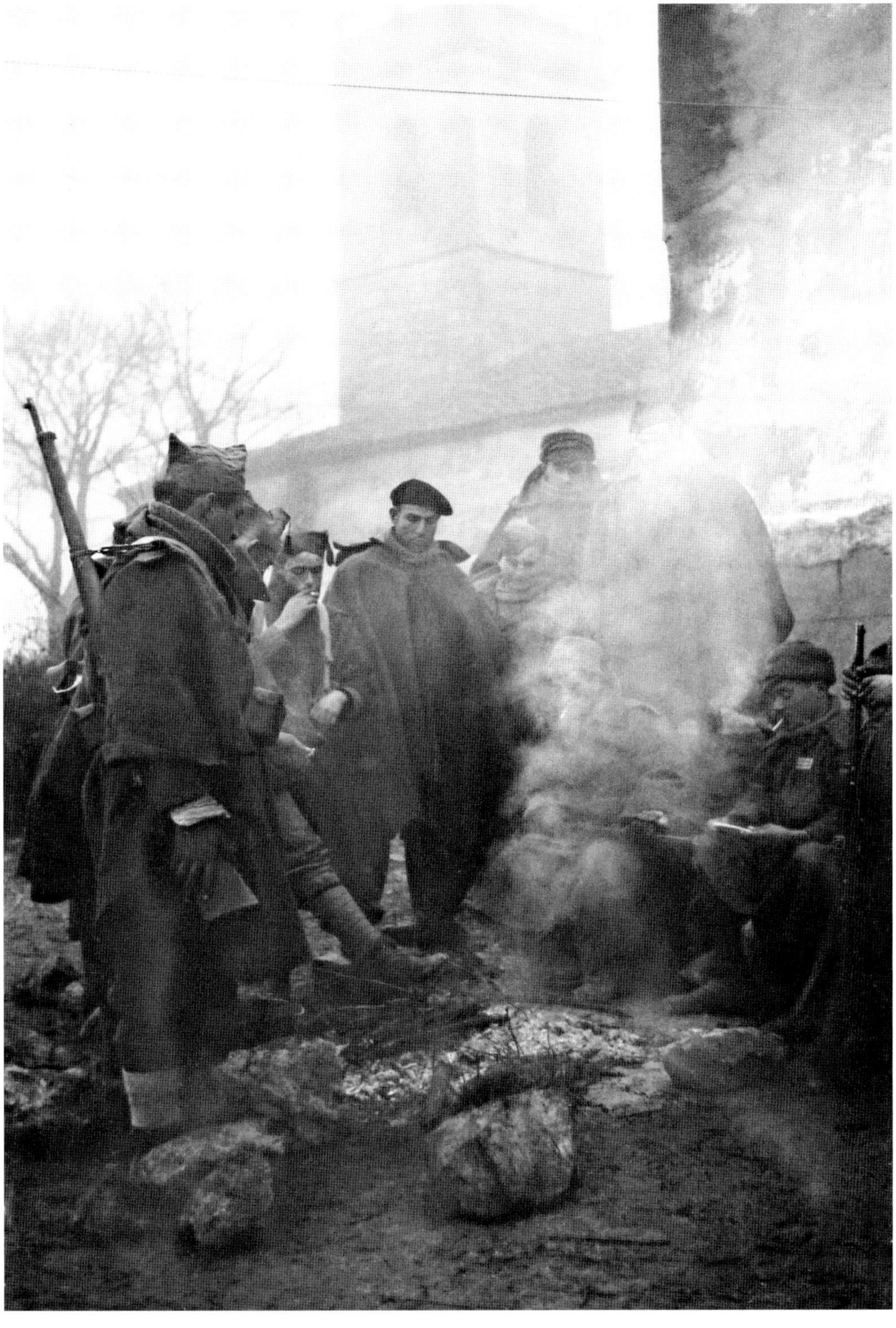

Alrededor de la lumbre

Frente de Guadalajara,
enero de 1937

Suaren inguruan

Guadalajarako frontea,
1937ko urtarrila

133

Bizikide izan, biziraun

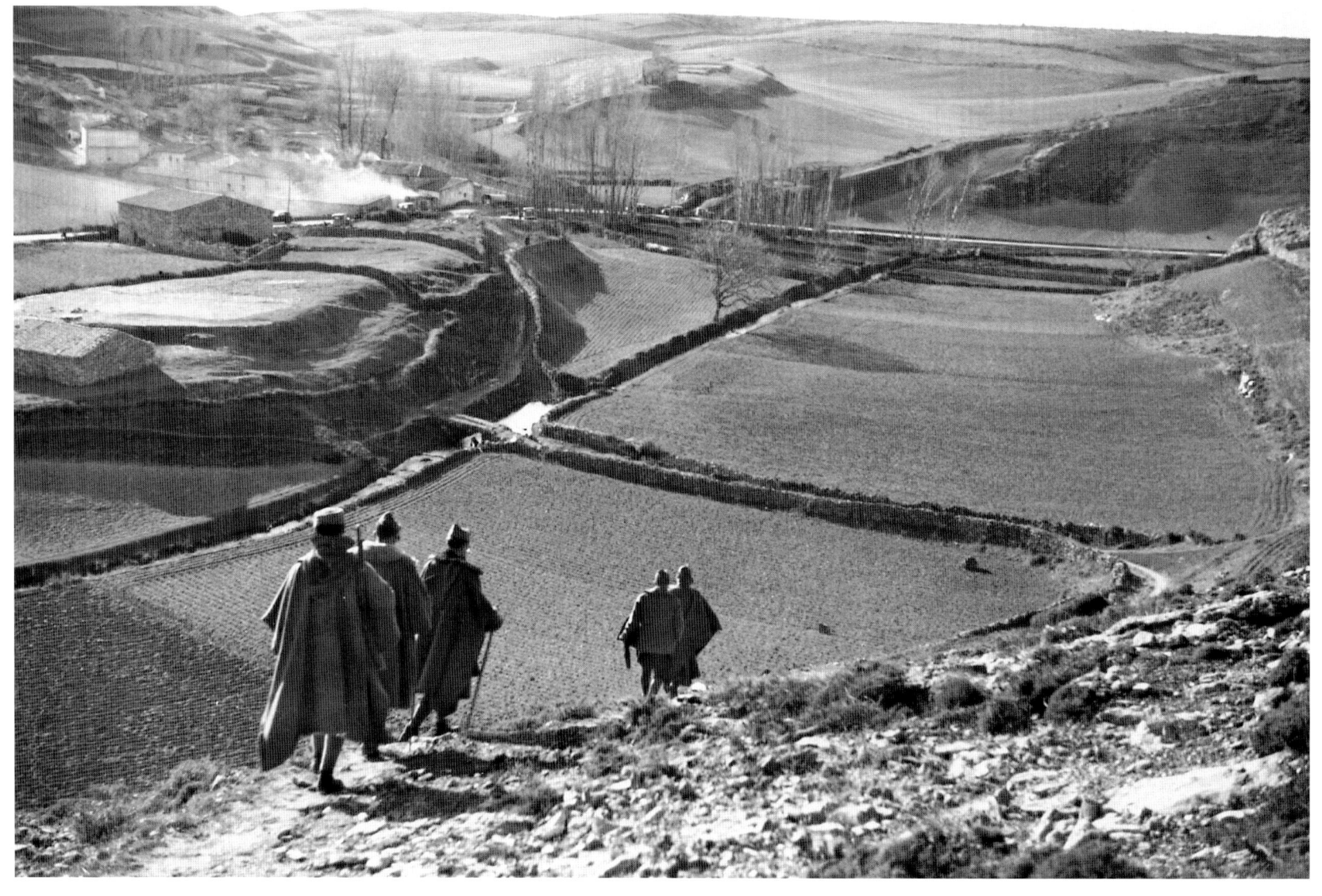

134

Bajando a las posiciones

Alcorlo (Guadalajara),
18 de febrero de 1937

Posizioetara jaisten

Alcorlo (Guadalajara),
1937ko otsailak 18

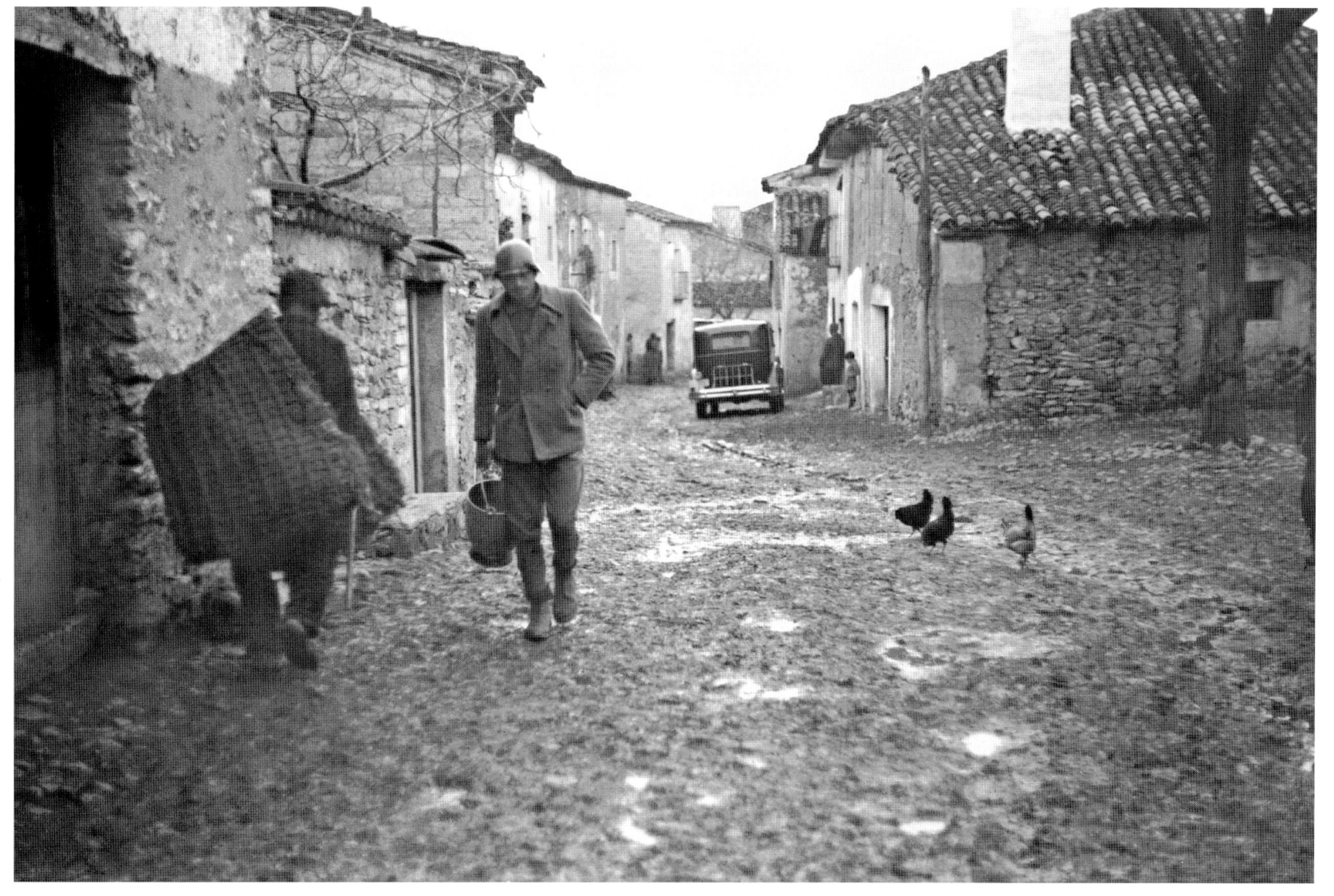

Vecinos, soldados y gallinas cohabitan entre el barro

Medranda (Guadalajara),
febrero de 1937

Herritarrak, soldaduak eta oiloak bizikide, lokatzetan 135

Medranda (Guadalajara),
1937ko otsaila

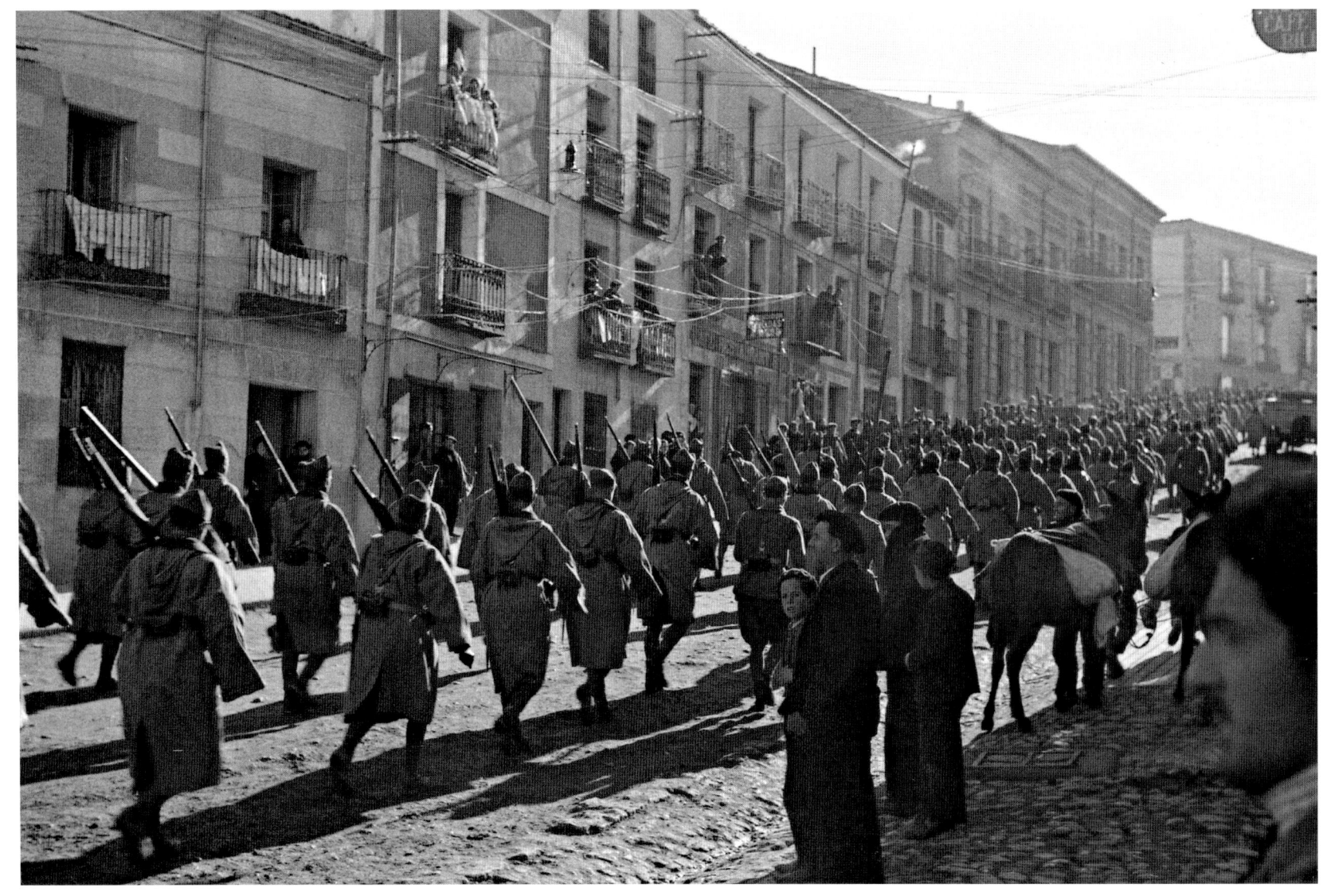

136

El Batallón de Ceriñola desfilando por la calle Humilladero

Sigüenza (Guadalajara),
1 de enero de 1937

Ceriñolako Batailoia Humilladero kalean barrena desfilatzen

Sigüenza (Guadalajara),
1937ko urtarrilak 1

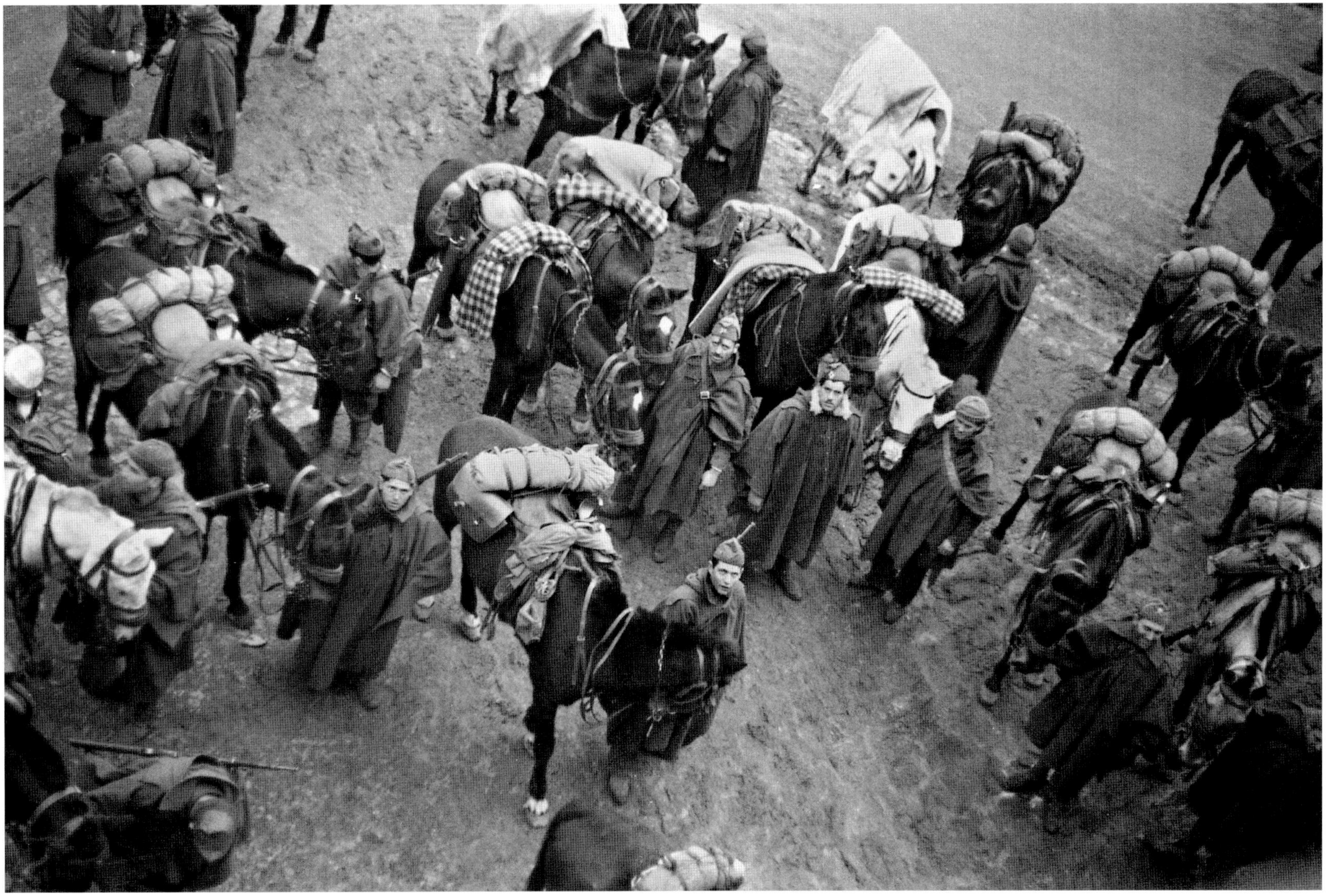

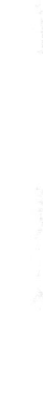

Escuadrón de caballería en el Paseo de la Alameda

Sigüenza (Guadalajara),
23 de enero de 1937

Zalditeriako eskuadroia Alamedako pasealekuan

Sigüenza (Guadalajara),
1937ko urtarrilak 23

Bizikide izan, biziraun

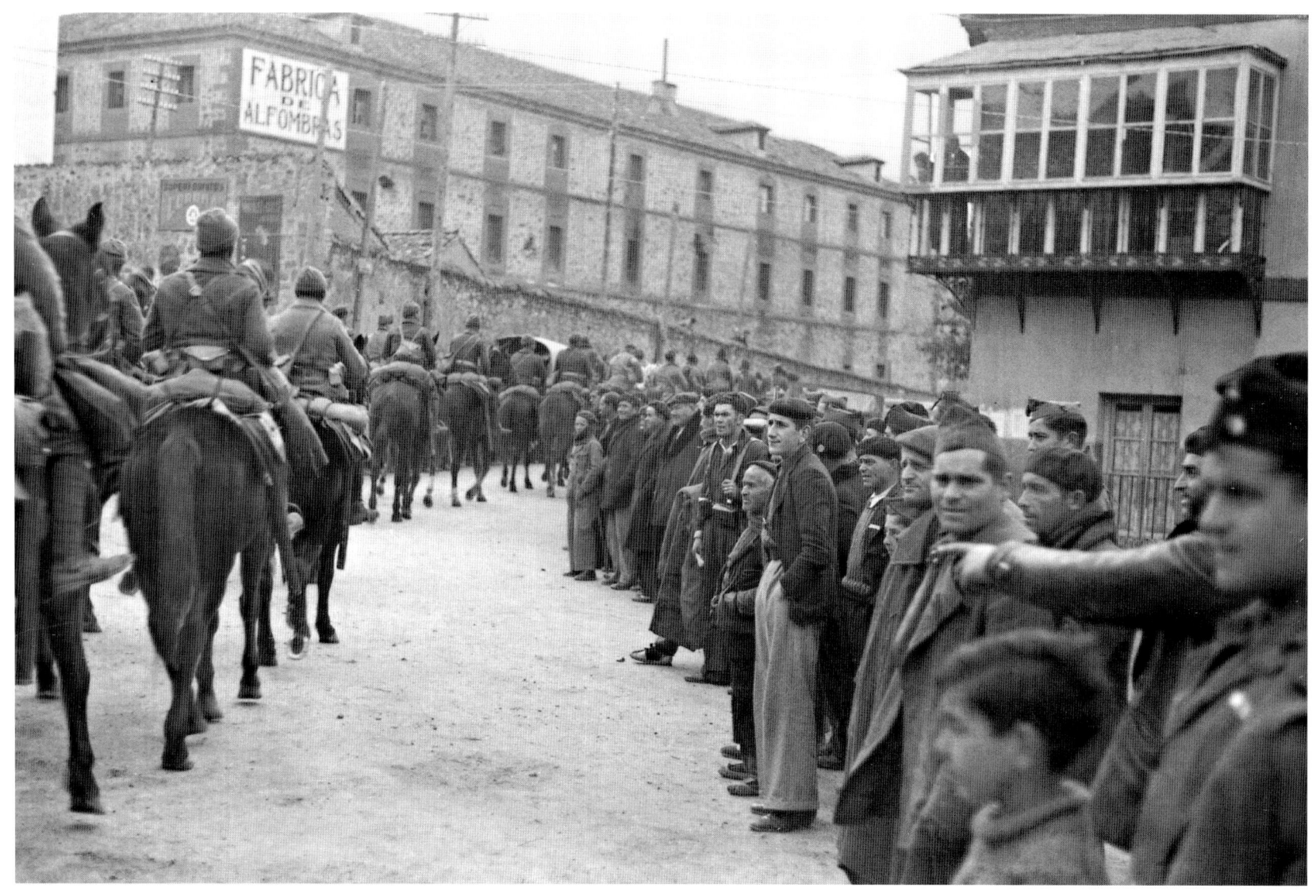

138   **Salida de un escuadrón de caballería por la
       antigua calle de Valencia**

       Sigüenza (Guadalajara),
       23 de enero de 1937

**Zalditeriako eskuadroi bat Valentziako
kalea zenetik irteten**

Sigüenza (Guadalajara),
1937ko urtarrilak 23

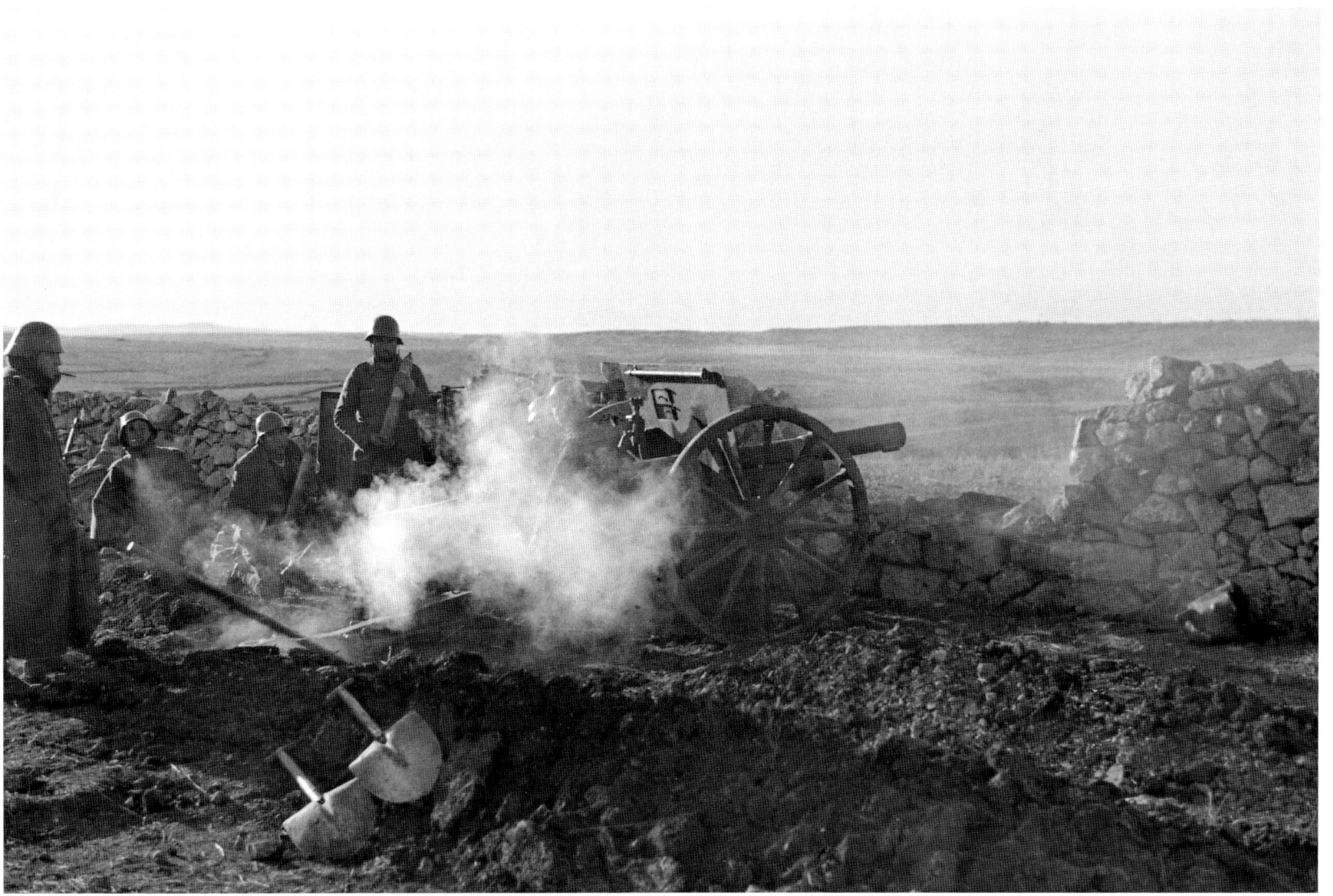

Artillería ligera en acción

Torremocha del Campo (Guadalajara),
8 de enero de 1937

Artilleria arina ekinean

Torremocha del Campo (Guadalajara),
1937ko urtarrilak 8

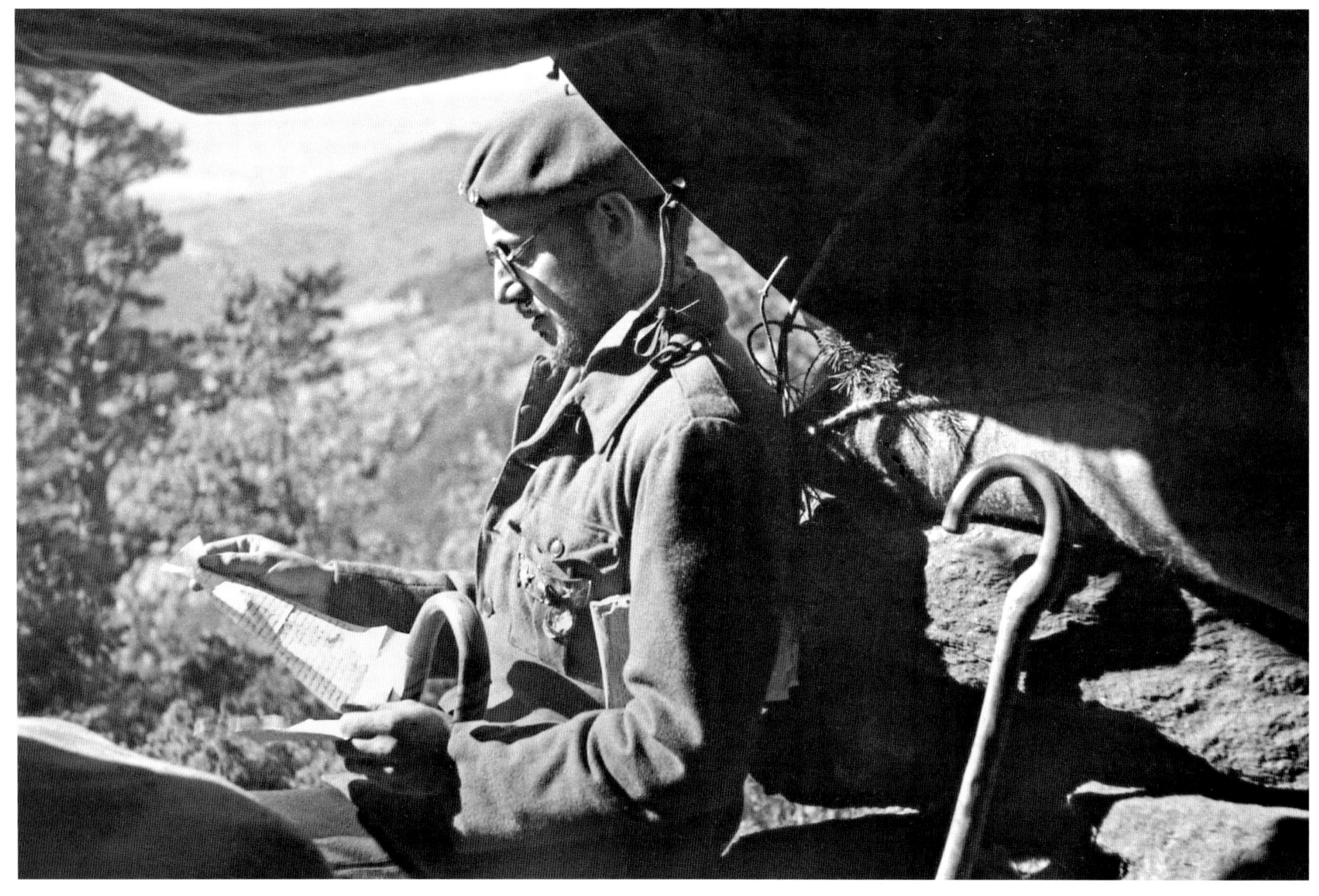

140   **El teniente Oset leyendo una carta de su familia**

Navafría (Segovia),
agosto de 1936

Oset tenientea bere familiaren gutun bat irakurtzen

Navafría (Segovia),
1936ko abuztua

Convivir, sobrevivir

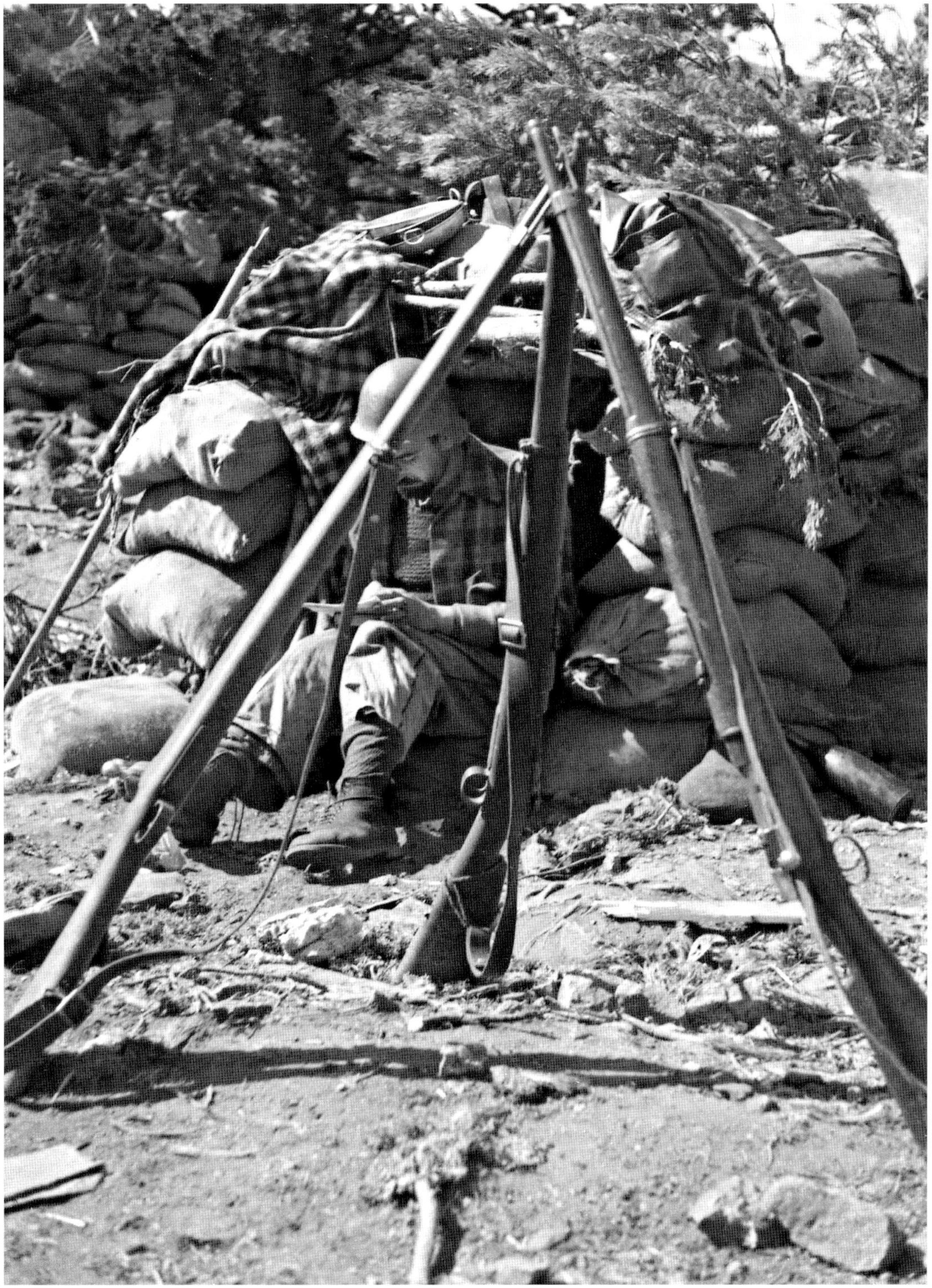

Escribiendo a casa

Navafría (Segovia),
agosto de 1936

Etxekoei idazten

Navafría (Segovia),
1936ko abuztua

141

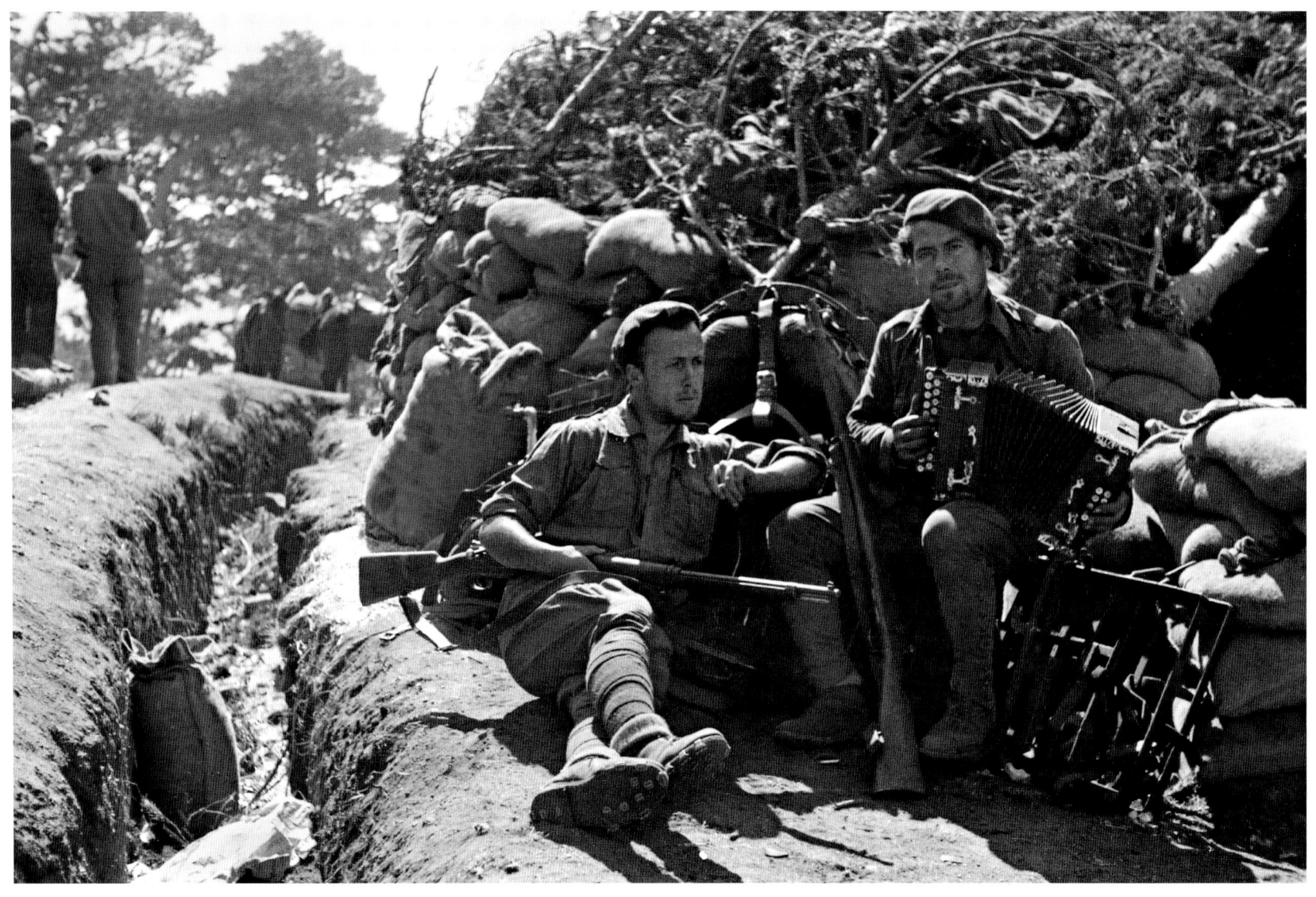

142   **Música de acordeón y canciones de la tierra**

Navafría (Segovia),
agosto de 1936

Akordeoi-musika eta sorterriko abestiak

Navafría (Segovia),
1936ko abuztua

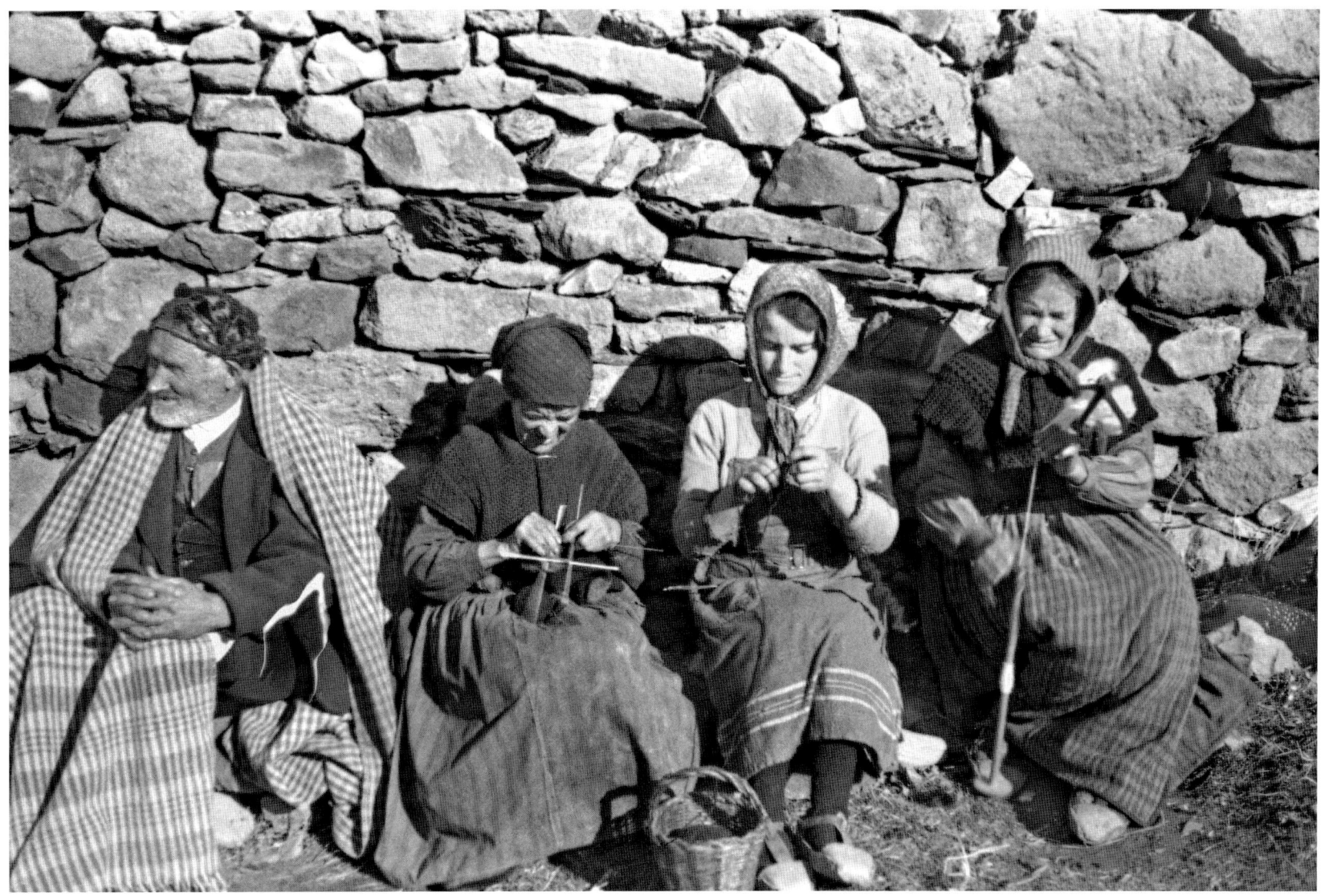

Hilanderas

Naharros (Guadalajara),
octubre de 1936

Iruleak

Naharros (Guadalajara),
1936ko urria

Bizikide izan, biziraun

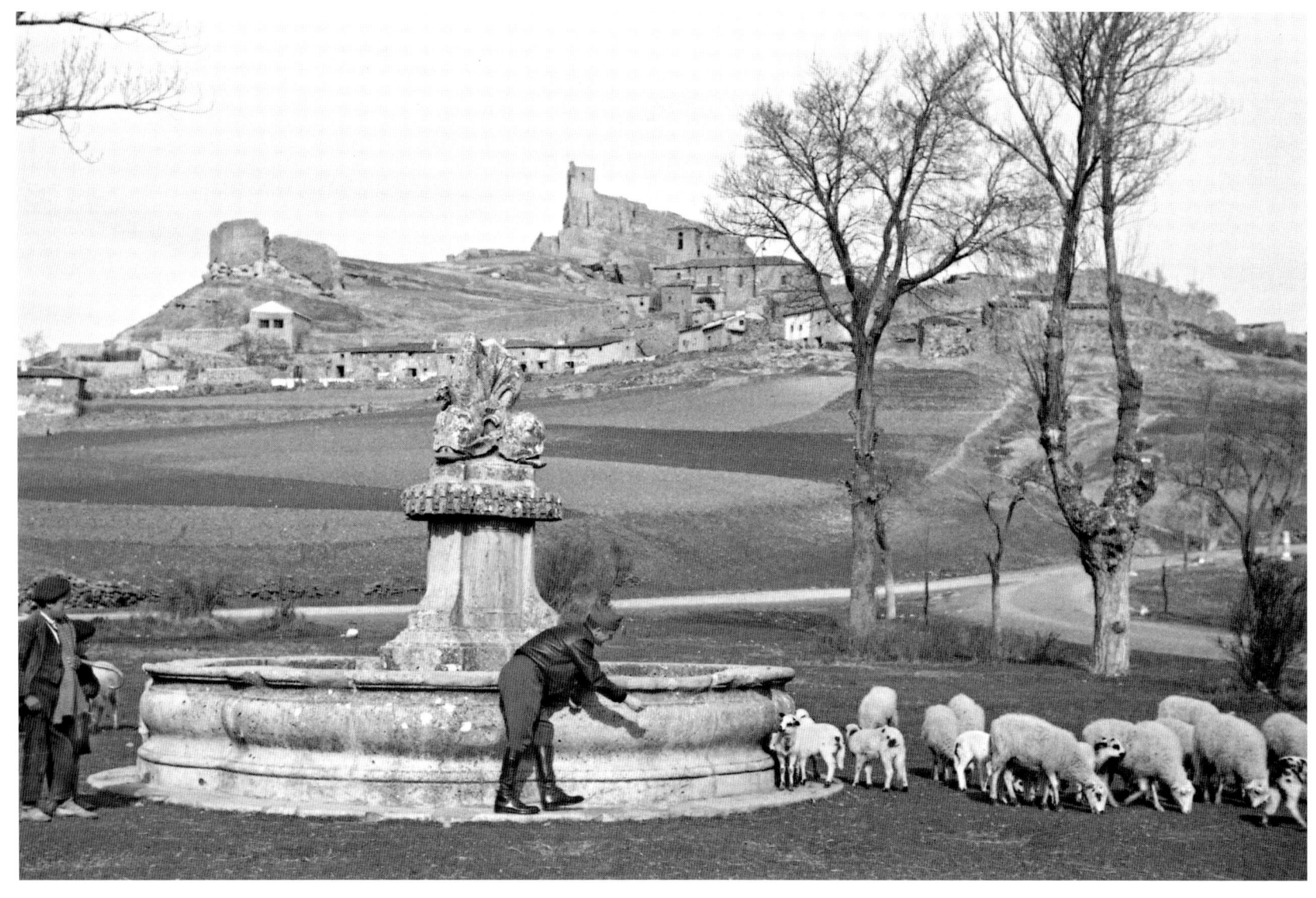

144

En la fuente de los Tritones, junto a la ermita
del Humilladero

Atienza (Guadalajara),
18 de febrero de 1937

Tritones iturrian, Humilladeroko baselizaren
ondoan

Atienza (Guadalajara),
1937ko otsailak 18

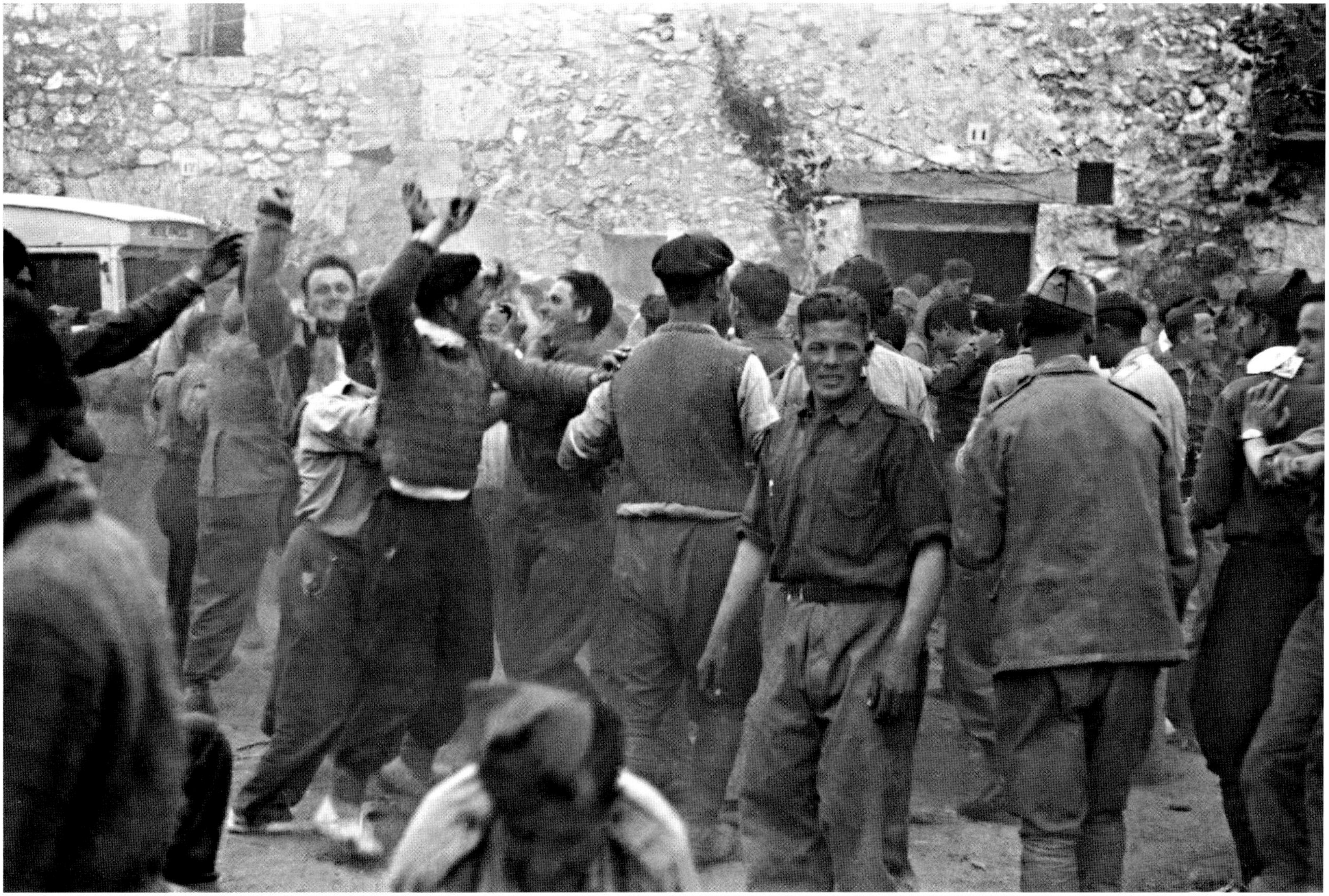

Requetés del Tercio del Rey celebrando el día de San Fermín

Casas de San Galindo (Guadalajara),
7 de julio de 1937

Erregearen Tertzioko erreketeak San Fermin eguna ospatzen

Casas de San Galindo (Guadalajara),
1937ko uztailak 7

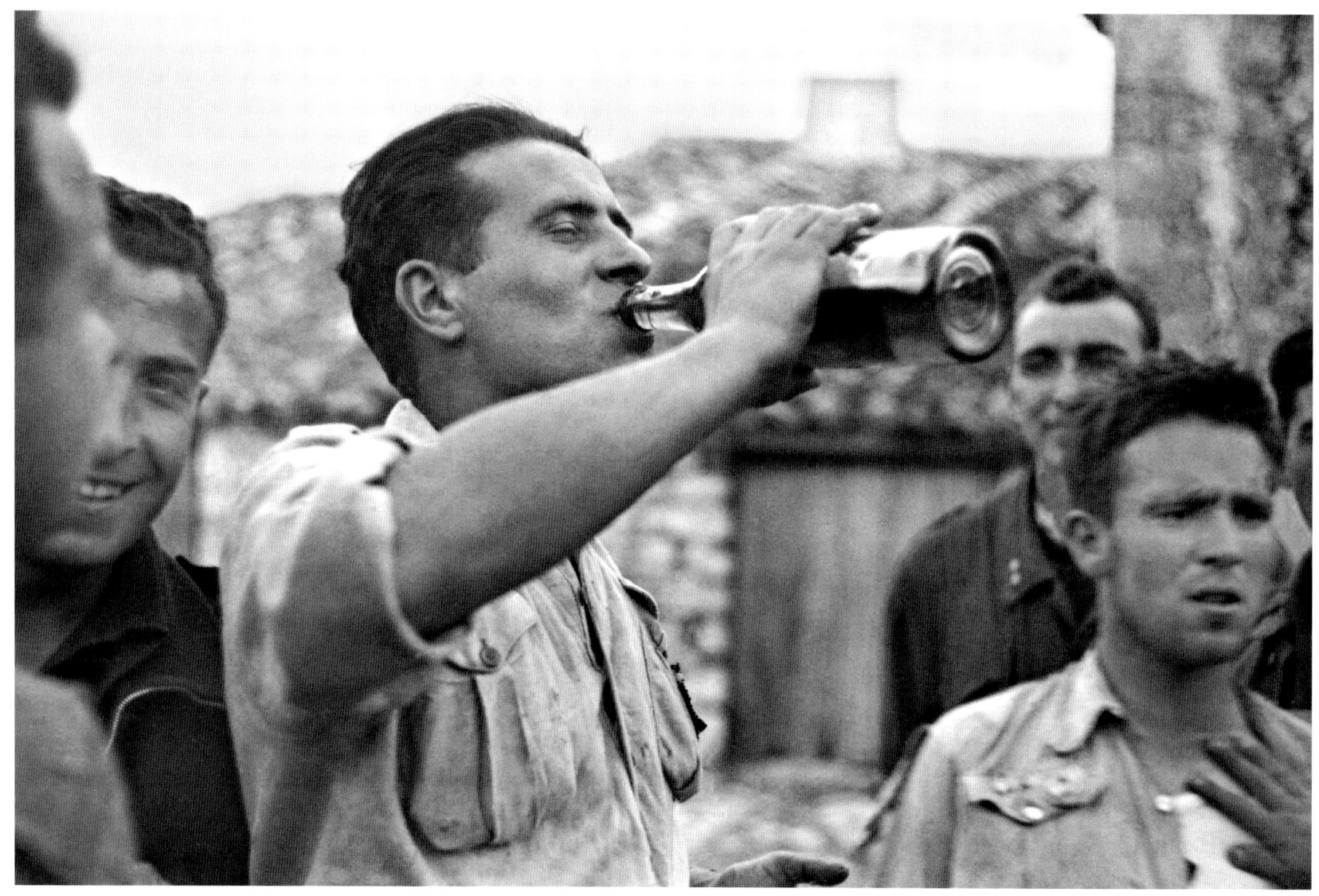

Lezcano bebiendo

Casas de San Galindo (Guadalajara),
7 de julio de 1937

Lezcano edaten

Casas de San Galindo (Guadalajara),
1937ko uztailak 7

Convivir, sobrevivir

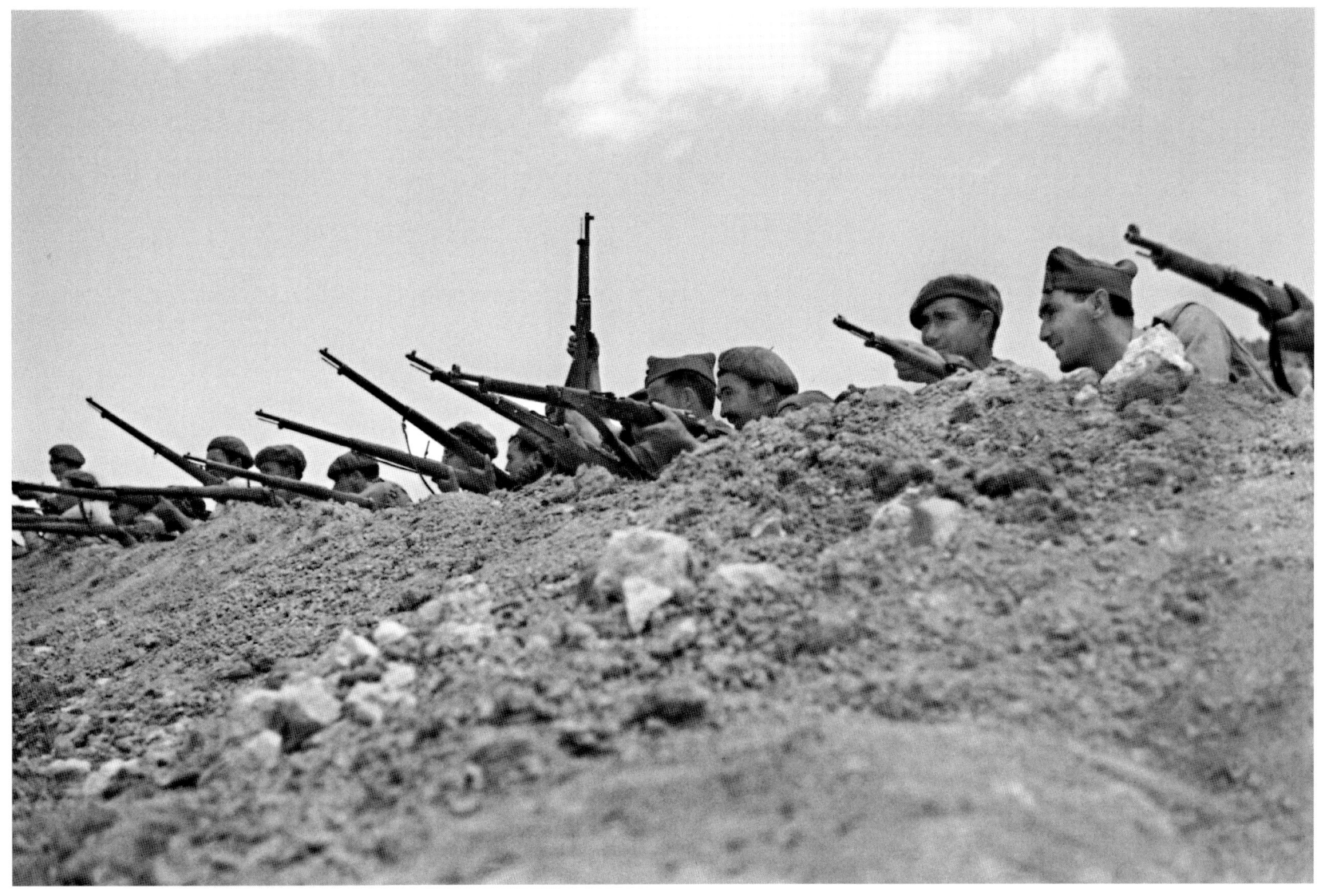

Requetés riojanos de la Compañía Alonso

Jadraque (Guadalajara),
20 de junio de 1937

Alonso Konpainiako errioxar erreketeak

Jadraque (Guadalajara),
1937ko ekainak 20

LA BATALLA POR GUADALAJARA

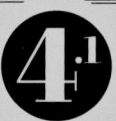

GUADALAJARA ESKURATZEKO GUDUA

En marzo de 1937, Sebastián Taberna fue testigo directo de la batalla de Guadalajara y del fracaso de las fuerzas expedicionarias italianas en su tentativa de avance directo sobre Madrid por el norte, desarrollada en condiciones meteorológicas extremas.

Con su cámara, integrado en la División Soria del Ejército Nacional -de la que formaba parte el Tercio del Rey- Taberna recogió impactantes imágenes de los combates librados en poblaciones como Jadraque, Algora o Cogolludo. Fue también testigo del colapso italiano y de su precipitada retirada por la carretera Nacional II, abandonando gran cantidad de material de guerra.

1937ko martxoan, Sebastián Taberna Guadalajarako guduaren eta Italiako espedizio-indarren porrotaren lekuko zuzena izan zen, muturreko baldintza meteorologikoetan, iparraldetik Madrilera zuzenean iristeko ahaleginean.

Bere kamerarekin, Erregearen Tertzioa osatzen zuen Armada Nazionalaren Soria Dibisioan integratua, Tabernak Jadraque, Algora eta Cogolludo bezalako herrietan bizitako borrokaldien irudi zirraragarriak egin zituen. Italiar kolapsoaren eta II. Errepide Nazionaletik arrapaladan eta gerrarako material ugari utzita alde egin izanaren lekuko ere izan zen.

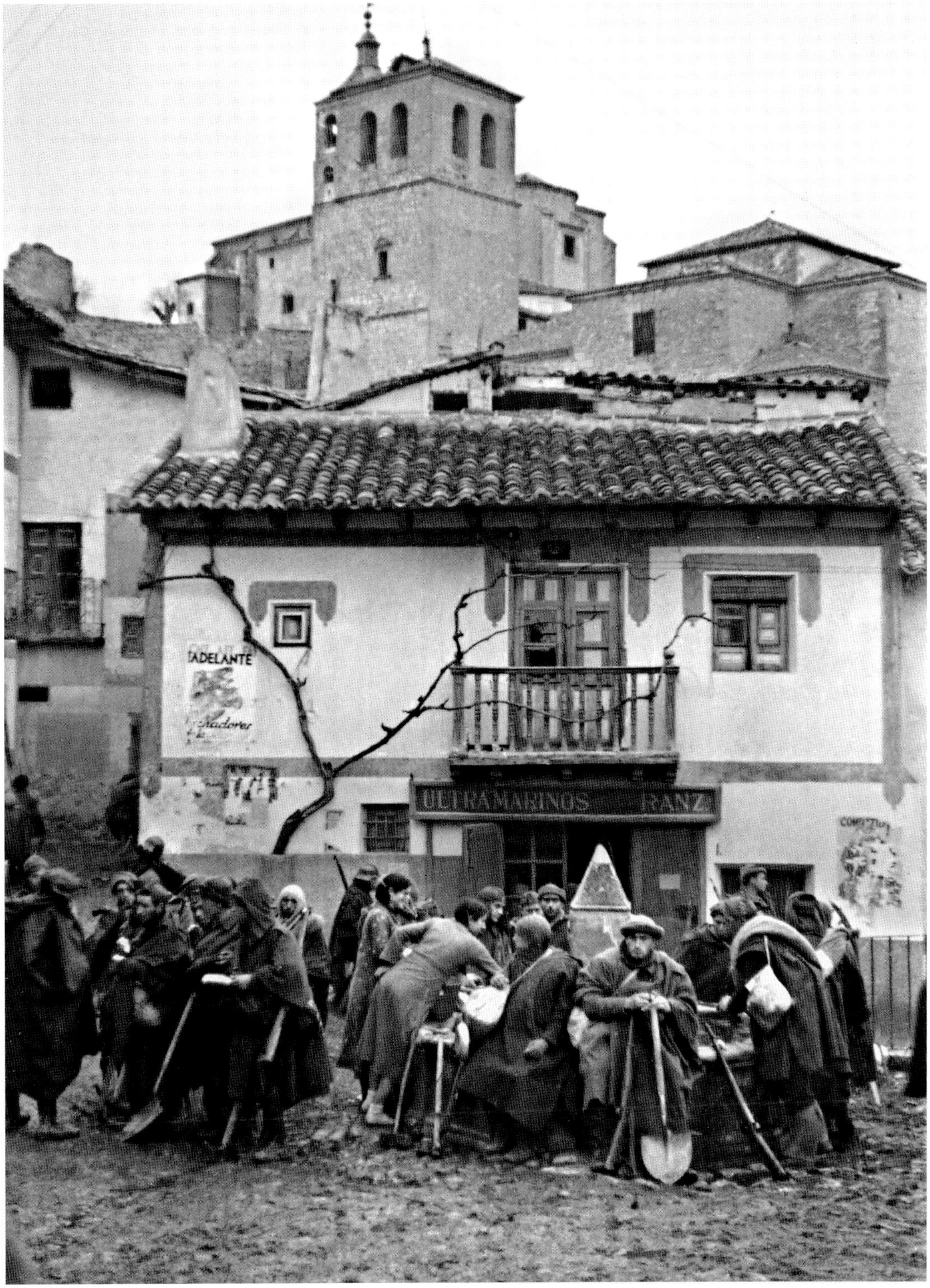

Plaza de Fuente Abajo

Cogolludo (Guadalajara),
10 de marzo de 1937

Fuente Abajo plaza

Cogolludo (Guadalajara),
1937ko martxoak 10

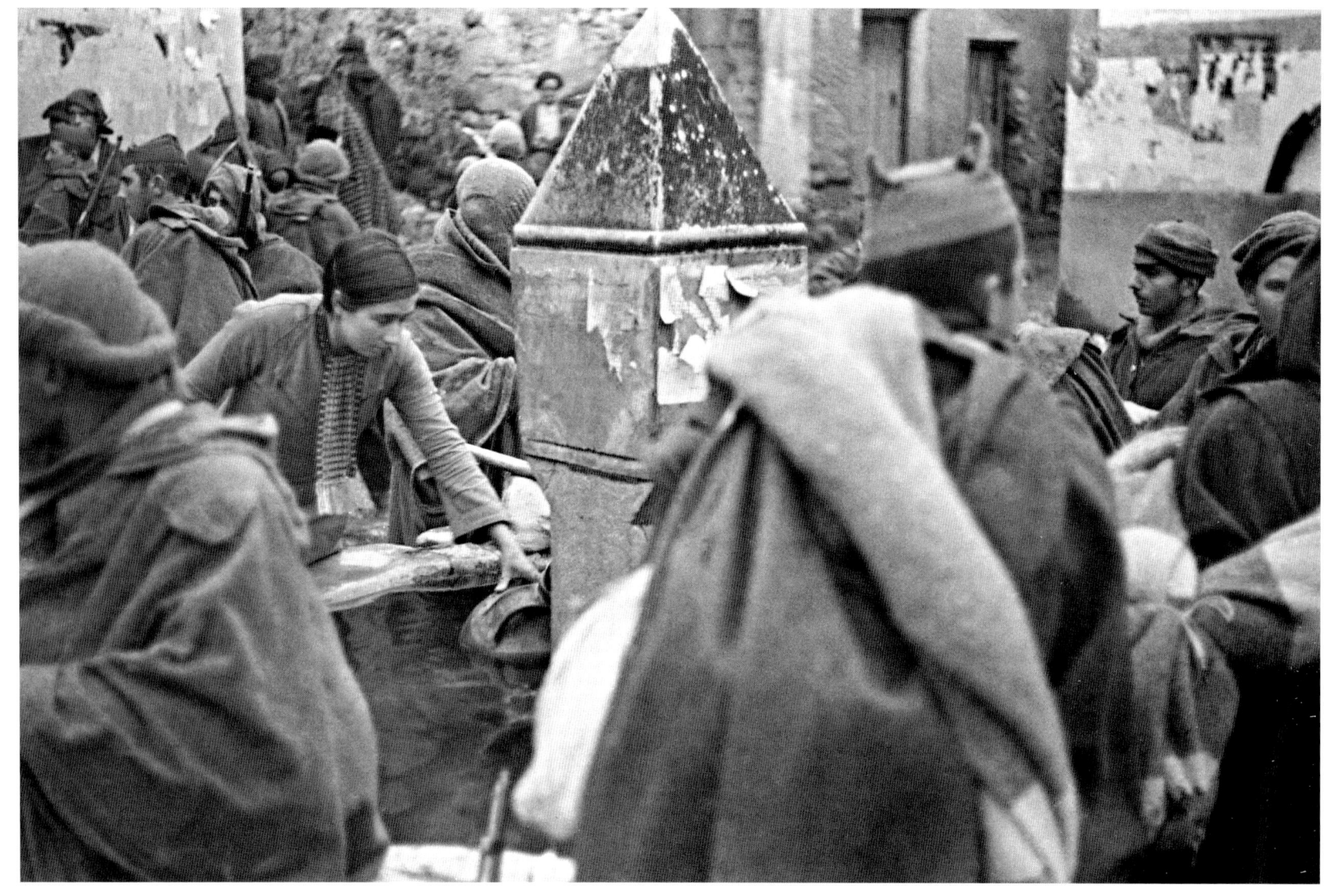

150 **Llenando el cántaro entre soldados**

Cogolludo (Guadalajara),
10 de marzo de 1937

Pegarra soldadu artean betetzen

Cogolludo (Guadalajara),
1937ko martxoak 10

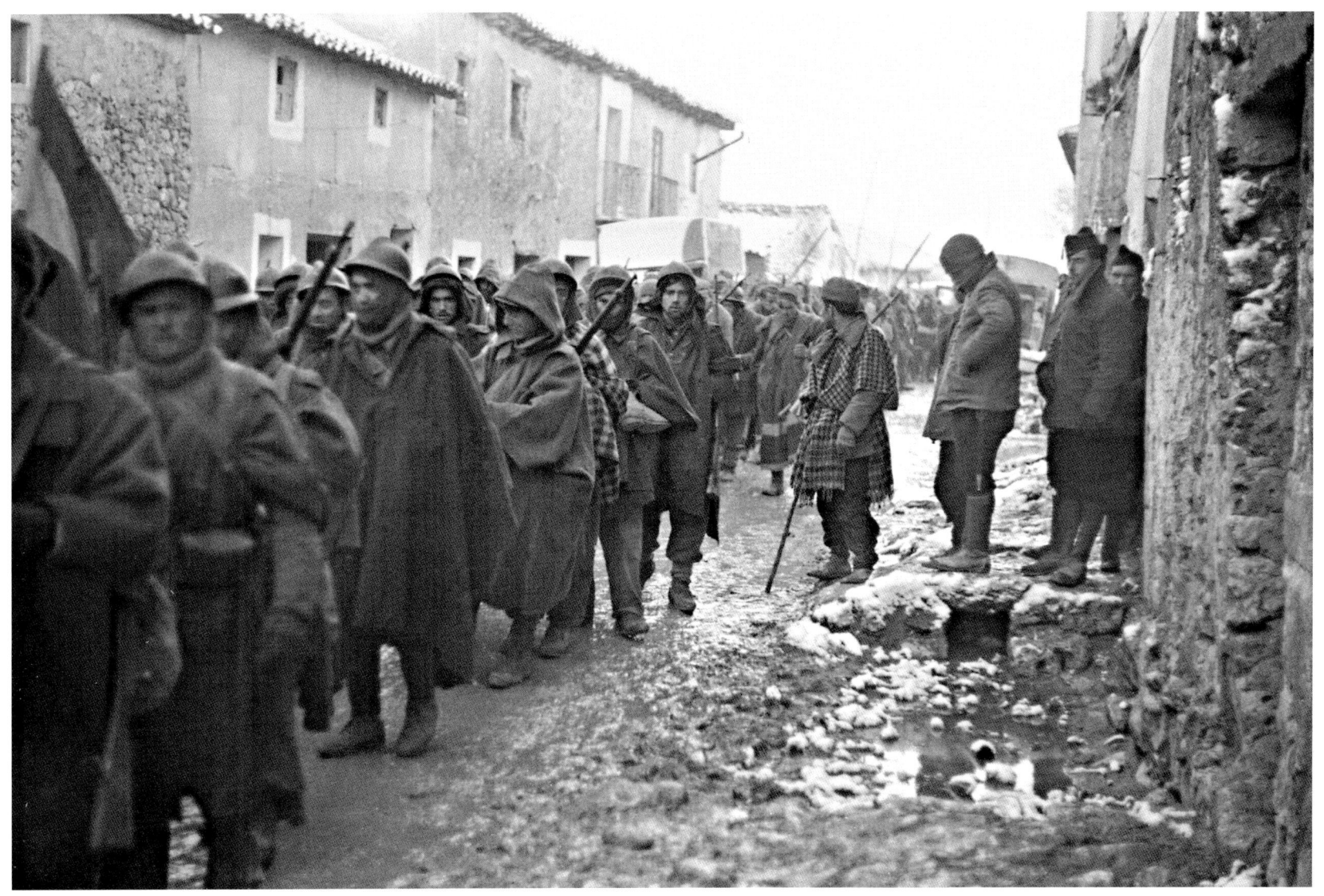

Marcha de la División Soria

Cogolludo (Guadalajara),
11 de marzo de 1937

Soria Dibisioko martxa

Cogolludo (Guadalajara),
1937ko martxoak 11

Guadalajara eskuratzeko gudua

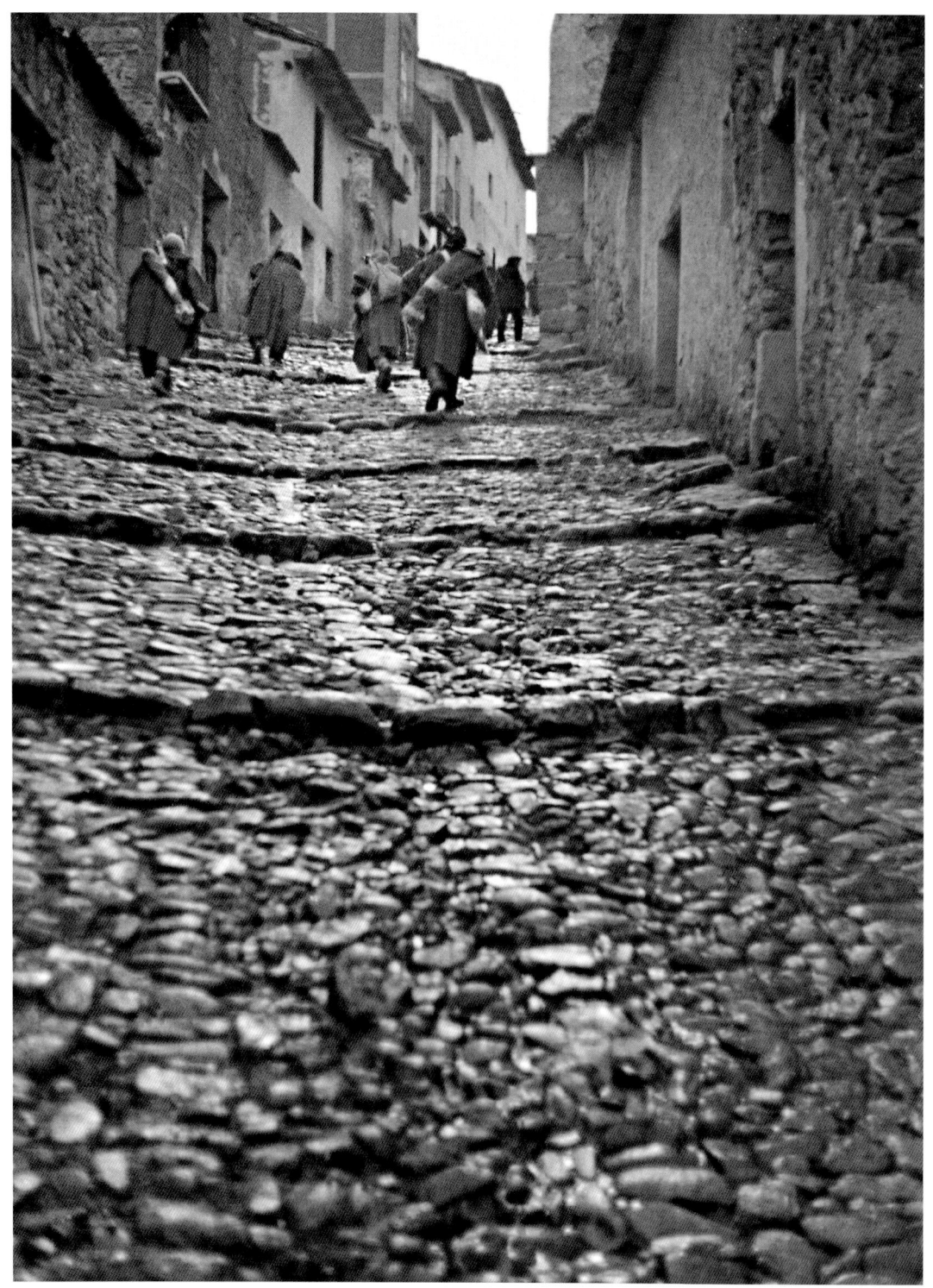

152   **Subiendo la Cuesta de Salcedo**

Cogolludo (Guadalajara),
10 de marzo de 1937

Salcedoko aldapa igotzen

Cogolludo (Guadalajara),
1937ko martxoak 10

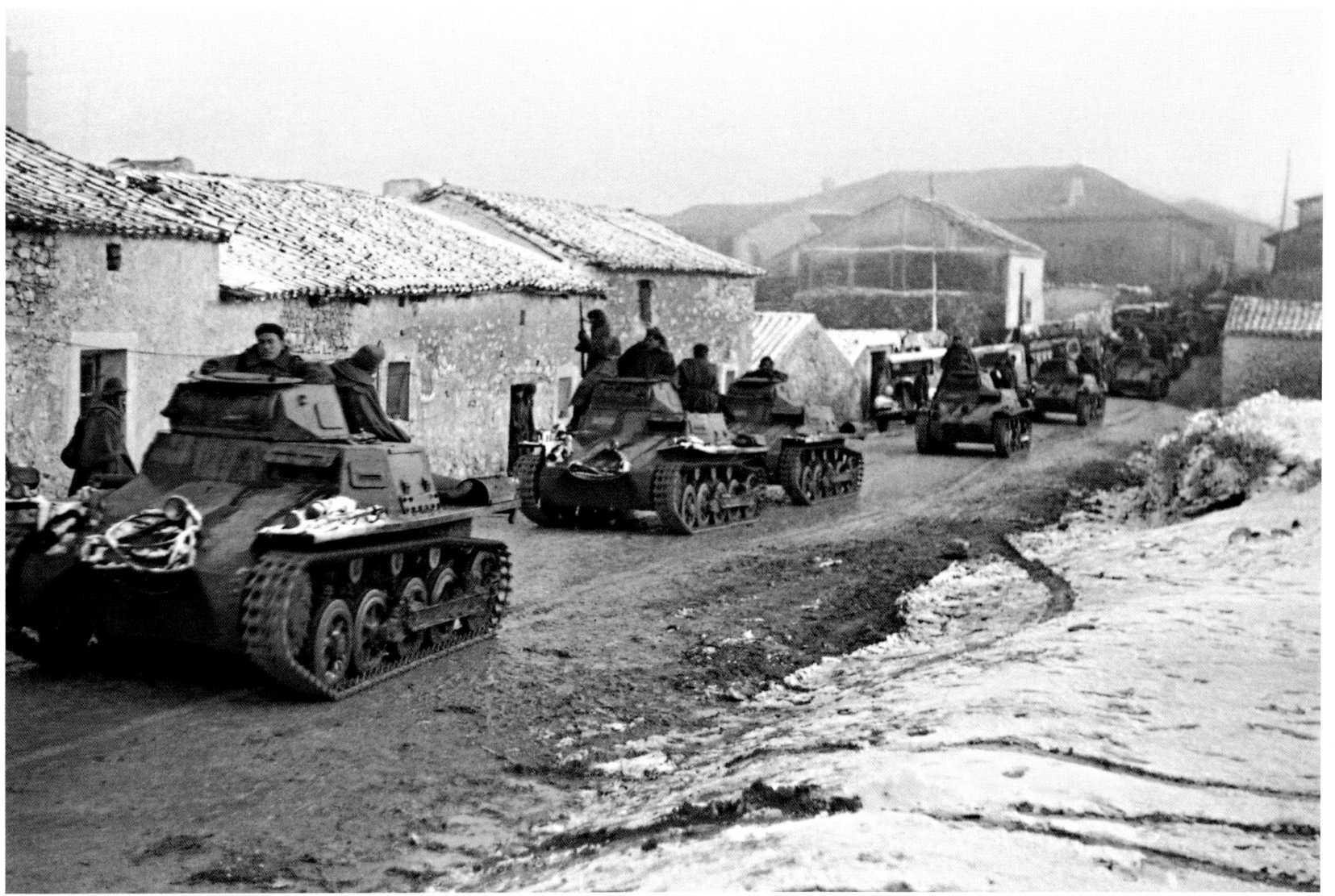

Columna de tanques Panzer I de la División Soria

Guadalajara,
11 de marzo de 1937

Soria Dibisioko Panzer I tankeen zutabea

Guadalajara,
1937ko martxoak 11

Guadalajara eskuratzeko gudua

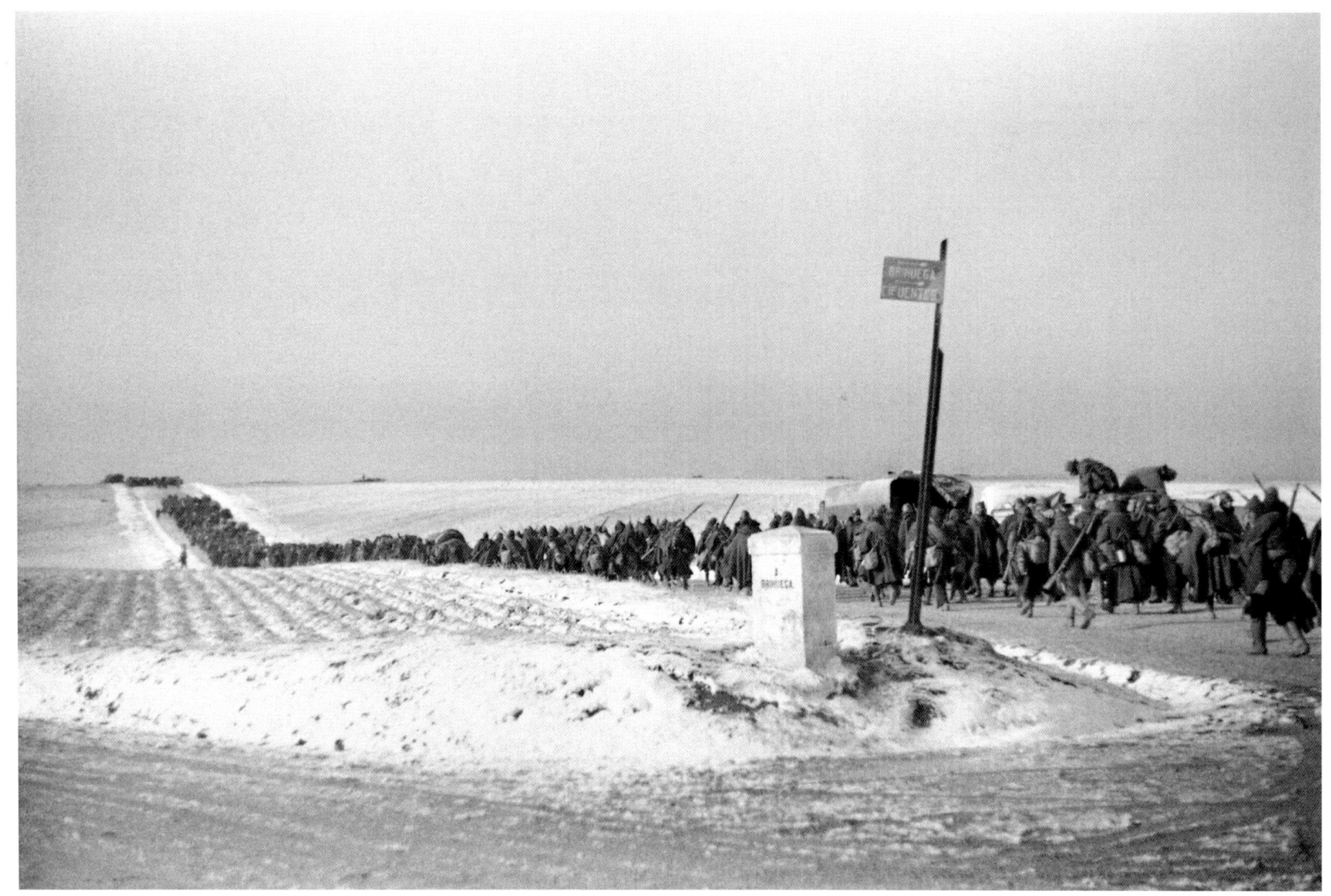

154   Secuencia fotográfica del avance de la columna de
fuerzas nacionales de la División Soria a través de la
carretera Nacional II, tomada desde el cruce a Brihuega
y Cifuentes

Guadalajara,
11 de marzo de 1937

Soria Dibisioko indar nazionalen zutabea II. errepide
nazionalean arrera egiten agertzen duen argazki-se-
kuentzia, Brihuega eta Cifuenteserako bidegurutzetik
egina

Guadalajara,
1937ko martxoak 11

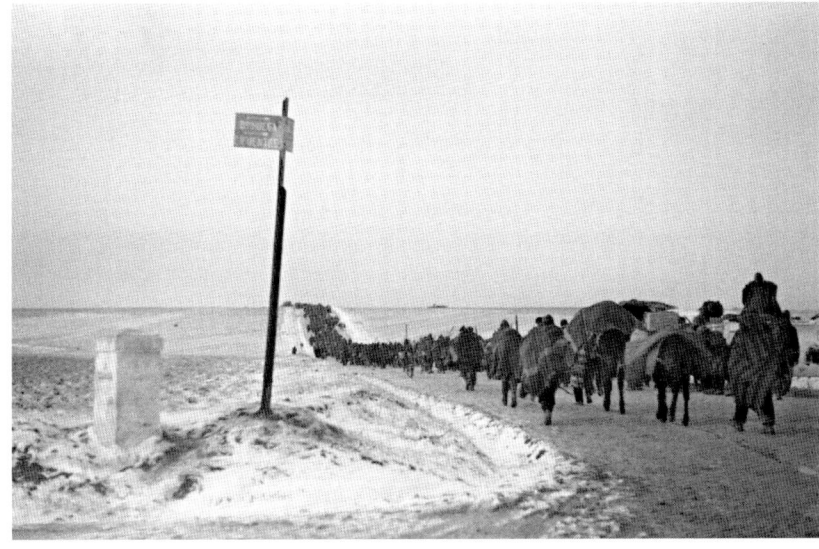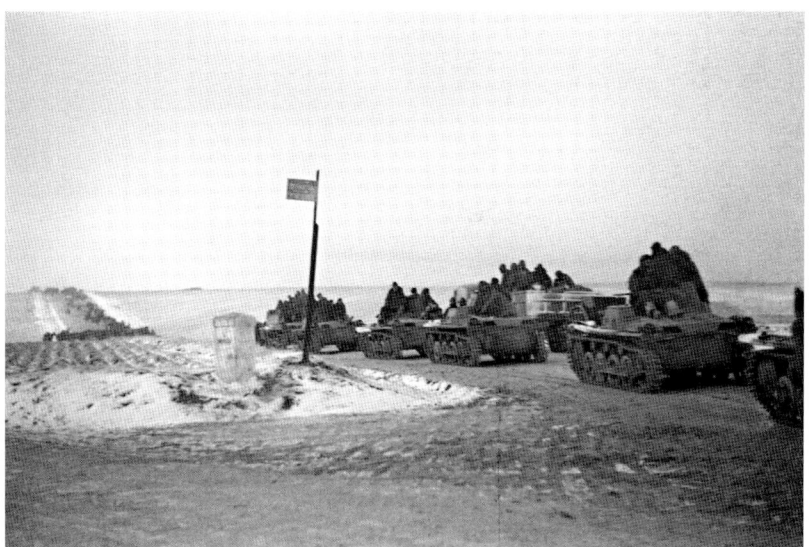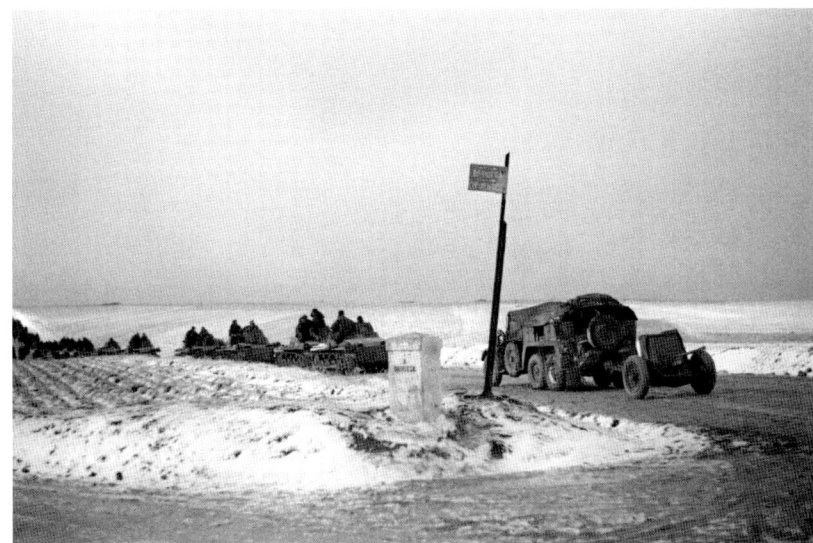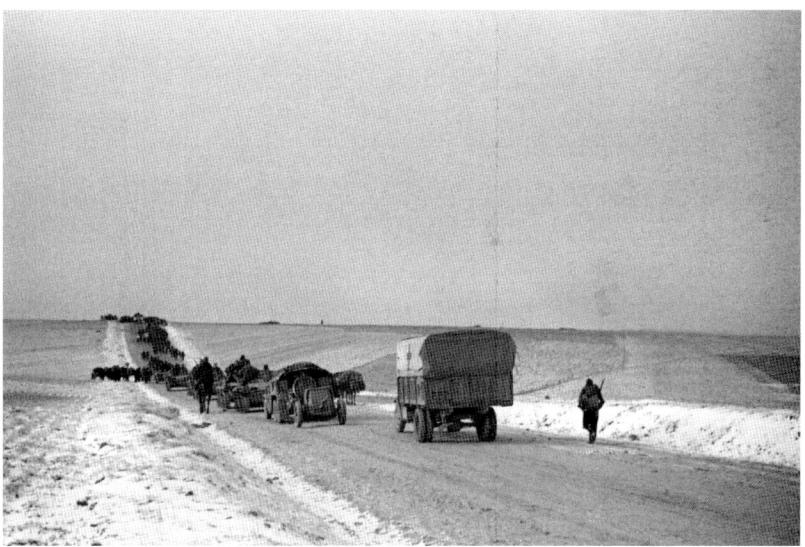

Guadalajara eskuratzeko gudua

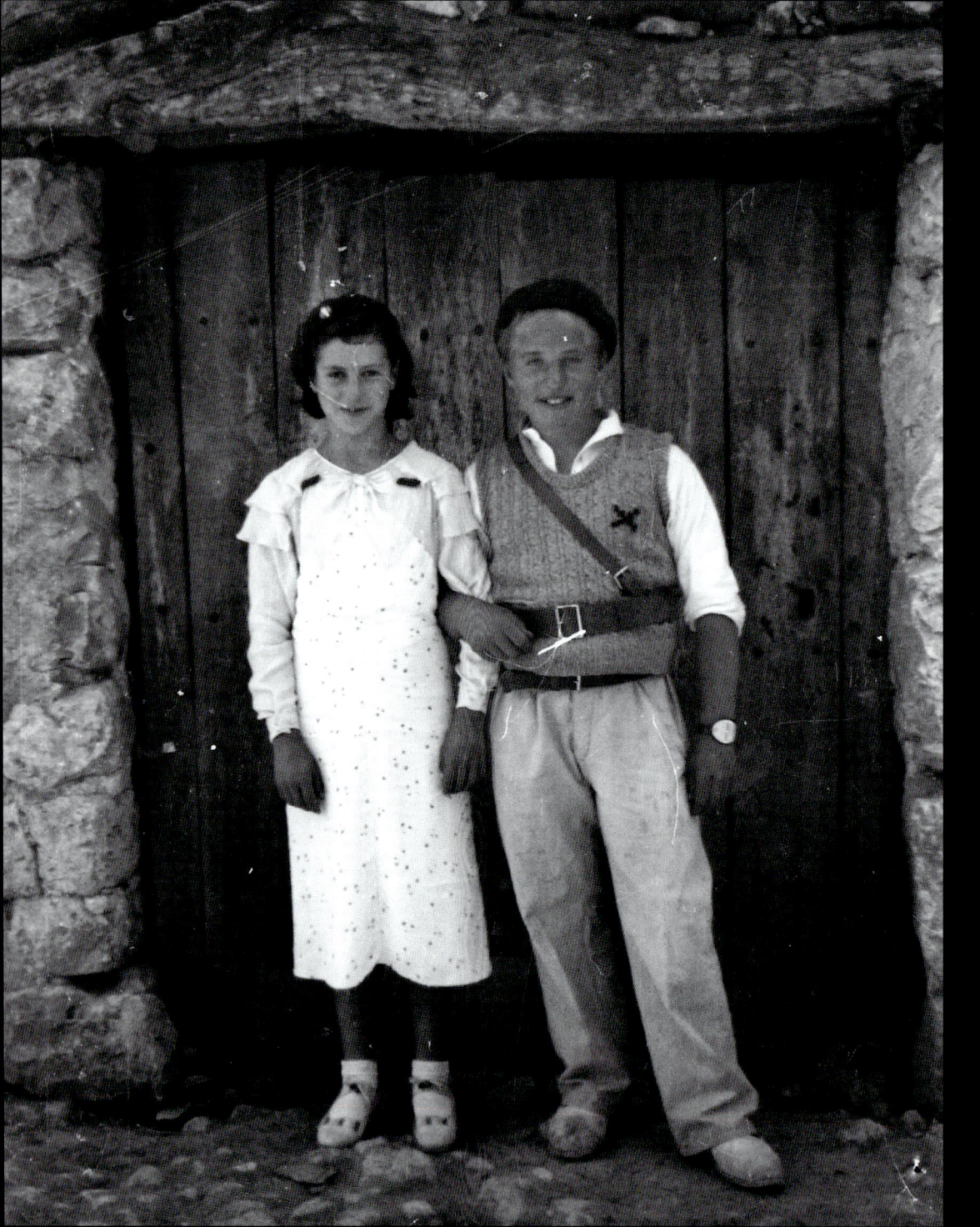

Joven requeté y margarita en Casas de San Galindo (Guadalajara)

Julio de 1937

Errekete gaztea eta margarita Casas de San Galindo (Guadalajara)

1937ko uztaila

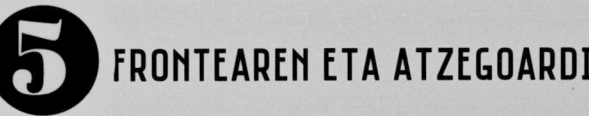
Gracias a su puesto como chófer de intendencia, Sebastián Taberna realizó durante la campaña varios viajes a ciudades de la retaguardia. En ellos, siguiendo su inclinación por la fotografía de reportaje, plasmaría en imágenes unas poblaciones que, a pesar de la distancia con los frentes, vivían con intensidad el curso de la contienda.

La guerra parecía impregnarlo todo: celebraciones y desfiles en las calles, la presencia de combatientes de permiso o recuperándose de sus heridas en batalla, enfermeras de guerra, industrias adaptadas a la producción de armamento y el miedo permanente a los bombardeos aéreos. Hasta los niños permanecían inmersos en el ambiente bélico, en un inconsciente jugar a ser soldados. Y, a pesar de todo, la vida continuaba.

Los hospitales de guerra suponían un nexo de unión entre el frente y la retaguardia. Para el combatiente, fueron lugares de recuperación en los que, por un tiempo, poder olvidar los riesgos y penalidades de la vida de campaña. Un espacio de descanso, de convivencia e intercambio de noticias; a veces, también un lugar para la despedida de aquellos que no lograron superar heridas y enfermedades.

Intendentziako txofer postuari esker, Sebastián Tabernak kanpainan zehar hainbat bidaia egin zituen atzegoardiako hirietara. Horietan, erreportaje-argazkigintzarekiko zaletasunari jarraituz, fronteekiko distantzia gorabehera, liskarra intentsitatez bizi zuten herrien pultsua islatu zuen irudietan.

Gerrak dena blaitzen zuela zirudien: ospakizunak eta desfileak kaleetan, baimenean zeuden edo gudu-zaurietatik sendatzen ari ziren borrokalarien presentzia, gerrako erizainak, armamentu-ekoizpenera egokitutako industriak eta aireko bonbardaketen etengabeko beldurra. Haurrak ere gerra-giroan murgilduta zeuden, jabetu gabe soldadu izatera jolasten. Eta, hala eta guztiz ere, bizitzak aurrera jarraitzen zuen.

Gerrako ospitaleak frontearen eta atzegoardiaren arteko lotura ziren. Borrokalariarentzat, aldi batez, kanpainako bizitzako arriskuak eta nekeak ahazteko bide ematen zuten lekuak izan ziren. Atseden hartzeko, elkarrekin bizitzeko eta berriak partekatzeko gune bat; batzuetan, zauriak eta gaixotasunak gainditzea lortu ez zutenak agurtzeko leku bat ere bai.

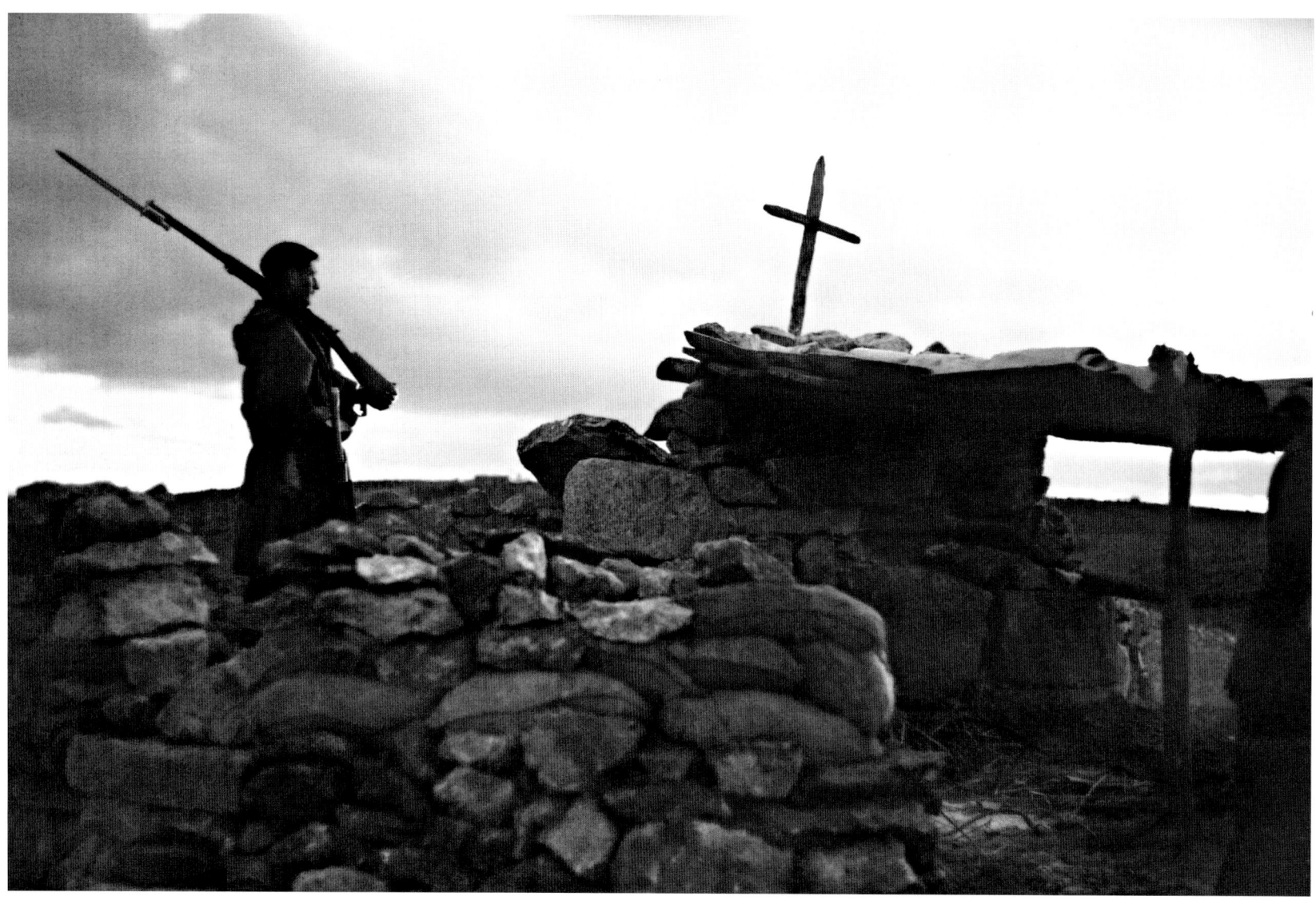

Guardia junto a la chabola

Renales (Guadalajara),
1 de marzo de 1937

Guardia txabolaren ondoan

Renales (Guadalajara),
1937ko martxoak 1

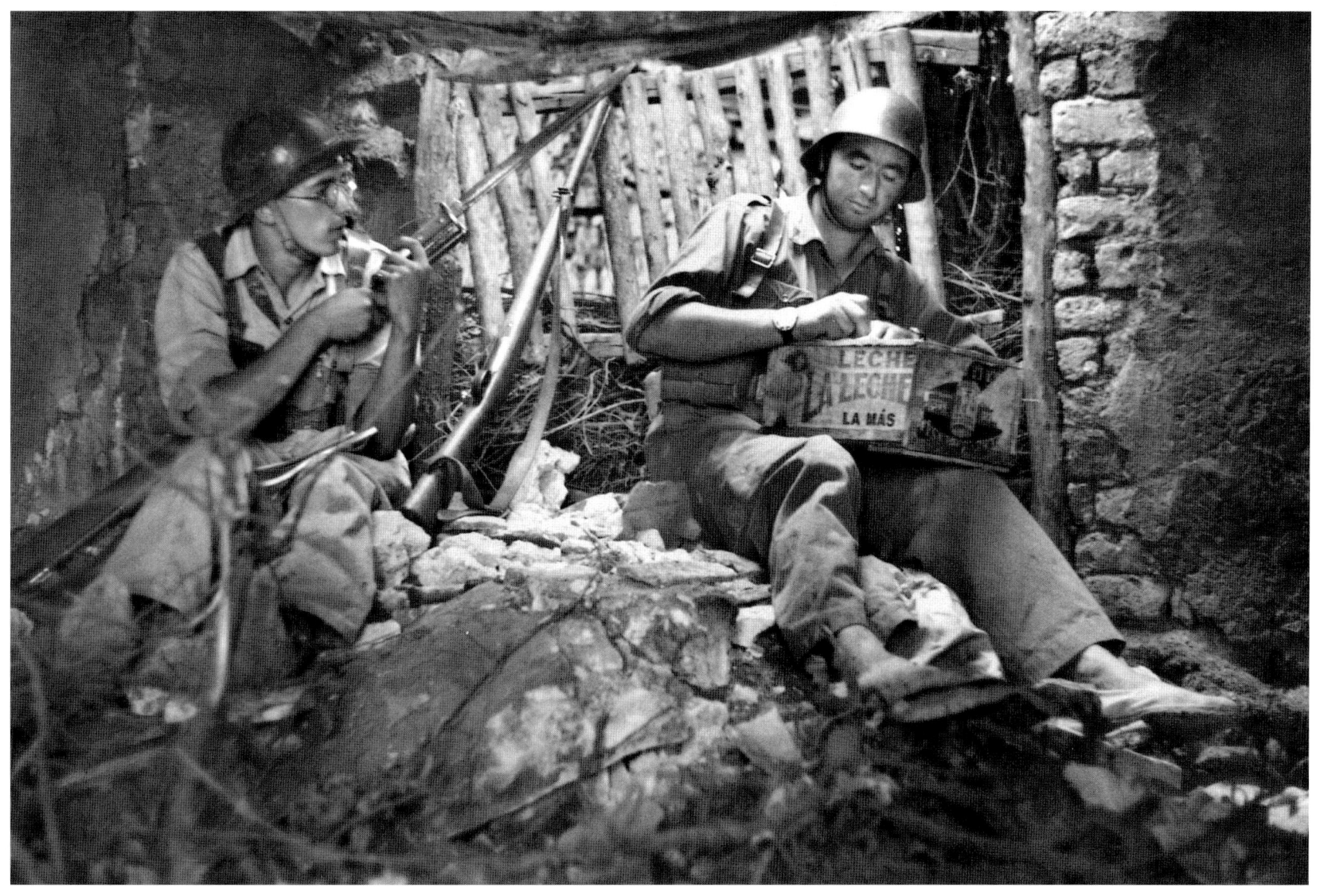

Escribiendo a casa en el parapeto

Jadraque (Guadalajara),
junio de 1937

Parapetoan etxekoi idazten

Jadraque (Guadalajara),
1937ko ekaina

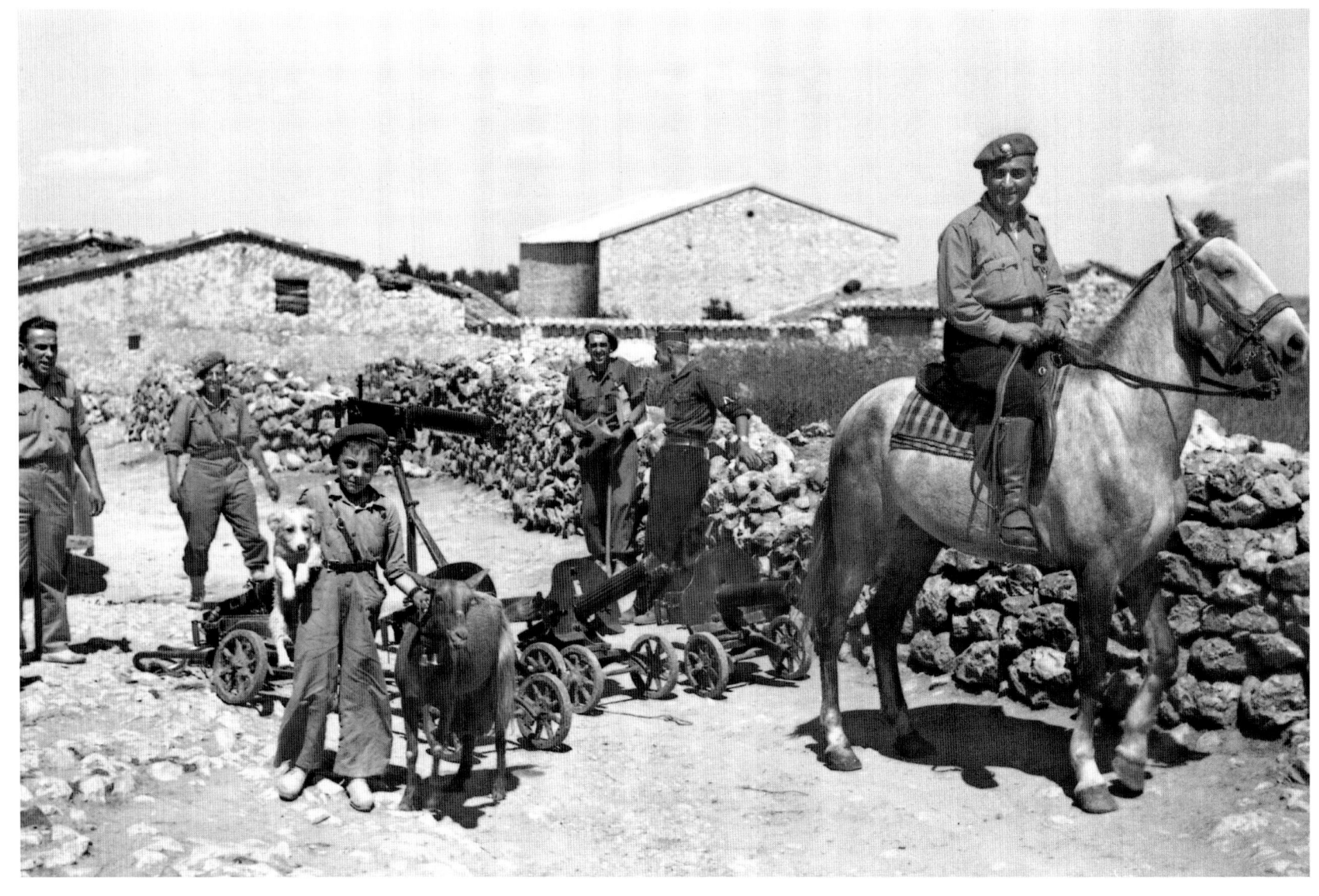

«Pelayo» con sus mascotas, el teniente coronel
Sotelo a caballo y ametralladoras rusas capturadas
al enemigo

Casas de San Galindo (Guadalajara),
junio de 1937

«Pelayoa» bere maskotekin, Sotelo teniente koronela
zaldi gainean eta etsaiari atzemandako errusiar
metrailadoreekin

Casas de San Galindo (Guadalajara),
1937ko ekaina

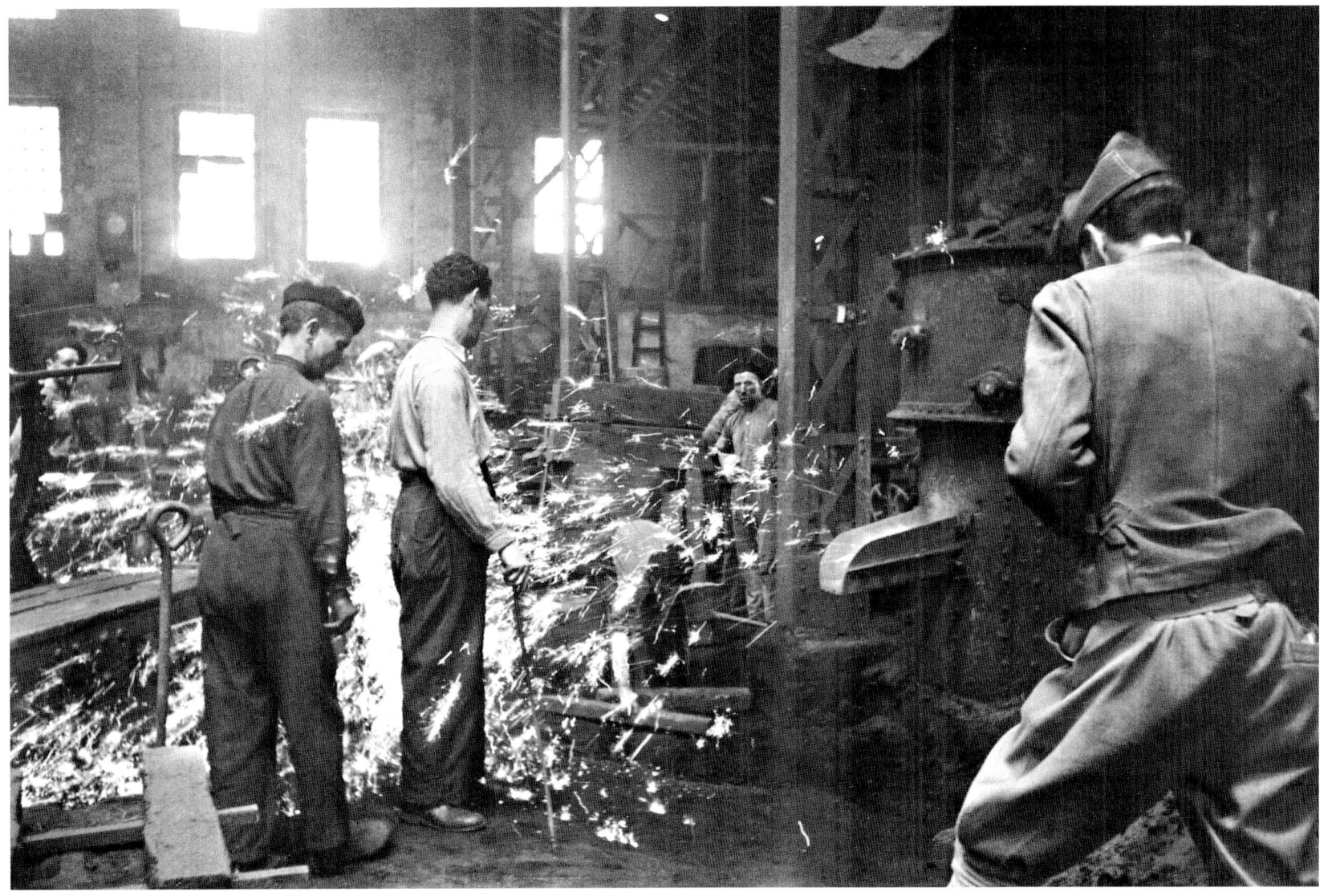

Nave de fundición de Casa Sancena

Pamplona,
febrero de 1938

Casa Sancenaren fundizio-nabea

Iruña,
1938ko otsaila

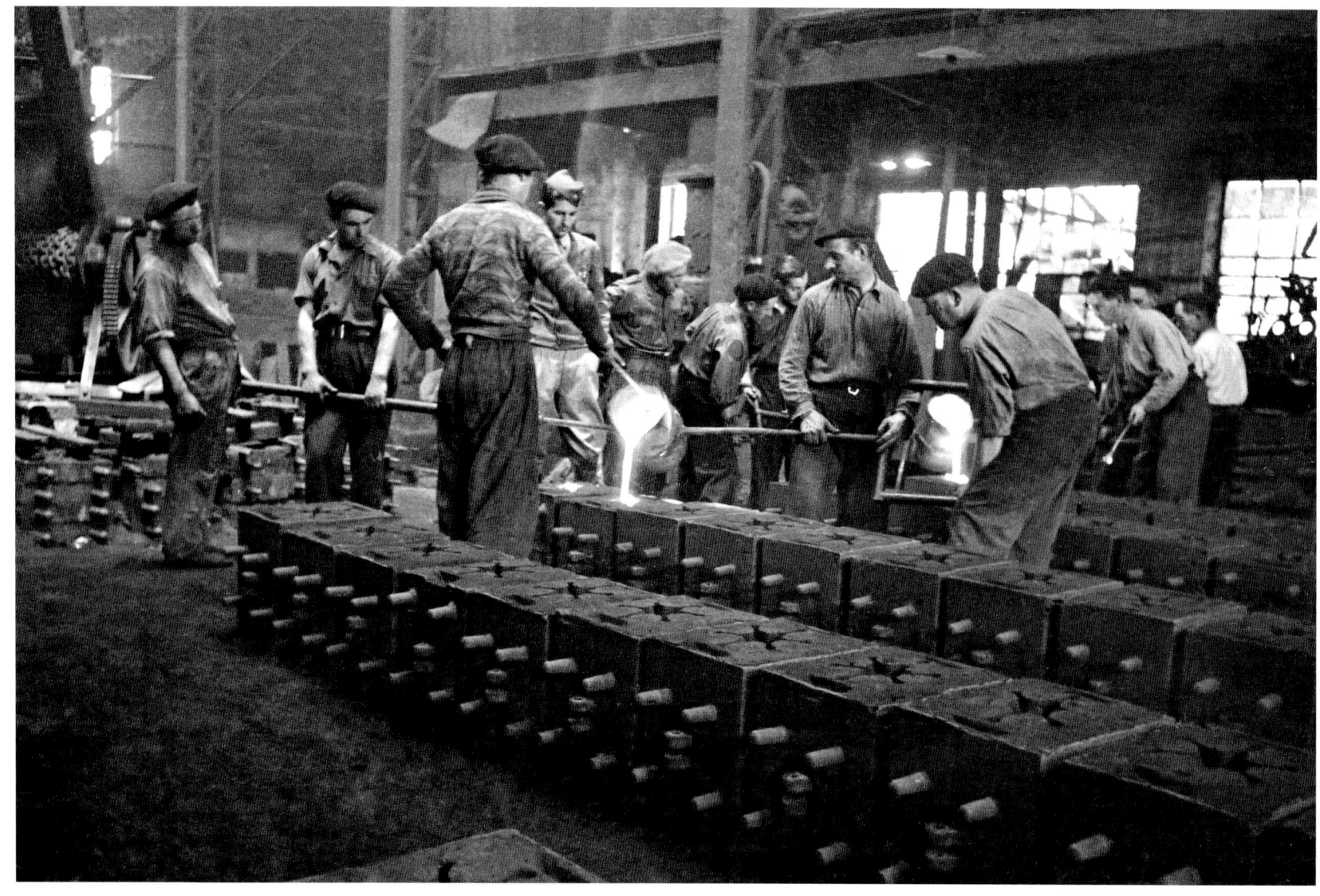

**Fundición de proyectiles en las instalaciones
de Casa Sancena**

Pamplona,
febrero de 1938

**Casa Sancenako instalazioetan jaurtigaiak
moldatzea**

Iruña,
1938ko otsaila

Entre el frente y la retaguardia

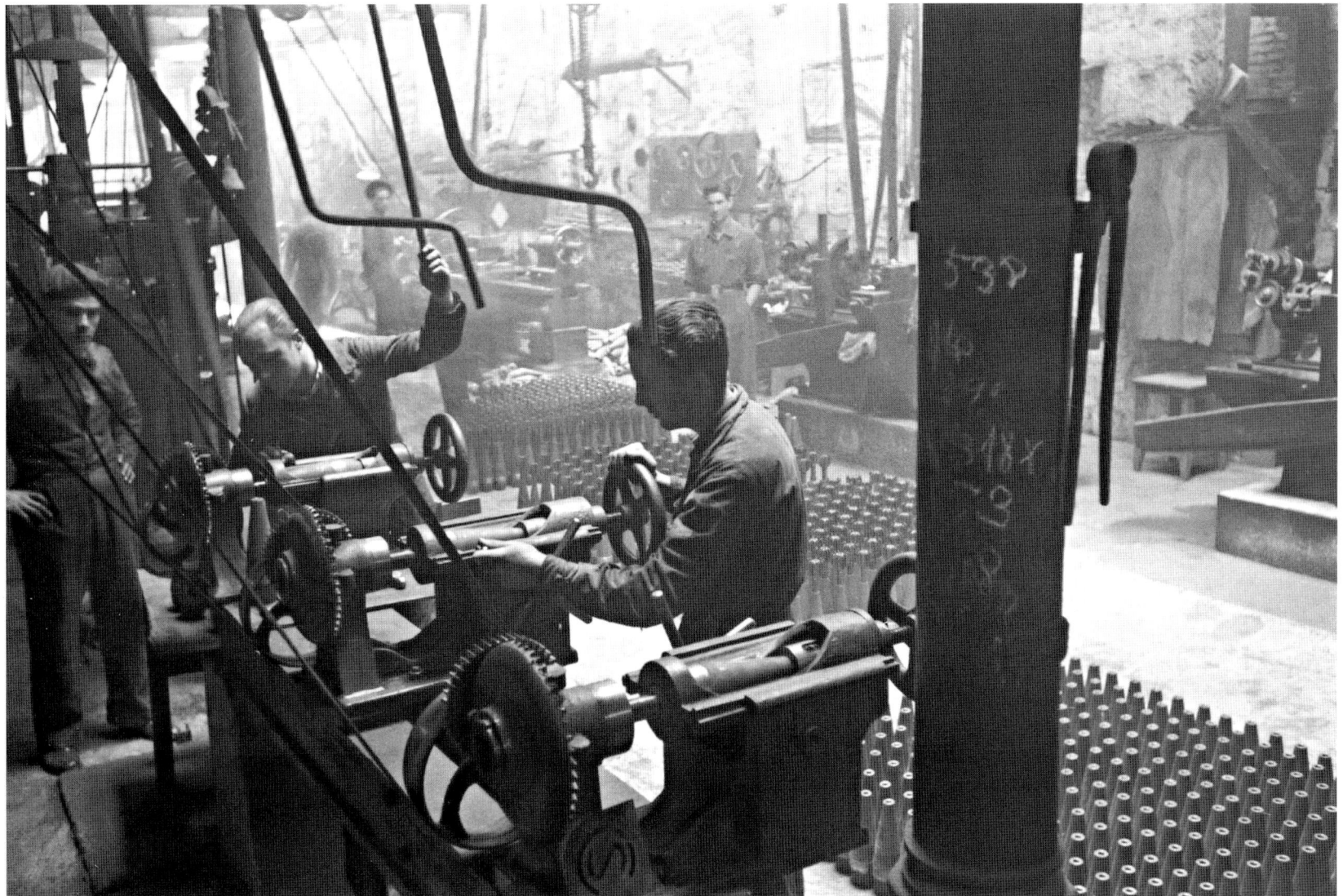

Pulido y calibrado de proyectiles

Pamplona,
febrero de 1938

Jaurtigaiak leundu eta kalibratzea

Iruña,
1938ko otsaila

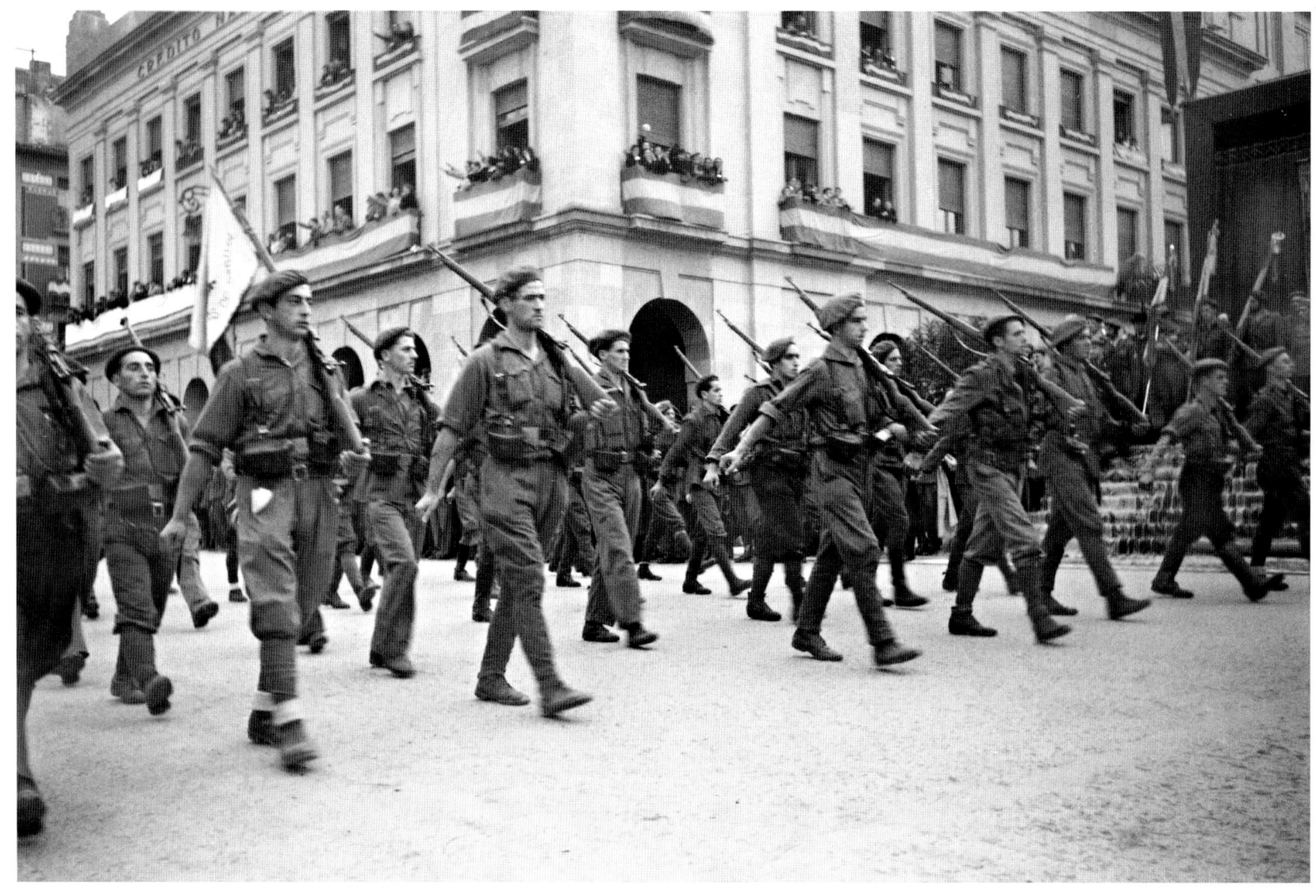

164   **Requetés del Tercio de Montejurra desfilando en la Plaza del Castillo a su regreso del frente norte**

Pamplona,
9 de noviembre de 1937

Jurramendiko Tertzioko erreketeak iparraldeko frontetik itzuli eta gero Gazteluko plazan desfilatzen

Iruña,
1937ko azaroak 9

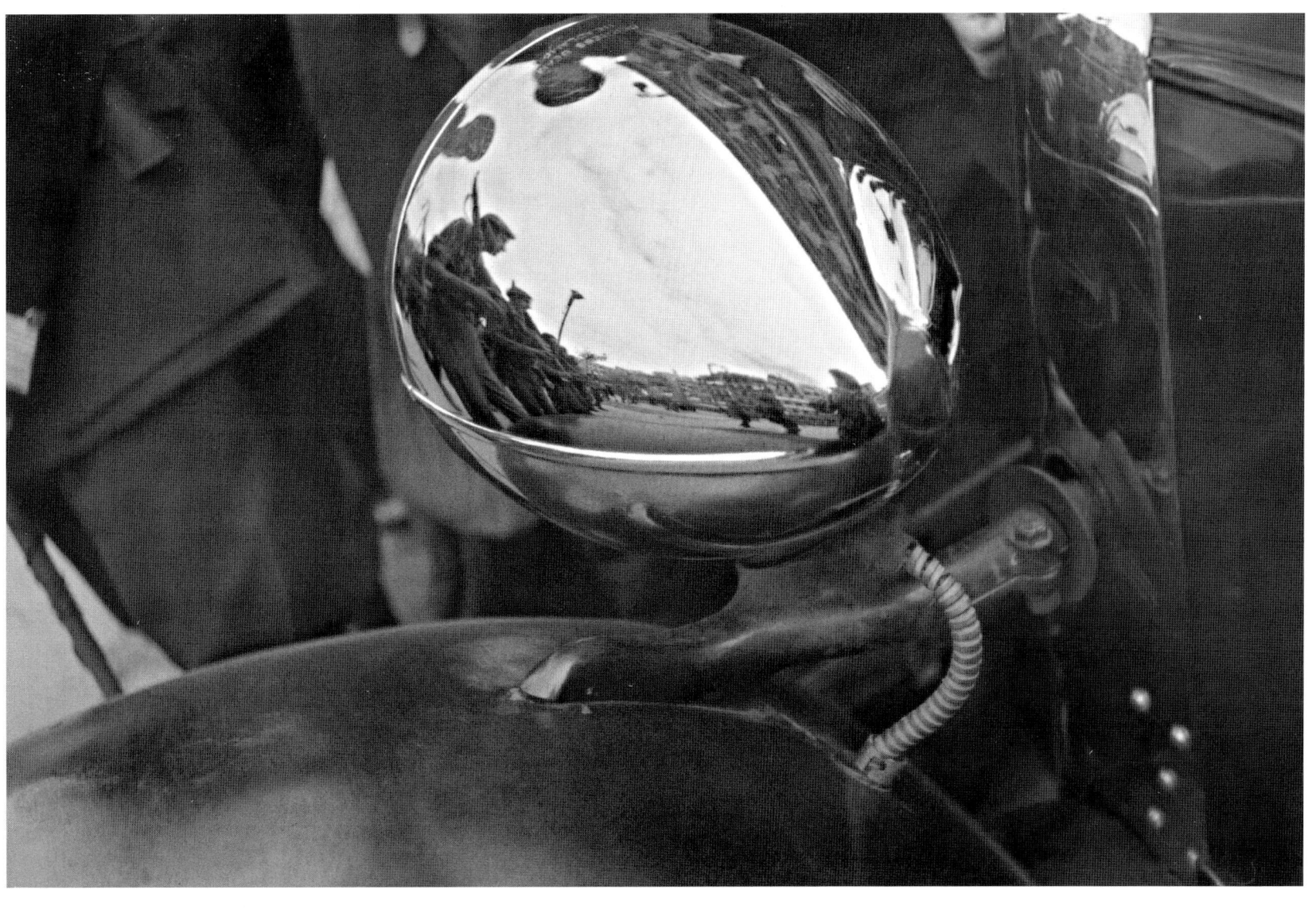

El desfile reflejado en el faro de un automóvil

Plaza del Castillo (Pamplona),
9 de noviembre de 1937

Desfilea auto baten faroan islatuta

Gazteluko plaza (Iruña),
1937ko azaroak 9

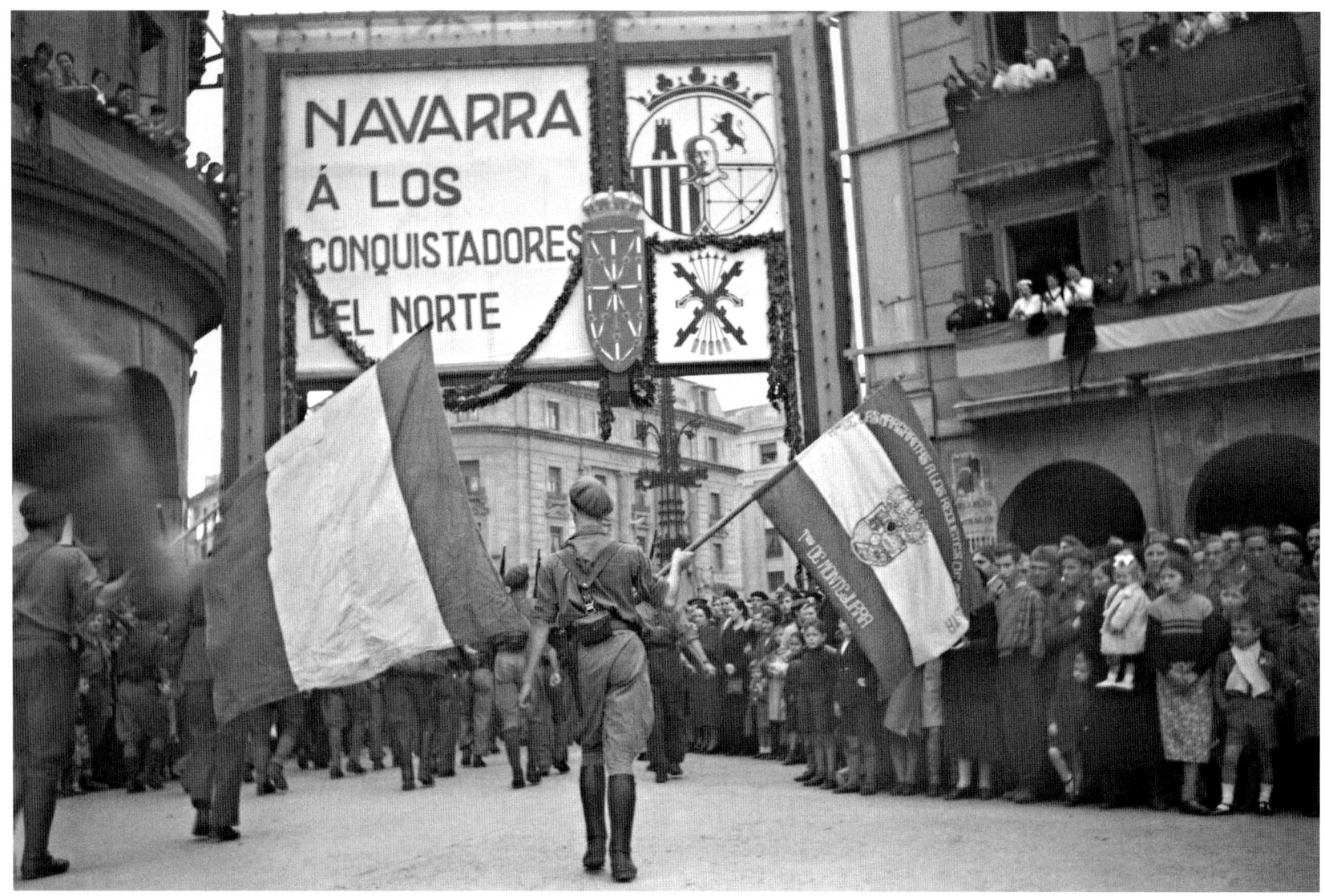

166 **Paso de las Brigadas de Navarra por el arco conmemorativo**

Pamplona,
9 de noviembre de 1937

Nafarroako Brigadak oroitzapenezko arkua zeharkatzen

Iruña,
1937ko azaroak 9

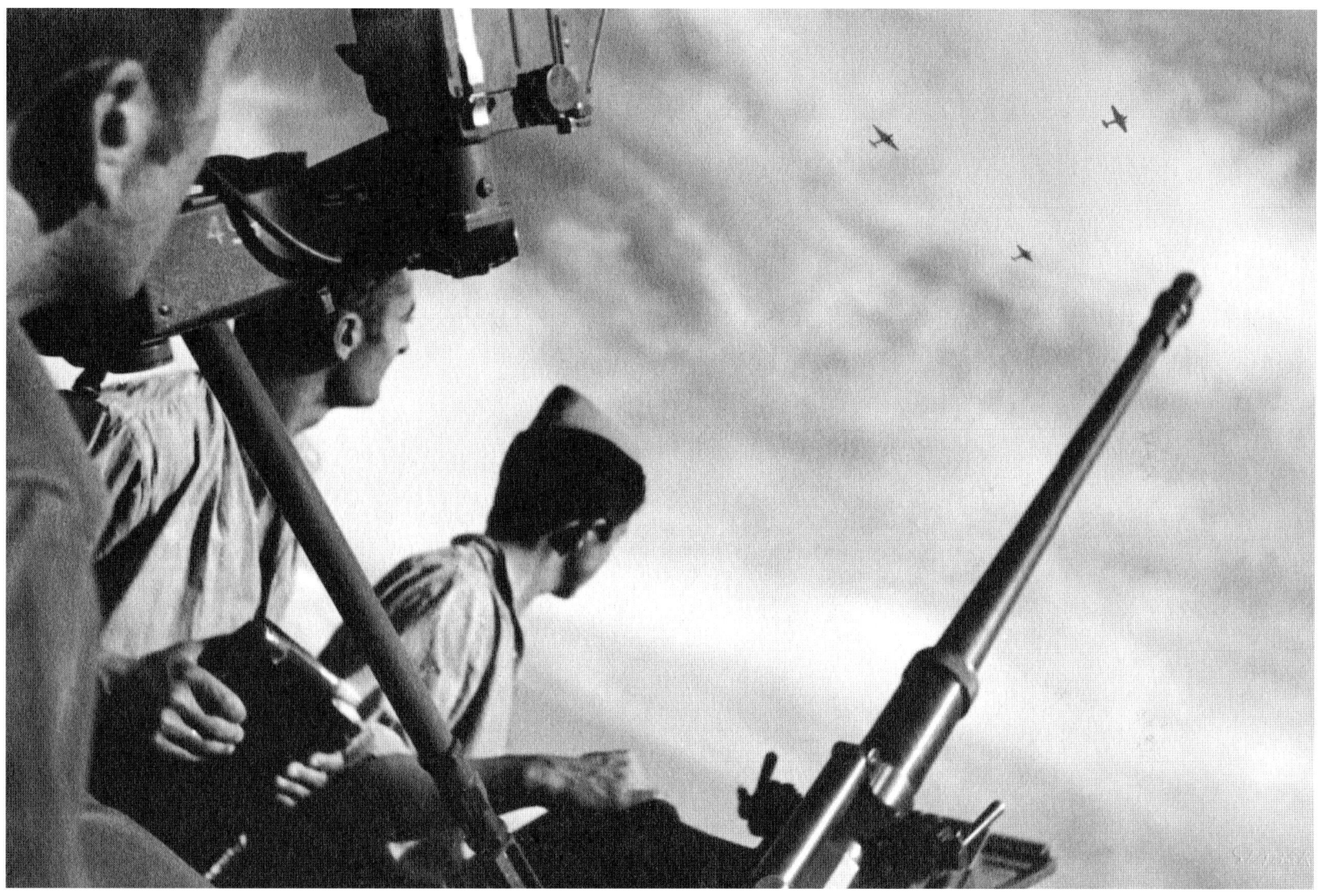

Pieza antiaérea observando el paso de la aviación

Jadraque (Guadalajara),
12 de junio de 1937

Pieza antiaereoa hegazkinak nola igarotzen diren behatzen

Jadraque (Guadalajara),
1937ko ekainak 12

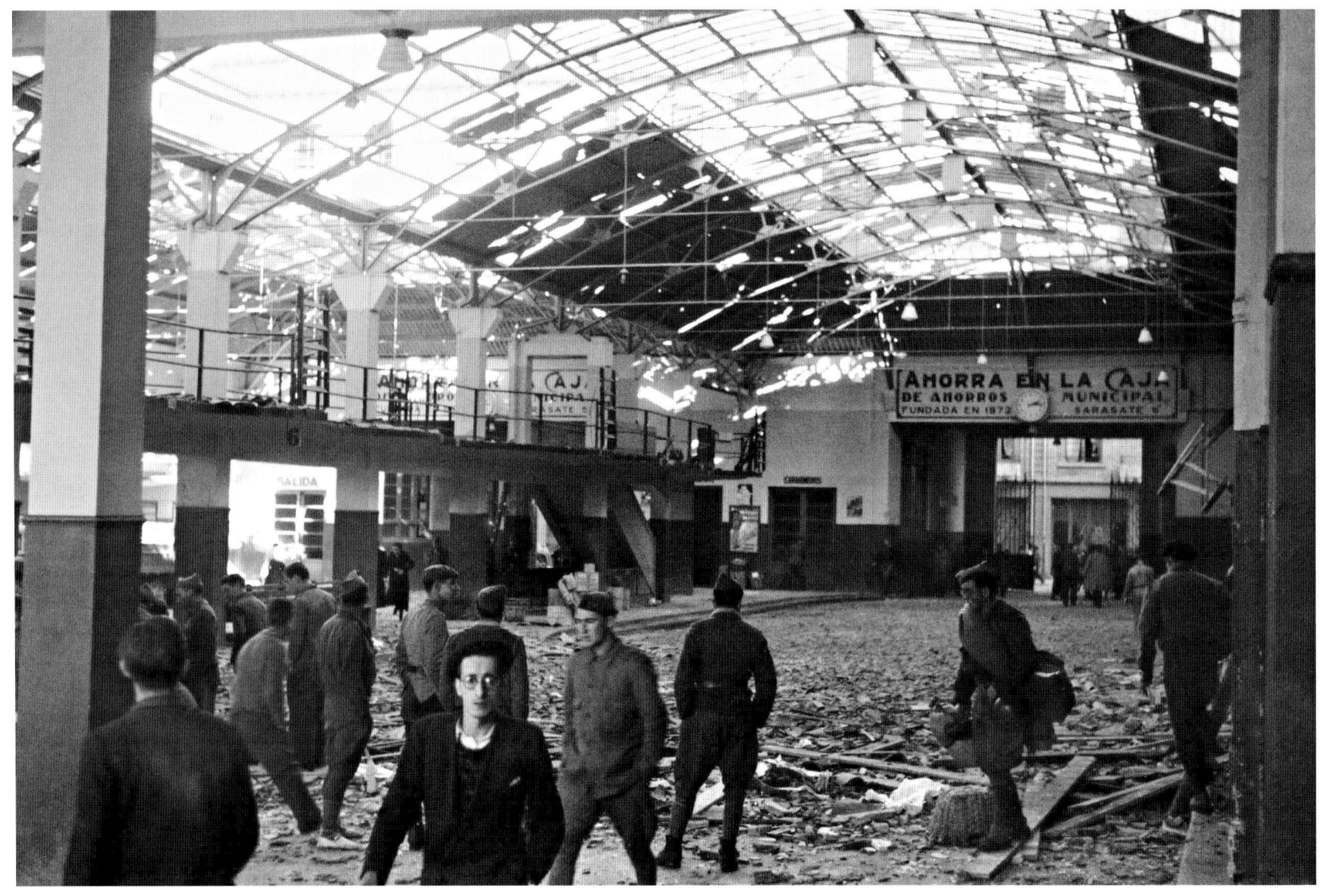

168

**Destrozos en el interior de la estación de autobuses
tras el bombardeo de la aviación republicana**

Pamplona,
11 de noviembre de 1937

**Autobus-geltokiaren barrualdea suntsituta, hegazkin
errepublikanoen bonbardaketa eta gero**

Iruña,
1937ko azaroak 11

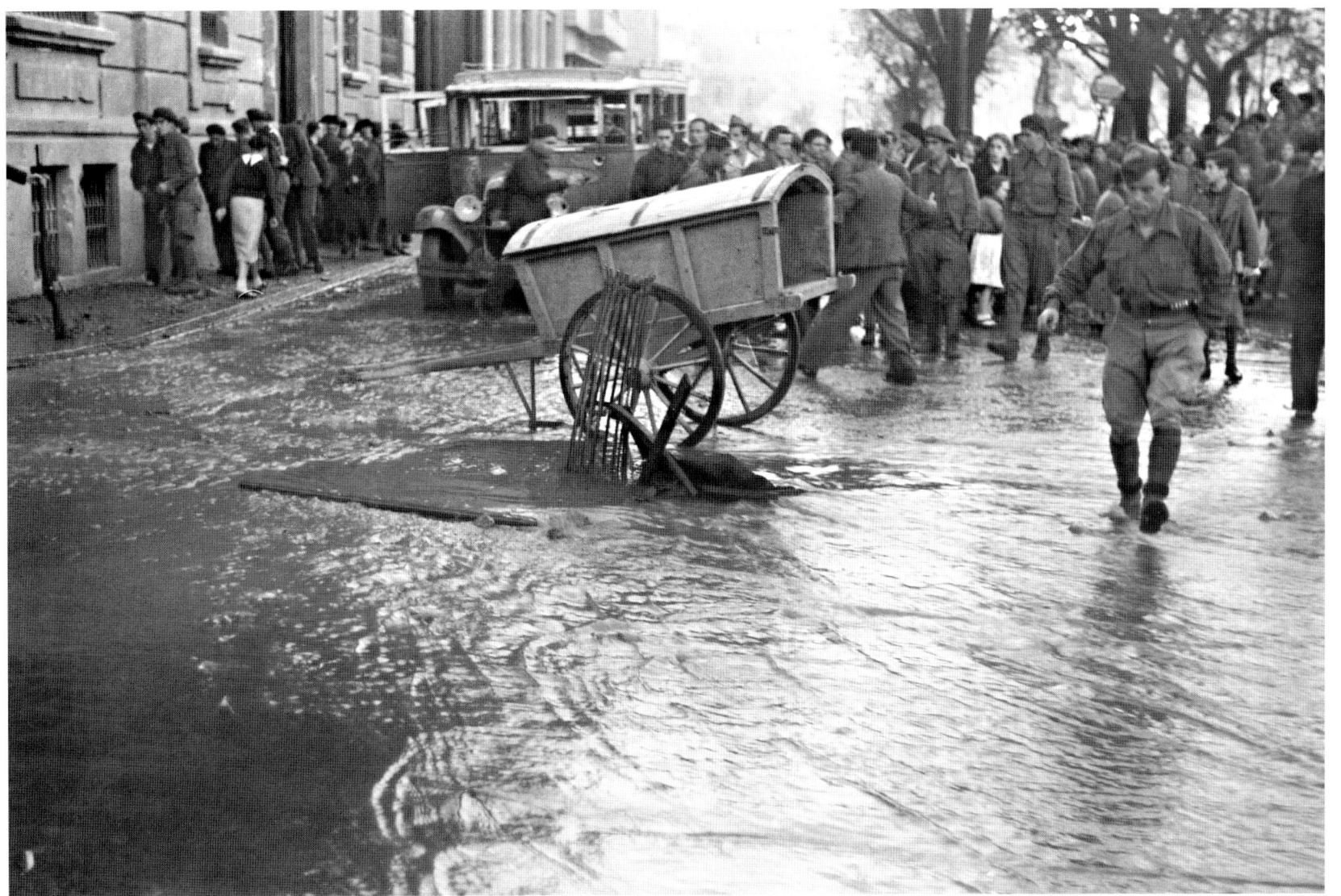

Fuga de agua provocada por el impacto de una
bomba de aviación entre el edificio de la Diputación
Foral y el Banco de España

Pamplona,
11 de noviembre de 1937

Foru Aldundiaren eraikinaren eta Espainiako
Bankuaren artean hegazkin-bonba baten inpaktuak
eragindako uraren argazkia

Iruña,
1937ko azaroak 11

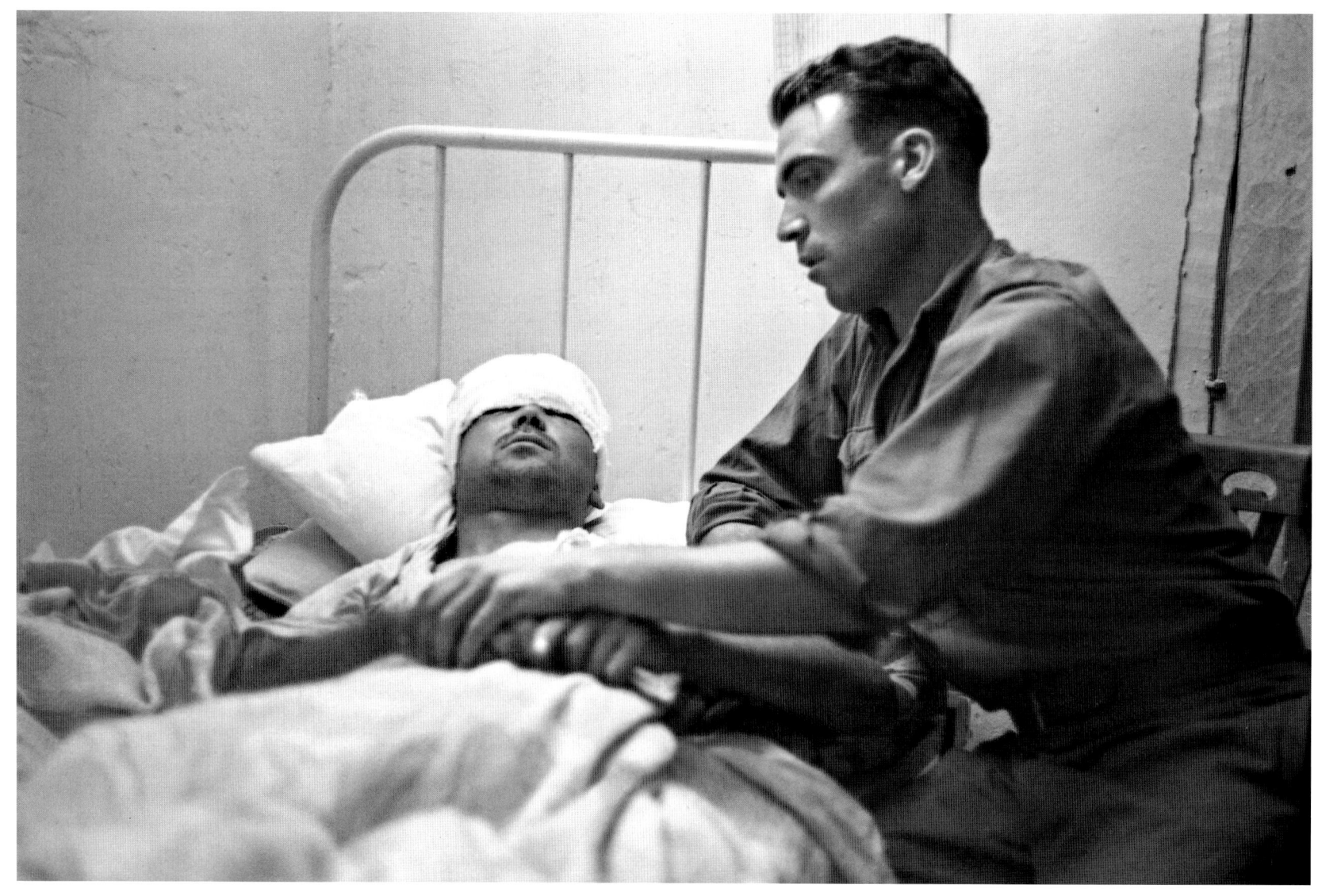

170 **«El Cedazo» despidiéndose de su hermano**

Hospital de Jadraque (Guadalajara),
10 de junio de 1937

«El Cedazo» bere anaia agurtzen

Jadraqueko (Guadalajara) ospitalea,
1937ko ekainak 10

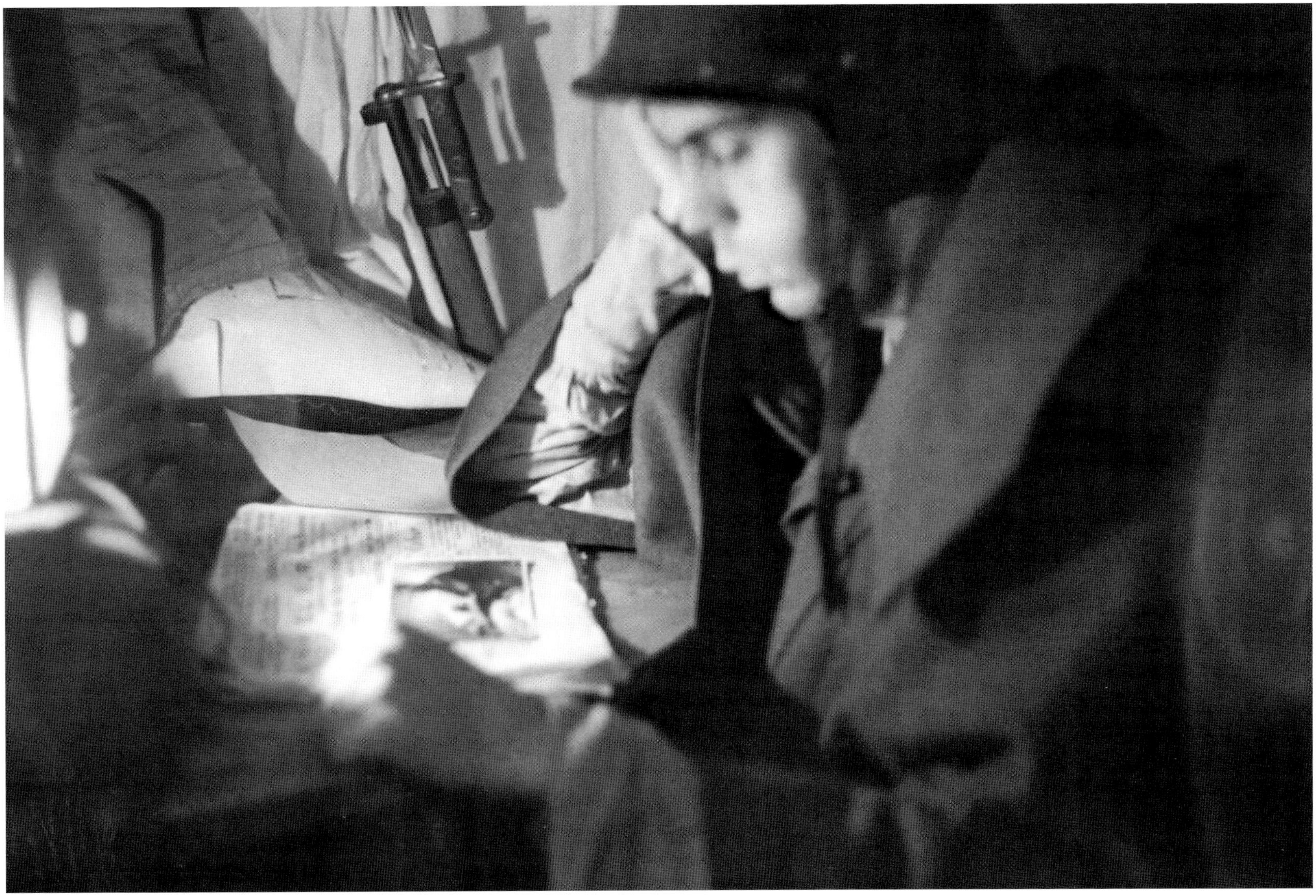

Recordando al compañero caído

Jadraque (Guadalajara),
junio de 1937

Eroritako gudakidea oroitzen

Jadraque (Guadalajara),
1937ko ekaina

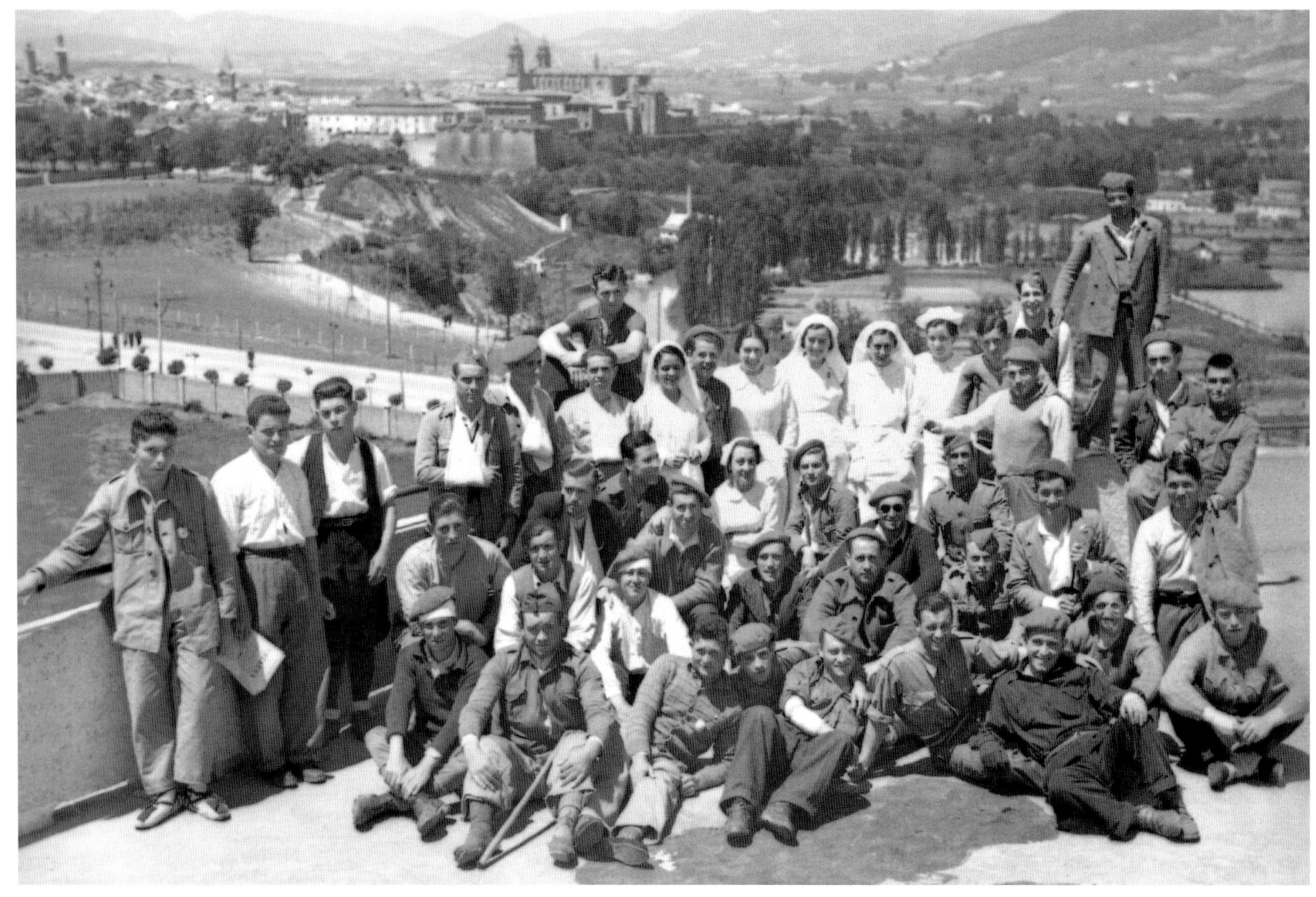

172   **Heridos y enfermeras en la terraza del Hospital Alfonso Carlos**

Seminario de Pamplona,
junio de 1937

Zaurituak eta erizainak Alfonso Carlos ospitaleko terrazan

Iruñeko seminarioa,
1937ko ekaina

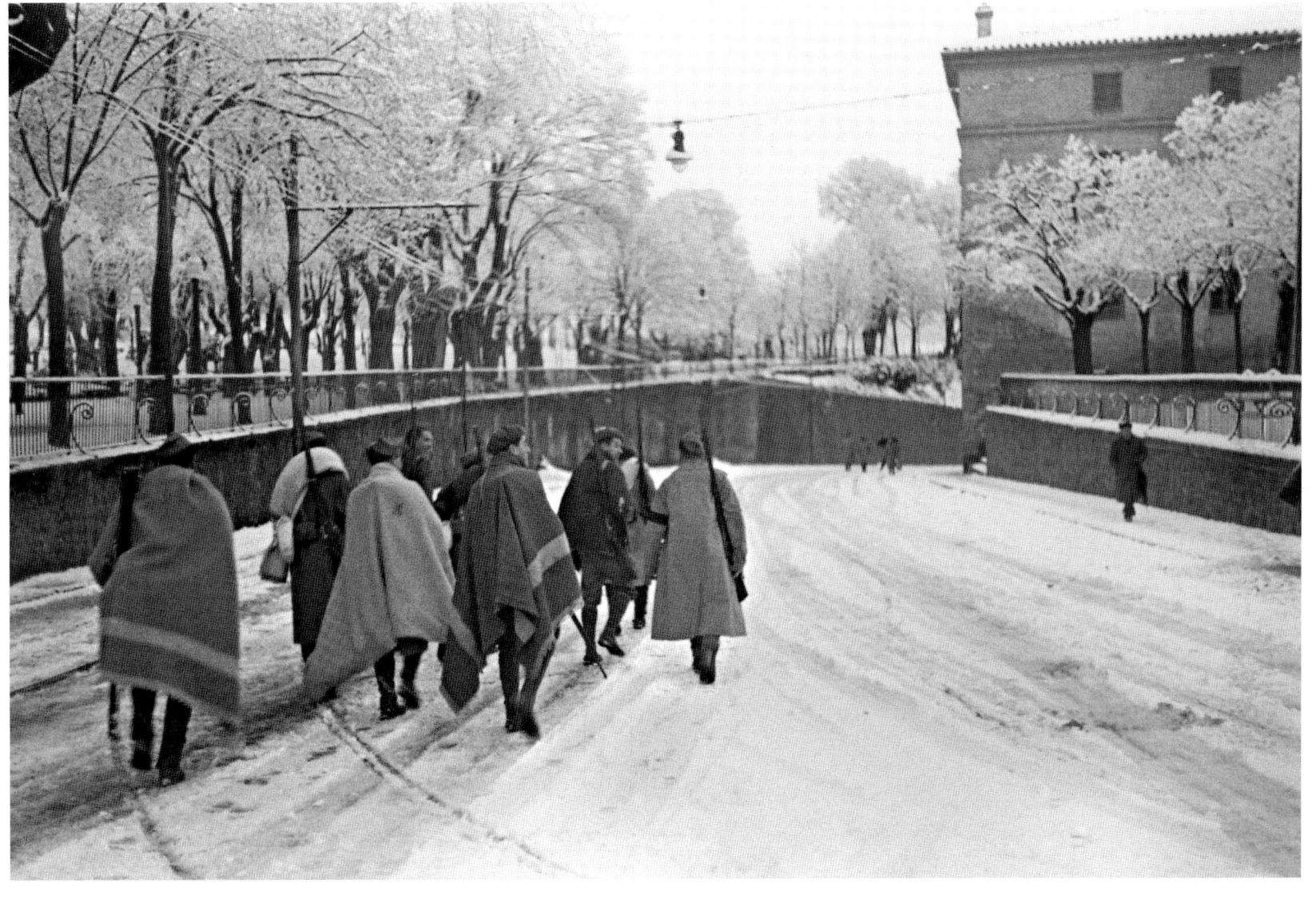

Soldados saliendo de Pamplona tras una nevada por
la Taconera, camino de la Estación del Norte

Pamplona,
febrero de 1938

Elurte baten ondoren, soldaduak Iruñetik irteten
Takoneran zehar, Iparraldeko Geltokira bidean

Iruña,
1938ko otsaila

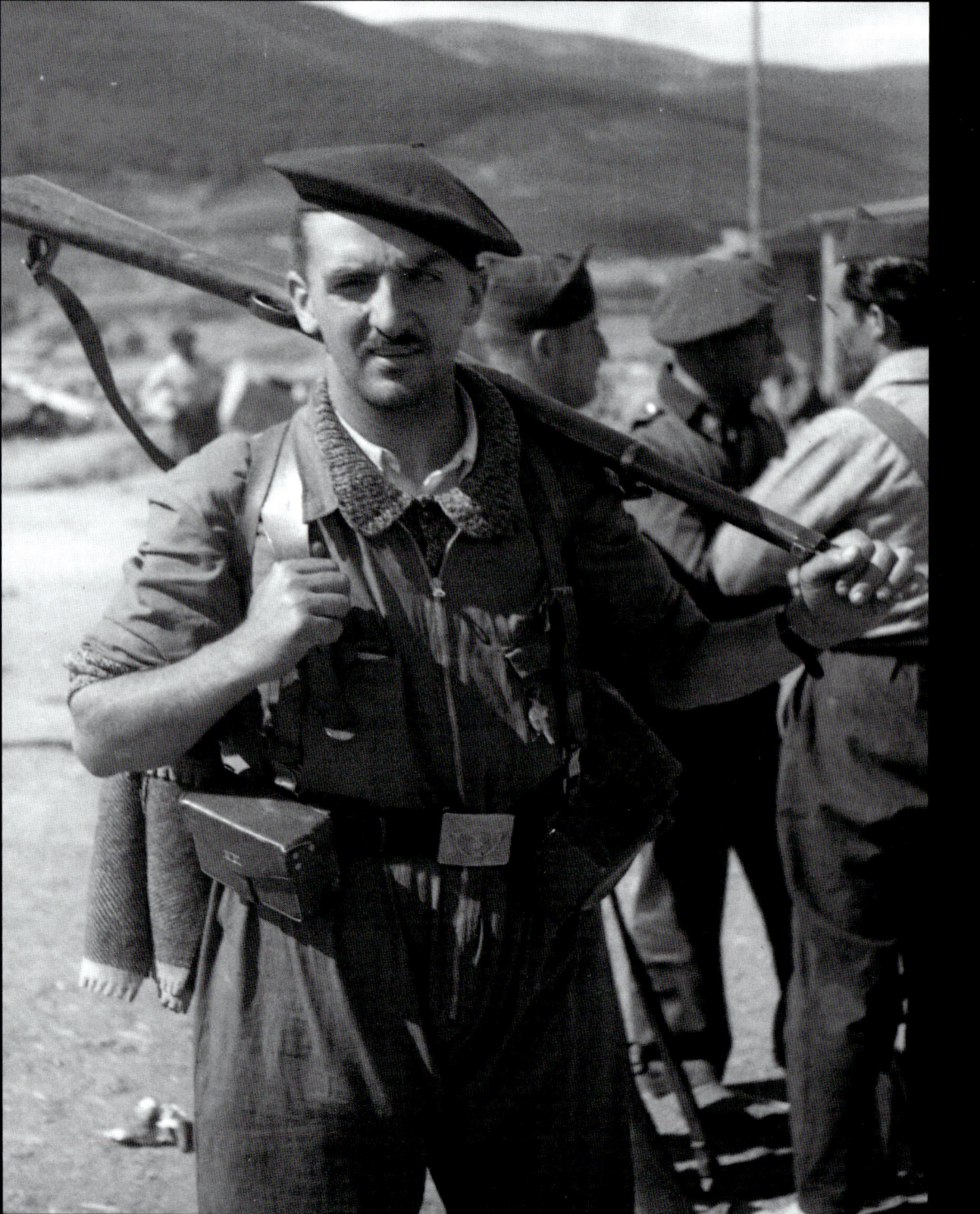

Sebastián Taberna en el campamento
de Navafría (Segovia)

Agosto de 1936

Sebastián Taberna Navafríako (Segovia)
kanpamentuan

1936ko abuztua

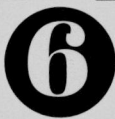
Además del reportaje de acción, Sebastián Taberna practicó durante este perio-do con notable talento otras disciplinas fotográficas como el retrato, el bodegón o la temática costumbrista. Su faceta más experimental se manifestó en el in-terés por la búsqueda de planos arriesgados, juegos de reflejos o escenarios lumínicos extremos.

Una parte importante de su producción bélica se centró en la vida del soldado en campaña y su mundo interior, abordada desde la propia perspectiva del comba-tiente, quizá debido a su doble condición de fotógrafo y requeté.

El hecho de revelar, positivar y distribuir las instantáneas entre sus compañeros en el mismo frente, a veces en lugares y circunstancias inverosímiles, confiere a Sebastián Taberna una singularidad excepcional entre quienes fotografiaron la Guerra Civil española.

Hay que tener en cuenta que esa imagen, que podía ser la última, suponía para el combatiente no sólo un recuerdo; era también una incuestionable fe de vida y salud, un vínculo material de conexión con los seres queridos que esperaban. A lo largo de la contienda, sus fotografías recorrerían infinidad de frentes y po-blaciones de la retaguardia entre las pertenencias de los propios soldados o acompañando sus cartas.

También entre los vecinos de aquellas localidades afectadas por la guerra a quienes retrató, como recuerdo del «requeté fotógrafo» que hospedaron en sus casas. Una fotografía testimonial, afectiva, no propagandística; y ahí, precisa-mente, reside su especial valor.

Ekintza-erreportajeaz gain, garai horretan Sebastián Tabernak bestelako dizipli-na fotografikoak ere talentu handiz praktikatu zituen, hala nola erretratua, natura hila eta gai kostunbristak. Bere alderdirik esperimentalena behin eta berriro pla-no arriskutsuak, isla-jokoak edo muturreko agertoki luminikoak bilatzean adie-razi zuen.

Bere ekoizpen belikoaren zati garrantzitsu batek kanpainako soldaduaren bizitza eta haren barne mundua izan zituen ardatz, bereziki borrokalari gisa zuen ikuspe-gitik landua, agian aldi berean argazkilaria eta erreketea izateak eraginda.

Bere argazkiak errebelatu, positibatu eta fronte bereko borrokalarien artean banatu izanak, zenbaitetan toki eta egoera sinesgaitzetan, aparteko egiten du Sebastián Taberna Espainiako Gerra Zibilaren argazkiak atera zituztenen artean.

Gogoan izan behar da argazki hori, azkena izan zitekeena, oroigarri hutsa ez ezik, bizitzaren eta osasunaren fede ukaezina ere bazen borrokalariarentzat, zain zi-tuen pertsona maiteekin zuen lotura materiala. Guduan zehar, positibatutako bere irudiek atzegoardiako fronte eta herri andana zeharkatuko zituzten bo-rrokalarien gauzen artean edo haien gutunekin batera.

Bere argazkiak, halaber, frontetik gertu zeuden herrietako bizilagunen bizitze-tan barneratu ziren, erretratatu egin baitzituen haien etxeetan ostatatu zuten «errekete argazkilariaren» oroigarri gisa. Testigantzazko argazkia, afektiboa, ez propagandazkoa; hor datza, hain zuzen ere, bere balio berezia.

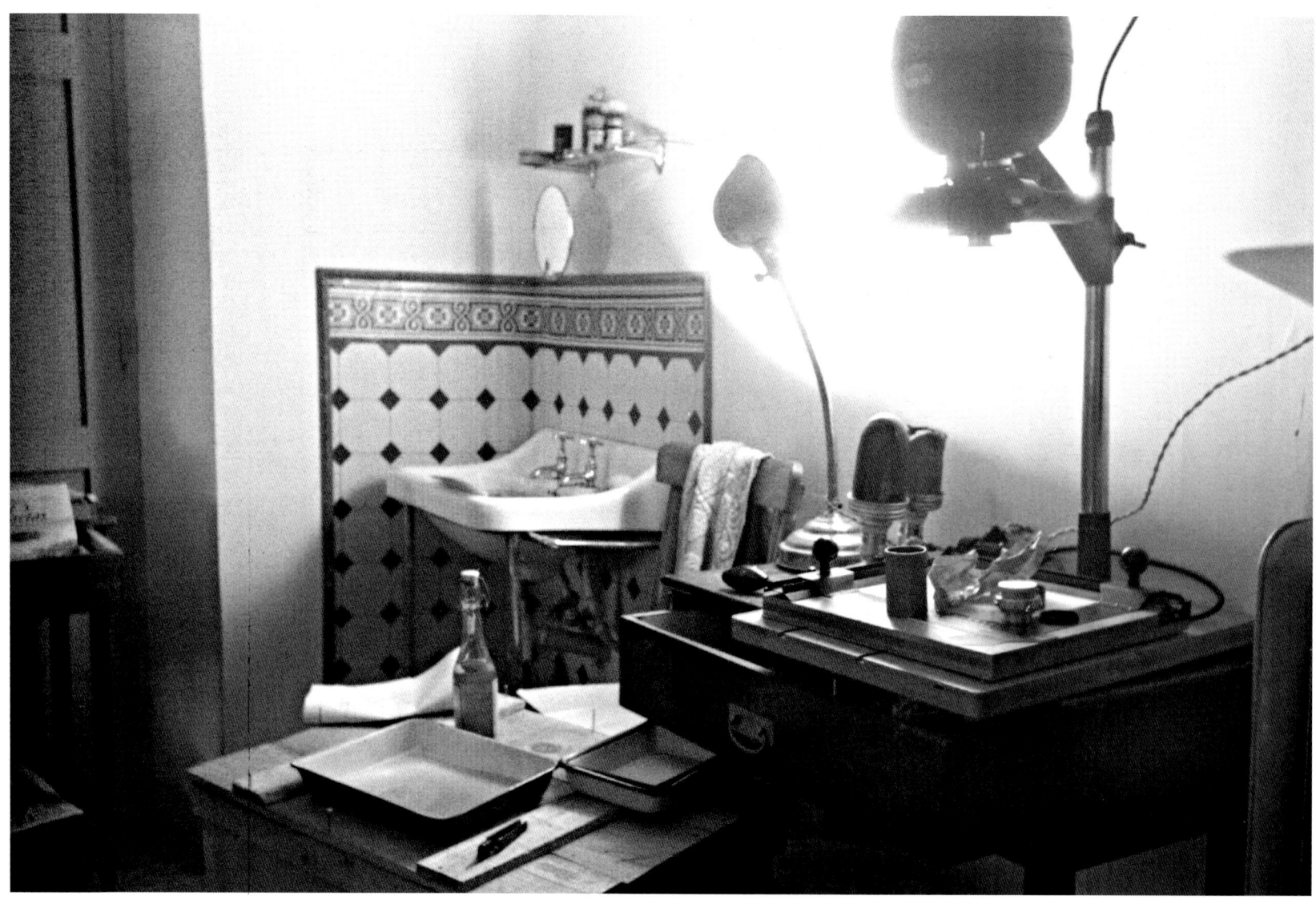

**Laboratorio de revelado y positivado insta-
lado en la habitación del Hotel Venancio**

Sigüenza (Guadalajara),
enero de 1937

**Venancio hoteleko logelan instalatutako
errebelatze- eta positibatze-laborategia**

Sigüenza (Guadalajara),
1937ko urtarrila

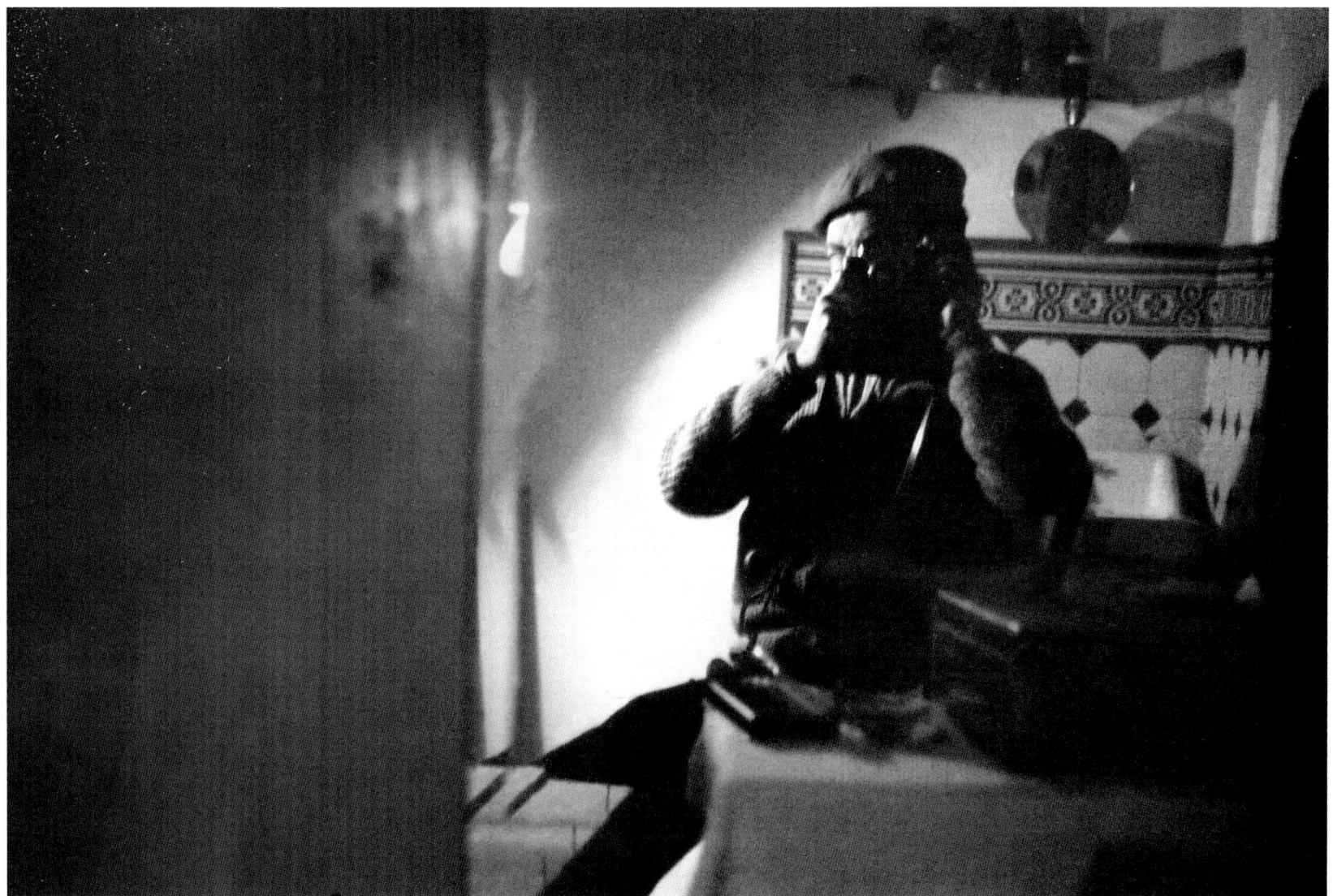

Autorretrato frente al espejo

Sigüenza (Guadalajara),
enero de 1937

Ispiluaren aurreko autorretratua

Sigüenza (Guadalajara),
1937ko urtarrila

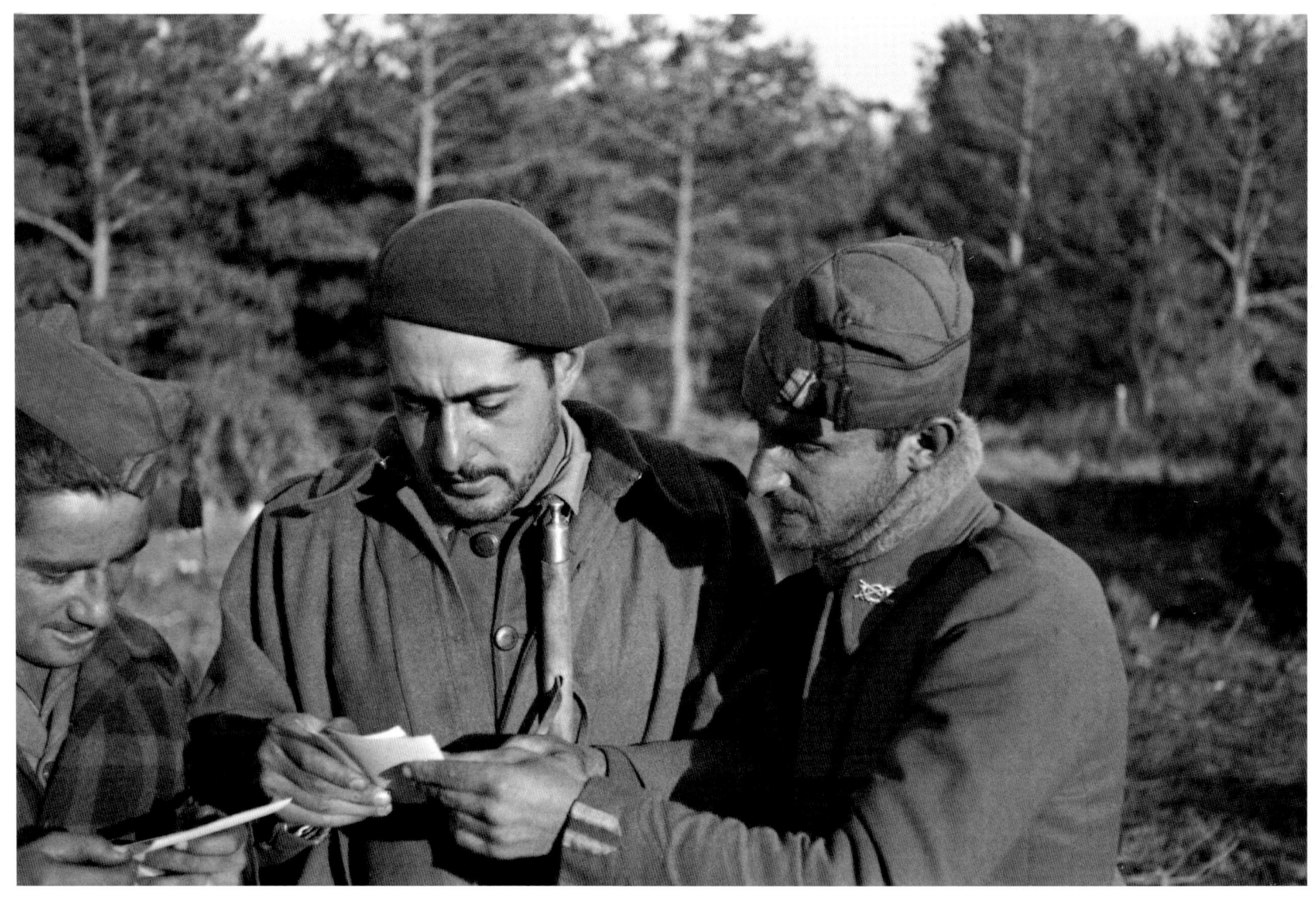

178 **Revisando fotografías en el campamento**

Navafría (Segovia),
19 de agosto de 1936

Kanpamentuan argazkiak behatzen

Navafría (Segovia),
1936ko abuztuak 19

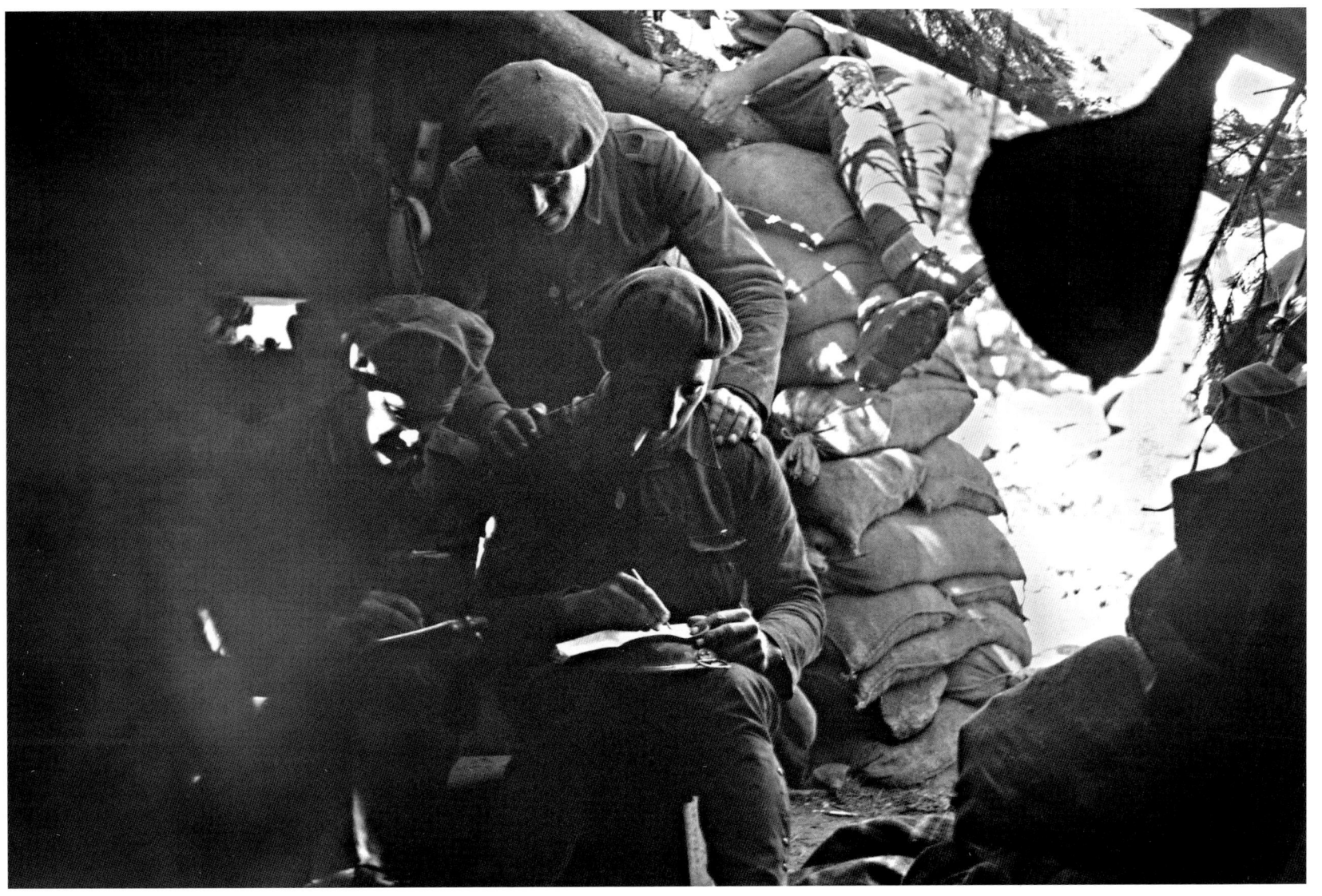

Escribiendo a casa desde un refugio del campamento

Navafría (Segovia),
agosto de 1936

Kanpamentuko aterpe batetik etxekoei idazten

Navafría (Segovia),
1936ko abuztua

179

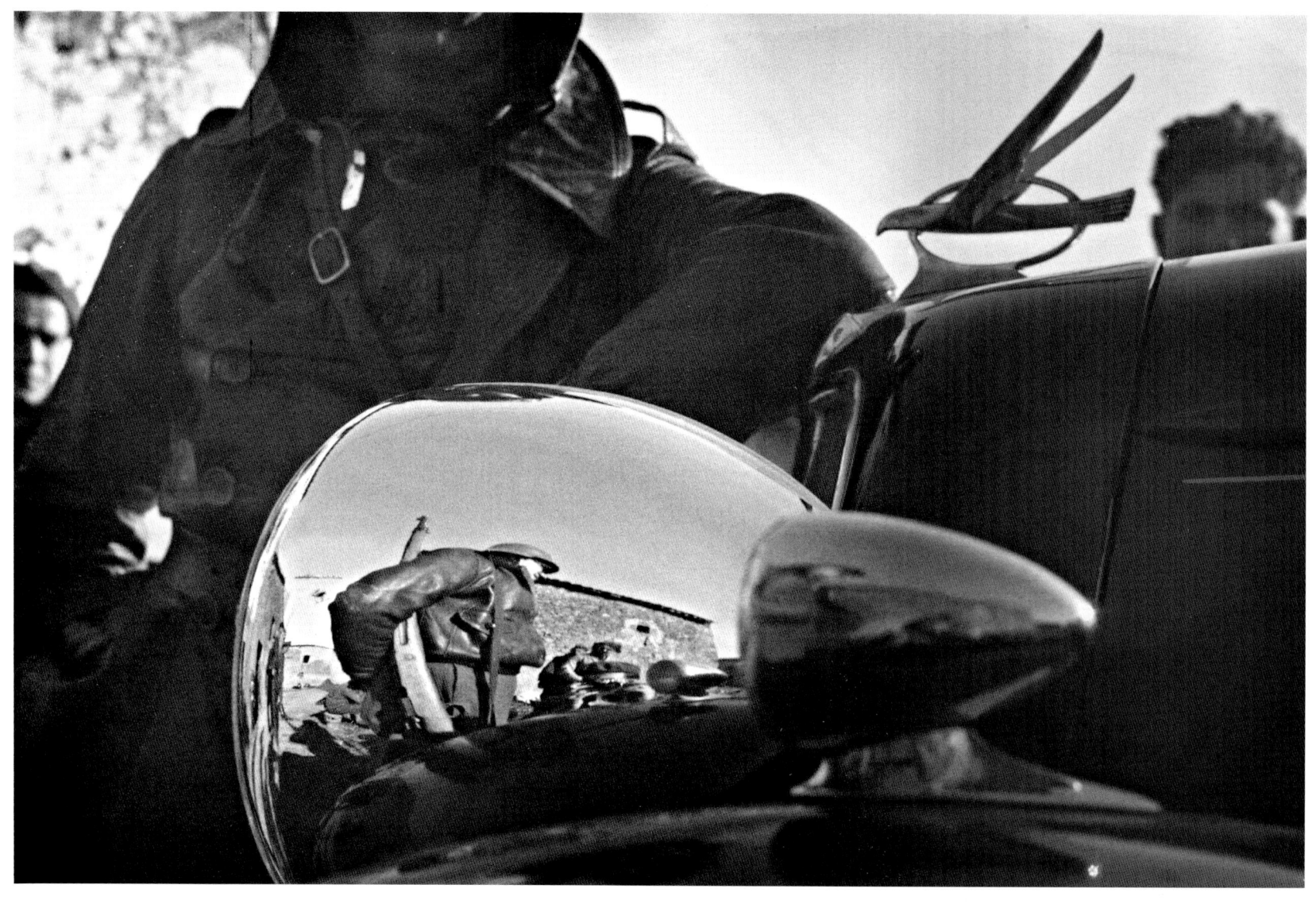

180 **Autorretrato en el reflejo del faro**

Algora (Guadalajara),
febrero de 1937

Autorretratua faroaren islan

Algora (Guadalajara),
1937ko otsaila

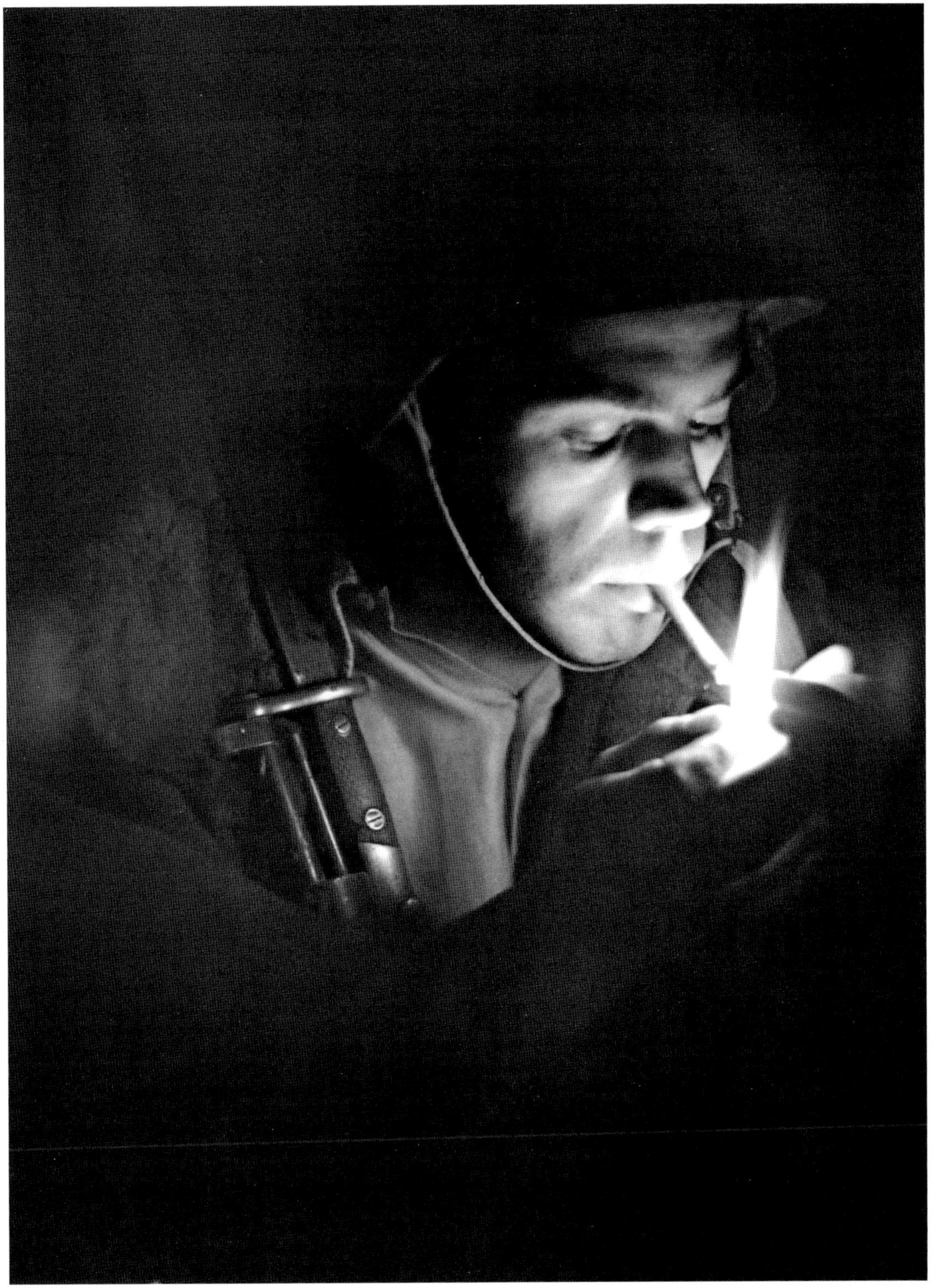

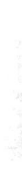
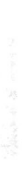

Retrato nocturno

Jadraque (Guadalajara),
10 de junio de 1937

Gaueko erretratua

Jadraque (Guadalajara),
1937ko ekainak 10

181

182

Un niño se encarga de llevar a
limpiar las botas de un oficial
Llanes (Asturias),
1938

**Haur bat ofizial baten botak gar-
bitzera eramateaz arduratzen da**
Llanes (Asturias),
1938

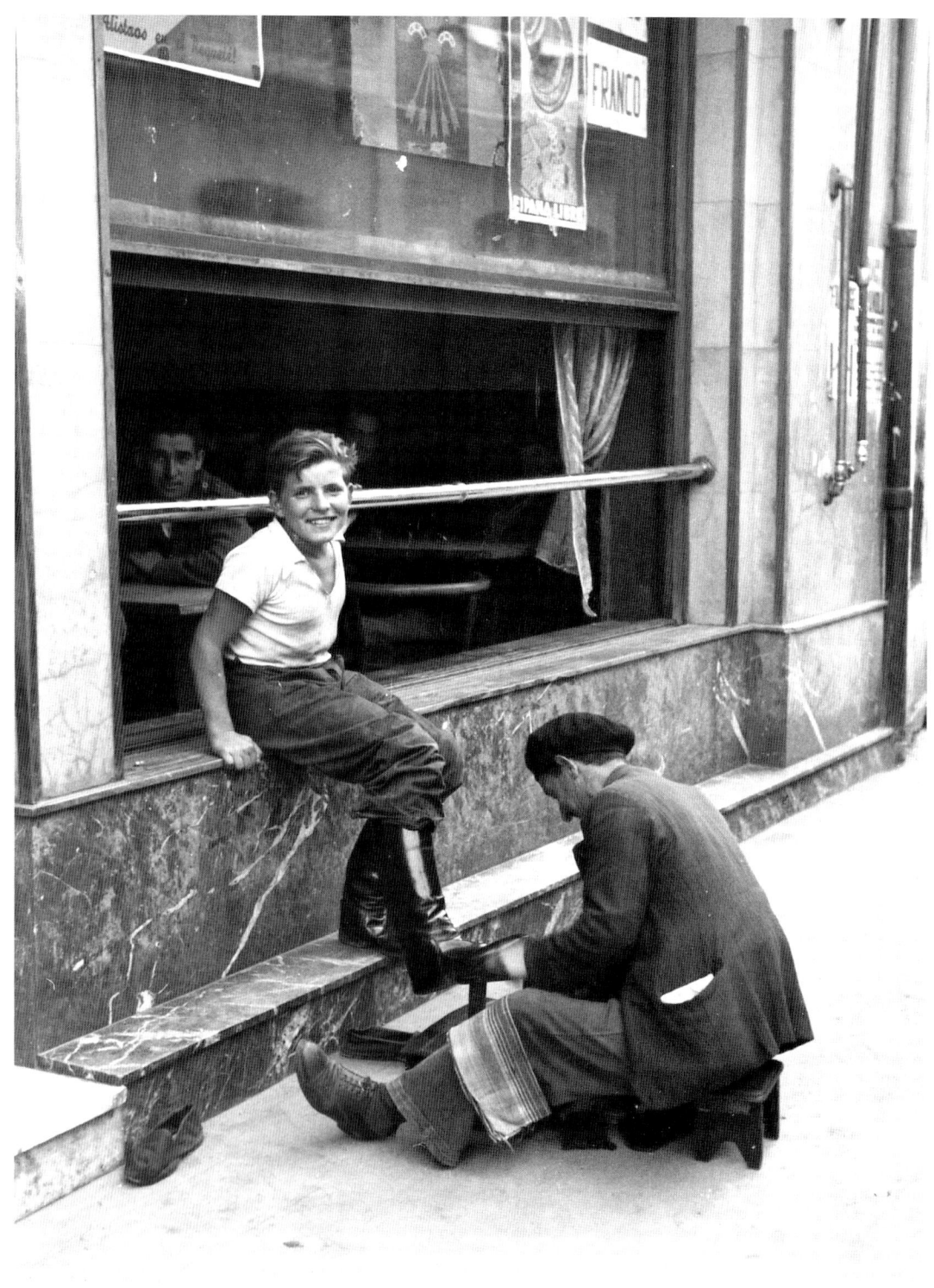

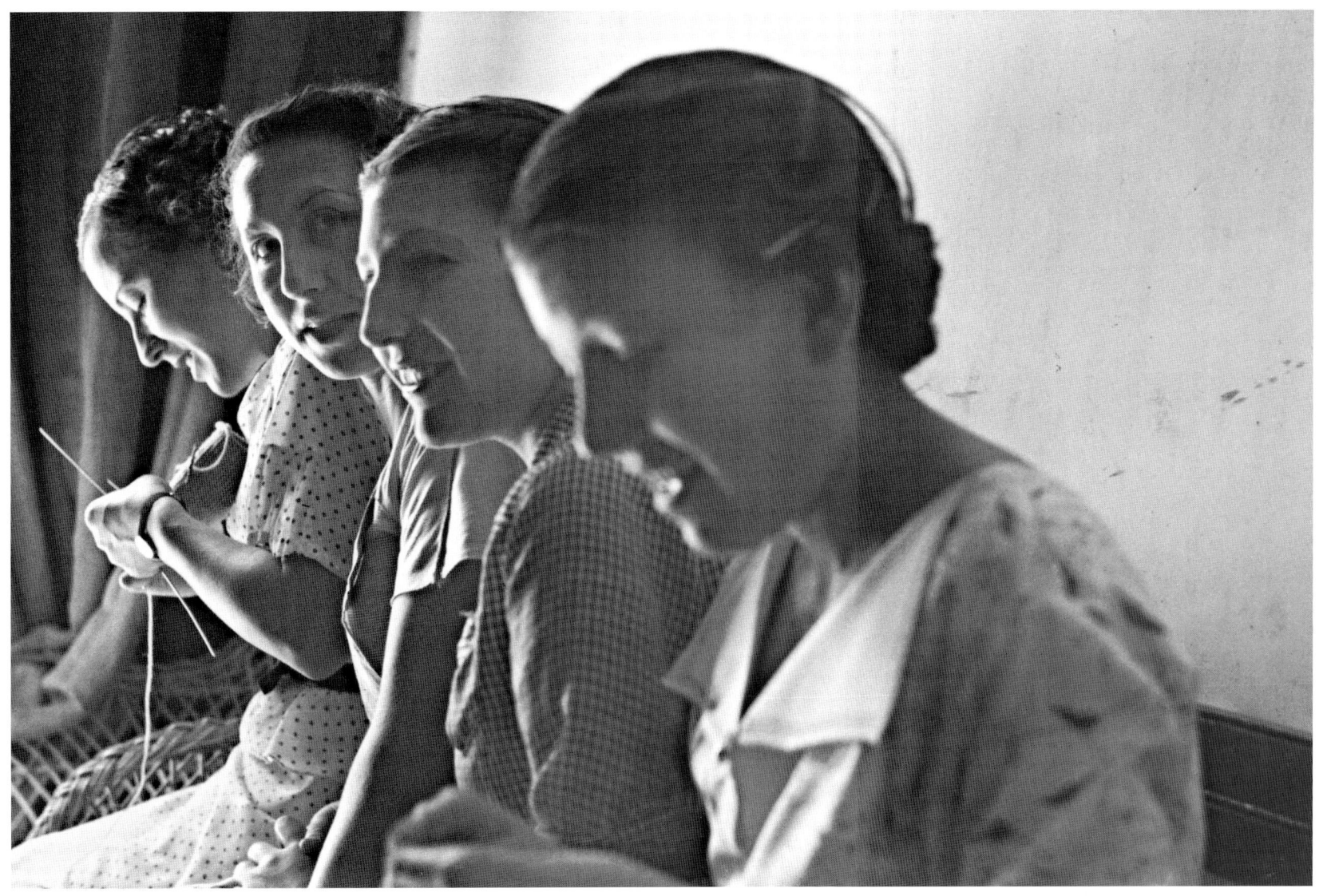

Las hermanas Ricote cosiendo

Jadraque (Guadalajara),
junio de 1937

Ricote ahizpak josten

Jadraque (Guadalajara),
1937ko ekaina

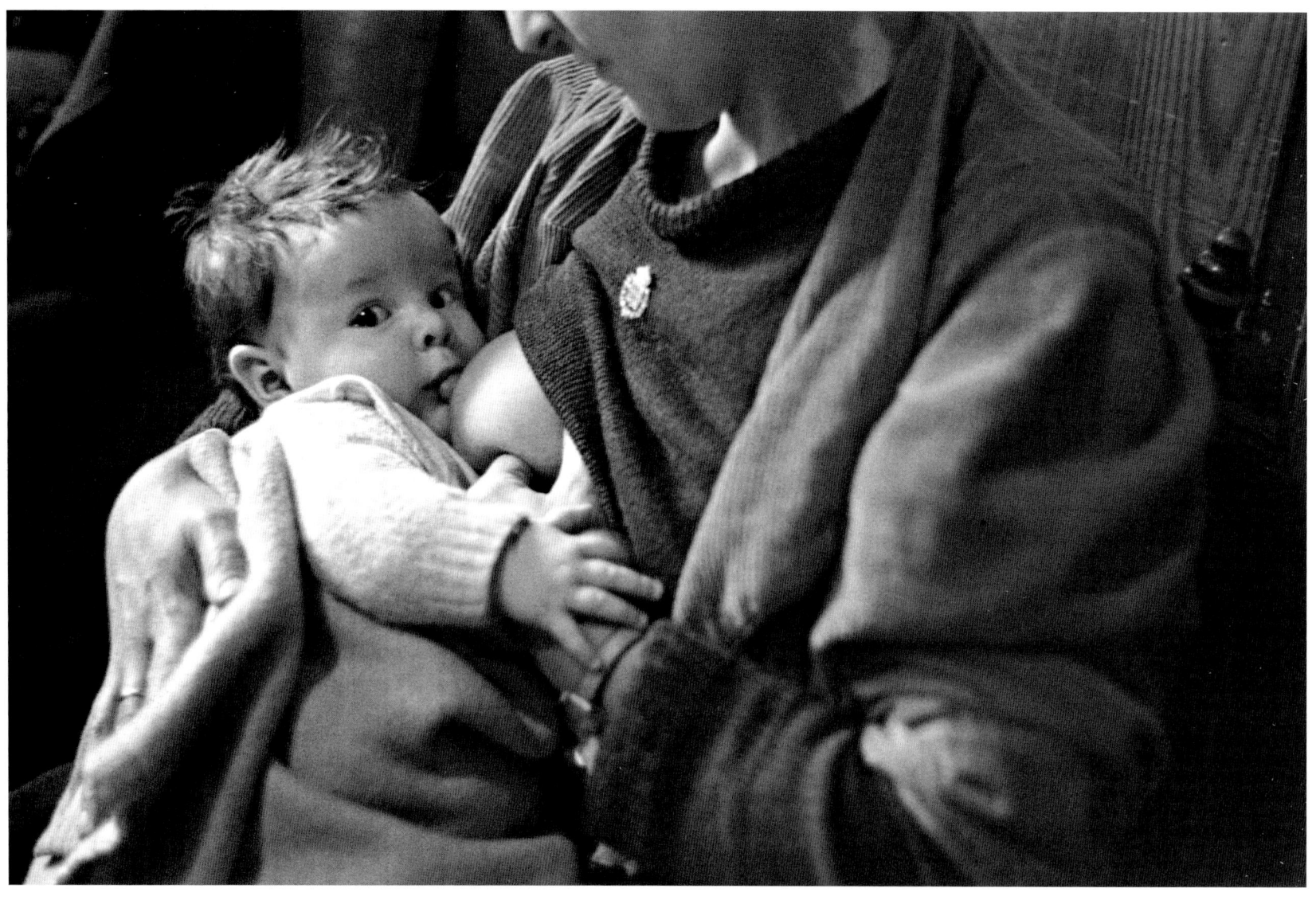

Tomando pecho

Pamplona,
enero de 1938

Bularra hartzen

Iruña,
1938ko urtarrila

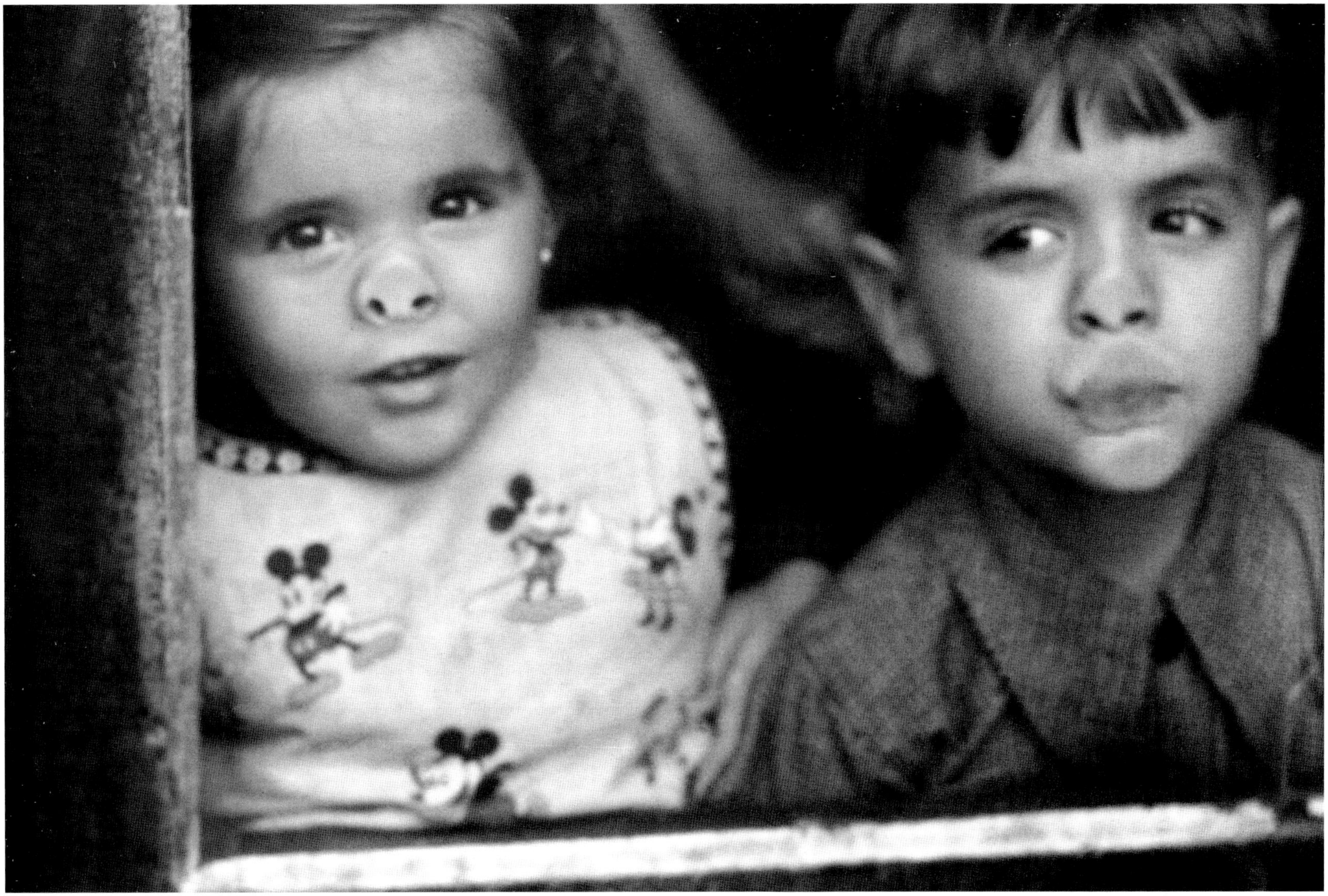

Niños tras el cristal

Pamplona,
junio de 1937

Haurrak kristalaren atzean

Iruña,
1937ko ekaina

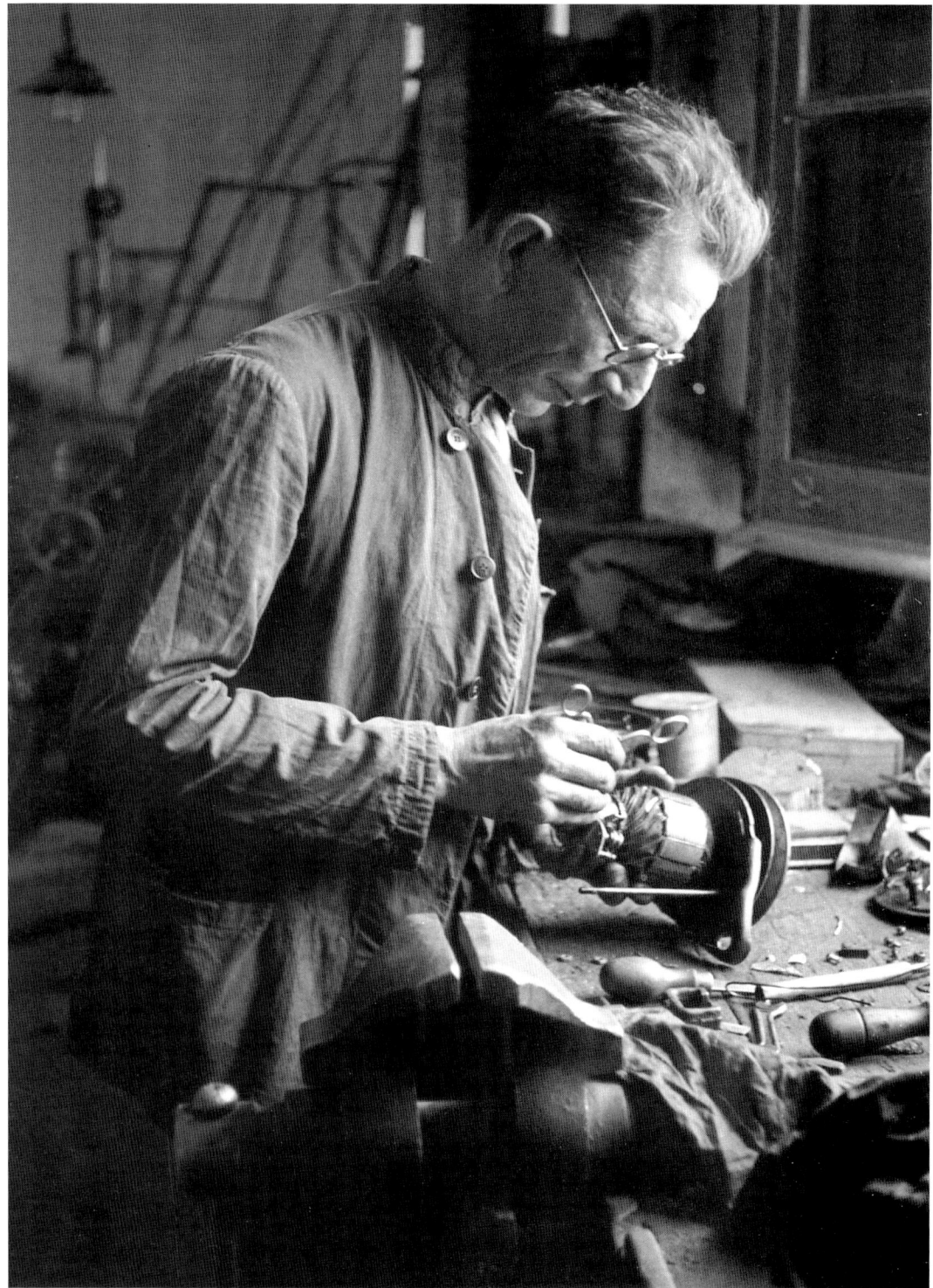

Maestro mecánico arreglando una pieza del camión

Segovia,
agosto de 1936

Maisu mekanikaria kamioiko pieza bat konpontzen

Segovia,
1936ko abuztua

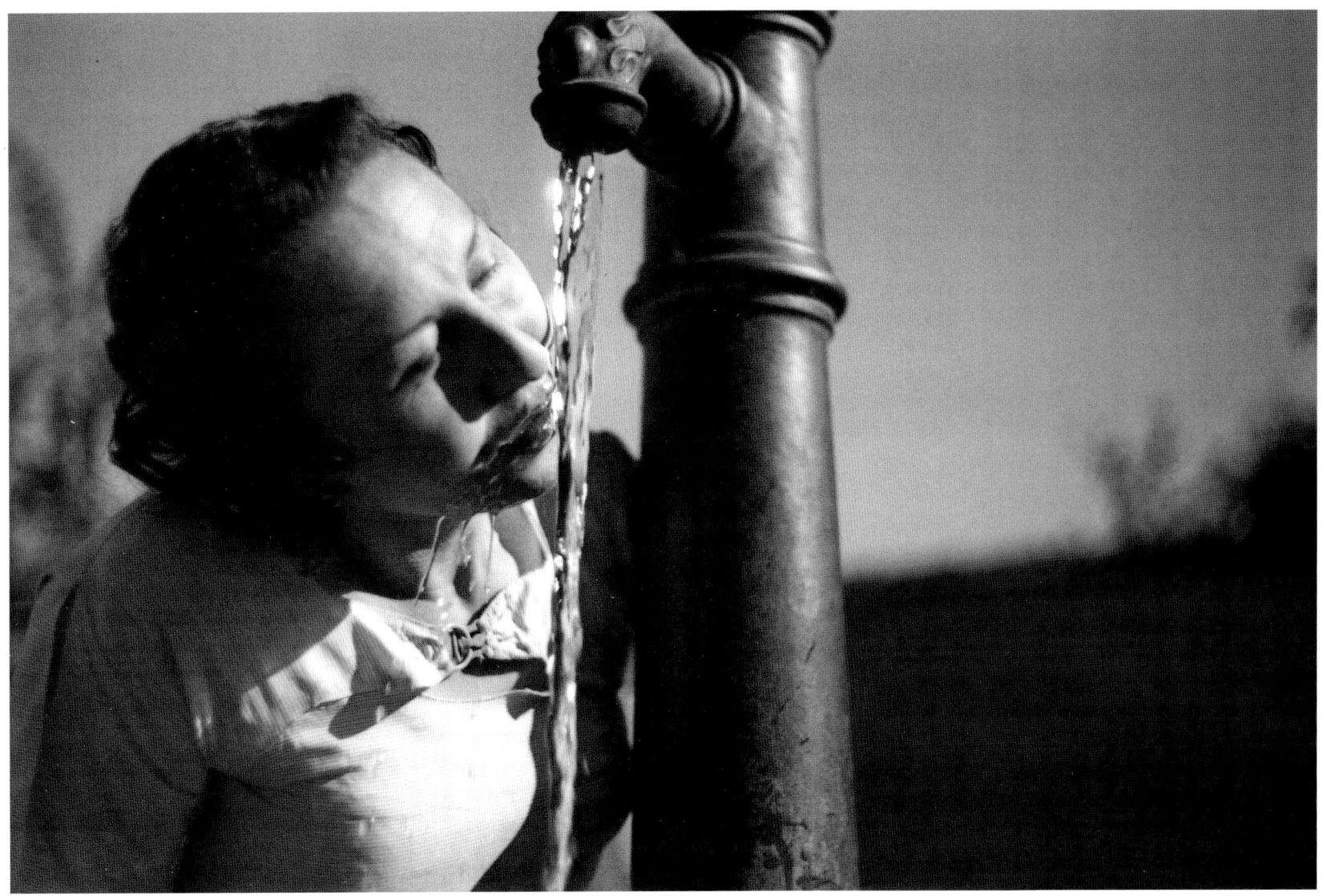

Bebiendo agua

Jadraque (Guadalajara),
junio de 1937

Ura edaten

Jadraque (Guadalajara),
1937ko ekaina

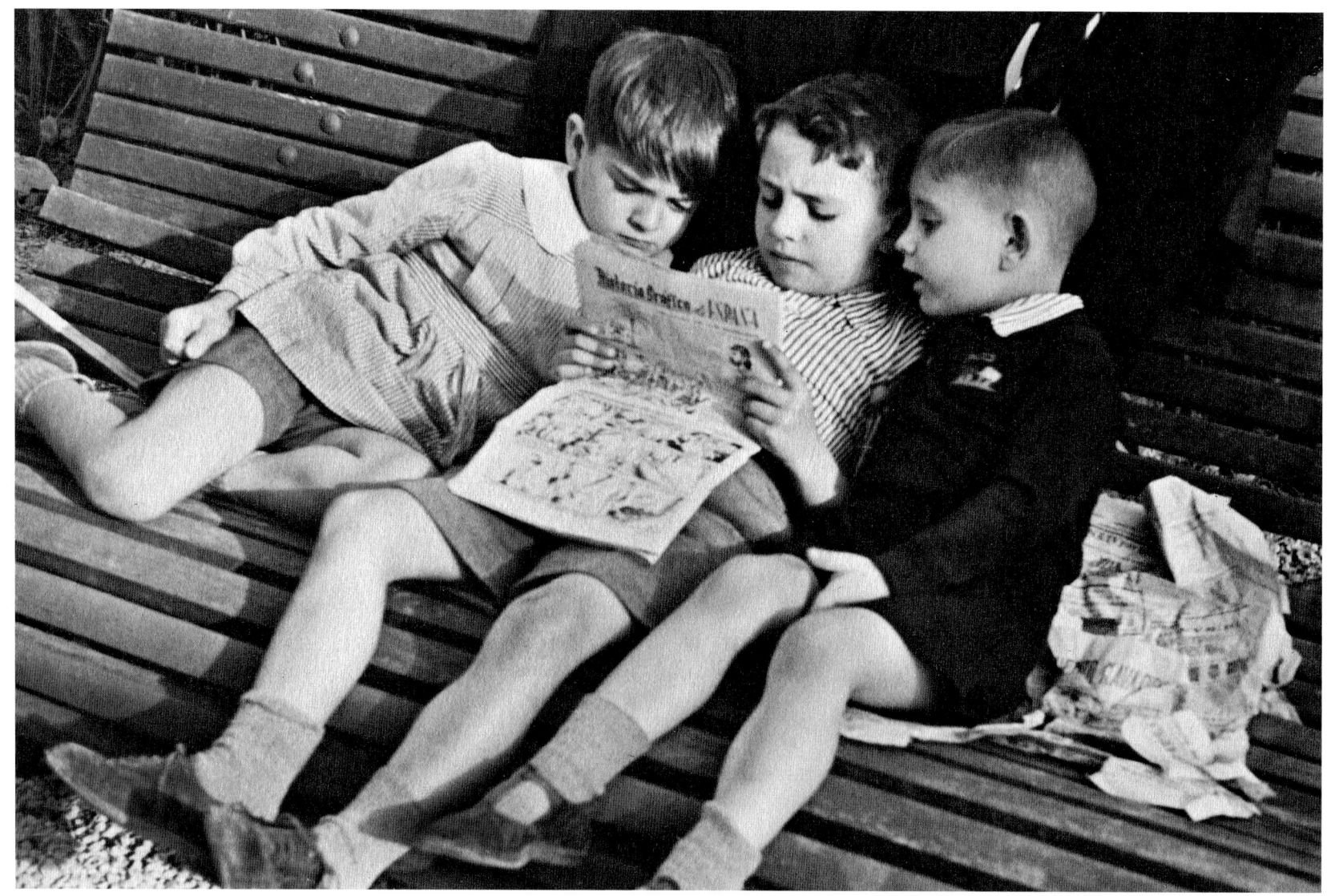

188

Niños con tebeo

Parque de la Media Luna (Pamplona),
mayo de 1937

Mutikoak komikiarekin

Media Luna parkea (Iruña),
1937ko maiatza

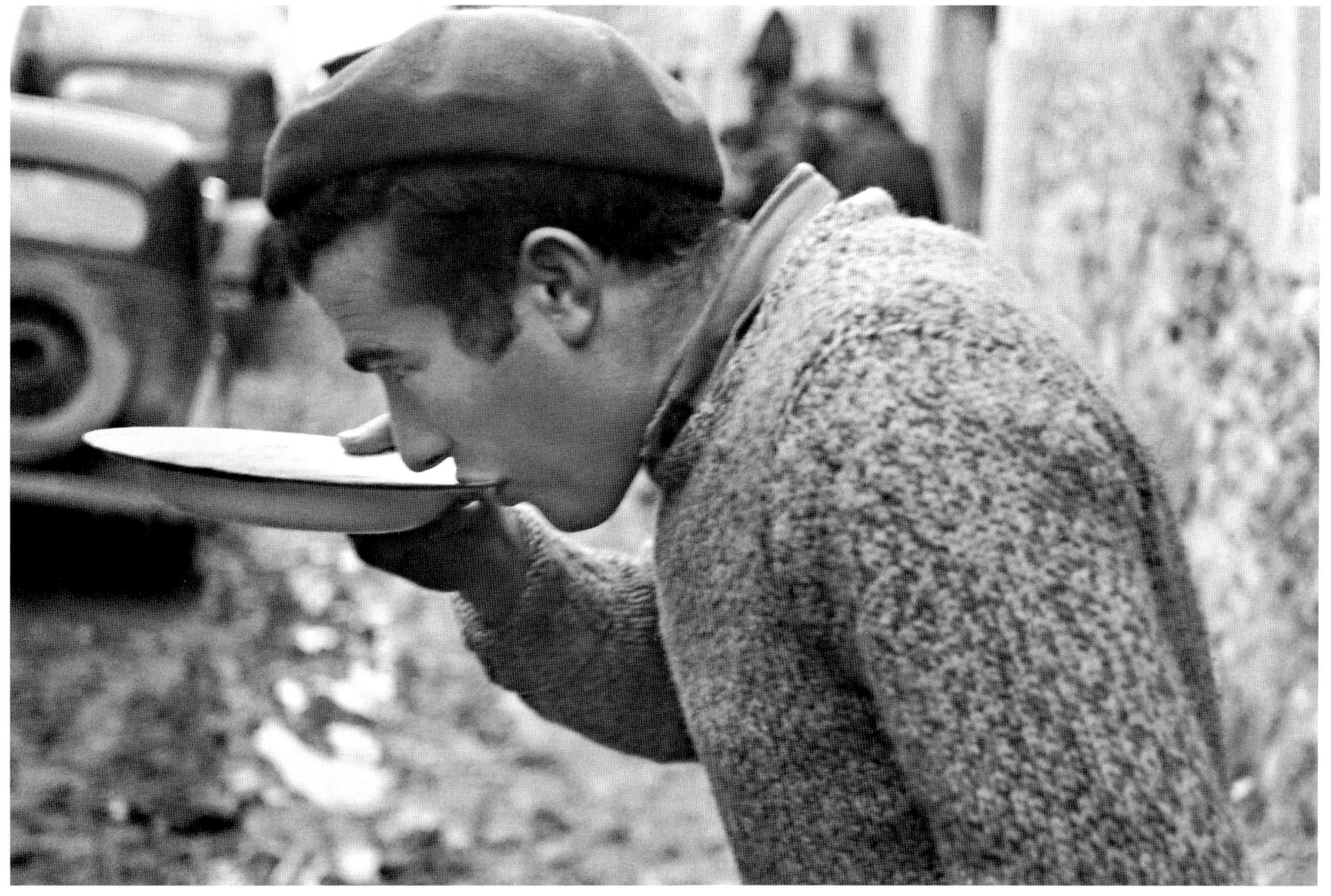

Caldo caliente

La Toba (Guadalajara),
diciembre de 1936

Salda beroa

La Toba (Guadalajara),
1936ko abendua

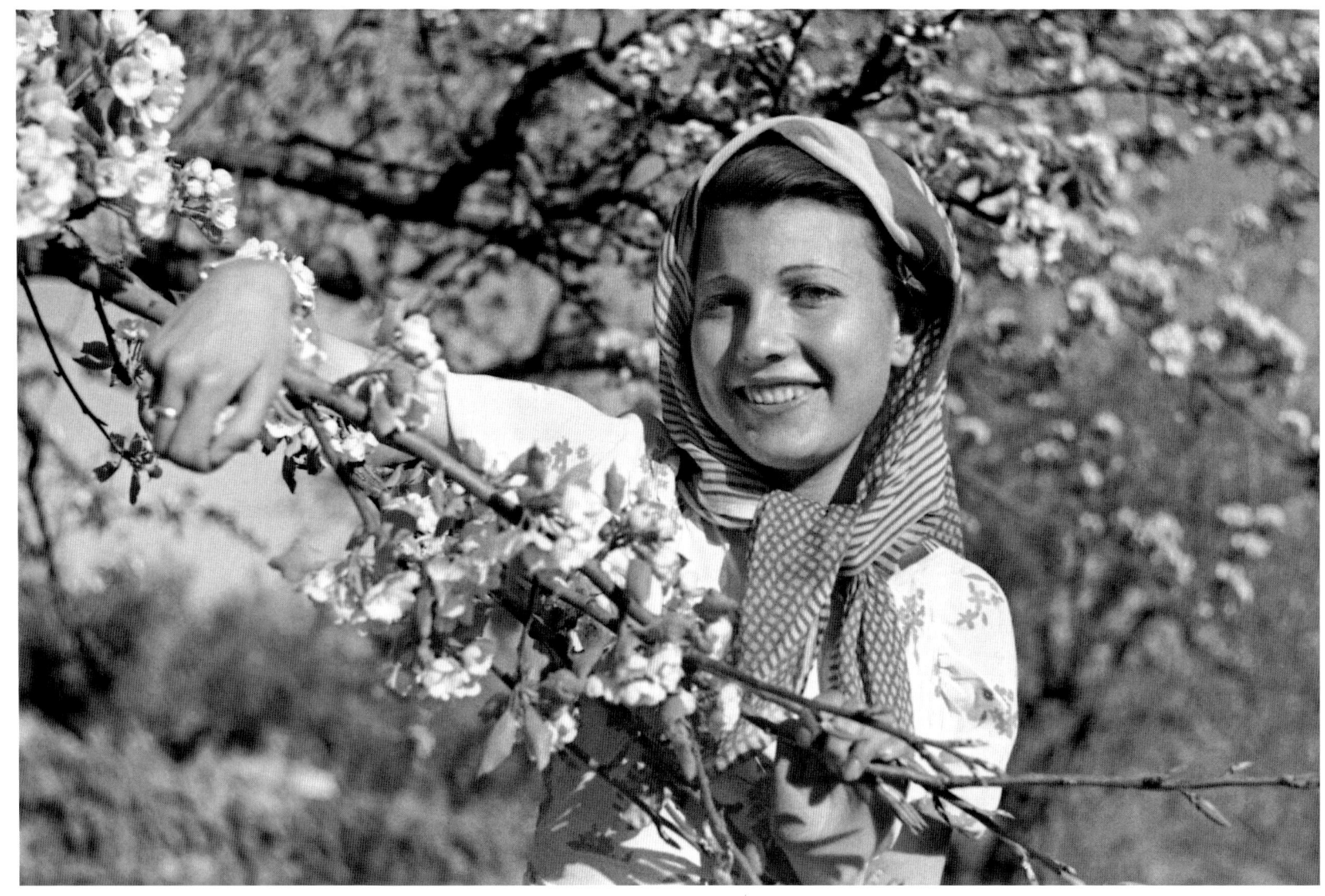

190   **Ricote en el jardín**

        Jadraque (Guadalajara),
        junio de 1937

Ricote lorategian

Jadraque (Guadalajara),
1937ko ekaina

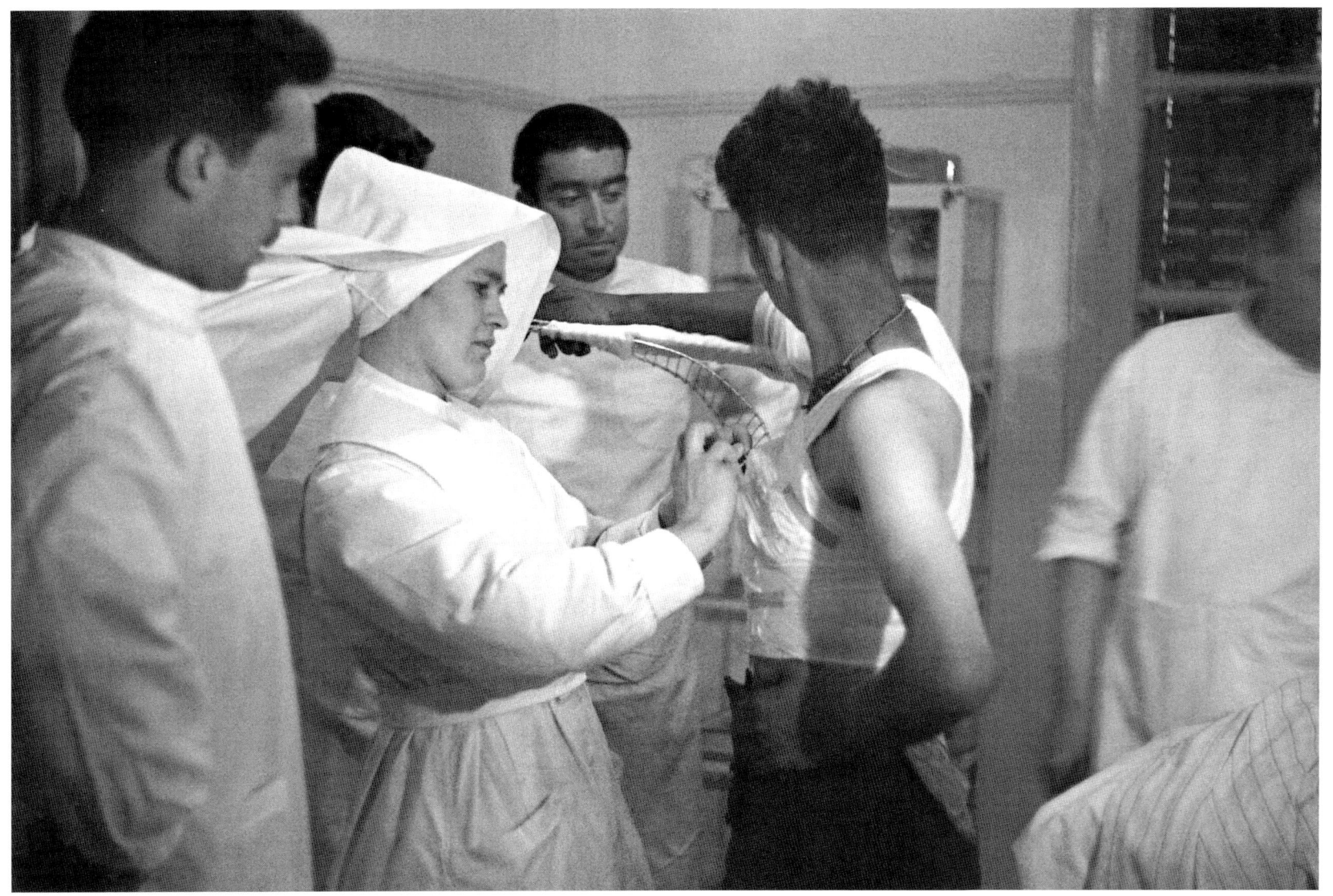

Colocación de cabestrillo «en aeroplano» a un herido

Hospital de Jadraque (Guadalajara),
junio de 1937

Zauritu bati beso-euskarria «aireplanoan» jartzea

Hospital de Jadraque (Guadalajara),
junio de 1937

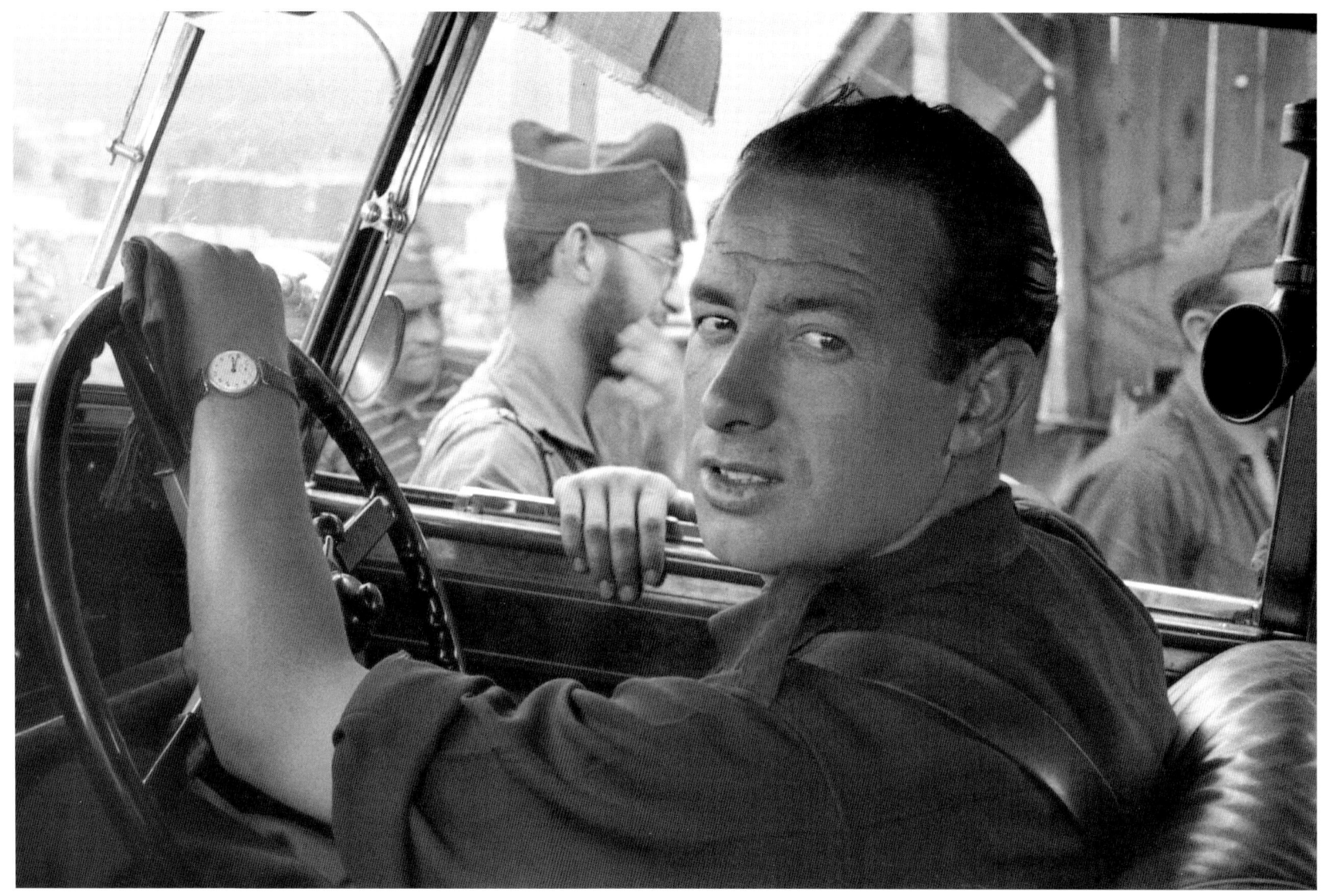

192

Chuma en el Rolls Royce

Campamento de Navafría (Segovia),
septiembre de 1936

Chuma Rolls Roycean

Navafríako (Segovia) kanpamentua
1936ko iraila

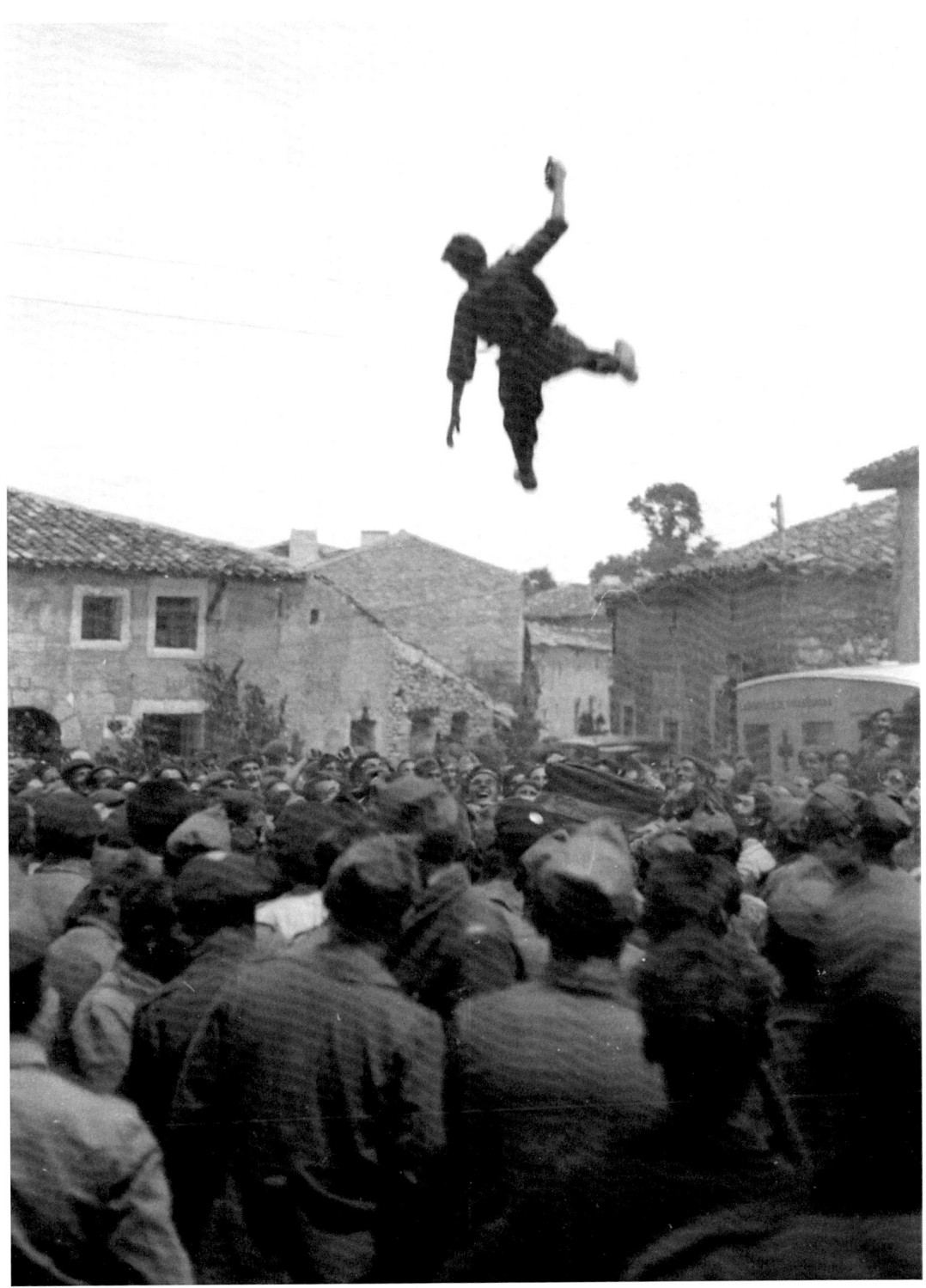

Manteo en la Plaza de la Picota

Casas de San Galindo (Guadalajara),
7 julio de 1937

Haizatzea Picota plazan

Casas de San Galindo (Guadalajara),
1937ko uztailak 7

193

Borrokalaria eta argazkilaria

194

Guardia a las afueras de Atance
(Guadalajara)

Enero de 1937

Guardia Atanceko aldirietan
(Guadalajara)

1937ko urtarrila

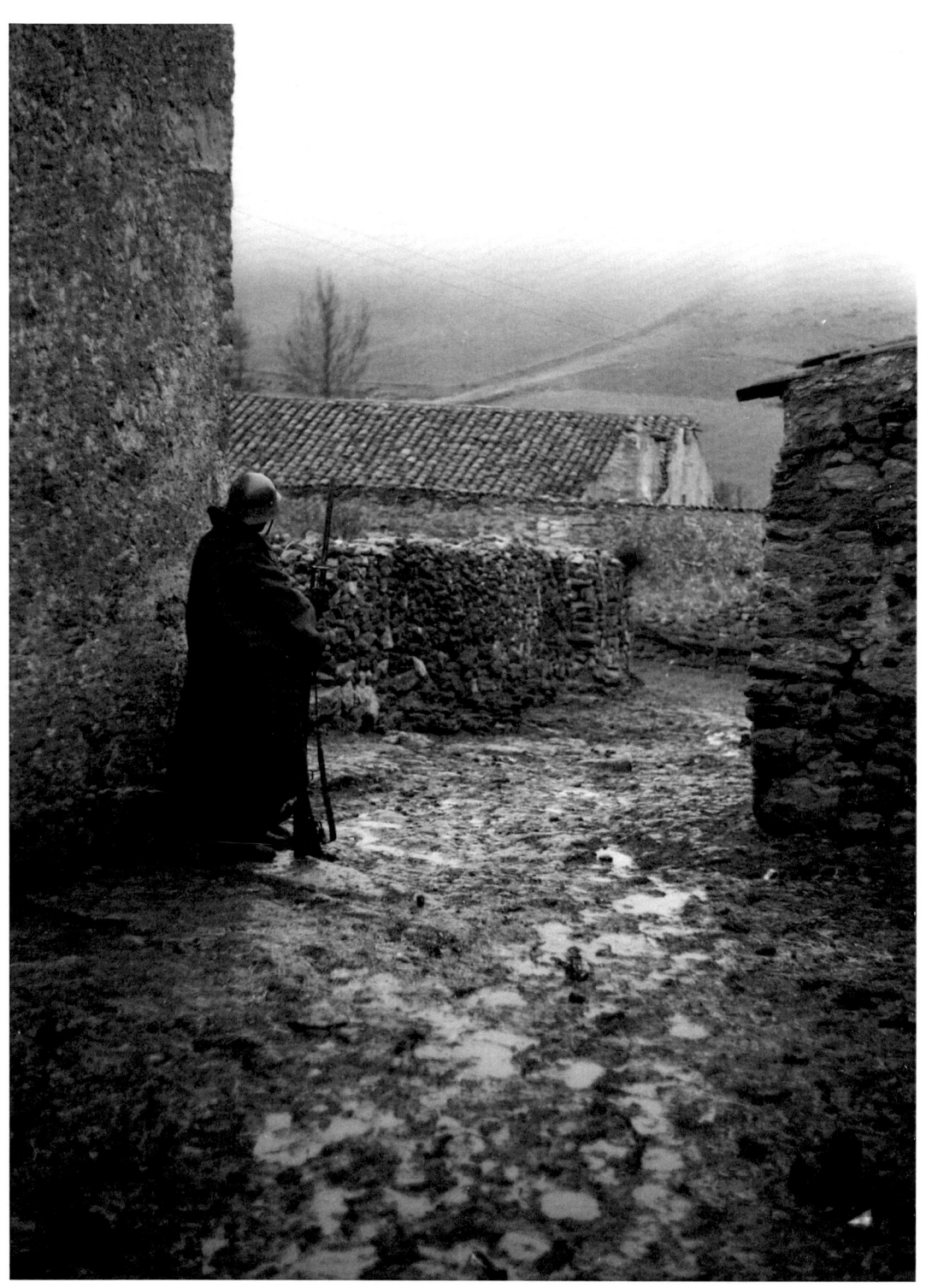

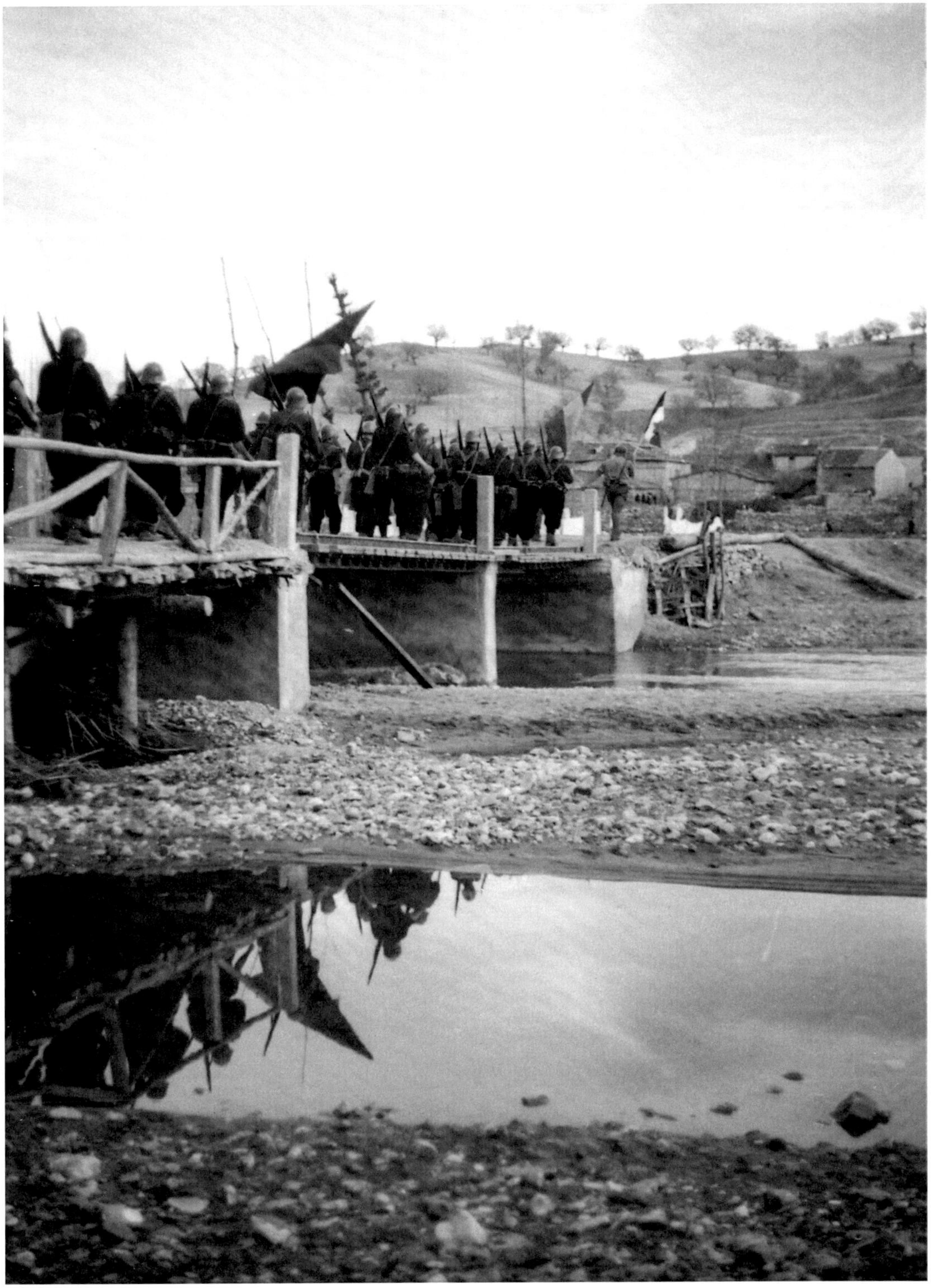

Fuerzas de Milans del Bosch desfilando en el 195
puente habilitado sobre el río Cañamares

Medranda (Guadalajara),
18 de febrero de 1937

Milans del Boscheko indarrak Cañamares
ibaiaren gainean gaitutako zubian desfilatzen

Medranda (Guadalajara),
1937ko otsailak 18

Borrokalaria eta argazkilaria

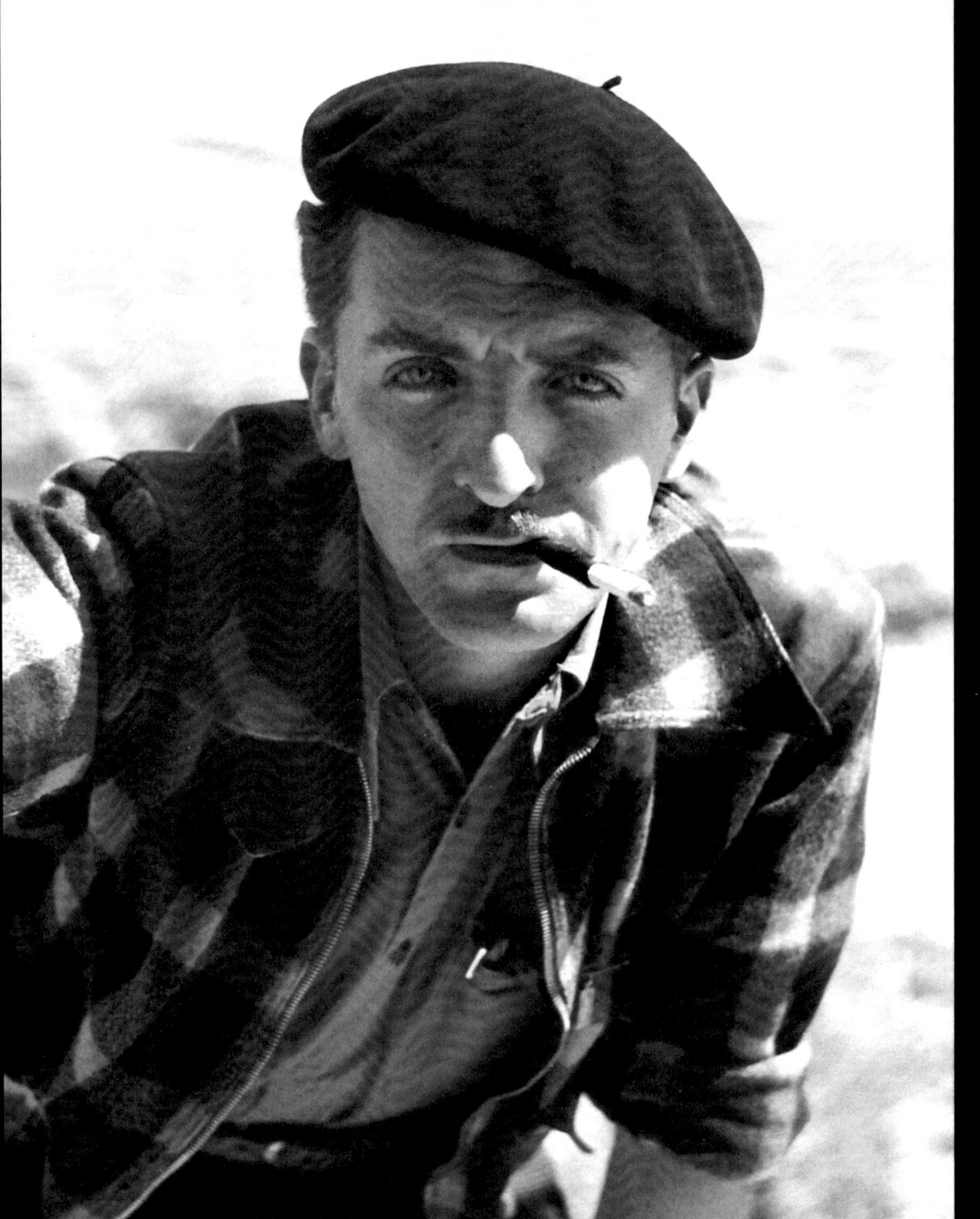

Autorretrato
Pirineo oscense,
1938

Autorretratua
Huescako Pirinioak
1938

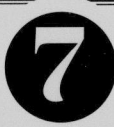
Al finalizar la contienda, toda su obra referida al periodo bélico quedaría cuidadosamente archivada. Más de 3.600 fotografías condensadas en 78 carretes sin fragmentar, clasificadas en cajas de tabaco compartimentadas y referenciadas gracias a su «libreta negra».

Aun consciente de la calidad artística e histórica de su legado, Sebastián Taberna no quiso en vida que sus instantáneas vieran la luz pública. Mostraría únicamente una selección de las que consideraba sus mejores imágenes, siempre a su entorno personal y familiar más íntimo. Aquellas fotografías suponían el recuerdo nítido y doloroso de un periodo traumático que marcó su biografía y la vida de toda una generación de españoles.

Sin embargo, fue su decisión conservar íntegramente aquella impresionante crónica gráfica de la guerra, consciente seguramente de que aquellas imágenes, de incalculable valor histórico y artístico, deberían conocerse pasado el tiempo.

Hoy, 87 años después del conflicto, gracias a la generosidad de su familia y al trabajo de recuperación de su hija María Eugenia, podemos contemplar una parte de su desconocido y sorprendente fondo documental.

Esta exposición, además de reivindicarle como un fotógrafo fundamental de la Guerra Civil, nos muestra con autenticidad y respeto el rostro de hombres y mujeres que la vivieron, contribuye a nuestra memoria colectiva y nos sobrecoge, aún hoy, como testimonio directo de la mayor tragedia de la historia reciente de España.

Gerra amaitutakoan, gerra-garaiarekin lotutako bere obra guztia kontu handiz artxibatuko zen. Zatitu gabeko 78 karretetan bildutako 3.600 argazkitik gora, tabako-kutxa zatikatuetan sailkatuta eta bere «libreta beltzari» esker erreferentziatuta.

Bere ondarearen kalitate artistiko eta historikoaz jabetzen bazen ere, Sebastián Tabernak ez zuen bera bizi zen bitartean bere argazkiak argitara atera zitezen nahi izan. Bere ustez bere irudirik onenak zirenen aukeraketa bat soilik erakutsiko zuen, betiere bere ingurune pertsonal eta familiarrik intimoenari. Bere biografia eta espainiar belaunaldi oso baten bizitza markatu zituen garai traumatiko baten oroitzapen garbi eta mingarria ziren argazki haiek.

Hala ere, gerraren kronika grafiko ikusgarri hura osorik gordetzea erabaki zuen, ziur aski, balio historiko eta artistiko kalkulaezina zuten irudi haiek handik denbora batera ezagutu beharko liratekeela jabetzen zelako.

Gaur, gatazka hartatik 87 urte igaro direnean, bere familiaren eskuzabaltasunari eta bere alaba María Eugeniaren berreskuratze-lanari esker, bere dokumentu-funts ezezagun eta harrigarriaren zati bat beha dezakegu.

Erakusketa honek, Gerra Zibilaren funtsezko argazkilari gisa aldarrikatzeaz gain, egiazkotasunez eta errespetuz erakusten digu gerra hura bizi izan zuten gizon-emakumeen aurpegia, gure memoria kolektiboan laguntzen du eta, gaur egun ere, Espainiako historia hurbileko tragediarik handienaren zuzeneko testigantza honek hunkitu egiten gaitu.

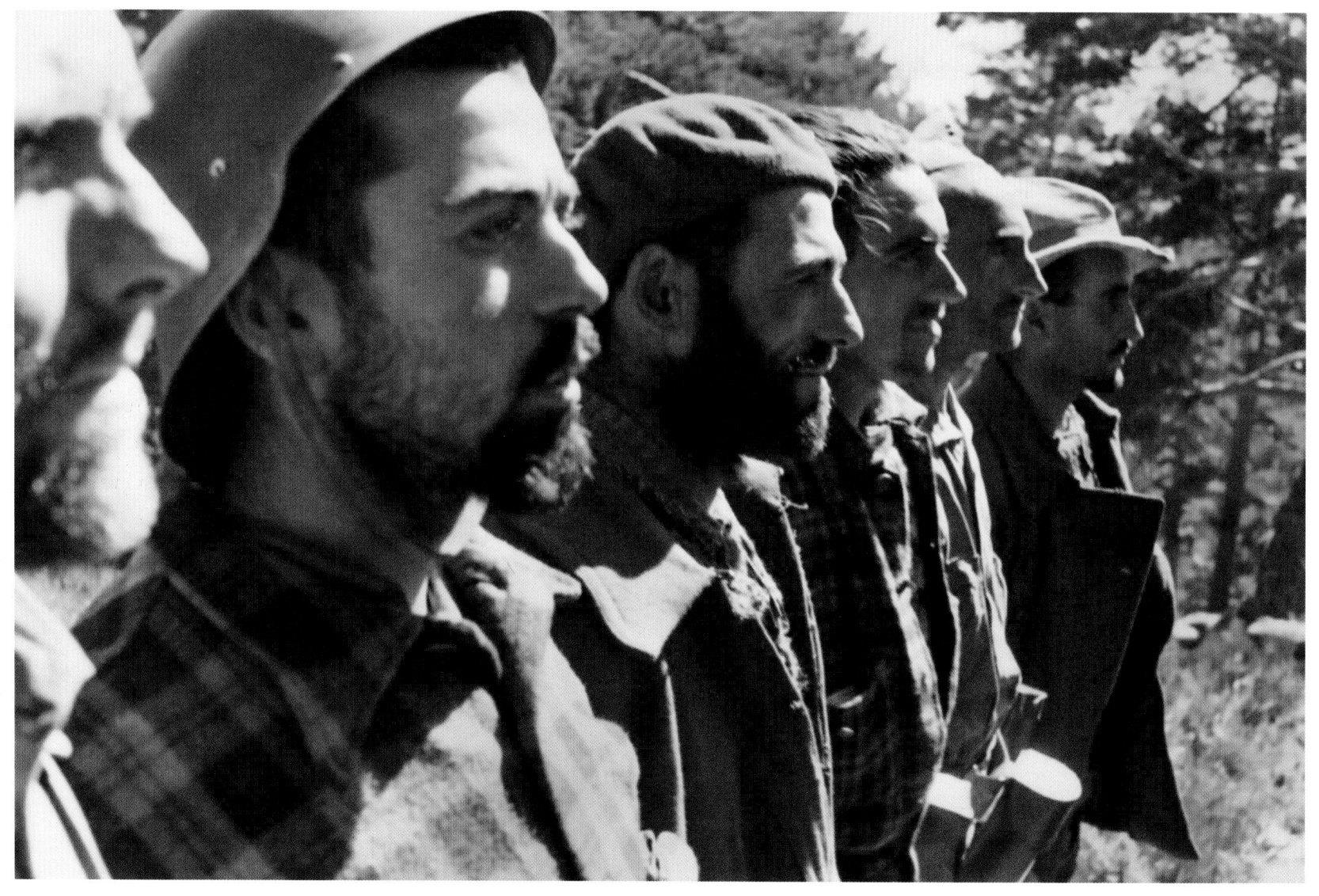

198

Voluntarios del 19 de julio

Navafría (Segovia),
septiembre de 1936

Uztailaren 19ko boluntarioak

Navafría (Segovia),
1936ko iraila

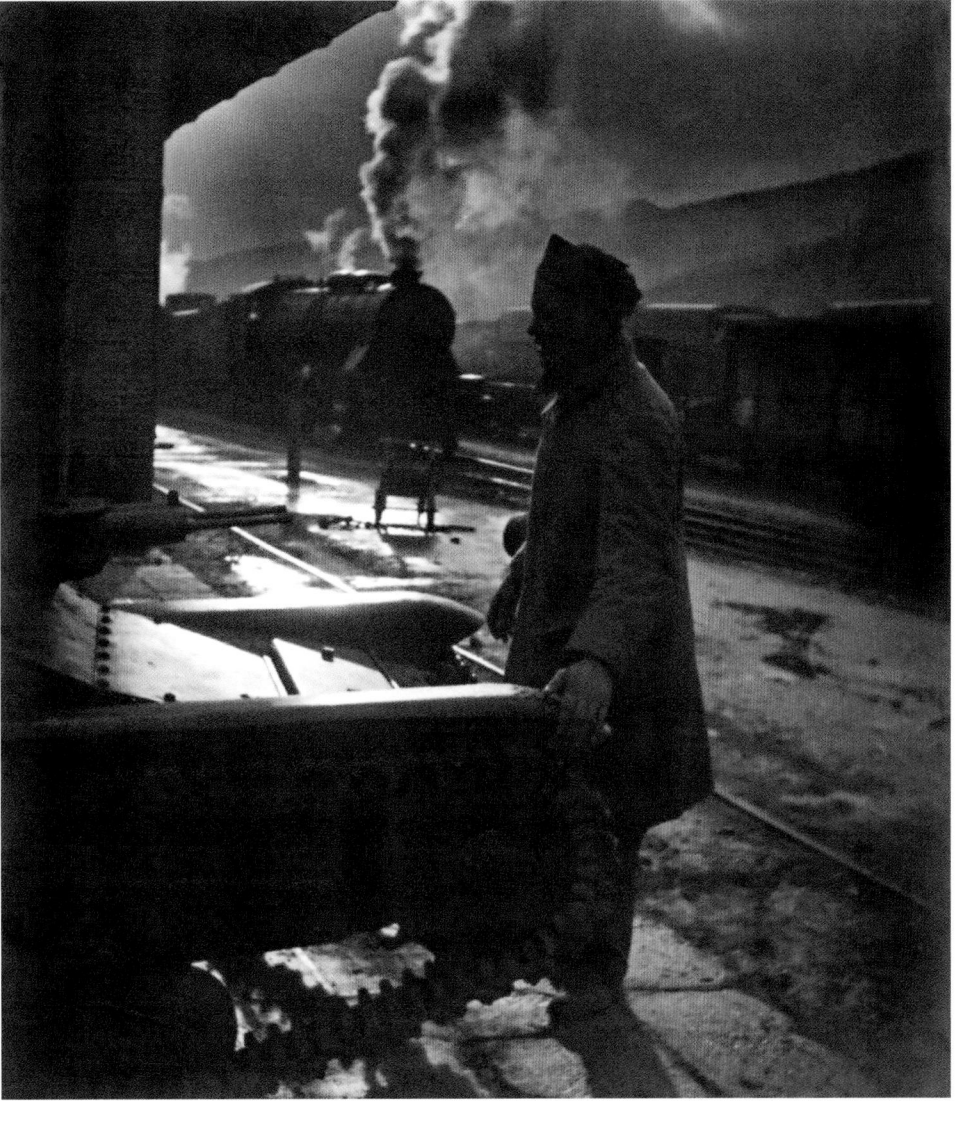

Italiano con tanqueta

Estación de Sigüenza (Guadalajara),
3 de marzo de 1937

Italiarra tanketarekin

Sigüenzako (Guadalajara) geltokia,
1937ko martxoak 3

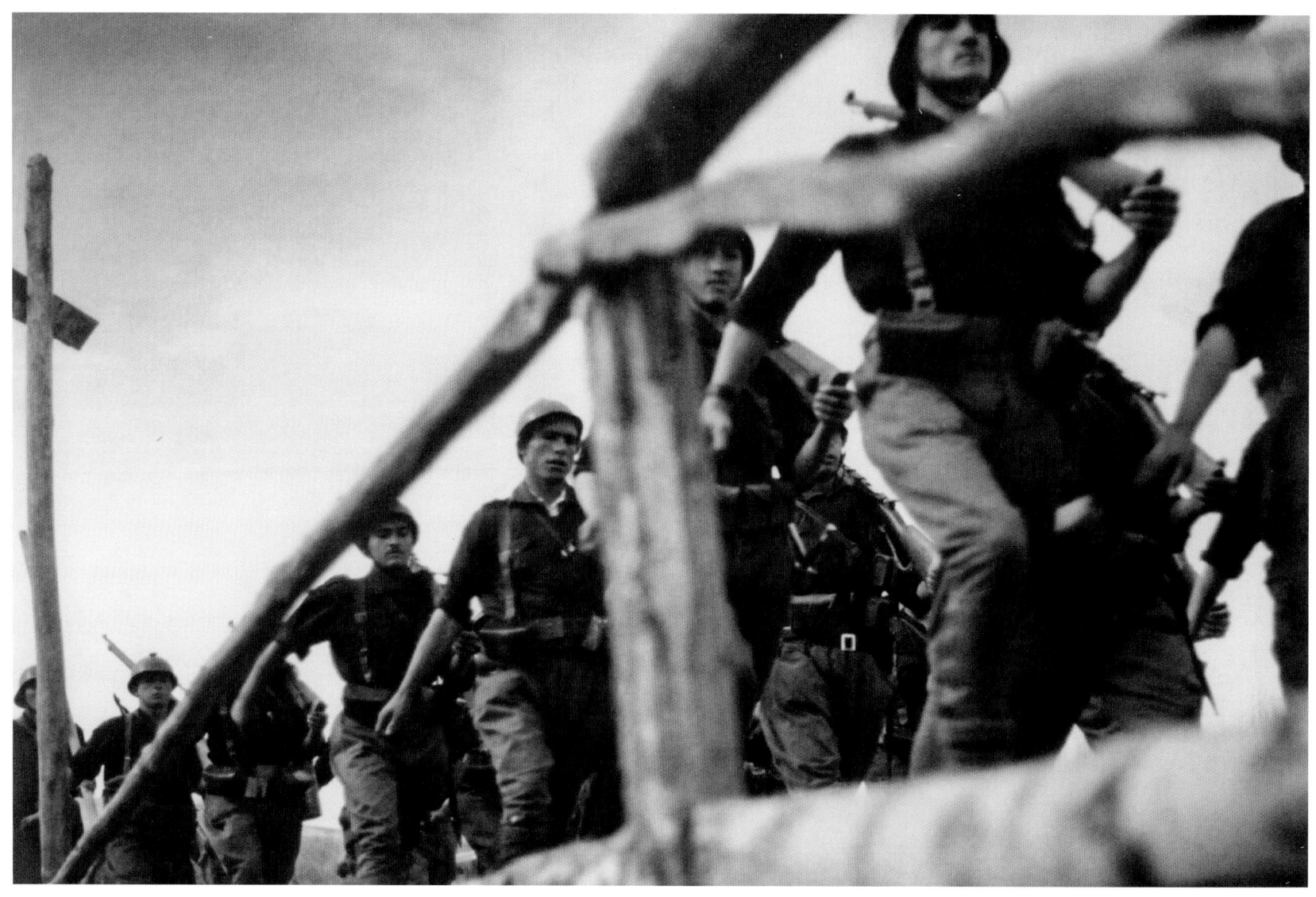

200

Desfilando sobre el puente

Medranda (Guadalajara),
18 de febrero de 1937

Zubiaren gainean desfilatzen

Medranda (Guadalajara),
1937ko otsailak 18

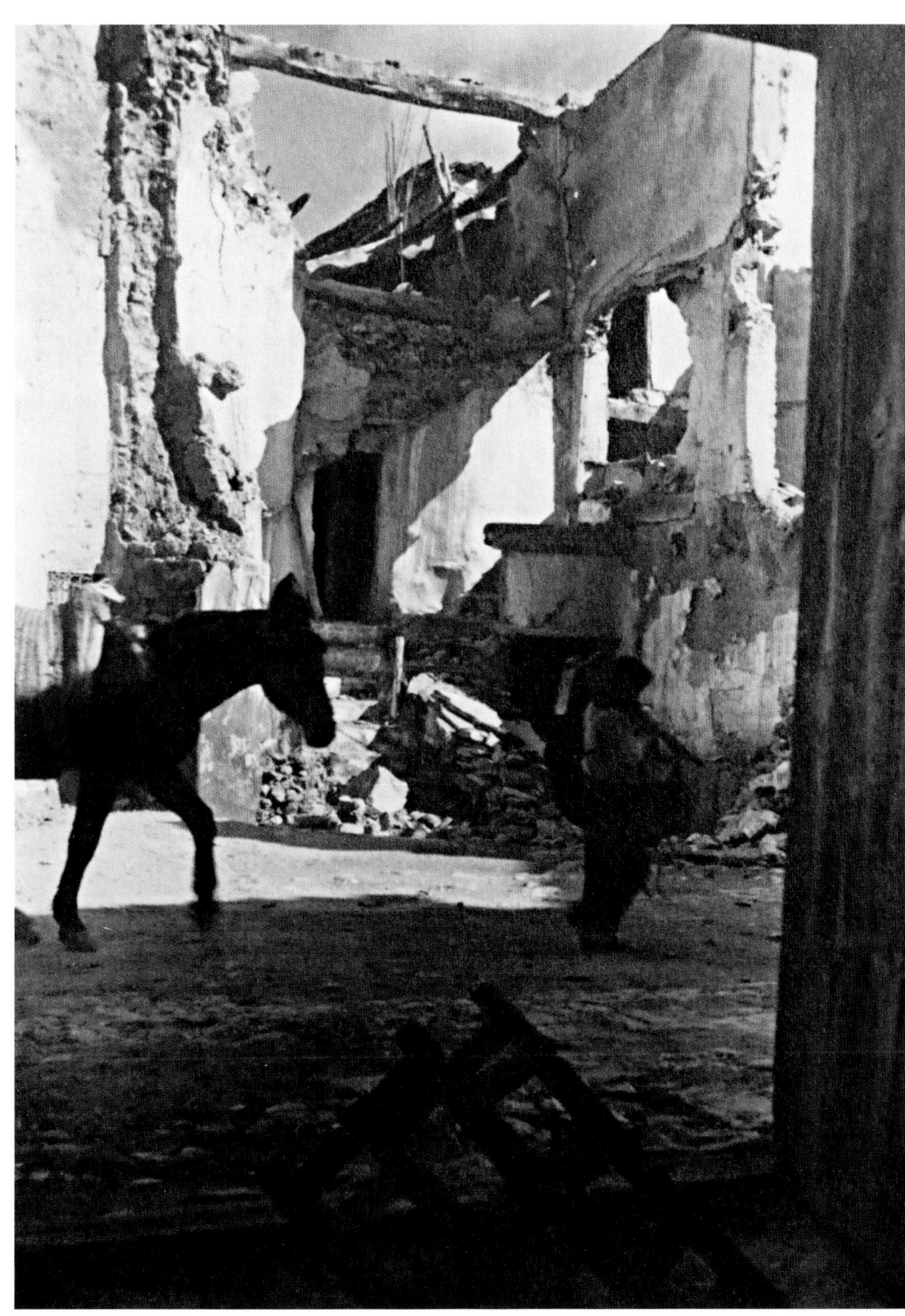

Calle de Sigüenza (Guadalajara)

Marzo de 1937

Sigüenzako (Guadalajara) kalea

1937ko martxoa

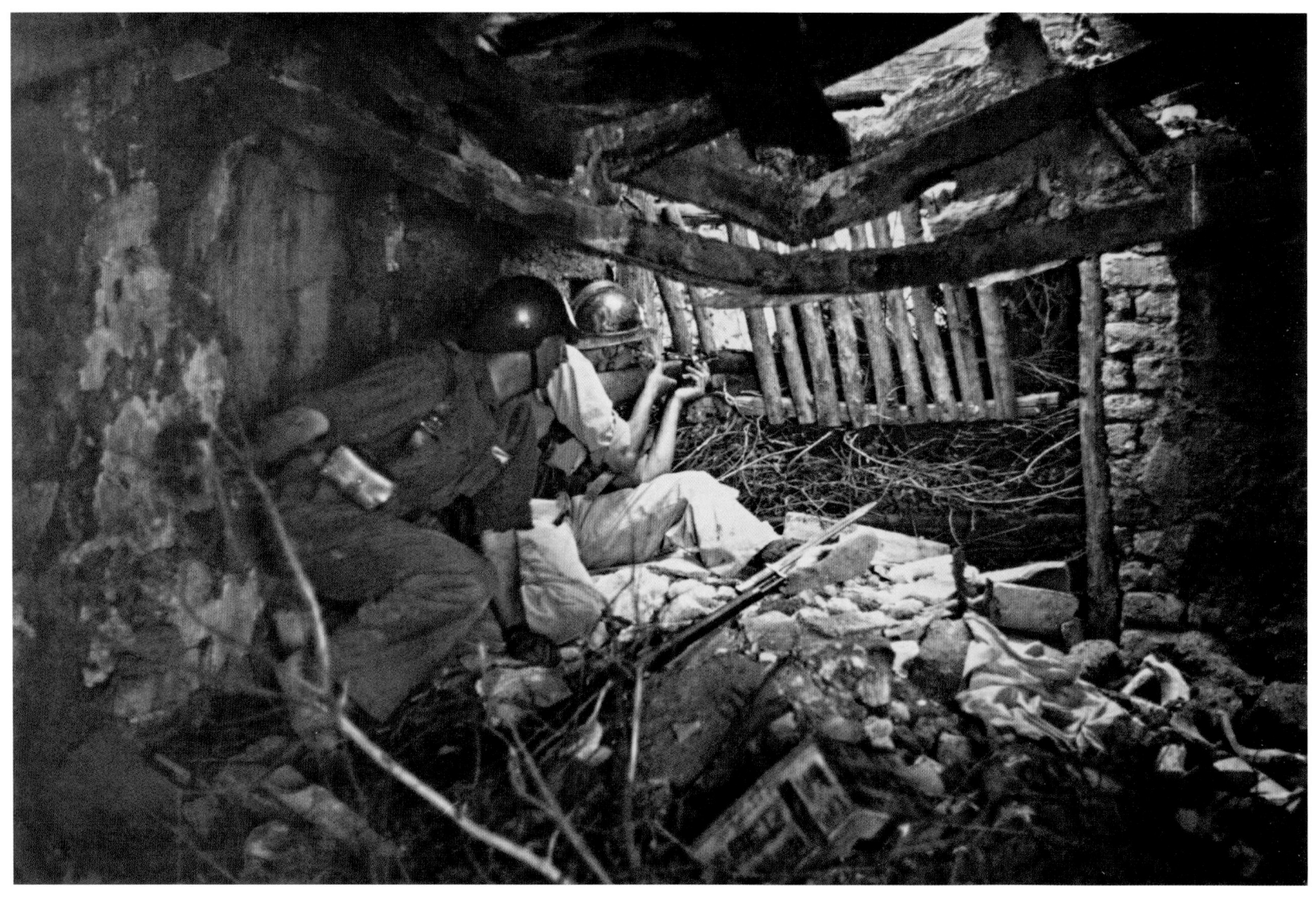

Apuntando desde una cabaña

Jadraque (Guadalajara),
junio de 1937

Etxola batetik apuntatzen

Jadraque (Guadalajara),
1937ko ekaina

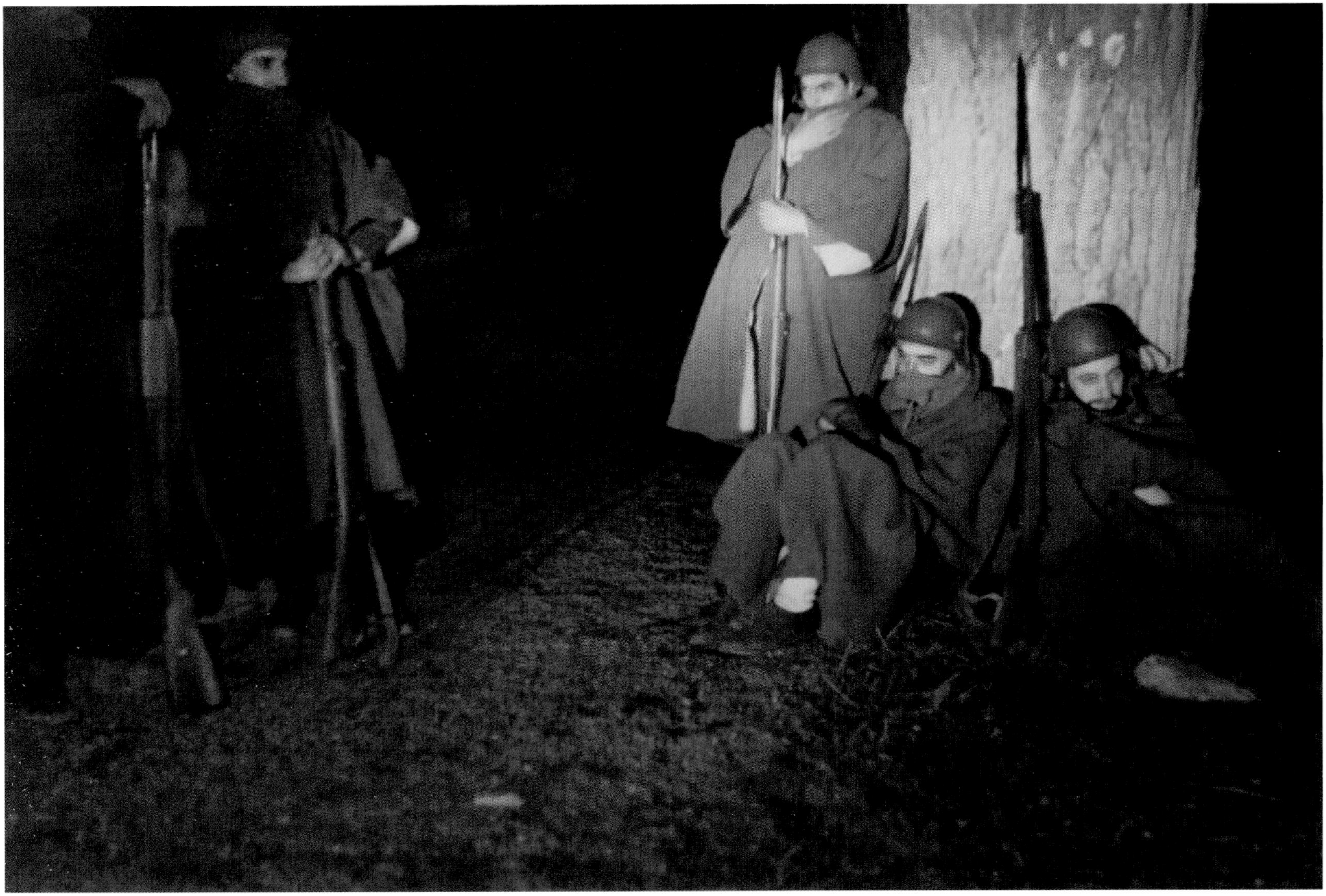

En la intemperie de la noche

Proximidades de Jadraque,
febrero de 1937

Gauean, egurats gorrian

Jadraqueko ingurumariak,
1937ko otsaila

203

Argazkia eta lekukotza

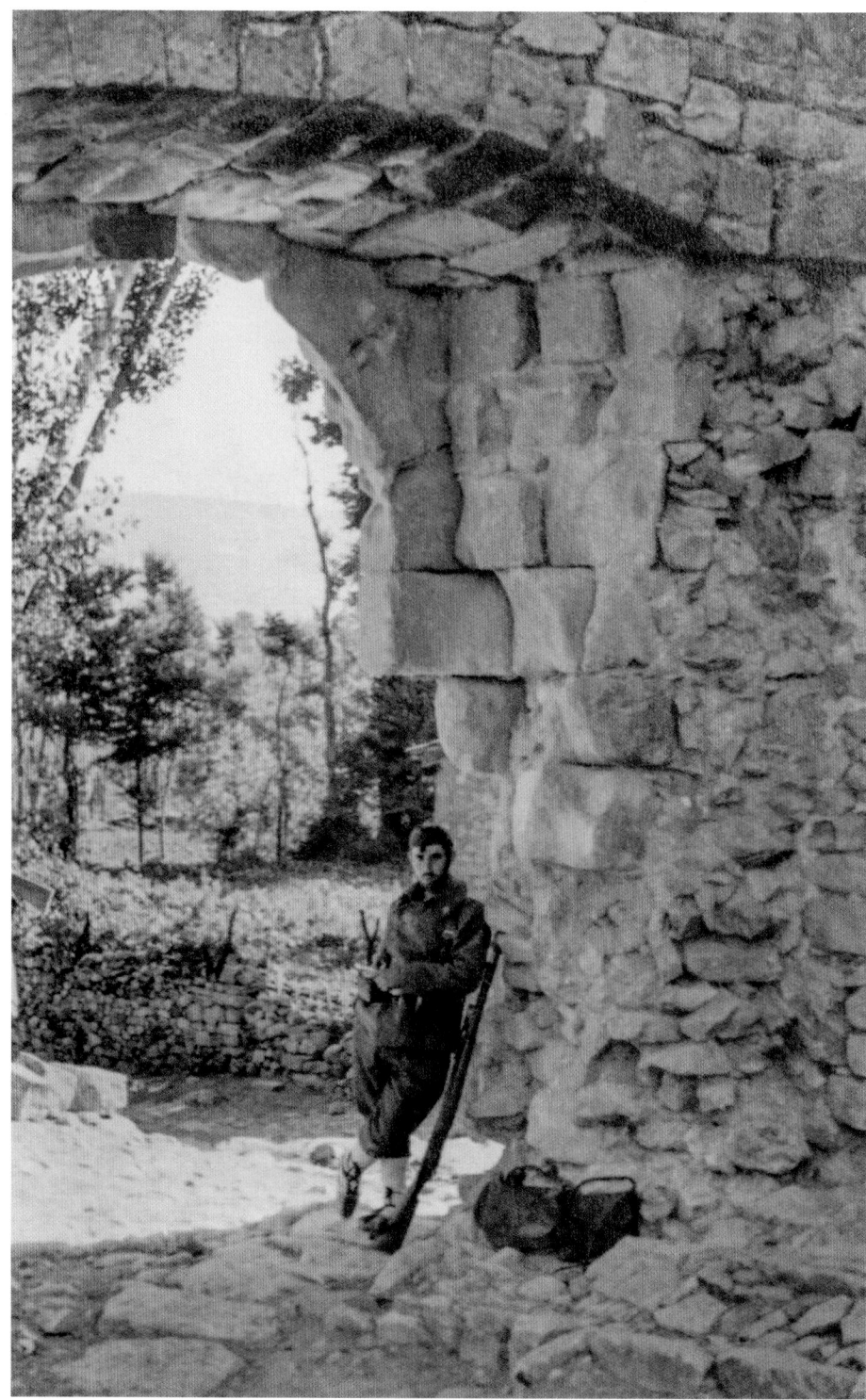

204 **Guardia en la puerta del lavadero**

Palazuelos (Guadalajara)

Guardia garbitegiko atean

Palazuelos (Guadalajara)

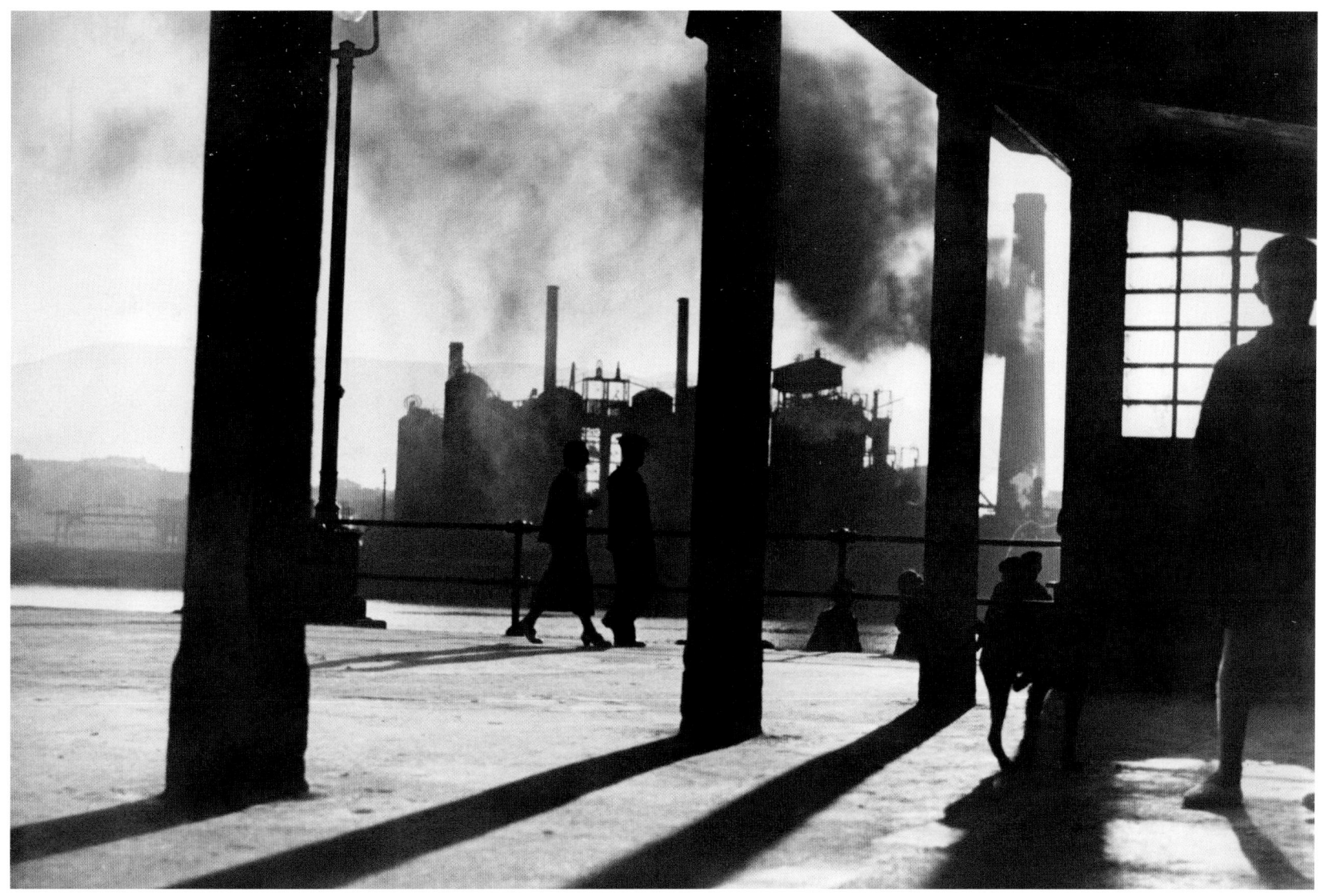

Altos Hornos

Bilbao,
1938

Labegaraiak

Bilbo,
1938

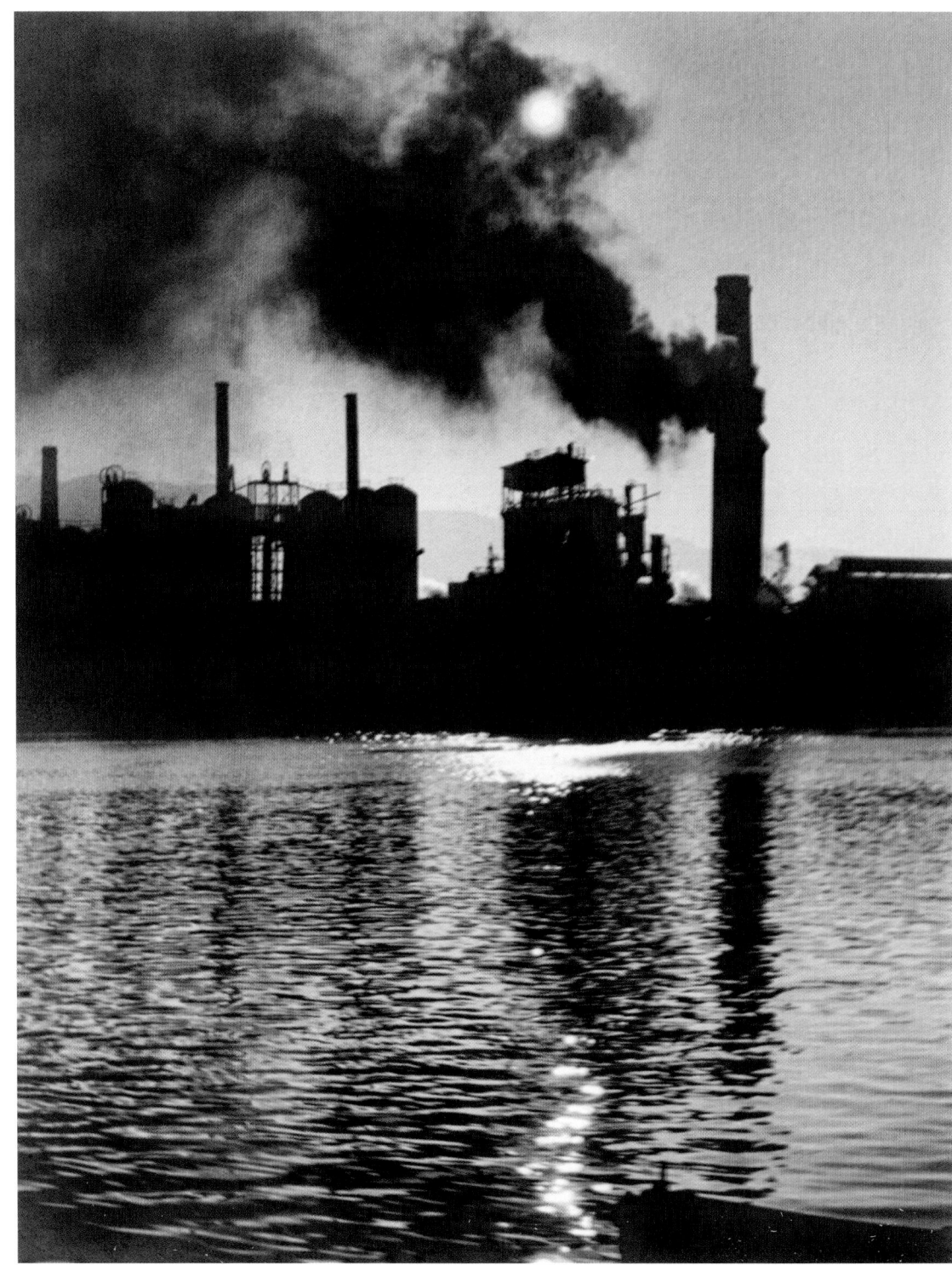

206

Chimeneas

Puerto de Bilbao,
1938

Tximiniak

Bilboko portua,
1938

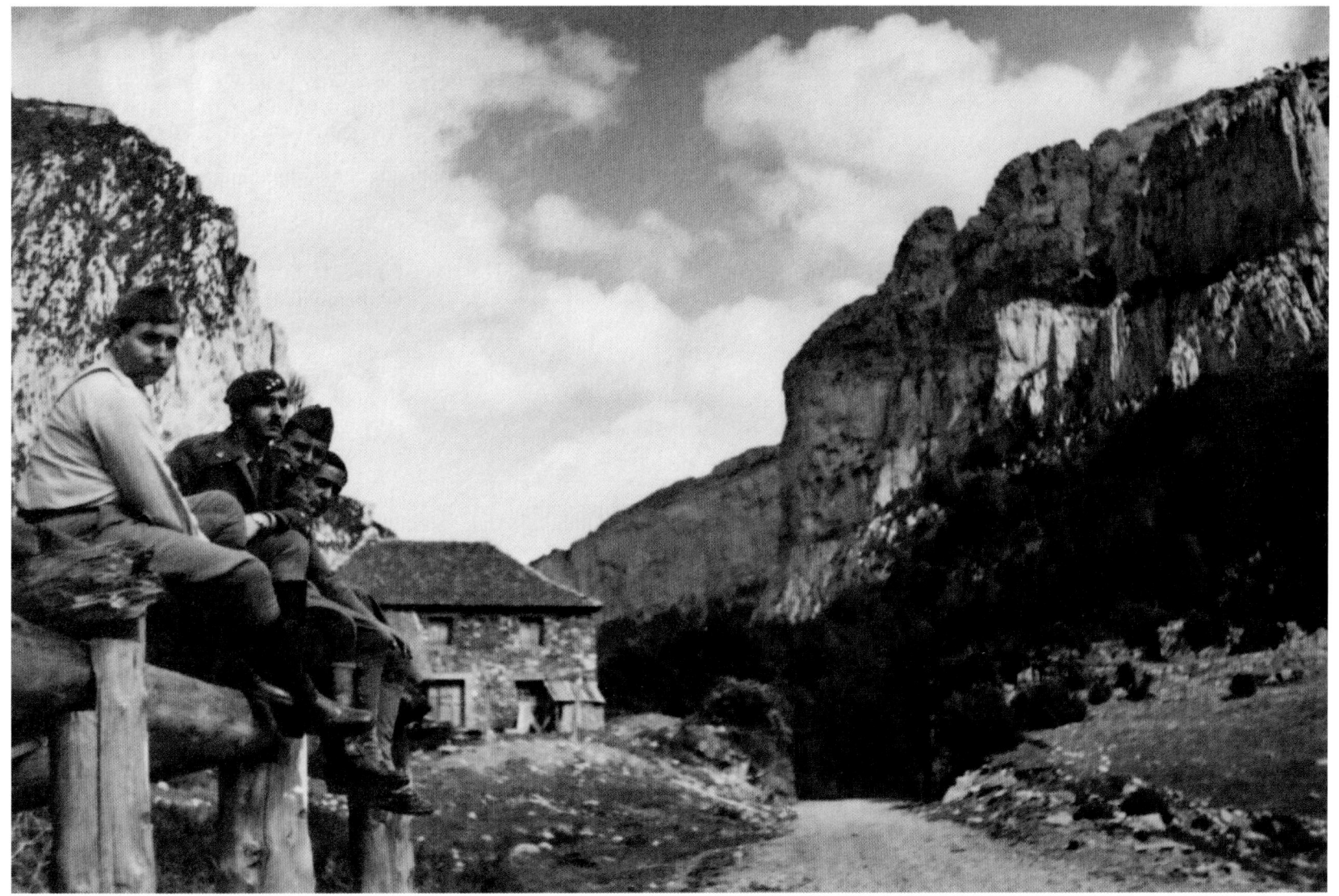

El equipo cartográfico

Pirineo oscense,
abril de 1938

Ekipo kartografikoa

Huescako Pirinioak,
1938ko apirila

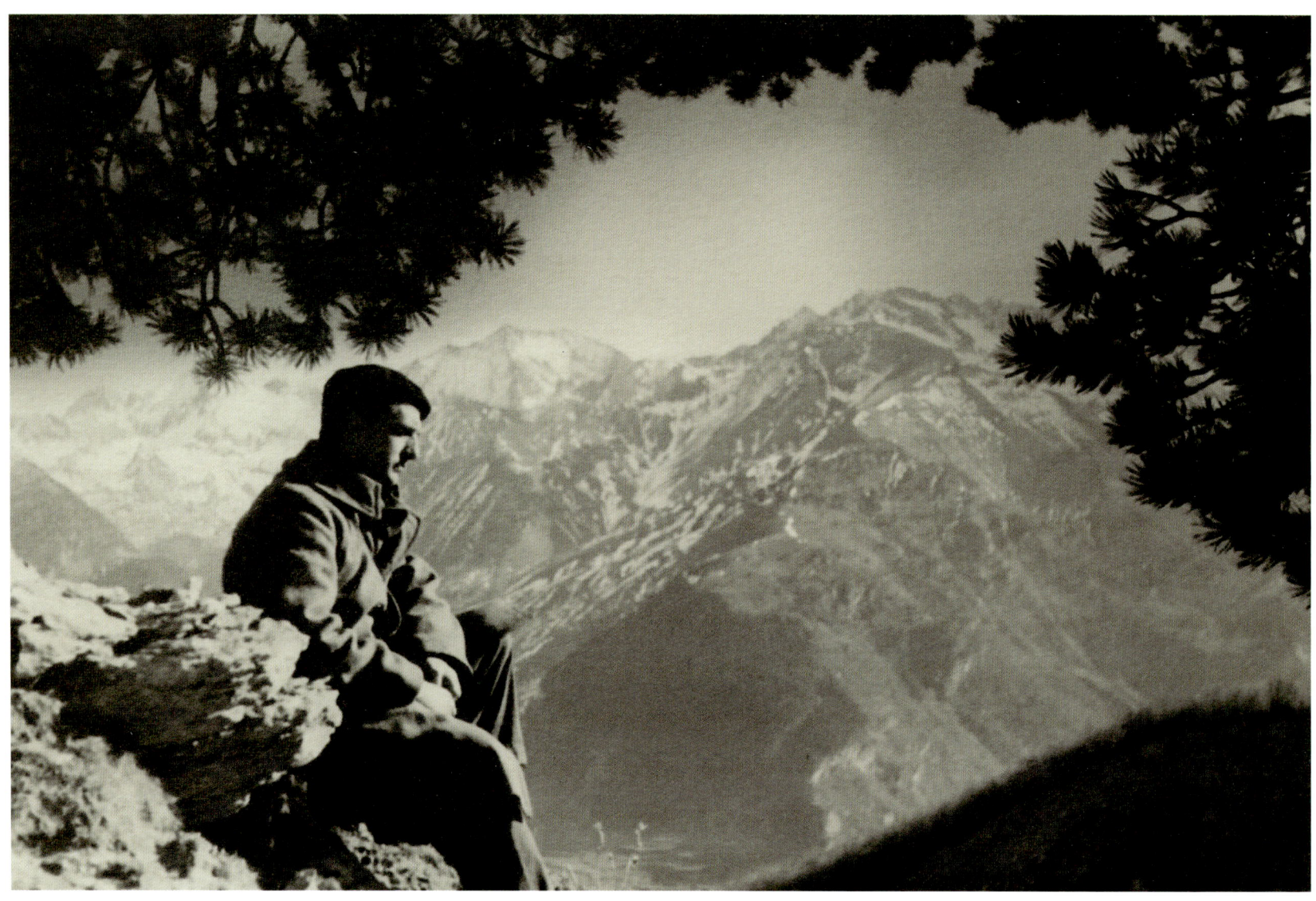

Autorretrato

Pirineo oscense,
marzo de 1938

Autorretratua

Huescako Pirinioak,
1938ko martxoa

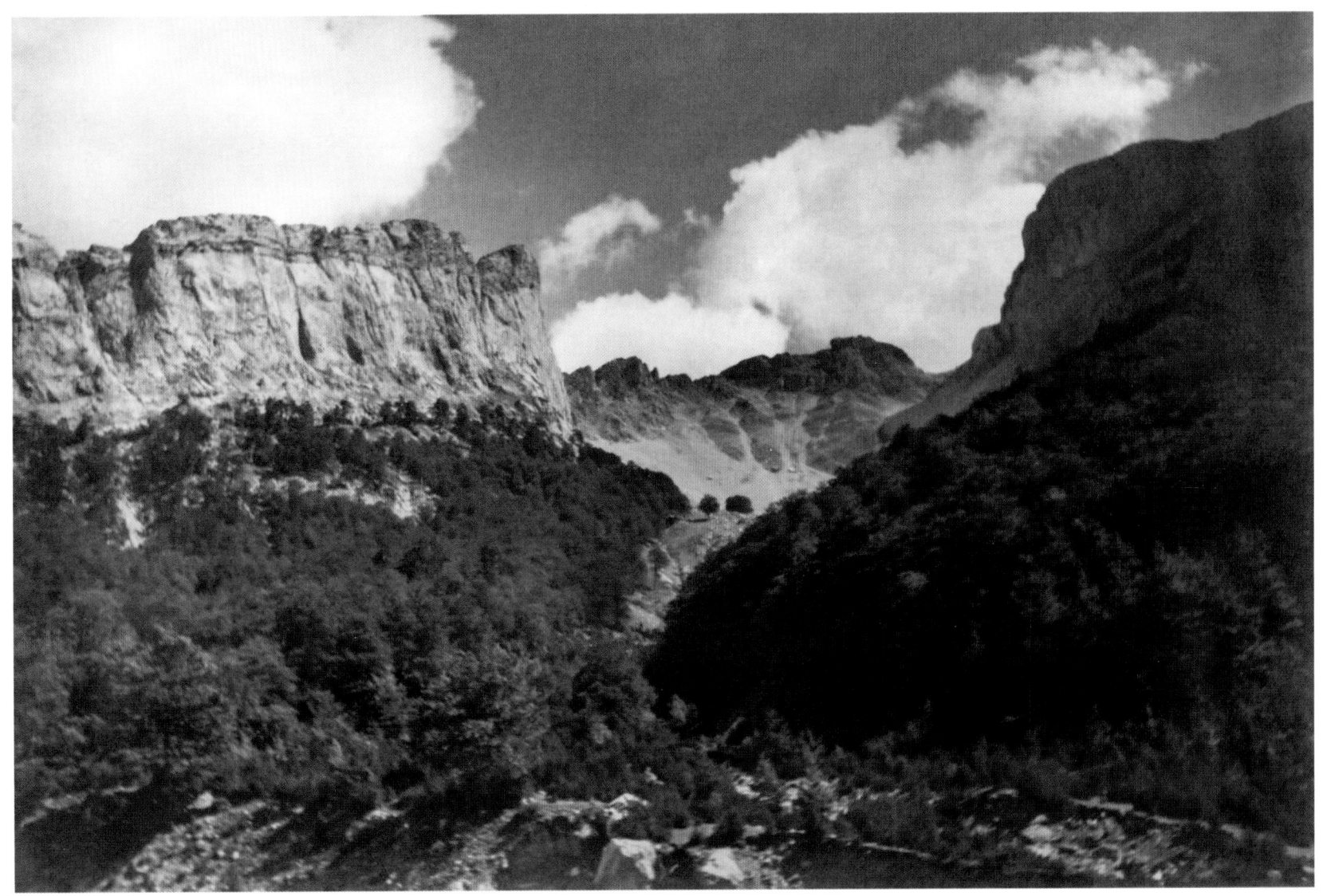

Vista del Pirineo

Huesca,
abril 1938

Pirinioko ikuspegia

Huesca,
1938ko apirila

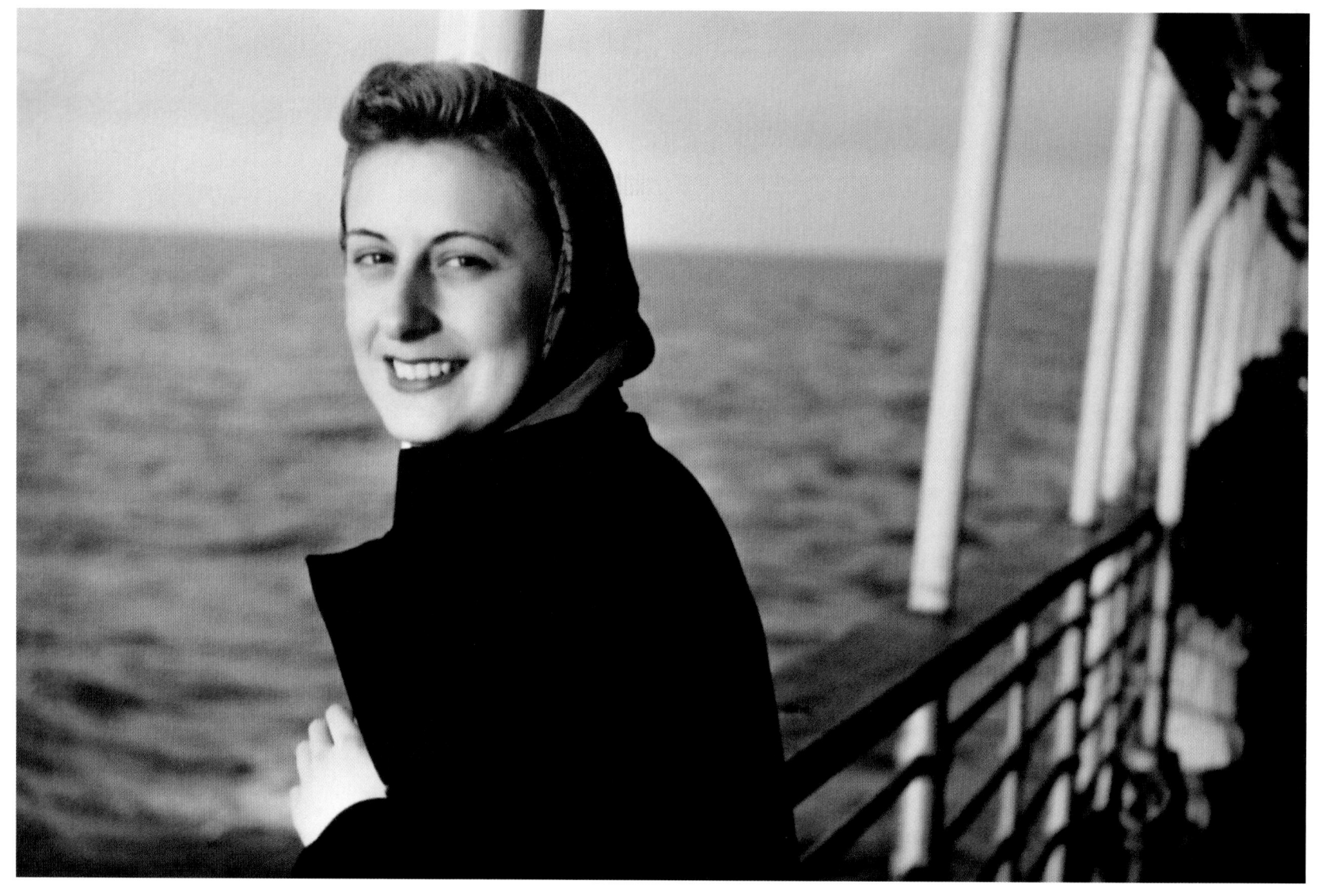

210   **Luz Belzunce en el viaje de novios**

1939

Luz Belzunce eztei-bidaian

1939

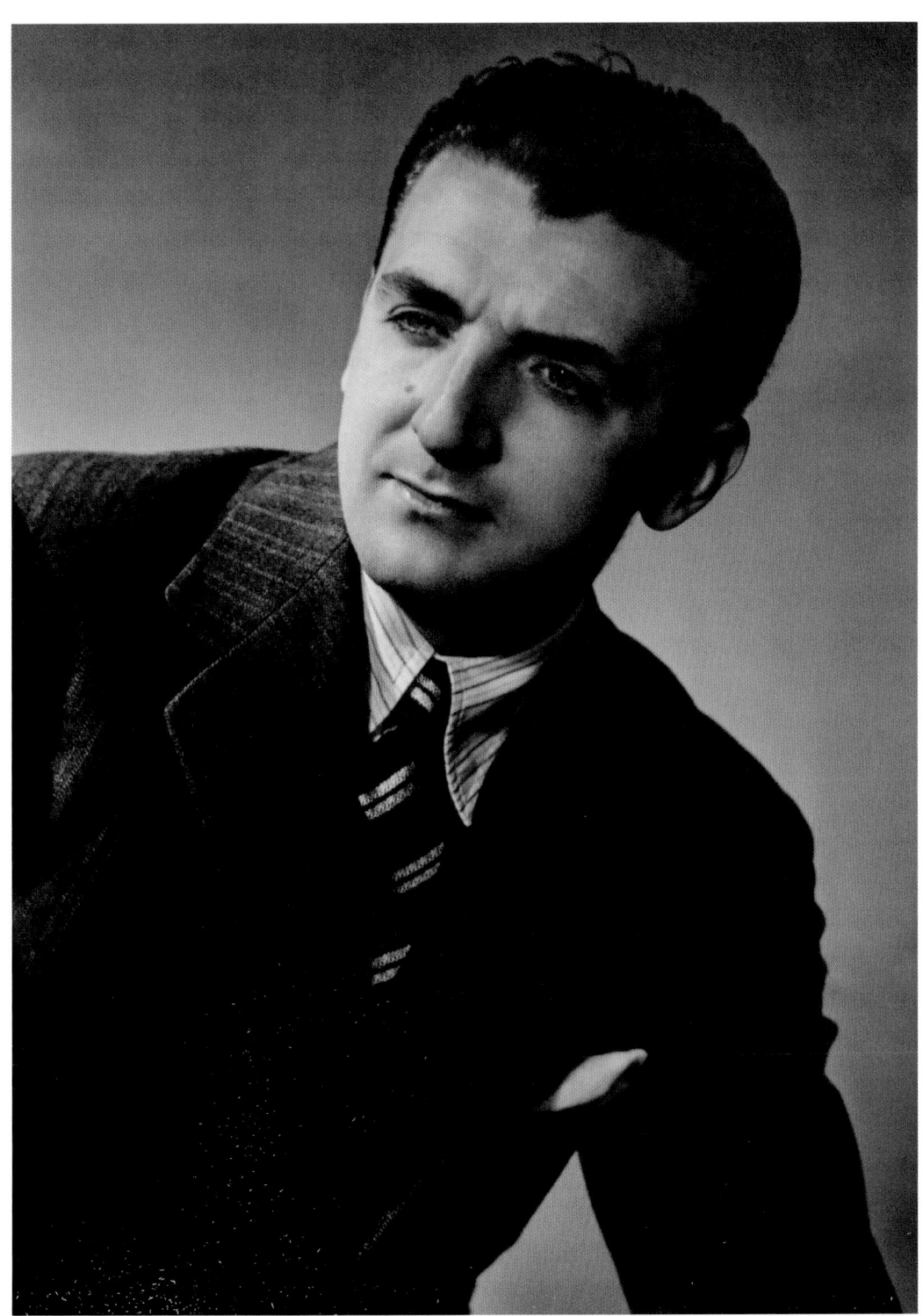

Retrato de Sebastián Taberna

Pedro María Irurzun,
hacia 1940

Sebastián Tabernaren erretratua

Pedro María Irurzun,
1940 inguru

Argazkia eta lekukotza

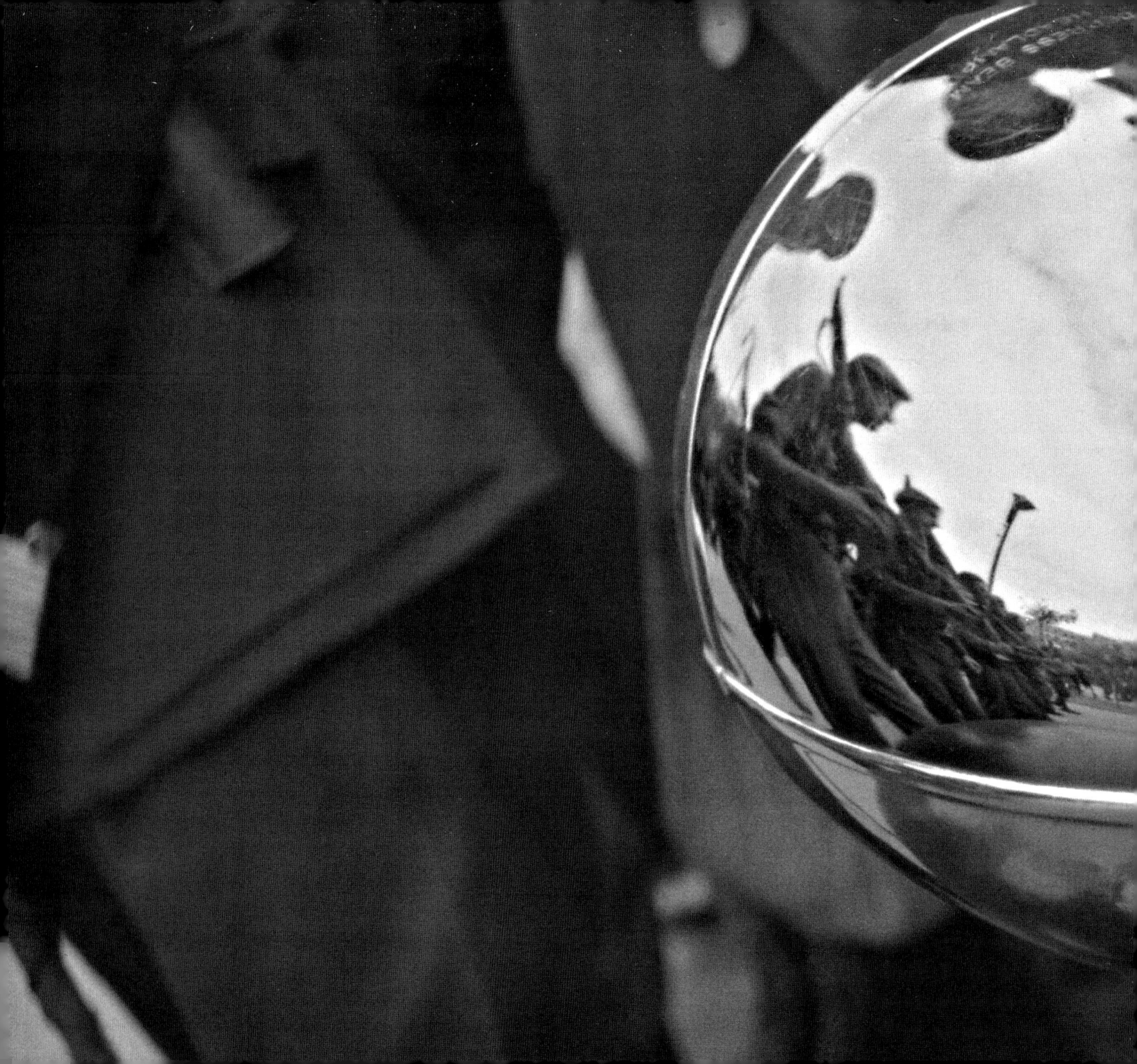

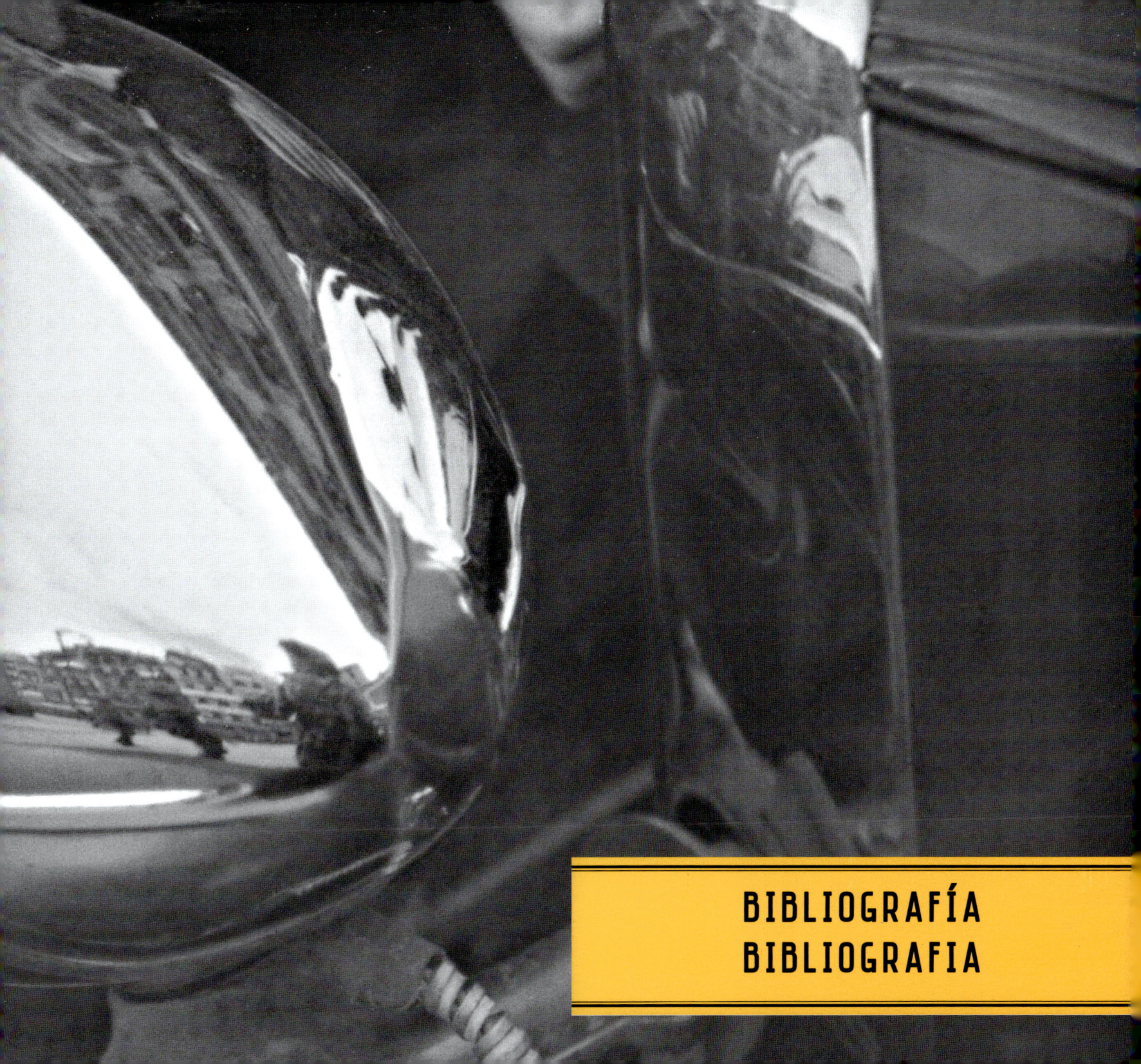

BIBLIOGRAFÍA
BIBLIOGRAFIA

BIBLIOGRAFÍA / BIBLIOGRAFIA

ALSINA GONZÁLEZ, Fernando (2015): *Fernando Alsina e o seu Diario de Guerra. Un rescate ao coidado de Ricardo Gurriarán*. Santiago de Compostela: Alvarellos Editora.

ARÓSTEGUI SÁNCHEZ, Julio (2013): *Combatientes requetés en la Guerra Civil española*. Madrid: La Esfera de los Libros.

ARTIGAS, David (1999): «Ardanaz, en la Guerra Civil Española», *Contraluz*, nº 5, pp. 27-31.

BELLOSILLO, Manuel (1992): *Tercio de requetés de Valvanera. Semblanzas y canciones*. Madrid: Aportes XIX.

CALLEJA, Eduardo G. y ARÓSTEGUI SÁNCHEZ, Julio (1994): «La tradición recuperada: el Requeté carlista y la insurrección», *Historia contemporánea*, nº 11, pp. 29-54.

CÁNOVAS CIÁURRIZ, Carlos (1989): *Apuntes para una historia de la fotografía en Navarra*. Pamplona: Gobierno de Navarra.

CÁNOVAS CIÁURRIZ, Carlos (2000): «Nicolás Ardanaz, el archivo fotográfico de un solitario», *Nicolás Ardanaz (1910-1982). Fotografías*. Pamplona: Museo de Navarra, pp. 5-11.

CÁNOVAS CIÁURRIZ, Carlos (2012): *Navarra. Fotografía*. Pamplona: Gobierno de Navarra.

CÁNOVAS CIÁURRIZ, Carlos (2018): «Ardanaz Piqué, Nicolás» [en línea], *Diccionario Biográfico Español*. Disponible en: <https://dbe.rah.es/biografias/67378/nicolas-ardanaz-pique> [Consulta: 14 de julio 2022].

CÁNOVAS CIÁURRIZ, Carlos (2022): *Nicolás Ardanaz*. Madrid: La Fábrica y Museo de Navarra.

CORTÉS SÁDABA, María José (2018): «Ciga Echandi, Javier» [en línea], *Diccionario Biográfico Español*. Disponible en: <https://dbe.rah.es/biografias/50460/javier-ciga-echandi> [Consulta: 14 de julio 2022].

EZKER CALVO, Alicia (2023): «Irurzun, Pedro María» [en línea], *Enciclopedia Auñamendi*. Disponible en: <https://aunamendi. eusko-ikaskuntza.eus/es/irurzun-pedro-maria/ar-75269/> [Consulta: 14 de Julio de 2023].

FERNÁNDEZ OYAREGUI, Pello (2014): «El Greco y su influencia en Ciga» [en línea], *Diario de Navarra*. Lunes, 1 de septiembre de 2014, pp. 54-55. Disponible en: <https://fundacionciga.com/wp-content/uploads/pdf/greco.pdf> [Consulta: 14 de julio 2022].

FERRER MUÑOZ, Manuel (1992): *Elecciones y Partidos Políticos en Navarra durante la Segunda República*. Pamplona: Gobierno de Navarra.

FOLGUERA, Francisco. «Nuevas emulsiones pancromáticas», *El progreso fotográfico. Revista mensual ilustrada de fotografía y cinematografía*, nº 164, pp. 121-125.

HEITING, Manfred; LEMKE, Kristina; STAMM, Rainer (2021): *Dr. Paul Wolff & Alfred Tritschler. The printed images 1906-2019*. Göttingen: Steidl.

HERAS, Beatriz de las (2015): *Fotografiar una ciudad sitiada: Madrid, 1936-1939*. Madrid: Instituto de Cultura y Tecnología, Universidad Carlos III de Madrid.

HERAS, Beatriz de las (ed.) (2017): *Imagen y Guerra Civil española. Carteles, fotografía y cine*. Madrid: Síntesis.

INFANTES MARTÍN, José Esteban (1938): *Memorias del cabo Pepe. Navarra y García Escámez. Apuntes para la Historia*. Vitoria: Editorial Social Católica.

INSENSER BRUFAU, Elisabet (2000): «Sobre la publicación de revistas fotográficas y su importancia en el estudio de la historia de la fotografía», *Imatge i Recerca: 6es Jornades Antoni Varés*. Girona: Ajuntament de Girona, Centre de Recerca y Difusió de la Imatge, pp. 89-101.

KORDA, T. (ed.), (1936): Photography year book, 1935. London: Cosmopolitan Press LTD.

LARA MARTÍNEZ, Laura (2018): *Guerra en La Alcarria. 1937: el frente de Guadalajara*. Cuenca: Alderabán Ediciones.

LARRAZ ANDÍA, Pablo y SIERRA-SESÚMAGA, Víctor (2010): *Requetés: de las trincheras al olvido*. Madrid: La Esfera de los Libros.

LARRAZ ANDÍA, Pablo y SIERRA-SESÚMAGA, Víctor (2018): *La cámara en el macuto. Fotógrafos y combatientes en la Guerra Civil española*. Madrid: La Esfera de los Libros.

LARRAZA MICHELTORENA, María del Mar (1997): *Aprendiendo a ser ciudadanos. Retrato socio-político de Pamplona, 1890-1923*. Pamplona: EUNSA.

MANRIQUE GARCÍA, José María (2009): *Sangre en la Alcarria. Guerra en Sigüenza (1936-1939)*. Valladolid: Galland Books.

OLLAQUINDIA AGUIRRE, Ricardo (1997): *Cartas de un requeté del Tercio del Rey: José María Erdozáin*. Madrid: Editorial Actas.

PARRAS PARRAS, Alicia y CELA, Julia R. (2014): «Comunicación y memoria: el foto-periodismo como testigo de la violencia. Fuentes documentales de la Guerra Civil Española (1936- 1939)», *Historia y Comunicación Social*, nº 19.0, pp. 113-131.

SAMA, Valentín (2022): «¿De qué hablamos cuando hablamos de "grano fino"?: Algo Revelador» [en línea], *Acerca de la fotografía. Técnica, estética y opinión. Un espacio de Valentín Sama, sobre Fotografía*. [Blog] 18 de agosto de 2022. Disponible en: <https://valentinsama.blogspot.com/2022/08/de-que-hablamos-cuando-hablamos-de-gran.html> [Consulta: 14 de julio 2022].

SÁNCHEZ FORCADA, Manuel (2003): «Diario de campaña de un requeté pamplonés (1936-1939)», *Revista Príncipe de Viana*, nº 230, pp. 641-682.

SANJUÁN GIL, José María (1988): *Los requetés riojanos en la Guerra de España*. Madrid: Gráfica La Torre.

SANZ Y DÍAZ, José (1938): *Por las Rochas del Tajo. Visión y andanzas de guerra*. Valladolid: Editorial Santarén.

S/A (1935): «Recetas y notas varias», *El progreso fotográfico. Revista mensual ilustrada de fotografía y cinematografía*, nº 177, pp. 389-390.

S/A (1935): «El revelado en los viajes», *El progreso fotográfico. Revista mensual ilustrada de fotografía y cinematografía*, nº 179, pp. 457-459.

SUSPERREGUI, José Manuel (2009): *Sombras de la fotografía: los enigmas desvelados de Nicolasa Ugartemendía, muerte de un miliciano, la aldea española, el Lute*. Bilbao: Universidad del País Vasco/Euskal Herriko Unibersitatea.

TRANCHE, Rafael R. y HERAS, Beatriz de las (2016): «Fotografía y Guerra Civil española: del instante a la Historia» [en línea], *Fotocinema. Revista Científica de Cine y Fotografía*, nº 13, pp. 3-14. Disponible en: <https://revistas.uma.es/index.php/fotocinema/article/view/6052/5612> [Consulta: 14 de julio de 2022].

UGARTE TELLERÍA, Javier (1998): *La nueva Covadonga insurgente. Orígenes sociales y culturales de la sublevación de 1936 en Navarra y el País Vasco*. Madrid: Biblioteca Nueva.

USTARROZ CALATAYUD, Alberto (1989): «El pensar de la mano: el arquitecto Víctor Eusa», *Víctor Eusa arquitecto (1989)*. Pamplona: Ayuntamiento de Pamplona, pp. 21-29.

VICONDOA ÁLVAREZ, Mariluz (2023): *José León Taberna, el empresario del pan. De cómo la pequeña panadería Taberna se transformó en Panasa y Berlys*. Abárzuza: Papeles del Duende.

WOLFF, Paul (1935): *Douze années de pratique du Leica*. París: Editions Tiranty.

ZUBIAUR CARREÑO, Javier (2005): «El pintor Ciga y sus discípulos» [en línea], Conferencia organizada por la Cátedra de Patrimonio y Arte navarro (Universidad de Navarra). Disponible en: <unav.edu/web/catedra-patrimonio/actividades/ciclos-y-conferencias/2005/el-maestro-ciga-visto-por-sus-discipulos> [Consulta: 7 de septiembre 2023].

ZUBIAUR CARREÑO, Francisco Javier (2006): «La biblioteca del fotógrafo pamplonés Nicolás Ardanaz», *Actas del Primer Congreso de Historia de la Fotografía, 4-6 diciembre de 2005*. Zarautz: Photomuseum, pp. 333-351.

ZUBIAUR CARREÑO, Francisco Javier (2011a): «Catálogo de miradas. La Navarra que fotografió Nicolás Ardanaz». *Pvlchrvm: Scripta varia in honorem Mª Concepción García Gainza*, Coordinación de Ricardo Fernández García y María Concepción García Gainza. Pamplona: Gobierno de Navarra, pp. 838-846.

ZUBIAUR CARREÑO, Francisco Javier (2011b): «La fotografía artística en el Museo de Navarra. Historia, contenido y labor de una difusión», *Cuadernos de la Cátedra de Patrimonio y Arte navarro (Monográfico Fotografía en Navarra: fondos, colecciones y fotógrafos)*, nº 6, pp. 431-444.

FUENTES IMPRESAS / ITURRI INPRIMATUAK

Diario de Navarra (1936-1939).

El Pensamiento Navarro (1936-1939).

FUENTES ARCHIVÍSTICAS / ITURRI ARTXIBISTIKOAK

Archivo Eleuteria Ardanaz.

Archivo General de Navarra.

Archivo Ignacio González-Boza.

Archivo Larraz – Sierra-Sesúmaga.

Archivo Municipal de Pamplona.

Archivo Museo de Navarra.

Archivo Museo del Carlismo / Karlismoaren Museoko Artxiboa.

Archivo Pascual Figueroa.

Archivo Sanz-Orrio.

Archivo Taberna Belzunce.

Archivo Ramón Urdiáin.

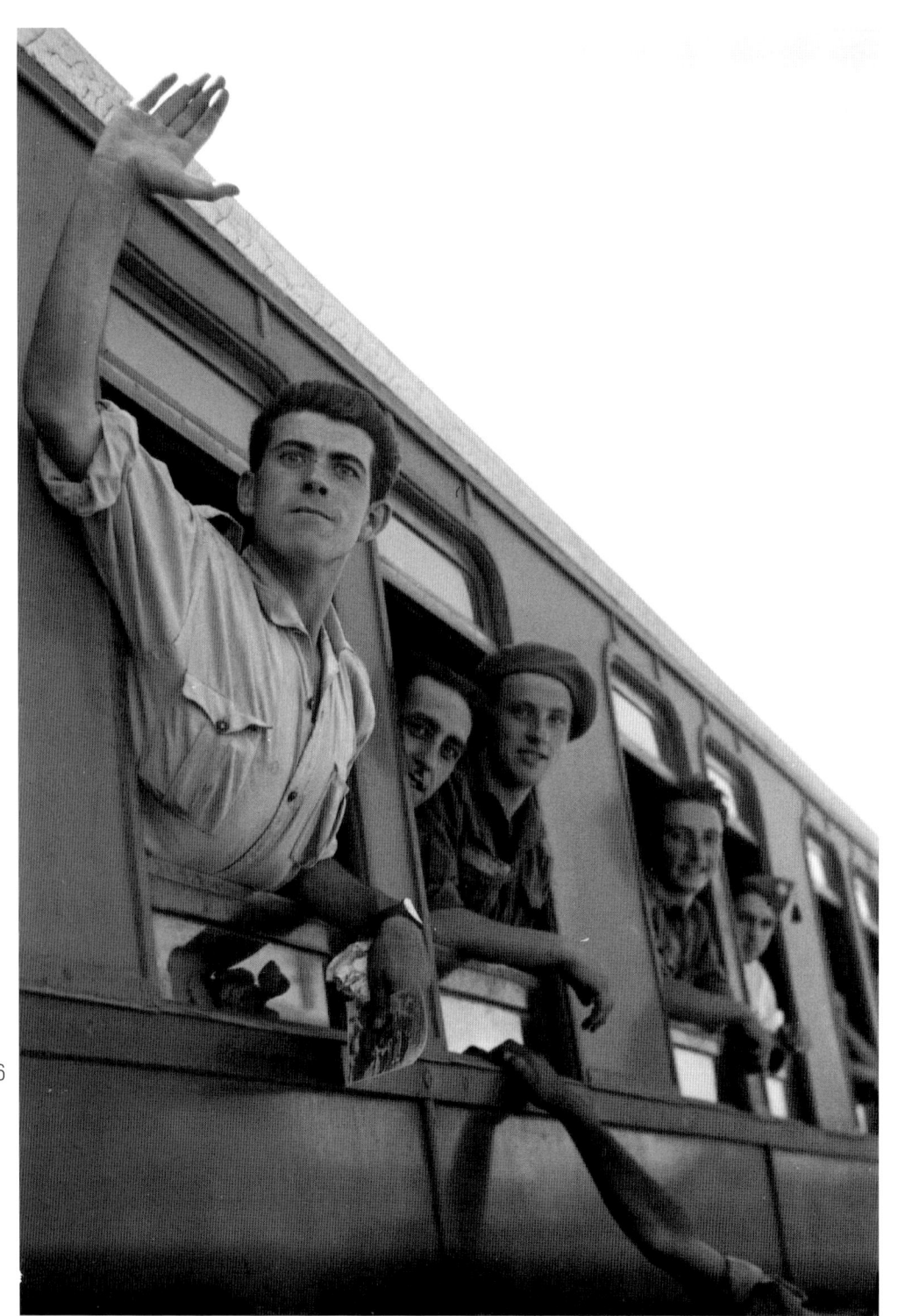

La despedida

Estación de Sigüenza (Guadalajara),
1937

Agurra

Sigüenzako geltokia (Guadalajara),
1937

EXPOSICIÓN 2024-2025ᴇᴋᴏ ERAKUSKETA
MUSEO DEL CARLISMO / KARLISMOAREN MUSEOA

AGRADECIMIENTOS / ESKER ONAK

PARTICULARES / PARTIKULARRAK

Alfredo López Taberna
Beatriz Cristóbal Lana
Carlos Cánovas Ciáurriz
Carmen Jiménez Sanz
Cecilia Casas Desantes
Ernesto García-Soto Mateos
Fabián Álvarez Martín
Familia Taberna Belzunce
José Ramón Ortega Machuca
María Eugenia Taberna Belzunce

INSTITUCIONALES / ERAKUNDEAK

Fundación Museo Cerralbo/ Cerralbo Museoa Fundazioa
Hemeroteca Municipal Madrid/ Madrilgo Udal Hemeroteka
Museo Cerralbo/ Cerralbo Museoa
Museo de Navarra/ Nafarroako Museoa
Ministerio de Cultura/ Kultura Ministerioa

EXPOSICIÓN 2023ᴋᴏ ERAKUSKETA
MUSEO CERRALBO

AGRADECIMIENTOS / ESKER ONAK

PARTICULARES / PARTIKULARRAK

Alberto Ortego del Olmo
Ana Hueso Pérez
Beatriz Marcotegui Barber
Eleuteria Ardanaz Piqué
Ernesto García-Soto Mateos
Familia Sanz-Orrio
Familia Taberna Belzunce
Iñaki González-Boza
Íñigo Pérez de Rada Cavanilles
José María Julve Larraz
Juan Carlos García Muela
Luis Apesteguia Ciriza
María Eugenia Taberna Belzunce
Pilar Sopeña Galán
Rosa María Figueroa
Silvia Flich López
Víctor Sierra-Sesúmaga

INSTITUCIONALES / ERAKUNDEAK

Archivo Municipal de Pamplona / Iruñeko Udal Artxiboa
Fundación Ignacio Larramendi / Ignacio Larramendi Fundazioa
Museo del Carlismo / Karlismoaren Museoa
Gobierno de Navarra / Nafarroako Gobernua

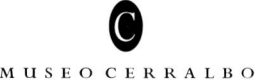
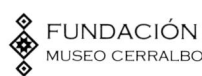
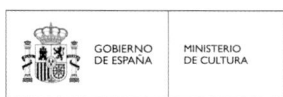

CATÁLOGO 2023

TEXTOS
Carmen Jiménez Sanz
Cecilia Casas Desantes
Pablo Larraz Andía

CRÉDITOS FOTOGRÁFICOS
Archivo Taberna Belzunce
Ayuntamiento de Pamplona / Iruñeko Udala
Hemeroteca Municipal de Madrid
Museo del Carlismo / Karlismoaren Museoa
Álvaro Chapa
Fabián Álvarez Martín
José Galle
José Luis Municio García

COORDINACIÓN DEL CATÁLOGO
Cecilia Casas Desantes

DISEÑO GRÁFICO
José Miguel Parra Torres

IMPRESIÓN
Villena Artes Gráficas

DL. M-30597-2023
ISBN: 978-84-09-54946-7

EXPOSICIÓN 2023

**Sebastián Taberna.
El rostro de la guerra**

Museo Cerralbo
19/10/2023 - 26/01/2024

COMISARIO
Pablo Larraz Andía

COMISARIA TÉCNICA
Cecilia Casas Desantes

COORDINADORA
Beatriz Cristóbal Lana

DISEÑO
José Miguel Parra Torres

PRODUCCIÓN Y MONTAJE
HT exposiciones temporales